LES

COMPAGNONS DE LA LUNE

Les Invisibles de Paris, 1er volume.

TABLE DES MATIERES

Pages.

PROLOGUE. — A VOL D'OISEAU.
I. Où Passe-Partout entre en scène. 1
II. Un enlèvement qui n'est pas ce qu'il paraît être. 12
III. Reproduction d'un tableau de Gérôme. 19
IV. Où il est démontré que le carnaval n'est pas gai pour tout le monde. . . . 28

LES COMPAGNONS DE LA LUNE.
I. Ce qui se passait dans un cabinet particulier de la rôtisseuse Basset, dans la nuit du samedi au dimanche gras 1847. 36
II. Où l'inconnu lève un peu son masque. 46
III. Un bal à l'hôtel de Warrens. 54
IV. Apparition d'une étoile que M. Leverrier n'aurait pas découverte. 65
V. Ce que peut cacher un manteau vénitien. 70
VI. L'invisible. 79
VII. Échec au roi, échec à la reine, échec à la police. 86
VIII. Où le lecteur fait connaissance avec Mouchette. 93
IX. Où Raton taquine Bertrand. 108
X. La Réveilleuse. 117
XI. Le Messager de l'Invisible. 127
XII. Charbonneau ou Coquillard?. 135
XIII. Une Providence borgne. 143
XIV. Le chien et son maître. 152
XV. Les deux Gaspard. 159

FIN DE LA TABLE

Sceaux. — Imprimerie Charaire et Cie.

LES INVISIBLES DE PARIS

LES
COMPAGNONS DE LA LUNE

PAR

GUSTAVE AIMARD

PARIS

ROY et GEFFROY, LIBRAIRES-ÉDITEURS

222, BOULEVARD SAINT-GERMAIN, 222

1895

F. ROY, Libraire-Éditeur, 222, boulevard Saint-Germain, PARIS.

Mon cher Éditeur,

Depuis le *Diable boiteux* jusqu'aux *Mémoires du Diable*, bien des romans ont paru octroyant à leurs héros le don d'ubiquité fantastique.

Tout en admirant l'ingéniosité gracieuse, l'invention spirituelle de Le Sage, l'immortel auteur de *Gil Blas*, le père et le premier de nos romanciers, tout en rendant ample justice à la vigueur fiévreuse, à l'imagination ardente et multiple de Frédéric Soulié, l'un de nos écrivains les plus regrettés, nous ne procéderons pas de la même façon qu'eux.

Autres temps, autres lecteurs, autres œuvres.

La tâche ardue que nous entreprenons étant une reproduction exacte de faits vrais, longs et nombreux anneaux d'une chaîne fatale, se rattachant les uns aux autres par la force des choses, nous ne ferons intervenir ni Satan, ni Astaroth dans notre entrée en matière.

Ces pauvres *diables* sont bien usés en l'an de grâce et de paix où nous vivons. La génération qui nous succède et nous chasse n'a plus en eux la foi naïve de notre enfance; ils sont passés, ces jours de fête, où Méphistophélès s'en donnait à cœur joie sur les Faust petits et grands de la vieille Allemagne et de la jeune France.

Aujourd'hui, pour exister, il est obligé de faire constater son identité par huissier.

Certes, aujourd'hui, la plus timide, la mieux élevée de nos jeunes filles, coryphée des mazurkas du grand monde, ou le plus idiot de nos aimables gandins, conducteur de cotillon ou marqueur de steeple-chase, rirait bien à votre nez et à votre barbe, si vous lui jouiez la fonte des balles du *Freyschütz* en le priant d'évoquer le Belzébuth de Weber; oui il rirait bien et vous répondrait, la bouche en cœur et de sa plus douce voix : *En chasse, en chasse, ma petite vieille, tu peux te fouiller ! c'est dans le nez que ça m' chatouille.*

Cela, ou autres gentillesses à l'usage des salons du Vaudeville.

Si vous le voulez, nous nous y prendrons autrement, à la façon simple de ce bon Rétif de la Bretonne, l'auteur de tant de livres si bien lus et si bien oubliés, l'auteur, entres autres, du *Spectateur nocturne*, recueil de vérités ayant toutes l'apparence de mensonges.

Singulière existence que celle de ce laborieux romancier !

Amoureux de son intérieur, de son *at home*, il se vit obligé de toujours vivre par voies et par chemins; nature morale et intelligente, il écrivit des centaines de volumes légers et frivoles, sacrifiant son goût ou plutôt ses goûts aux appétits grossiers d'un public déjà blasé, faute de force pour les lui imposer! Sisyphe de lettres qui ne parvint jamais à caler son rocher sur cette haute cime qu'on appelle le succès et qui donne gloire ou fortune.

Que nos lecteurs se rassurent toutefois : si nous prenons Rétif de la Bretonne pour modèle, ce ne sera que comme un modèle de vérité et de réalisme.

Les Invisibles de Paris étant un roman essentiellement actuel et parisien, malgré toute notre bonne volonté pour notre prédécesseur, il nous serait impossible de penser et de parler comme lui.

Nous ne reculons pas devant le récit le plus compliqué et le plus extraordinaire qu'on ait offert à la curiosité publique; nous espérons que les curieux nous tiendront compte de nos recherches, de notre travail et de notre conscience.

GUSTAVE AIMARD. — HENRY CRISAFULLI.

LES INVISIBLES DE PARIS

LES COMPAGNONS DE LA LUNE

PROLOGUE

A VOL D'OISEAU

I

OU PASSE-PARTOUT ENTRE EN SCÈNE

La nuit du dimanche gras, carnaval de l'année 1847, l'auteur du *Spectateur nocturne* eût eu fort à faire et beaucoup à voir, entre minuit et une heure, si, témoin occulte, du haut d'un observatoire central comme la lanterne du Panthéon, il avait pu s'intéresser simultanément à ce qui se passa, dans ce court espace de temps, barrière de Fontainebleau, rue Beaujon, sur le pont Royal et dans une impasse avoisinant le Marché-aux-Chevaux.

Malheureusement, ainsi que nous venons de le constater, depuis un demi-siècle à peu près, Rétif de la Bretonne et son œuvre dorment et se reposent dans la poussière de l'oubli; et dans le monde où sans doute plane son âme curieuse et taquine, le vieux rôdeur de nuit ne songe plus guère aux choses d'ici-bas.

Nous essayerons donc de le remplacer, en décrivant de notre mieux les quatre scènes étranges et mystérieuses qui, tout en se composant d'éléments hétérogènes, forment les quatre assises de notre histoire.

Sur la route de Paris à Villejuif, à une centaine de pas de la barrière de Fontainebleau, un ouvrier, vêtu d'une blouse bleue et d'un pantalon de toile de même couleur, un béret basque enfoncé jusqu'aux sourcils, un cigare à la bouche, se promenait de long en large, envoyant de temps à autre une bouffée de fumée en l'air, et paraissant s'occuper aussi peu du carnaval qui s'en va que du carême qui arrive.

Et cependant c'est l'heure du plaisir ou du sommeil; celle de la flânerie est passée, celle des affaires le paraît encore plus.

Oh! Paris, ville de ténèbres et de lumières, réceptacle de toutes les fanges et de toutes les gloires, tu n'as pas de plus chère complice que la nuit! il se taille plus de besogne dans ton giron à la pâle et blanche clarté des étoiles qu'aux rayons du soleil! Tu protèges les *travailleurs* de ces heures mystérieuses!

Ah! tes rues, désertes et calmes en apparence, cachent plus de mouvement et de passions, plus de rires et de sanglots, plus de grincements de dents et d'espérances menteuses, que ne pourra jamais en inventer l'imagination du romancier le plus fécond !

Depuis près de vingt minutes déjà, notre promeneur allait d'un arbre à l'autre, sans dépasser la limite qu'il devait s'être tracée mentalement.

Il ne témoignait aucune impatience de sa solitude et de sa longue attente.

D'une taille au-dessus de la moyenne, la souplesse, l'assurance et l'harmonie de ses mouvements disaient assez que l'homme à la blouse bleue n'avait à redouter aucune attaque brutale. A coup sûr c'était un rude compagnon.

Néanmoins, quoique par son costume, par sa coiffure et par ses allures un peu plébéiennes, il cherchât à se faire prendre pour un homme du peuple, la blancheur de ses mains, la délicatesse de ses traits énergiques, éclairés par deux yeux bruns pleins d'éclairs, et surtout une habitude du commandement qui se lisait dans chacune de ses distractions, démentaient son déguisement moral et physique.

Était-ce par insouciance ou de parti pris qu'il négligeait de répondre aux regards soupçonneux que lui lançaient les charretiers se dirigeant sur Paris ?

Si ses yeux surveillaient la route et les voyageurs, sa pensée était loin de lui.

Cependant la route de Villejuif ne jouissait pas alors d'une très bonne réputation. On parlait d'attaques à main armée, d'un colporteur assassiné et jeté dans une des carrières qui abondent en cet endroit.

Assurément, la promenade régulière de notre individu, ses airs d'insouciance et de quiétude profonde ne devaient être rien moins que rassurants pour les gens qui le croisaient.

Depuis quelques instants aucune charrette ne passait. Aussi loin que la vue pouvait s'étendre, la route se montrait complètement déserte, lorsque soudain l'homme à la blouse bleue écouta attentivement et fit un geste de satisfaction.

— Le voici ! murmura-t-il.

Le son d'une trompe lointaine se fit entendre, et plus près de lui le hululement d'un oiseau de nuit.

A son tour, il porta deux doigts à sa bouche et fit retentir ce cri sourd et clair que les chouans employaient lors de la guerre de la Vendée pour se garder et se reconnaître les uns les autres.

Puis, s'arrêtant subitement pour jeter autour de lui un regard investigateur, il secoua la cendre de son cigare, en aspira précipitamment quatre ou cinq bouffées, afin d'en rendre le feu plus visible, et cela fait, il traversa la chaussée presque en courant.

Se placer juste au milieu de la route, au point le plus culminant, de façon à être aperçu de loin, lancer le cigare en l'air et lui faire décrire une parabole brillante de clarté et d'étincelles, fut pour lui l'affaire d'un moment.

Presque aussitôt, en réponse à son signal, le cri du hibou se fit entendre de nouveau, suivi du son de la trompe, qui parvint aux oreilles de l'inconnu plus fort et plus rapproché. Alors le singulier promeneur, se rejetant en arrière et s'abritant derrière le tronc d'un orme monstrueux, sortit un masque d'une poche de sa blouse, se l'appliqua sur le visage et attendit, sans qu'un seul battement de plus vînt précipiter son pouls dans ses veines.

Sans qu'il fût possible de s'en douter, ses mains, qui semblaient chercher la chaleur dans chacune des poches de son bourgeron, jouaient avec la crosse d'un pistolet.

Certes, au besoin, ces deux petits bijoux, modestes et cachés comme des violettes, n'auraient pas manqué de se mêler à la conversation qui allait se tenir.

La nuit était magnifique, le froid vif, l'atmosphère pure et transparente, et tout le paysage environnant semblait revêtu d'un caractère hoffmannesque d'une couleur fantastique.

La présence de notre inconnu, deux notes rauques et mélancoliques, deux cris de hibou avaient suffi pour poétiser cette vallée qui, quelques heures auparavant, n'avait rien que de très prosaïque. Le monsieur Jourdain de Molière n'aurait rien compris à ce changement.

Une légère brise passait à travers les branches des arbres; les ormes et les peupliers chuchotaient avec elle et se laissaient doucement agiter et caresser.

Le galop rapide d'un cheval rompit brusquement le silence de cette nuit solitaire.

Bientôt après, le cheval lui-même parut, descendant à toute bride la côte escarpée de Villejuif et se dirigeant vers Paris.

Arrivé à la hauteur ou plutôt en face de l'arbre derrière lequel l'homme à la blouse bleue s'était embusqué, l'animal s'arrêta brusquement, comme si ses sabots se fussent trouvés soudés au sol.

Le cavalier qui le conduisait, masqué ainsi que son interlocuteur, demanda d'une voix basse, mais claire :

— Passez-vous ?
— J'attends, lui fut-il répondu.
— Combien?
— Sept.
— Venant d'où?
— De la *lune*.
— L'heure ?
— Deux.
— Le maître?
— Est venu.
— Est-ce tout?
— C'est tout.

Le cheval repartit, comme emporté par une trombe, par un tourbillon. Pourtant l'ouvrier demeura immobile derrière l'arbre qui le dissimulait, tant que le galop du cheval fut perceptible.

Lorsque la route fut devenue paisible et sûre pour lui, il ôta son masque, retira ses mains de ses poches, ou plutôt de ses pistolets, et toussant doucement:

— La Cigale ! fit-il.

— Me voici, capitaine, répondit une voix mâle et de fort calibre.

La porte d'une hutte de cantonnier placée à quelques pas de là s'ouvrit, un homme en sortit. Mais pour en sortir, il se vit obligé de se courber en deux, tant sa taille était haute et sa carrure athlétique.

Cela fait, il se redressa avec un soupir de satisfaction, et, se frottant joyeusement les mains, il arriva en présence de l'ouvrier qu'il venait d'appeler son capitaine. Là, portant la main à son bonnet qui affectait une forme militaire, il le salua, la main droite au front, et se tint immobile et silencieux.

— Tu peux paraître maintenant. Tout est fini.

La Cigale ne broncha pas.

L'homme qui répondait au nom de la Cigale était un grand gaillard d'au moins six pieds français, taillé à coups de hache, toujours gêné par la quantité d'air qu'il était forcé de déplacer, embarrassé de sa largeur et de sa longueur.

Mais, comme il arrive souvent, sous cette enveloppe gigantesque, redoutable, se cachait une âme presque enfantine, nous dirions timide, si le mot de timide chez un homme n'impliquait pas un peu l'idée de lâche.

Or, la Cigale et un lâche n'avaient jamais marché dans les mêmes espadrilles, depuis une quarantaine d'années qu'il existait. Sa physionomie intelligente et rusée, ses yeux gris et percés avec une vrille, ses cheveux et sa barbe fauves comme la crinière d'un lion, puis, brochant sur le tout, un teint bistré, couleur de brique, composaient un singulier ensemble.

Il y avait dans cette nature-là quelque chose qui vous attirait et vous repoussait à la fois.

Son costume, celui des débardeurs et déchargeurs des ports : bourgeron et pantalon gris, casquette sans visière, faisait admirablement ressortir la vigueur herculéenne d'un torse taillé d'après l'antique.

En somme, ce bon monsieur la Cigale était un petit camarade qu'il valait mieux avoir pour ami que pour ennemi.

L'ouvrier le laissa quelques instants dans son attitude de chien qui craint d'être fouetté par son maître, puis :

— Pourquoi es-tu venu ici, malgré mes ordres ? lui demanda-t-il d'une voix sévère.

L'autre changea de position, baissa la tête, et ne trouva rien à répondre.

Une particularité dans ce pauvre mastodonte, c'est que, pour peu que la moindre émotion vînt le saisir, il était obligé de retourner sept fois sa langue dans sa bouche pour ne pas bégayer, ou tout au moins pour ne pas lâcher une bêtise, une énormité.

— Ne suis-je plus le maître auquel on obéit sans réfléchir, continua l'ouvrier sur le même ton, ou bien me prend-on pour un enfant qui ne saurait marcher sans lisières ?

— Pardon... je... je... je croyais bien faire, murmura le pauvre diable d'une voix piteuse.

— Tu as eu tort. Tu m'as désobéi. La première fois que cela t'arrivera, je t'en avertis, toutes relations cesseront entre nous. Je ne te considérerai ni plus ni moins que mes autres... subordonnés.

— Oh! mon... mon capitaine!

— Ne m'appelle pas capitaine... Ici, je ne suis que Passe-Partout, ton camarade.

— Oh! mon cap...

— Encore!

— Je ne peux pourtant pas vous laisser risquer votre peau à tout bout de champ, sans m'en mêler, grommela-t-il comme un dogue qui se révolte.

— Quel danger courais-je, imbécile?

— Suffit, dit l'autre d'un air satisfait, vous m'appelez...

— Tu.

— Comment! Tu?

— Tutoie-moi.

— Je n'oserai jamais.

— Il le faut.

— Mais...

— Je le veux! s'écria l'ouvrier avec impatience.

— Bon!... Tu... tu... tu... m'as appelé imbécile, donc tu ne m'en veux plus, mon bon Passe-Partout.

— A la bonne heure!

— Après ça, vous... tu... vous avez bien le droit de faire ce qui vous convient... Ah! foi d'homme, tant pis! je peux bien vous traiter de « mon capitaine », mais je ne pourrai jamais vous tutoyer comme un va-nu-pieds.

— Au diable! fit Passe-Partout, parle-moi comme tu l'entendras, mais n'oublie jamais que je ne suis qu'un ouvrier comme toi, ton camarade d'atelier, ton inséparable.

— Vous voyez bien que je ne peux pas me séparer de vous. C'est vous qui venez de le dire.

— Soit.

— J'ai donc bien fait de venir.

— Sans et contre mon ordre? répondit sévèrement Passe-Partout.

— Dame! oui, qu'il me semble, murmura la Cigale en baissant les yeux sous le clair regard de son interlocuteur.

— Même si je te jure que je ne te pardonnerai pas ta première désobéissance, ta prochaine indiscrétion.

— Il n'y a pas de dé... dé... désobéissance quand l'intention d'obéir y est. Il ne peut pas non plus... plus y avoir d'indiscrétion... Je suis muet comme une baleine quand il s'agit de... de... de...

Et le géant se sentit tellement ému que la fin de sa phrase ne put jamais sortir.

— Allons, allons, mulet, n'en fais qu'à ta guise, reprit Passe-Partout en se laissant toucher malgré lui par cet accent vrai. Sois prudent, seulement. Un de ces jours, tu me compromettras sans t'en douter.

— Ce jour-là, faites-moi sauter le crâne, je ne recommencerai plus.

— Ta main!

— Oh! mon... mon capitaine! — je veux dire... monsieur Passe-Partout.
— Souviens-toi que tu t'es jeté bien souvent entre la mort et moi!... Toute fausse démarche peut me coûter la vie...
— Vous voulez dire que ce n'était pas la peine de vous la sauver pour... pour...
— Pour me la faire perdre au moment où le but approche.
— Oh! cela, jamais!
— Puisque tu m'as suivi malgré moi, sais-tu ce qu'est devenu Caporal?
— Tout de même. C'est un matelot fini; il ne manquera pas son coup, quoiqu'il se soit embarqué sans palan.
— Tout n'est pas dit encore! fit en hochant la tête l'homme à la blouse bleue.
— Caporal est bien fin... Soyez calme... Il ne se laissera pas *genopper*.
— Je compte sur lui. Mais mieux vaut faire comme si je n'y comptais pas. Regarde si mon cheval est toujours derrière la hutte.
— Il y est. Je l'ai attaché au même arbre que le mien.
— Bien. Va me le chercher.

La Cigale tenait de l'Arabe, pour qui entendre c'est obéir... quand il lui plaît d'obéir.

Ouvrant l'immense compas de ses jambes, il s'éloigna rapidement.

Passe-Partout, ou le capitaine, — nous lui conserverons ce nom ou ce titre jusqu'à plus ample information, — se débarrassa aussitôt de sa blouse, de son pantalon, de son béret. Il parut alors dans une tenue de cheval d'une élégance irréprochable.

Enlevant la perruque noire et la fausse barbe de même couleur qui le déguisaient à tous les yeux, il ne garda qu'une fine moustache coquettement retroussée.

L'ouvrier de tout à l'heure se trouva métamorphosé en un jeune élégant au visage pâle et diaphane, aux traits fins et délicats comme ceux d'une femme qui n'aurait pas encore atteint la trentaine.

L'œil seul n'avait pas changé.

C'est une chose à remarquer : tous les hommes qui, par besoin, par métier, se travestissent journellement, agents de police, espions ou voleurs, arrivent avec une habileté rare, mais concevable, à des résultats extraordinaires pour tout ce qui concerne la démarche, la tournure, la taille, le visage et même la voix; mais jamais le plus expert n'est parvenu à changer l'expression de son regard.

Il vient toujours un moment où l'homme tout entier se révèle dans son œil.

Au moment où le capitaine achevait sa transformation, ou pour mieux dire sa toilette, la Cigale reparut, conduisant deux magnifiques bêtes en bride et tenant de la main gauche un chapeau et une cravache.

— Pourquoi deux chevaux? demanda le capitaine en sautant en selle.
Est-ce que je ne vous accompagne pas?
— Dans cette tenue? Tu es fou.
— C'est vrai.

— Hé! m'sieur Benjamin, vous perdez vot' chignon.

— D'ailleurs, ne faut-il pas que tu fasses disparaître toutes ces nippes?
— C'est encore vrai. Je suis une brute.
— Tu ne me croirais pas si je le disais, fit le capitaine avec un sourire.
— Tout de même... Et, quand j'aurai changé de peau et caché tout ça, qu'est-ce que je ferai?
— Ce que tu voudras.

— Vrai?... dit le géant avec joie; je pourrai vous suivre?...

— Tu me rejoindras... j'y consens, puisque, si je n'y consentais pas, ce serait exactement la même chose.

— Pour ça, oui.

— Du reste, il est possible que j'aie besoin de toi.

— Bon!... vous pouvez démarrer... Je serai bientôt dans vos eaux... là-bas, n'est-ce pas?

— Oui.

— Est-ce que vous ne prenez pas d'armes sur vous?

— J'ai des pistolets.

— Faudra avoir un revolver; ça vaut mieux.

— Allons, adieu. Ne tarde pas trop... et surtout sois prudent. Il y va de ma liberté, peut-être de ma vie.

— Bon! vous pouvez vous en aller.

Le jeune homme lui fit un dernier signe de tête amical, rendit la main et s'éloigna, au grand trot, dans la direction de la barrière d'Italie ou de Fontainebleau, ainsi qu'on la nomme plus ordinairement.

— On veillera au grain, murmura à part lui le géant tout en s'occupant de la disparition des différents vêtements laissés par son capitaine.

Après en avoir fait un paquet qu'il attacha à l'arçon de sa selle, il siffla un petit air de bravoure, jeta un dernier regard de précaution pour explorer les environs, et ne voyant rien de suspect il se mit en selle.

Peu d'instants après il galopait vers Paris.

Cinq minutes ne s'étaient pas écoulées depuis le départ de la Cigale, que le branchage d'un des arbres de la route s'entr'ouvrit, une tête pointue comme celle d'un renard s'avança, examina les environs; puis un corps suivit la tête pointue, et le tout dégringola lestement jusqu'à terre.

Là, cette étrange réduction de l'espèce parisienne, tenant un peu de l'homme et beaucoup du singe ou du renard, comme nous l'avancions plus haut, un *voyou* de la plus laide venue, se mit à ramper jusqu'à la hutte du cantonnier, tout en prenant certaines précautions et en bredouillant entre ses dents :

> La cigale ayant chanté tout l'été,
> Se trouva fort dépourvue
> Quand la bise fut venue.

Puis, sans être obligé de se baisser comme le géant dont il raillait le nom pour entrer dans ce pauvre taudis, l'enfant, le gnome, l'être curieux que nous venons de mettre en scène, tira de sa poche une boîte d'allumettes, en frotta une contre le sol, y mit le feu, et, s'orientant, il se dirigea rapidement vers une sorte de judas pratiqué dans la hutte, en face de l'entrée.

— Ça y est, pensa-t-il. Attendons.

Mais il n'attendit pas longtemps.

Un léger bruit se fit entendre derrière la hutte, et une main gantée, petite, aux doigts longs et fins, passa à travers l'ouverture formée par le petit judas.

La main tenait un louis.

Le gamin le prit tout en murmurant :

— Excusez... plus que ça de chic..., un jouvin de duchesse qui vous tend un jaunet. Nous sommes donc dans le grand monde?

La main se retira.

Il reprit plus haut, mais pourtant avec précaution :

— Est-ce vous, m'sieur Benjamin?

— Oui, répondit une voix douce et ferme à la fois.

— Vous avez vu?

— Tout.

— C'est-il votre affaire ?

— Que t'importe? Je te paye.

— Juste comme de l'or. Vous n'avez plus besoin de rien?

— Si.

— De quoi? Allez-y au même prix, je vous appartiens. Vous n'avez qu'à parler. Qué qui vous faut?

— Ton silence.

— Motus, n, i, ni, c'est fini.

— Et ton sommeil.

L'enfant se jeta sur un lit de feuilles sèches et poussa un ronflement des plus sonores.

Alors, un jeune homme mince, fluet, à la mine efféminée mais résolue, quitta l'embuscade où il se tenait derrière la hutte, et la tournant se dirigea vers la grande route.

La lune jetait une clarté blanche et rayonnante.

Le jeune homme se vit forcé de passer devant la porte du taudis.

L'enfant, ronflant toujours, ouvrit un œil.

Le jeune homme, dans sa précipitation, accrocha le haut de son chapeau à une branche. Le chapeau tomba ; en même temps, une longue et abondante chevelure d'un noir de jais se déroula sur ses épaules.

En un tour de main, les cheveux reprirent leur tournure masculine et le chapeau fut remis en place ; puis cheveux et chapeau disparurent.

Mais si rapide que fût l'action du nouveau venu ou de la nouvelle venue, qui s'éloignait en si grande hâte, le gamin eut le temps de tout voir et de crier :

— Hé! m'sieur Benjamin! vous perdez vot' chignon.

Ne recevant pas de réponse, il ouvrit les deux yeux, les referma, se fit la nique à lui-même, faute de ne pouvoir la faire à d'autres, et après s'être souhaité une bonne nuit le plus tendrement possible, il s'endormit sur son lit de feuillage et de terre sèche comme sur un duvet de roi.

II

UN ENLÈVEMENT QUI N'EST PAS CE QU'IL PARAIT ÊTRE

La demie sonnait à l'horloge du chemin de fer d'Orléans, boulevard de l'Hôpital.

Une voiture, venant de la place de la Bastille, après avoir traversé le pont d'Austerlitz et la place Valhubert, enfila au grand trot le boulevard de l'Hôpital, tourna la rue Poliveau et s'arrêta à l'angle formé par cette rue et celle du Marché-aux-Chevaux.

Les personnes que contenait cette voiture aux allures aristocratiques avaient probablement à se dire les derniers mots d'une conversation sérieuse et commencée depuis longtemps, car quelques minutes s'écoulèrent avant que la portière ne s'ouvrît.

Enfin un jeune homme élégamment vêtu en descendit.

Le cocher, obéissant à un mot d'ordre donné d'avance, abrita ses chevaux dans une encoignure sombre et se tint coi sur son siège, comme tout automédon de bonne maison doit faire en face d'une gelée blanche.

Cependant notre jeune homme, enveloppé dans un pardessus de couleur foncée, dont le collet relevé garantissait et défendait son visage contre les regards indiscrets et le froid piquant de la nuit, notre jeune homme s'enfonça à grands pas dans la rue du Marché-aux-Chevaux, en maugréant et pestant tout bas.

Les rues de ces quartiers éloignés du centre vivant de Paris sont encore aujourd'hui telles qu'elles étaient au moyen âge, mal bâties, plus mal pavées, sans air et sans soleil, privées de trottoirs et constamment boueuses.

La rue du Marché-aux-Chevaux surtout, habitée en grande partie par des carrossiers, des marchands de vin au détail et de pauvres hères appartenant à la classe la plus infime de la population, peut passer, été comme hiver, pour un véritable cloaque.

Cependant le jeune homme dont nous parlons, tout en jurant contre l'acuité des cailloux qui déchiraient ses bottes aux semelles fines et peu accoutumées à un pavé aussi rocailleux, s'orientait et se dirigeait vers une maison de misérable apparence.

L'adresse avec laquelle il évitait les flaques d'eau ou les tas de boue fétide qui se rencontraient à chaque instant sous ses pas, l'assurance avec laquelle il saisit le marteau rouillé d'une petite porte vermoulue, et le coup violent qu'il frappa, prouvaient clairement qu'il n'était un nouveau venu ni pour le pavé, ni pour le marteau.

Il était attendu sans doute, car la porte s'entr'ouvrit aussitôt, et à travers l'entre-bâillement passa la tête d'une vieille femme, si femme peut s'appeler l'être informe et hideux auquel cette tête appartenait.

Des yeux sans couleur précise, dont l'un tirait à *hue* et l'autre à *dia;* un nez aux cartilages rutilants, une bouche remplaçant des dents absentes par un sourire de danseuse sans emploi, un triple menton retombant sur des appas qui avaient dû exister quinze ans auparavant, mais qui, soit fatigue, soit maladie, avaient déserté leur immodeste séjour, le tout surmontant une masse ambulante de chairs fanées, haute de cinq pieds quatre pouces : voilà ce que possédait l'aimable créature qui vint ouvrir à notre inconnu.

— Est-ce vous, m'sieu Olivier? fit-elle d'une voix douce comme le dernier cri d'une scie en travail.

— Oui.

— Voyons ça! voyons ça!... Approchez voir.

Et elle levait à la hauteur de son visage l'âme d'une lanterne sourde.

— Qui diantre voulez-vous que ce soit? répondit brusquement celui que la vieille venait de nommer Olivier; et, tout en répondant, il rabattait la lanterne de façon à ne pas laisser voir son visage.

— Dame! est-ce que je sais, moi? Jusqu'au jour d'aujourd'hui vous n'avez pas voulu tant seulement me montrer le bout de votre nez.

— Ce n'est donc pas la peine de chercher à me reconnaître, dit Olivier en souriant avec ironie.

— Vous êtes ben dur pour le pauvre monde, m'sieu Olivier... Et pourtant, Dieu sait si je vous suis dévouée... Sans moi la petite...

— Pas de sentiment. J'ai de quoi augmenter votre dévouement dans ce portefeuille... Thérèse est-elle prête?

— Parbleure! oui. Elle s'est habillée en rechignant, en faisant des manières, pas vrai; mais ces jeunesses, ça n'a pas la science infuse, c'est si bête!... Ça ne comprend pas qu'il n'y a qu'une chose au monde, l'argent... Ça parle de vertu, de bonne renommée, jusqu'au jour où, va te promener! ni vu ni connu, je t'embrouille, et la danse commence... C'est cinq cents francs, vous savez?

— Les voici...

Et Olivier tira d'un portefeuille un billet de banque.

L'infâme vieille ne lui laissa seulement pas le temps de le lui tendre; elle fondit sur la main du jeune homme, prit l'argent, le mit dans sa poche avec un grognement de satisfaction, et ne remercia même pas, tant elle tenait à prouver sa vénération pour la Banque de France.

Olivier se recula avec dégoût pour que les doigts crochus de son interlocutrice n'effleurassent pas l'extrémité de sa main gantée.

— Il n'y a pas d'offense, grommela-t-elle... Entrez-vous?

— Non; prévenez.

— La petite?... Bon! elle est toute prévenue... Elle vous attend depuis longtemps déjà.

— Alors faisons vite. Priez-la de descendre.

— Sacr... Pardon!... mais vrai, là! vous êtes d'un vif, mon bon m'sieu Olivier, reprit la vieille sans bouger de place; ce n'est pas sans peine, allez, que j'ai réussi.

— Bien! bien!

— Avec ça que la petite...

— Dites : mademoiselle Thérèse! fit Olivier impatienté.
— Oh! je veux bien... Avec ça que la petite mam'zelle Thérèse ne savait pas plus ce qu'elle voulait que la chatte d'en face. D'abord c'était oui... ensuite, non... Il a fallu voir quand je lui ai apporté les *frusques*, et qu'elle a dû entrer dans ce beau dômino farci de dentelles noires... Ah! ouiche! saint bon Dieu! un vrai déluge de Niagara! quoi! J'en ai mouillé deux mouchoirs... mais je ne vous les compterai pas... C'est réglé, c'est payé... le blanchissage compris...
— Avez-vous fini ?
— Faut bien que je vous dise, pour que vous sachiez sur quel pied danser avec elle... Ne la brusquez pas, hein! Foi de vraie femme... c'est innocent comme la brebis qui vient de naître... Parole d'honneur! c'est bien la première fois que ça se voit chez moi...
— Taisez-vous donc, ou tout au moins parlez plus bas.
— Oh! il n'y a pas de danger...
— Maudite bavarde!
— Enfin, suffit. Elle ne connaît que cette entrée-là... et, vous le voyez, maison honnête, mon enseigne le dit assez : *Rose Machuré, revendeuse à la toilette, fait dans le neuf et dans le vieux, achète les reconnaissances du Mont-de-Piété et*...
— Au diable! Voulez-vous monter chez elle, ou je monterai, moi!
— Faut que je vous dise... Après avoir pleuré comme une Madeleine, sans raison pour ça, ma foi! la pet... non, mam'zelle Thérèse s'est décidée. Domino, masque et gants noirs... gants noirs, remarquez, on sait son monde! Si ça avait été une baladeuse de la Chaumière, je lui aurais collé des gants blancs nettoyés... mais...
— Allez toujours, dit Olivier, qui rongeait son frein, mais qui, réflexion faite, voulut entendre jusqu'au bout le verbiage de Mme Rose Machuré.
— Oh! ce ne sera pas long. J'ai mes affaires aussi, moi; tout le monde les a... Enfin, quoi!... elle est prête et mise comme une princesse en goguettes. Ça m'a donné un mal!... mais ça y est. Vous pouvez vous flatter d'avoir la main heureuse, m'sieu Olivier! Il n'y a pas moyen de trouver plus sage et plus rangé. Vous me recommanderez à vos amis et connaissances, pas vrai?
— Avez-vous tout dit?
— Pour ce qui regarde mam'zelle Thérèse? à peu près... mais pour vous, m'sieu Olivier, si j'ai un conseil à vous donner...
— Mère Machuré, gardez vos conseils et retenez bien ceci : Mlle Thérèse est une jeune fille pour laquelle je professe le plus grand respect.
— Du respect!... au bal de l'Opéra! ricana la vieille.
— Si je l'ai amenée dans votre immonde taudis...
— Allez toujours . c'est réglé, c'est payé, les injures compris...
— Dans votre immonde taudis, répéta Olivier, c'est qu'il me fallait dépister de redoutables limiers acharnés à sa poursuite.
— Ah bah! si j'avais su...
— Aujourd'hui qu'on a perdu sa trace, aujourd'hui qu'il n'y a plus de danger pour elle, même dans vos indiscrétions, je veux bien vous prévenir de ceci...

— Voyons, voyons.
— Oubliez que vous l'avez logée.
— Nourrie et blanchie quinze jours durant...
— Oubliez son nom, tout faux qu'il soit.
— Ah! elle ne s'appelle pas... de son nom?
— Perdez la mémoire de mes visites et de nos relations....
— Hum! c'est difficile:...
— Et dans six mois... peut-être même avant six mois, vous recevrez une somme égale à celle que je viens de vous remettre...
— Bon saint Jésus! c'est-il possible?
— Sinon... Attendez-vous à tous les dangers, à tous les malheurs!...
— Je suis une honnête femme!... fit la mégère en se redressant. Je ne crains rien... Oui-da!... c'est qu'on est en règle avec l'administration, m'sieu Olivier.
— Vous vous attirerez la haine de gens plus puissants que... mais vous êtes avertie... Je vous en ai dit assez.
— Parbleure! on se taira. Dès qu'il y a un billet de femelle...
— Hein?
— Un billet de cinq au bout de mon silence, il n'y a pas de danger que je lâche un mot...
— Et maintenant... allez chercher Mlle Thérèse.
— Qui n'est pas plus Thérèse que mon œil. On y va. . on y va...

Et Mme Machuré, laissant sa porte entr'ouverte, rentra dans le corridor borgne qui précédait un escalier boueux, à peine éclairé par une veilleuse à demi éteinte.

— Ah! madame la duchesse, si vous ne me teniez pas pieds et poings liés, je sais bien qui ne se chargerait pas de pareilles corvées, murmura Olivier, tout en frappant du pied avec impatience... Si jamais je suis libre... si jamais je...

Mais il eut sans doute peur d'être entendu, car, sans achever la phrase commencée, il jeta un regard soupçonneux autour de lui, et se mordit les lèvres jusqu'au sang, de regret d'avoir laissé échapper ce peu de mots.

L'absence de la Machuré ne fut pas de longue durée. Elle reparut peu d'instants après, suivie d'une jeune femme enveloppée dans un large manteau noir, un loup à barbe de dentelle sur le visage et laissant voir sous son manteau la jupe ou plutôt le bas d'un domino.

Elle tremblait et semblait ne suivre qu'à regret la Machuré, qui éclairait le corridor à l'aide de sa lanterne sourde.

Le jeune homme s'élança vers la jeune fille.

— Venez, lui dit-il, en lui offrant son bras, le temps nous presse.

La jeune fille prit le bras qu'on lui offrait, mais l'émotion fut plus forte que sa résolution, et elle fut forcée de s'arrêter.

— Vous tremblez... vous frissonnez... De grâce, rassurez-vous!... Appuyez-vous sur moi... vous n'avez rien à craindre!

— Mon Dieu! fit-elle d'une voix douce et suppliante, je vous demande pardon... je devrais être rassurée près de vous... je devrais me réjouir de quitter cette triste maison...

— Merci pour moi, grogna la vieille.

— Mais, reprit celle à qui nous donnerons encore le nom de Thérèse, ce costume, ces vêtements que je porte pour la première fois, cette solitude, l'heure à laquelle je me trouve près de vous !...

— Veut-elle pas aller voir M. Musard, chez lui, dans la matinée? continua la Machuré.

— Tout cela fait que je me demande si je suis bien éveillée...

— Faut-il la pincer? demanda la vieille à Olivier.

— Te tairas-tu, sorcière !

— Oh! là! là!

— Mademoiselle, ajouta Olivier... prenez mon bras et soyez sûre que c'est celui d'un ami.

— Connu! fit la Machuré.

— Où me conduisez-vous?

— Une voiture vous attend, et dans cette voiture...

— Tiens! ils ne seront pas seuls! Quel crétin! pensa la vieille.

— Et dans cette voiture? demanda Thérèse.

— Vous verrez quelqu'un, dit Olivier en souriant, qui chassera vos dernières hésitations... quelqu'un que vous serez heureuse de connaître.

— Allons! puisqu'il le faut.

— En v'là des manières! grommela la vieille... Allons! bon voyage, ma mignonne... Le premier pas est fait... Il n'y a que celui-là qui coûte... Allez jusqu'au bout... Soyez bien gentille... Fiez-vous à m'sieu Olivier qu'est un brave jeune homme et une bonne paye... Soyez heureuse, il n'en sera ni plus ni moins. Je connais ça.... Et n'oubliez pas la maman Machuré, qui s'est mise en quatre pour votre service... quoi!

— Sorcière damnée! s'écria Olivier en faisant un mouvement de menace vers elle.

Mais celle-ci ne l'attendit pas, elle se hâta de rentrer dans sa maison, et à travers la porte on l'entendit encore souhaiter bonne chance au jeune couple, de sa voix rogommeuse et pleine de ricanements.

— Je me sens mourir, murmura faiblement la jeune fille en s'appuyant contre le mur pour ne pas tomber; les odieuses paroles de cette femme...

— Du courage, mademoiselle, ayez foi en ma promesse.

— Si vous me trompiez, monsieur Olivier, reprit-elle tristement; si cet intérêt que vous me témoignez cachait un piège!

— Je vous pardonne ce doute, mademoiselle: la démarche que vous faites en ce moment est grave; vous allez vers l'inconnu, rien de plus naturel que votre émotion et votre anxiété. Je vous le répète : toute votre vie, tout votre avenir dépendent de cette nuit; connaissant mieux que vous l'influence terrible qu'elle aura, je comprends vos hésitations et vos appréhensions. Sans le savoir et sans qu'il me soit permis de vous donner une explication plus claire, vous allez jouer une partie formidable, dans laquelle vous vous trouvez engagée depuis le jour de votre naissance.

La jeune fille prit le bras qu'on lui offrait, mais l'émotion fut plus forte que sa résolution.

— Oh! mon Dieu! que m'apprenez-vous là! N'ai-je pas eu une existence assez misérable jusqu'à ce jour?... Me faudra-t-il plus tard regretter ce passé qui m'a paru si rude?

— Je ne dis pas cela, mademoiselle, mais je suis chargé de vous préparer aux situations violentes dans lesquelles vous mettrez le pied cette nuit. Ne redoutez pas cependant la première rencontre que vous allez faire!

Attendez-vous à une joie suprême, à une de ces joies qui épanouissent.
— Une joie?... laquelle?
— Dans peu d'instants, vous ne m'interrogerez plus. Soyez forte; réunissez toute votre énergie et préparez-vous à me dire : Olivier, merci, je vous dois l'heure la plus douce de ma vie !

Il y eut un court silence.

Les deux jeunes gens, immobiles en face l'un de l'autre, se considéraient avec une expression intraduisible, expression de pitié sympathique de la part d'Olivier, d'espérance et de crainte de la part de la jeune fille.

Peu à peu, le calme se fit dans l'âme de cette dernière, et d'une voix ferme :

— Monsieur Olivier, lui dit-elle, jusqu'à présent je vous ai trouvé bon, dévoué, sincère. Partons ! Où vous me mènerez, j'irai. Partons ; j'ai foi en vous.

— Venez.

Et Olivier l'entraîna en murmurant à part lui :

— Pauvre et belle enfant !... Ah ! duchesse ! duchesse !... vous ne briserez pas celle-là comme vous avez brisé les autres... J'ai obéi pour les autres... Mais foi de... foi de gentilhomme ! pour celle-ci, je ne vous obéirai pas. Je crois même que, s'il le faut, je mettrai des bâtons dans vos roues.

Et tous deux, l'un soutenant l'autre, descendirent lentement la rue, côte à côte, sans prononcer une parole, sans même se regarder.

Pour la première fois, ce jeune homme se sentit ému près de cette jeune fille, que peut-être, à son insu et contre son gré, il poussait vers un abîme.

Il rougissait du rôle qu'il venait de jouer, sans se rendre compte si ce rôle était celui d'un bon ou d'un mauvais ange.

Arrivé au coin de la rue Poliveau, Olivier fit arrêter la jeune fille et, lui montrant la voiture :

— C'est là ! fit-il; soyez courageuse.

Thérèse avança sans répondre.

— Montez, mon enfant, dit une voix calme et douce, une voix de femme.

Thérèse entra dans la voiture.

— Madame, s'écria alors Olivier s'adressant à une dame d'un certain âge dont les traits, encore très beaux, exprimaient une bienveillance pleine de charme; madame, je vous amène ma sœur.

— Venez, ma fille, dit la dame en ouvrant ses bras à la pauvre enfant, qui, à ces mots inattendus, à ce choc violent, perdit connaissance et n'entendit même pas Olivier qui ajoutait d'un ton de doux reproche :

— Vous ai-je menti, Thérèse?

Sans qu'il fût besoin de faire un signe au cocher, sans qu'on lui eût donné d'ordre ni d'adresse, celui-ci enveloppa ses chevaux d'un coup de fouet qui les fit partir ventre à terre.

Au moment où la voiture disparaissait à l'angle de la rue Poliveau et du boulevard de l'Hôpital, un petit judas, qui surmontait l'enseigne de la mère Machuré, s'entr'ouvrit, et la vieille mégère, s'efforçant d'allonger un cou qui ne ressemblait pas à celui du héron de la fable, la suivit des yeux en ricanant à travers son disgracieux sourire :

— Ah ! ben ! c'est du propre ! voilà qui est gentil ! Et qu'est-ce qu'il va dire de ça, l'autre ?

III

REPRODUCTION D'UN TABLEAU DE GÉROME

Le passage de l'Opéra, quoique situé au centre d'un des quartiers les plus vivants de Paris, est, sous certains rapports, le passage le moins gai, le moins animé que nous ayons.

A quoi cela tient-il ?

Nul ne saurait le dire.

Par ses deux galeries, aboutissant au boulevard des Italiens, par ses galeries souterraines, donnant rue Drouot, rue Rossini et rue Le Peletier, il offre cinq débouchés aux gens pressés.

Pourquoi ces gens d'affaires, boursiers, industriels, clercs d'huissier, ou saute-ruisseaux de notaire, préfèrent-ils le tourner comme un cap dangereux et prendre les rues voisines, plutôt que de s'engager dans ses galeries à l'aspect morne et sombre, à l'atmosphère humidifiée ?

Tout simplement, peut-être, parce que ces galeries sont mornes, sombres et humides.

Il en est une pourtant, surnommée l'*Allée des Soupirs*, qui, de sept heures du soir à une heure du matin, ne manque pas d'une certaine animation les soirs d'Opéra.

C'est dans cette allée, au milieu, que se trouve l'entrée des artistes et que, chaque lundi, mercredi et vendredi, défilent une ribambelle de jeunes et vieilles danseuses, plus ou moins crottées, plus ou moins accompagnées d'une mère ou d'une tante en cabas ou en accroche-cœurs, et une kyrielle de figurantes, marcheuses, chanteuses, toutes gaies et enclines aux joyeux propos.

Il y a des exceptions, nous objectera-t-on. Tant mieux pour les exceptions.

Pour en revenir à notre point de départ, sauf ce petit coin, oasis dans le désert, le passage de l'Opéra n'aurait jamais pu passer pour une succursale du théâtre du Palais-Royal.

Une époque dans l'année se rencontre, néanmoins, où ce malheureux et lugubre passage renaît au bonheur, aux éclats de rire et à une circulation si tumultueuse que par moments elle devient impossible.

Cette époque, vous l'avez deviné, est celle du carnaval.

Chaque samedi soir, un peu avant minuit, des ifs resplendissants de lumière appellent les passants, bourgeois, nobles ou manants, qui n'ont pas eu la prudence de regagner leurs paisibles domiciles ; et, naturellement, bourgeois, nobles et manants, en honnêtes passants, veulent passer par ce passage où la foule empêche de passer.

Nous sommes tous ainsi faits! Pourquoi ne nous moquerions-nous pas un peu les uns des autres?

En somme, à minuit sonnant, quelques masques honteux arrivent, se faufilent et cherchent à gagner l'entrée du bal sans qu'il survienne d'accident, l'un à son plumet gigantesque, l'autre à ses brodequins à la poulaine. Celui-ci, vêtu en mousquetaire Louis XII, tâche de garantir une épée en bois à fourreau de cuir mal graissé; celui-là tremble pour la jarretière d'un innocent bébé qui fait son premier pas dans le monde. La foule s'attendait à être intriguée, bousculée, disons le mot, *engueulée* par eux... Hélas! ils sont en caoutchouc; c'est elle qui se voit obligée de les tirailler, de les houspiller, de les *engueuler*, redisons le mot, puisque lui seul est de circonstance.

Ceux-là sont passés. Qu'ils ne reviennent plus, c'est tout ce qu'on leur demande. Si ces malheureux-là se sont grisés avant de se mettre en route, ils ont eu soin d'entourer leurs flacons de crêpes de deuil.

A d'autres! à d'autres!

— Ohé! les chicards! les flambards! par ici! La toile ou mes quatre sous! — Ohé! les petits agneaux! qu'est-ce qui casse les verres! — Monsieur se mouche! — Zut en musique! — Ohé! les pierrots! les polichinelles! les paillasses et les débardeurs! Par ici! par ici! — Va donc! Viens donc dans la rue Basse! — Oh! c'te balle! Bonjour, madame. — Lâche mon nez! — Cipal, on me pince! — Tiens, des double-six! — Je pose cinq et je retiens un! — Ohé! les titis! les pierrettes! les rosières! les bacchantes!

Les entendez-vous? Les avez-vous entendus? Non! eh bien! allez-y le premier soir de bal masqué, et vous les entendrez.

Si les chanteurs changent, les chansons sont toujours les mêmes.

Ceux-là représentent la gaieté française! Mort-diable! laisser-les passer. Leurs lazzis marqués au coin de l'esprit le plus fin se croisent dans l'air. Ce n'est qu'un feu roulant de rires avinés, de chants obscènes, de cris d'animaux; puis, désireux de joindre le geste à la parole, ceux-là que vous attendiez et que vous admirez, bons passants, bourgeois honnêtes que vous êtes, ceux-là vous écrasent les pieds, vous introduisent délicatement les coudes dans les hanches, vous lancent en plein visage un hoquet parfumé de vin bleu et vous bousculent férocement..

Que si vous vous fâchez, on se moque de vous.

« Fallait pas qu'y aille! »

Car telle est l'habitude du peuple le plus spirituel de la terre, ainsi que lui-même se qualifie modestement, il unit la raillerie de mauvais goût à la brutalité stupide, blaguant les hommes, insultant les femmes et s'asseyant sur les enfants.

Ah çà! qui donc prétendait que le passage de l'Opéra est un lieu triste et d'un aspect funèbre?

Voilà des gars qui sèment de la gaieté, de la meilleure, pour toute une année, y compris les six semaines de carême.

Enfin, le théâtre ouvre ses portes!

Les masques, les pékins en tenue de bal, les dominos de toutes couleurs se sont engouffrés dans l'immense *vomitorium ;* la foule des badauds diminue, s'écoule, disparaît et le passage redevient désert et silencieux.

Seuls quelques pâles voyous le traversent de temps à autre pour vendre du feu à un noctambule attardé ; et quatre ou cinq décrotteurs faméliques attendent à l'entrée, l'arme, c'est-à-dire la brosse au bras, une victime à la chaussure maculée, qui ne se presse pas d'arriver.

Or, la nuit dont nous parlons, la nuit du samedi au dimanche gras, une heure après l'ouverture du bal, deux groupes, composés, l'un de trois dominos noirs de tournure masculine, l'autre de trois hommes en costume de ville, quittaient le bal dans lequel ils étaient entrés depuis peu d'instants.

Ils tournèrent à gauche, traversèrent la galerie du Baromètre, alors presque déserte, et débouchèrent sur le boulevard.

Là, d'un commun accord, ils s'arrêtèrent silencieux, et les habits noirs à une certaine distance des dominos. Ces derniers portaient des masques, mais les éclairs menaçants de leurs yeux faisaient bien le pendant du frémissement qui agitait les lèvres d'un de leurs antagonistes.

Nous disons antagonistes, car, sans l'ombre d'un doute, ces six personnages ne se trouvaient là, attendants et anxieux, ni pour se rendre à un joyeux souper, ni pour y chercher les éléments d'une orgie nocturne.

Du reste, autant qu'on en pouvait juger par leur tenue et par leurs manières, ils semblaient tous appartenir au meilleur monde.

Quelques minutes s'écoulèrent, pendant lesquelles aucune parole ne fut échangée entre eux.

Enfin, celui des habits noirs qui témoignait le plus d'impatience, n'y tenant plus, s'adressa à l'un de ses amis et lui dit d'une voix qu'il ne prit même pas la peine d'amortir :

— Ce monsieur nous fait bien attendre : il ne reviendra pas. Nous en aurions eu plus tôt fini en prenant des fiacres et en passant chez toi. Rioban : tu as tous les outils nécessaires.

Rioban allait répondre, mais un des dominos, se détachant de son groupe et s'adressant à celui qui venait de parler :

— Vous vous trompez, monsieur, dit-il, notre ami ne tardera pas. Et quant aux armes, soyez tranquille, vous trouverez là-bas toutes celles qui vous conviendront.

— Le voici ! s'écria un second domino, désignant deux voitures de remise qui au même instant s'arrêtaient en face d'eux.

Un quatrième domino noir, assis auprès du cocher de la première voiture, descendit vivement, ouvrit la portière et offrit aux trois habits noirs de monter.

Il y eut un moment d'hésitation.

— Nous vous suivons, messieurs, fit en souriant l'un des hommes masqués.

On monta.

Les deux voitures se suivant de près roulèrent rapidement dans la direction de l'église de la Madeleine.

— Au bout de vingt minutes de marche on s'arrêta.

Ils descendirent tous, moins le dernier venu, qui se contenta de remettre à l'un des siens une boîte à pistolets et deux paires d'épées contenues dans un large fourreau de serge verte.

— Je reste, murmura-t-il à l'oreille du domino auquel il remettait ces armes ; si les quatre premiers sont touchés, le cinquième viendra me chercher.

— C'est convenu, mais espérons qu'on n'aura pas besoin de toi, lui répondit l'autre avec un demi-sourire.

— On ne sait pas, tenez-vous bien... le bandit a un poignet de fer, et il tire comme un maître. Bonne chance !

Les deux voitures s'étaient arrêtées au milieu d'un terrain vague encombré de pierres, de moellons, de solives et d'outils de toutes sortes, dans le quartier Beaujon, que l'on commençait alors à construire.

— Ici, nul ne nous troublera, fit le premier domino.

— C'est tout ce que je demande, répondit celui des habits noirs qui semblait le plus intéressé dans cette affaire.

Les six hommes s'enfoncèrent dans le dédale d'un hôtel en construction. Le dernier d'entre eux replaça derrière lui une planche que le premier avait enlevée pour pénétrer dans les décombres.

On fit halte dans une cour d'une dizaine de mètres de largeur, à peu près débarrassée de gravois et de pierres.

— Les armes ? dit l'un des dominos.

— Elles sont là. Le choix en appartient à monsieur, répondit un autre qui les portait.

— Pardon, messieurs, fit celui à qui l'on parlait, pardon ! Avant tout, désirant que les choses se fassent proprement, sinon en règle, permettez-moi de vous présenter mes témoins : M. le vicomte de Rioban et M. le baron d'Entragues.

— Nous connaissons ces messieurs, monsieur de Mauclerc.

— Ah ! il paraît que vous me connaissez aussi moi-même, fit de Mauclerc ; c'est à merveille. Maintenant, je l'espère, vous voudrez bien, pour que la partie soit égale, me faire savoir à qui j'ai affaire, d'abord comme adversaire, ensuite à qui ces messieurs auront à parler en qualité de témoins.

— A quoi bon tout cela? répondit le premier domino ; l'un de nous vous a insulté, l'un de nous vous rendra raison. Désignez celui qu'il vous conviendra de prendre à partie, et soyez sûr qu'on fera droit à votre demande.

— Charmant ! s'écria Mauclerc en riant du bout des lèvres. Un de ces outrages qu'on ne pardonne pas...

— Dites le mot, monsieur, vous avez été souffleté.

— Parfaitement, dit Mauclerc, qui, sur le terrain, avait retrouvé son sang-froid de duelliste consommé. Parfaitement, et soyez tranquille, dans cinq minutes je laverai ma joue dans le sang du fou qui me l'a salie. Je ne vous demande même pas le motif de cette attaque. Mais je ne veux pas tuer Pierre, si c'est Paul qui est le fou en question. Voyons, messieurs, lequel de vous est le Paul demandé?

— A la bonne heure ! fit une voix amère ; on voit que le déshonneur est une vieille connaissance pour M. de Mauclerc. Il rit sur les ruines de son honneur.

— Finissons-en. Lequel de vous est l'insulteur? Lequel?
— Choisissez.
— Est-ce votre dernier mot?
— Notre dernier.
— Alors, messieurs, j'en passerai par où vous voulez. Je ne comptais tuer que l'un de vous; je vous tuerai tous les trois, voilà tout.
— Est-ce moi que vous prenez pour votre premier adversaire? fit le premier domino.
— Vous? soit! Seulement, comme je veux que la chance soit égale, vous m'avez reproché le soufflet que j'ai reçu, mon bon ami, tenez, voilà qui nous met au même niveau.

Et en moins de temps qu'il ne nous en a fallu pour écrire ce peu de mots, Mauclerc se précipita sur son interlocuteur, lui arracha son masque, et le frappa de son gant au visage.

L'autre ne poussa pas un cri, ne dit pas un mot, mais, sautant sur une épée, il se trouva en garde, avant même que Mauclerc eût pu prononcer son nom :

— René de Luz!
— Moi-même! En garde! Et vous, messieurs, à bas les masques! Il convient que M. de Mauclerc sache maintenant en face de qui il se trouve. Bas le masque, Mortimer! bas le masque, San-Lucar! — Êtes-vous content, monsieur? ajouta-t-il en couvant Mauclerc d'un regard de feu, et sommes-nous dignes de croiser le fer avec un misérable, un traître et un vendu comme vous?

— Mortimer! San-Lucar! de Luz!... On sait tout! pensa Mauclerc, qui par contenance faisait plier son épée, dont il avait piqué la pointe en terre.
— Exigez-vous d'autres explications? dit René de Luz, qui n'avait pas l'air de se souvenir de l'outrage qu'il venait de subir, tant cet outrage partait de bas.
— Non, je suis à vos ordres.
— Messieurs, faites votre office, dit René de Luz aux témoins.
— Pardon! repartit le baron d'Entragues, avant d'aller plus loin il faut bien poser ceci : c'est que si M. de Mauclerc, qui est renommé la plus fine lame de Paris, met hors de combat ces trois messieurs, il lui faudra également nous passer sur le corps, à Rioban et à moi, pour se tirer tout à fait d'embarras.
— Que voulez-vous dire? s'écria Mauclerc en faisant trois pas en arrière.
— Nous voulons dire ceci, répondirent en même temps de Rioban et d'Entragues.

Et tous deux ensemble s'avancèrent vers Mauclerc, et tous deux, l'un après l'autre, lui murmurèrent à l'oreille quelques mots qui lui firent pousser un cri étouffé.

— Eux aussi! murmura-t-il, eux aussi! je suis perdu.

Instinctivement, il jeta les yeux autour de lui comme pour trouver un refuge, un secours, une éclaircie par où fuir. Mais rien ! Ces cinq hommes, dont l'un venait d'être mortellement insulté par lui, se tenaient devant lui, derrière lui, et autour de lui, impassibles comme la Justice, terribles comme la Vengeance, inexorables comme la Destinée.

Mauclerc eut peur.

Mais cette peur ne dura qu'un éclair. Presque aussitôt il redevint maître de lui-même, et, serrant les dents, il laissa échapper ces mots que René de Luz seul entendit :

— Tas d'imbéciles ! Ils pouvaient m'assassiner et ils font les généreux ! Tas d'imbéciles !

— Nous tuons, mais nous n'assassinons pas, monsieur, lui répondit de Luz avec mépris. C'est moi qui ai demandé qu'on vous fît l'honneur de croiser le fer avec vous. Nous étions en droit de vous assommer comme un chien enragé au coin d'une borne. Cette justice sommaire n'est pas dans les usages de notre patrie. Vous avez manqué à tous vos serments, vous alliez vendre vos frères !...

— Ce n'est pas vrai.

— Vous deviez les vendre demain. Vous avez sur vous la liste de la délation. Ne niez pas, vous l'avez sur vous... là, tenez,... là.

Et, du bout de son épée, le jeune homme désigna la poche de gauche de l'habit de Mauclerc.

— Vous mentez ! vous mentez !

— C'est ce que nous allons voir.

Et René de Luz, qui avait eu le temps de se débarrasser de son domino, tomba en garde, la main haute, la pointe au corps et son œil dans l'œil de son adversaire.

Mais, nous l'avons dit plus haut, Mauclerc était un maître en fait d'armes.

Son premier soin fut de rompre. Puis, se recueillant, se ramassant bien sous son épée, il attendit, n'offrant à son adversaire qu'une série de contres, faits avec une rapidité prestigieuse.

René de Luz ne bougeait pas d'une semelle. Cherchant un jour, il se contenta deux ou trois fois d'allonger le bras, de faire deux ou trois fois feintes de coup droit qui, toutes, rencontrèrent la parade de Mauclerc.

Chaque fois Mauclerc riposta. La première, il effleura René de Luz au visage ; la seconde, il le toucha à l'épaule gauche ; la troisième, à la main droite.

Les quatre témoins ne laissèrent échapper ni un cri, ni un souffle, quelle que fût leur anxiété.

C'était bien un combat mortel. Toute blessure non mortelle ne devait pas arrêter le combat.

René de Luz avait passé son épée de la main droite à la main gauche.

Son sang coulait par trois égratignures, mais sa volonté et la confiance en son droit le soutenaient.

Enfin, il parvint à saisir le fer de Mauclerc.

Alors, se fendant à fond, il tira en pleine poitrine après un battement de précaution.

D'Entragues prit l'arme qui venait de s'échapper des mains défaillantes du blessé.

Une retraite de corps, de gauche à droite, fit dévier son épée, qui fila entre le bras gauche et le flanc de Mauclerc.

Alors il se passa quelque chose d'atroce.

Mauclerc, qui serrait l'arme de son adversaire de façon à paralyser toute attaque nouvelle, au lieu de rompre et de se mettre en garde, comme tout combattant loyal aurait fait, prit son temps, choisit bien sa place et plongea son épée jusqu'à la garde dans la poitrine du malheureux jeune homme.

— Lâche! aussi lâche que traître! murmura celui-ci en tombant, lâche!

— A un autre, fit Mauclerc, pendant que Mortimer et San-Lucar secouraient René de Luz.

Et il essuya tranquillement son épée dégouttante de sang, en l'enfonçant dans la terre humide.

D'Entragues prit l'arme qui venait d'échapper à la main défaillante du blessé.

— Ce sera moi, si vous voulez?

— Vous, mon témoin? ricana l'autre. Soit. Venez, que je vous paye la peine que vous avez prise de venir jusqu'ici.

Cette fois, les fers se croisèrent jusqu'à la garde; les deux tireurs firent en même temps un pas de retraite, puis, revenant l'un sur l'autre, ils s'attaquèrent avec fureur.

Mauclerc sentit qu'il avait trouvé un adversaire redoutable.

Il redoubla de soin, de force et de vitesse.

Mais, comprenant que le baron venait d'étudier son jeu, il en changea, et prit une garde en tierce, usitée surtout par les duellistes italiens ou espagnols.

C'était un étrange et sinistre spectacle que celui de ces deux hommes aux traits pâlis par la colère et la haine, qui se tâtaient, s'épiaient froidement, pliés sur leurs jarrets, prêts à s'élancer l'un sur l'autre, à s'entre-déchirer comme deux tigres.

A leur droite, un groupe composé des deux dominos, qui soignaient et soutenaient un blessé, un mourant peut-être...

A leur gauche, un jeune homme, le vicomte de Rioban, le cigare aux lèvres, attendant que son tour vint.

Et au-dessus de leur tête, la lune blafarde, cette vieille curieuse, éclairant de ses rayons argentés ces monceaux de pierres tristes comme des ruines centenaires.

Un silence de mort planait sur toutes ces têtes. On n'entendait d'autre bruit que le froissement de l'acier contre l'acier et les appels de pied des combattants.

Les épées sifflaient comme des serpents : dégagements, coups droits, battements, coupés, toutes les finesses, toutes les ressources de l'escrime étaient mises en pratique par ces deux hommes, qui semblaient avoir eu le même maître.

Mauclerc, plus grand, plus robuste, sentant qu'il fallait en finir avec ce second adversaire, et en finir promptement, s'il ne voulait pas donner la partie trop belle à celui qui lui succéderait, se décida à mettre à profit sa taille et sa vigueur.

D'Entragues, qui lisait dans son regard, s'arrêta, l'épée haute et prêt à riposter, sur une parade de seconde.

Mauclerc se fendit, rapide comme la foudre.

— Il va parer seconde; je remise et je le tue, murmura-t-il à part lui.

Un fin sourire se jouait sur la lèvre du baron d'Entragues. Il para bien seconde, comme l'autre l'avait espéré ; mais, au lieu d'une parade simple, il en fit une double.

Mauclerc, toujours fendu, essaya en vain de remiser son coup, et pendant qu'il cherchait à se relever, à reprendre son équilibre et à rompre, son ennemi lui allongea un coup droit en plein corps.

— Ah ! la liste !... la liste !... put à peine articuler le misérable.

Et il s'affaissa sur le sol, où il demeura immobile.

L'épée vengeresse de d'Entragues avait traversé ce papier qui devait envoyer *ses frères*, ainsi que l'avait dit René de Luz, à l'échafaud ou tout au moins dans un exil perpétuel.

— Est-il mort ? demanda Rioban.

— S'il en revenait, ce serait triste, répondit d'Entragues, qui, se penchant sur le corps de Mauclerc, s'empara d'une enveloppe sanglante et contenant la preuve de son infamie et de sa trahison.

— Laissons-nous le corps ici ? fit San-Lucar.

— Non, repartit Mortimer, accomplissons nos ordres jusqu'au bout.

— Soit.

Au moment où deux d'entre eux se baissaient pour prendre le corps et le porter jusqu'à la voiture, une voix à peine distincte murmura ce mot :

— Attendez !

Les quatre témoins des deux scènes précédentes se retournèrent stupéfaits, et ils assistèrent au spectacle horrible, mais vrai, que nous allons décrire :

René de Luz, le blessé, l'agonisant, profitant de la liberté que lui laissaient ses amis, dont toute l'attention s'était reportée sur les derniers moments de Mauclerc, René de Luz, se traînant jusqu'au corps de celui-ci, lui prit la tête d'une main, tout en se soutenant de l'autre, et, approchant sa bouche de l'oreille du vaincu :

— Tu devais laver ta joue dans le sang de l'homme qui t'avait frappé au visage, Mauclerc : cet homme, c'était moi. Tu ne l'as pas fait. Tu as menti en cela, comme dans tout le reste. Mais tu m'as souffleté, et ce que tu as dit, je le ferai.

Et sur ce, René de Luz trempant sa main dans le sang de Mauclerc, se lava la joue souffletée, et cette joue toute rouge et ruisselante, par un suprême effort il se dressa debout, seul, sans secours, et d'une voix fière et vibrante :

— Mes amis, cria-t-il, croyez-vous que mon honneur me soit rendu ?

Et il tomba de toute sa hauteur sur la terre humide et sanglante.

Quels sont ces hommes ? Vers quel but inconnu marchent-ils ? Nous le saurons dans le courant de cette longue histoire. Mais, à coup sûr, le but ne peut être que grand et terrible. Ces hommes vont droit devant eux, broyant tout sur leur passage, jouant avec la mort, qui seule peut les arrêter en chemin.

Quelques minutes plus tard, une des voitures emportait René de Luz dans les bras de ses amis en deuil.

L'autre contenait, avec le corps de Mauclerc, roulé dans une couverture de cheval, deux hommes masqués.

Après un quart d'heure de marche, ce dernier véhicule atteignit le pont d'Iéna. Là, s'arrêtant au milieu du pont, le cocher cria :

— Il n'y a personne.

Les deux hommes masqués descendirent, prirent le vaincu, le portèrent sur le parapet et le lancèrent dans la rivière, qui l'engloutit avec un bruit sinistre. Puis ils remontèrent dans la voiture, qui partit au grand trot, se dirigeant vers l'endroit où elle les avait pris, à l'entrée du passage de l'Opéra.

MM. d'Entragues et de Rioban attendaient les deux dominos.

Deux heures sonnaient quand les quatre personnages qui venaient d'assister aux terribles scènes que nous avons racontées, rentrèrent calmes et souriants dans le bal, où les appelait un motif assez puissant pour leur faire déserter le chevet de René de Luz, laissé entre les mains de nos meilleurs médecins.

Ils arrivèrent juste au moment où, après un galop infernal, les joyeux masques, titis, chicards, débardeurs, sauvages, etc., portaient en triomphe le héros de leur orchestre, Musard, le vrai, le seul Musard, — Musard, premier du nom !

IV

OU IL EST DÉMONTRÉ QUE LE CARNAVAL N'EST PAS GAI POUR TOUT LE MONDE

On vient de le voir, tout Paris est en fête.

Plus que tous les autres, le quartier des Écoles prend sa part de la joie commune.

Les cabarets chantent aux angles des rues de la Cité, de la Harpe et Saint-Jacques.

Sur les boulevards extérieurs, les bals publics éparpillent dans l'air les notes apocryphes de leur musique d'aveugle appelant, à grand renfort d'harmonie imitative, les danseurs qui se hâtent d'accourir, déjà plus que raisonnablement ivres.

Là, c'est la jeunesse qui jette sa gourme, ce sont les fils de bons provinciaux qui se saignent aux quatre veines pour leur faire apprendre le droit ou la médecine.

Vous voyez ce sauvage aux plumes de coq et au nez carabiné, un jour ce sera l'aigle du barreau parisien, peut-être même un des foudres de l'opposition à notre tribune politique ! Ce Soulouque à jupe de danseuse, dont les épaulettes sont faites avec des carottes et des navets artistement collés les uns aux autres, ne vous y trompez pas, dans vingt ans vous lui confierez la vie de votre femme, de vos enfants !

Ils en ont pour quatre ou cinq ans de cette vie fiévreuse et dégingandée.

Puis viendra l'heure des lunettes et des favoris côtelettes. Adieu barbiches brunes et blondes, moustaches aux crocs retroussés par derrière l'oreille, chevelures incultes et flottant au gré de l'amour ! Adieu le printemps, l'espérance et la gaieté, voici venir vers eux le monde qui leur dit, le menton enfoncé dans sa cravate : *Sat prata biberunt*... Assez de folie, mes bons amis ; plus de rires, plus d'illusions ! C'est l'heure de la réalité, de l'ambition, de la cupidité. Oubliez que vous avez un cœur ; gagnez de l'argent ! Brisez ces chaînes qui vous faisaient la vie si douce et si fleurie ; il vous faut des rubans de toutes couleurs à vos boutonnières. Oubliez le passé avec ses lumières et ses refrains de tendresse ; il s'agit d'arriver, de grimper sur le dos de vos devanciers. Plus d'amis, plus de maîtresses ! Vous êtes des hommes ; travaillez, réussissez ! Sinon, mieux vaudrait pour vous ne jamais avoir vu le jour.

Au moins ceux-là s'amusent pour s'amuser.

Ils ne descendent pas des hauteurs de Montmartre et de Batignolles, dans un costume qu'ils doivent à une entreprise de gaieté publique, garçons bouchers donnant le bras à des balayeuses, pour gagner trois francs et quelques centimes au bout d'une nuit de quadrilles de commande.

Ils ne prennent pas des noms comme la Bretonne, Baudruche, le Capricorne ou le Saut-de-Lapin, et ne se font pas offrir cinquante ou soixante francs par les libertins blasés et avachis de débauche, pour danser sous leur loge d'avant-scène le pas de la grenouille en gésine.

Ils y vont bon jeu, bon argent.

Ils n'ont rien de répugnant, et si parfois ils descendent au niveau des brutes que nous venons de citer, ils en rougissent le lendemain et se jurent bien de ne pas recommencer.

Quelques-uns de ces étudiants plus riches ou mieux accouplés que leurs amis et camarades, dédaignant la Chaumière, le Prado et autres bals du quartier, désertaient la rive gauche et, traversant les ponts, se rendaient, cette nuit-là, soit à l'Opéra, soit à Valentino.

Abandonnons-les quelques instants, nous les retrouverons tout à l'heure.

Au coin de la rue des Saints-Pères et de la rue de Lille, sous une porte cochère donnant en face d'un de ces restaurants à bon marché, que les étudiants surnomment des *Rôtisseuses*, une pauvre femme, aux traits fins et distingués mais que la misère, le désespoir ou peut-être la débauche, avaient marquée de leur ineffaçable stigmate, se tenait accroupie dans l'ombre, un enfant de quatre ou cinq ans dans les bras.

L'enfant, un petit garçon, une tête d'ange bouffi, grelottait dans les haillons sordides, misérables, mais propres dont il était enveloppé.

La mère, jeune, quoique de prime abord il eût été impossible de lui assigner un âge déterminé, la mère, vêtue d'une vieille robe de soie noire, trouée, reprisée, en loques, dernier vestige d'un luxe effacé, la tête entortillée dans un mouchoir formant capuchon, pleurait à chaudes larmes tout en essayant de réchauffer la pauvre petite créature, qui d'instant en instant murmurait d'une voix faible et convulsive :

— Maman, j'ai froid !

— Mon Dieu ! mon Dieu ! sanglotait la misérable, et ne rien pouvoir, et ne plus rien avoir ! plus rien ! Et tout ce monde qui soupe, qui chante, rit et s'enivre! Ils vont me laisser mourir là, sans pitié, sans secours! Oh! mon enfant! mon cher enfant! si tu pouvais dormir!...

Et, embrassant son fils avec frénésie, avec des tressaillements nerveux, elle se mit à le bercer, à le dodeliner, pour essayer de l'endormir, lui et ses souffrances, qui lui faisaient oublier ses propres souffrances, à elle.

— Oh! maman! j'ai bien froid! bien froid!

Elle ôta le foulard qui lui garantissait la tête et elle l'en enveloppa, laissant retomber sa chevelure en désordre le long de ses épaules, sans y prendre garde.

— Chassés! Plus d'asile! plus de pain! Oh! ville sans entrailles! Il est donc vrai que tu dévores tes enfants! J'ai été belle, heureuse! moi aussi, tout m'a souri. Depuis que Dieu m'a donné cet ange, il m'a repris le bonheur. Voilà vingt heures que je n'ai rien mangé... Oui, mais lui, mon trésor chéri, il ne souffre pas, je lui ai donné mon dernier morceau de pain. Si je pouvais l'endormir!

Et elle le berçait toujours!

Mais comme si toutes ses paroles, tous ses désirs dussent se tourner contre elle, l'enfant, qui commençait à fermer les yeux, les rouvrit, et, lui passant ses petits bras autour du cou, l'embrassa et lui dit tout doucement :

— Maman, j'ai faim! Est-ce que nous n'allons pas bientôt manger?

— Manger!

La malheureuse se mit à frissonner; des hoquets convulsifs soulevaient sa poitrine, elle jetait autour d'elle des regards qui ne voyaient plus rien; les larmes s'arrêtèrent dans ses yeux égarés et brûlés par la fièvre.

A ce moment, du premier étage du restaurant voisin, des chants bachiques s'élancèrent et arrivèrent jusqu'à elle.

C'était :

> Messieurs les étudiants
> S'en vont à la Chaumière,
> Pour danser le cancan
> Et la Robert-Macaire;

ou :

> Le père Adam, trois jours avant sa faute, etc.;

ou du Béranger : on en chantait encore en 1847, et les fourchettes frappaient les verres, les assiettes brisées sautaient par la fenêtre. Deux ou trois éclats de porcelaine vinrent rouler jusqu'aux pieds de la pauvre femme.

Elle jeta un regard avide sur ces débris, pour voir si par hasard elle n'aurait pas pu rencontrer la pâture d'un chien; mais les heureux et les gorgés de là-haut ne se doutaient point qu'à quelques pas à peine de leurs joyeusetés, succombant sous le froid et la faim, une mère se désespérait sur son enfant qui lui demandait du pain.

— Que faire? Si je chantais aussi!... Ils m'entendraient! Ils me secourraient! Oui, essayons.

Et elle commença d'une voix faible, mais encore belle et habile dans l'art du chant, l'*Adieu*, de Schubert :

> Voici l'instant suprême,
> L'instant de nos adieux !
> O toi ! seul bien que j'aime,
> Sans moi retourne aux cieux !
> La mort...

Ici la voix lui manqua.

Elle s'était levée, son fils toujours bercé par ses bras glacés ; elle retomba, chancelante, sans voix, sur la borne qui lui servait de siège, sans pouvoir répéter d'autre mot que :

— La mort ! la mort !

Mais son but était atteint.

La fenêtre du restaurant venait de s'ouvrir et quatre ou cinq masques, des verres de champagne à la main, des cigares aux lèvres, le bras entourant la taille des grisettes, lorettes ou étudiantes qui leur donnaient la réplique, parurent, cherchant d'où pouvait venir cette réponse funèbre à leurs gais refrains.

Tout d'abord, ils ne virent rien, et l'un d'eux se mit à crier :

— La bonne farce ! hé ! là-bas ! la Malibran, faites dételer, nous remplacerons les chevaux de votre carrosse !

La pauvre femme releva la tête, comme si elle eût reçu subitement une commotion électrique, ses yeux lancèrent un regard de convoitise vers les bougies qu'on voyait au travers des vitres du cabinet où soupaient ces gens-là. Elle prêta l'oreille à cette raillerie, qui, pour elle, était une espérance.

— La charité, s'il vous plaît ? fit-elle en baissant la tête.

La voix de la pauvre femme résonnait si faiblement, qu'elle se perdit au milieu des rires et des calembours.

— La Pomme, appelle-moi Jean, ou je ne te réponds plus, dit en titubant sur ses jambes un tout jeune étudiant de première année, qui cherchait à se faire passer pour un viveur, un cynique, un blasé, lui qui arrivait la veille de Bernay, avec deux malles pleines de linge, des illusions plein la tête, et des mains plus rouges que celles d'une Javotte de village.

La mère mit un baiser au front pâle de son enfant.

La Pomme mit un soufflet sur la joue de son cavalier, et lui riant au nez :

— Je ne connais que des Arthurs. Tu t'appelleras Arthur comme les autres. Voilà !

En ce moment ses regards tombèrent sur la mendiante, qui s'était avancée jusque sous la fenêtre, et qui tendait la main.

— La charité ? J'ai faim, mon fils aussi !

— Oh ! pauvre femme ! s'écria la Pomme. Tiens ! sans cœur d'Arthur, regarde, la voilà ta Malibran ! Vite la main à la poche.

— Ah ! plus souvent ! répondit celui-ci en se retirant de la fenêtre... On la connaît, c'est toujours la même chose ! Voilà dix ans que cette coquine-là fait les mêmes grimaces ! Tu ne vois donc pas qu'elle a bu ? Elle ne peut même pas se tenir sur ses jambes.

Et le malheureux, qui était ivre, se laissa aller et retomba lourdement sur un canapé.

— Ivre, moi ! pensa la pauvre femme.

Et, joignant les mains, elle retomba agenouillée sur le pavé.

— Allons, descendons, et plus vite que ça, fit la Pomme, une belle brune aux joues brillantes de santé. Ohé ! les autres !... L'addition est payée, mais c'est égal, voilà mon bonnet de police qui servira d'aumônière. Allons-y gaiement !

Chacun des étudiants mit une pièce de monnaie dans le bonnet de titi que tendait la jeune fille; Arthur ou Jean lui-même fut obligé de s'exécuter.

— Maintenant, nos paletots, nos manteaux, et en route pour l'Opéra ! Je me charge de faire accepter la chose par la pauvre femme.

On descendit, et le produit de la collecte, qui s'élevait à une trentaine de francs, déposé par la Pomme entre les mains de la mendiante.

— Voilà de quoi vous nourrir et vous couvrir cette nuit, la mère, vous et votre petiot.

— Merci ! oh ! merci ! sanglota la femme.

— Ne nous remerciez pas... Ça commence bien notre nuit... nous sommes sûrs de nous amuser. Allons, Arthur, prends mon bras et marche droit.

Arthur obéit tout en murmurant :

— Sapristi ! qu'il fait froid ! On me fait marcher contre le vent. Je n'aime pas ça.

Les chansons et les cris recommencèrent.

La bande joyeuse s'éloigna sans faire plus attention à la mendiante ni à l'enfant, qu'elle s'était empressée de reprendre dans ses bras.

En ce moment, deux hommes qui avaient eu soin de laisser s'éloigner les étudiants masqués, s'approchèrent vivement de la mère et de l'enfant.

Puis, sur un signe du premier, le second, donnant une brusque secousse au bras de la malheureuse qui tenait l'aumône des jeunes gens, fit tomber à terre cinq ou six pièces d'argent, sur lesquelles il se précipita.

Après les avoir ramassées et mises dans sa poche, il prit la fuite à toutes jambes.

La femme, qui n'avait songé qu'à préserver son enfant de ce choc brutal, demeura un instant sans comprendre, puis elle s'arrêta froide, inerte, atterrée.

Le second inconnu l'examinait froidement.

— Monsieur ! monsieur ! s'écria-t-elle, on vole le pain, la vie de mon fils ! Au secours ! au secours !

L'homme ne bougea pas. Il n'eut même pas l'air de l'entendre.

Alors, se relevant, effarée, les yeux démesurément ouverts, agitée d'un tremblement irrésistible, elle poussa deux ou trois cris inarticulés semblables à des rugissements.

L'homme resta de pierre.

— Voilà de quoi vous nourrir et vous couvrir cette nuit, la mère, vous et votre petiot.

La pauvre femme vit qu'elle n'avait plus de pitié à attendre de personne, et, serrant avec violence contre son sein son fils qui pleurait et criait :
— Maman, j'ai froid, j'ai faim ! elle bondit et s'élança en courant vers le quai voisin.

L'homme suivit.

N'écoutant ni les plaintes, ni les cris d'effroi de l'enfant, elle courait, laissant échapper de ses lèvres crispées ces seuls mots, qu'elle avait essayé de chanter peu d'instants auparavant :

— La mort !... la mort !

Au loin, les pierrots, les sauvages et les débardeurs qui étaient venus à son secours traversaient en ce moment le pont des Arts en chantant.

Sans ralentir sa course affolée, la pauvre désespérée tourna le quai de gauche, s'engagea sur le pont du Carrousel, et arrivée au milieu à peu près, elle s'arrêta, puis se pencha sur le parapet.

Sous ses yeux, les eaux de la Seine déroulaient leur ruban blafard, large et moutonneux. Elles semblaient lui dire :

— Viens, nous te recevrons comme une amie, tu te reposeras dans notre sein. Ici est le repos, ici la fin de tes douleurs. Viens !

Ses lèvres murmurèrent une dernière oraison, un muet adieu à la vie.

Puis, couvrant de baisers frénétiques les joues de son enfant, elle sanglota :

— Mon Dieu ! mourir à vingt-cinq ans ! Mon Dieu ! pardonnez-moi... mais j'aime mieux l'emmener avec moi ! La route serait trop rude pour lui ! je ne veux pas qu'il reste seul dans ce monde... D'ailleurs une bonne mère ne quitte pas son enfant !... Viens, mon fils, viens avec moi !

Elle fit le signe de la croix et monta sur le parapet.

Une main puissante la saisit par la ceinture et l'attira en arrière.

Elle retomba à genoux sur le pont.

— Vous ! s'écria-t-elle avec une indicible terreur, en reconnaissant l'homme qui avait fait signe de la voler. Vous !

— Mauvaise mère, lui répondit une voix ferme et imposante.

— Mauvaise mère !... moi !...

— Quel est donc le Dieu qui autorise une mère à tuer son enfant ?

— Oh ! mon fils ! mon cher fils !

Et elle éclata en sanglots, trop longtemps contenus.

— Pleurez ! reprit l'inconnu, pleurez et repentez-vous !

Elle releva la tête et le regardant fixement :

— Qui êtes-vous ? que me voulez-vous ?

— Je suis votre ami... je veux votre enfant.

— Mon enfant !... Ah ! cria-t-elle au comble de l'exaspération, tout à l'heure on m'a volé mon pain... maintenant on veut me voler mon enfant ! Oh ! non ! non !... Eh bien ! venez donc me le prendre !

— Pauvre folle ! fit l'inconnu, qui s'approcha d'elle.

— Ne me touchez pas, cria la mère épouvantée, j'appelle, je crie... On viendra... Vous ne me volerez pas mon chérubin, mon trésor, ma vie... à moi... On viendra... Il veut me... Ah ! le misérable ! A moi... à moi !...

Ce fut tout.

La fatigue, le besoin l'emportèrent ; elle se sentit défaillir et elle tomba.

L'étranger se précipita et soutint l'enfant, qu'en tombant, par un mouvement instinctif, elle levait en l'air pour le préserver de tout mal ; puis il se baissa, saisit la mère dans ses bras et reprit, suivi du fils, le chemin que la pauvre femme venait de franchir en courant.

Arrivé à la porte du restaurant, il sonna, on ouvrit.

Son premier soin fut de déposer la mère et l'enfant dans une chambre où des secours leur furent prodigués.

Ensuite il manda le maître de l'établissement, qui, après avoir écouté ce que l'étranger lui dit à voix basse, s'inclina respectueusement devant lui et se retira.

À ce moment, on frappa à la porte du salon où tout cela se passait.

Sur un mot, entra le second inconnu, qui avait volé l'aumône des étudiants.

— Tout est-il prêt, Karl? demanda l'inconnu.

— Oui, répondit le nouveau venu. On n'attend plus que Votre Excellence, et les personnes qu'il lui plaira d'amener.

. . . .

Voilà, parmi beaucoup d'autres, tristes, joyeuses, dramatiques ou burlesques, les quatre principales scènes qui se passèrent à Paris, la nuit du samedi gras de l'an 1847, entre minuit et deux heures du matin, scènes qui auraient été vues par le *Rôdeur nocturne* dont nous avons parlé au commencement de cette histoire, si d'un observatoire élevé son œil eût plongé sur les rues si tranquilles en apparence de la capitale de la monarchie française.

FIN DU PROLOGUE

LES COMPAGNONS DE LA LUNE

I

CE QUI SE PASSAIT DANS UN CABINET PARTICULIER DE LA ROTISSEUSE BASSET,
DANS LA NUIT DU SAMEDI AU DIMANCHE GRAS 1847

D'après de Saint-Foix, ce fut en 1619, quatre ans après la mort de la reine de Navarre, première femme du roi Henri IV, qu'on vendit son palais et ses dépendances.

Sur les terrains occupés par un parc ombreux et vaste, par des jardins magnifiques, se bâtirent les premiers et les plus beaux hôtels du quai Malaquais.

On y traça, entre autres voies de communication, la rue Jacob, la rue des Saints-Pères et celle des Petits-Augustins.

Jusque-là le faubourg Saint-Germain, immense village placé au milieu d'une grande cité, ne possédait que des maisons séparées entre elles par des vignes, des champs, des prairies.

A peine quelques rues tortueuses, étroites, mal pavées le traversaient-elles.

Il n'en est plus ainsi à l'époque où se passe notre récit.

Le quai Malaquais, l'un des plus aristocratiques quartiers de Paris, brille par l'élégance et le grandiose de ses demeures. Parmi les hôtels princiers qu'on y admire, se trouve l'hôtel Mazarin, successivement habité par la princesse de Conti, les ducs de Créqui, de la Trémouille et de Lauzun.

Le temps l'a respecté et le marteau des niveleurs ne s'est pas encore donné le plaisir de l'abattre.

Bien que cet hôtel ait extérieurement subi quelques changements importants, bien que des magasins d'estampiers et des boutiques de libraires se soient ouverts à gauche et à droite de son entrée principale, à l'intérieur il est demeuré à peu de chose près tel que le duc de Mazarin, cet excentrique neveu du cardinal-ministre, l'avait fait disposer après en être devenu le possesseur.

Les révolutions et les faiseurs d'affaires ont respecté cette habitation princière, qui, en 1845, devint la propriété d'un noble étranger, le comte de Warrens [1].

---

[1]. Hôtel démoli en l'année 1849, et sur le terrain duquel a été élevé le palais de l'École des Beaux-Arts.

Ce M. de Warrens, riche autant que noble, ayant pour le passé intelligent et artistique le respect et le culte de toutes les grandes âmes, conserva pieusement les traditions laissées par les précédents maîtres de cette demeure.

Il n'y faisait, à la vérité, que de courts séjours, de rares apparitions. Mais ses gens, et ils étaient nombreux, même en son absence, avaient l'ordre exprès de vivre comme si l'hôtel était toujours habité par lui, c'est-à-dire sobrement et dans le plus grand ordre.

Un intendant, aussi muet que son maître était grand seigneur, tenait la main à ce que toutes ses volontés fussent exécutées ponctuellement.

Une seule fois, en deux années, un valet de pied rentra à moitié ivre : le lendemain, on lui payait trois mois de gages, et il était impitoyablement chassé.

Les autres, au nombre de cinquante, tant cochers que chefs de cuisine, palefreniers, valets de tous services, trouvant la maison bonne, se le tinrent pour dit.

Attaché libre à l'ambassade d'une des nombreuses principautés de la Confédération germanique, le comte de Warrens paraissait avoir trente ans à peine.

D'une beauté presque féminine, d'une adresse merveilleuse à tous les exercices du corps et à toutes les armes, d'une élégance irréprochable, il s'était vu ouvrir les salons les plus difficiles dès le premier jour de son arrivée.

Chez Lepage et chez Devisme, on montrait ses cartons, et peu de tireurs les croyaient authentiques.

Un jour, il s'était amusé à piquer douze épingles autour de la mouche, et chacune de ses douze balles avait pris la place de chacune des épingles sans toucher l'épingle avoisinante.

Chez Bertrand, chez Pons, chez Grisier, on l'avait vu faire assaut avec les plus fines lames de ces trois salles; nul ne pouvait se vanter d'avoir effleuré son plastron.

Il est bien entendu que le vieux Bertrand, le roi des tireurs, Pons et Grisier ne s'étaient pas mis en ligne.

Nous ne tenons aucunement à attaquer la réputation de ces trois grands hommes en fait d'armes.

L'existence du comte, touriste forcené, s'écoulait en voyages continuels dans toutes les contrées du globe. Il ne faisait, pour ainsi dire, que toucher barre en France. Plusieurs fois déjà on l'avait vu, après quatre ou cinq jours à peine passés dans son hôtel, disparaître des mois entiers sans que nul, excepté son intendant, sût où il fallait lui adresser les nombreuses lettres qui arrivaient chaque matin à son adresse.

Et cet intendant, s'il avait le don de la parole, avait encore mieux la faculté du silence.

Pour la première fois, depuis son entrée en possession, il y avait trois mois que ce gentilhomme mystérieux habitait son hôtel, et rien ne faisait prévoir qu'il eût l'intention de le quitter prochainement.

Arrivé à l'improviste, un soir du mois de décembre 1846, il s'était installé et mis à vivre chez lui comme s'il n'avait pas fait autre chose depuis dix ans, et sauf cinq ou six excursions dans diverses propriétés et différents châteaux dont son intendant venait de faire l'acquisition en son nom dans les environs, à Ecouen, a Chantilly, à Louveciennes et à Viry, il n'avait pas plus abandonné sa demeure du quai Malaquais qu'un bon habitant du quartier Saint-Denis ne quitte son vertueux domicile de la rue aux Ours.

Six boutiques, ayant toutes la même devanture et les mêmes ornementations, occupaient la façade de l'hôtel de Warrens. A droite, un marchand d'estampes, un bijoutier et un marchand de curiosités ; à gauche, un libraire, un marchand de tableaux et un café.

Sur la rue Jacob, car ce dernier et magnifique spécimen des demeures de nos pères s'étendait jusque-là, l'hôtel n'avait pas de sortie, du moins de sortie apparente, pas plus que sur les faces latérales donnant rue des Petits-Augustins et rue des Saint-Pères.

De hautes maisons, dont les rez-de-chaussées étaient occupés par des commerçants de toutes sortes, tapissiers, marchands oiseleurs, fruitiers, boulangers, marchands de vin, restaurateurs, masquaient complètement les vastes jardins formant le derrière de l'hôtel et les enserraient d'un impénétrable rideau de pierres.

Toutes ces maisons dépendaient du bâtiment principal, et devaient donner entre quatre et cinq cent mille francs de revenu. Les diverses industries, agglomérées par le hasard dans ce milieu tranquille, prospéraient.

Tous, marchands et locataires, vivaient en parfaite intelligence. Jamais de querelles, jamais de procès. On eût dit qu'une police occulte avait la haute main sur ces existences, étrangères les unes aux autres, et pourtant se fondant si bien les unes dans les autres.

Les baux des appartements et des boutiques ou magasins avaient été faits par l'intendant du comte, et jusqu'à ce jour personne n'avait eu qu'à se louer de ce représentant silencieux, mais poli, honnête et loyal de M. de Warens.

Si nous ne nous arrêtons pas un moment sur cette figure curieuse, c'est qu'elle reparaîtra souvent dans notre action, et que nous la dessinerons en temps et lieu.

Disons toutefois qu'elle répondait au nom de major Karl Schinner.

C'était dans le restaurant situé à l'angle de la rue des Saints-Pères et du quai Malaquais que l'inconnu avait transporté la femme et l'enfant arrachés par lui à une mort horrible.

Cet établissement bien connu alors sous le nom de *Rôtisseuse Basset*, fondé un peu après 1830 par un sieur Basset, qui, en peu d'années, avait eu l'esprit et le talent d'y faire fortune, avait conservé comme une garantie de succès le nom de son fondateur, tout en ayant changé déjà trois fois de propriétaire.

Cela se pratique ainsi dans la plupart des maisons en renom. Le vin change, mais l'enseigne reste la même, et les chalands, les clients s'y prennent, comme de juste.

Le propriétaire actuel de la maison Basset se nommait Grossel. Le nommé Grossel, gros homme d'une quarantaine d'années, à la mine béate, au regard sournois, toujours correctement vêtu de noir, actif, remuant, ne quittant jamais la serviette blanche, emblème de sa dignité, beau diseur, obséquieux, et par-dessus tout âpre au gain, représentait bien le type de l'homme parti de rien qui se croit sûr d'arriver à tout.

Et, au fait, pourquoi n'y serait-il pas arrivé ?

Il savait lire couramment, compter toujours à son avantage ; il écrivait sans hésiter ces deux mots magiques : *Anselme Grossel*, qui valaient de l'or en barre, et croyez bien qu'il ne les plaçait au bas d'un papier, timbré ou non, qu'à bon escient.

La chronique, légèrement sévère, chacun le sait, prétendait qu'un jour, ou probablement un soir, il s'était laissé aller jusqu'à renier ce magique *Sésame, ouvre-toi !* de sa caisse.

Mais, grâce aux honnêtes conseils que lui donna l'intendant du comte de Warrens, il reconnut son erreur et sa signature. C'était la fleur des pois, parmi les braves gens, que ce M. Anselme Grossel.

Ancien garçon du *Café de Paris*, où il gagnait de trois cents à quatre cents francs par mois, il avait en peu de temps réalisé assez d'économies pour acheter le restaurant Basset au prix de cent cinquante mille francs. Soyons équitable ; il n'avait payé, à la vérité, que la moitié de la somme convenue, en signant le contrat de vente en l'étude de Mᵉ Dubuisson, notaire, place de la Bourse.

Où Grossel, sorti tout jeune des Enfants-Trouvés, avait-il découvert ces soixante-quinze mille francs ? Personne ne le sut, et sauf quelques bons petits camarades, jaloux de sa subite élévation, personne ne songea à s'en inquiéter. Peut-être M. Karl Schinner aurait-il pu renseigner les envieux et les jaloux... mais c'était une affaire entre lui et Grossel, nous n'avons que faire d'y mettre le doigt.

M. Anselme Grossel, en personne, était venu recevoir l'inconnu à la porte de son établissement ; il s'était silencieusement incliné devant lui, et ce qui ne laissait pas que de mériter certains éloges et encouragements, il l'avait guidé, après lui avoir fait monter un escalier réservé à travers un large corridor, sans questions, sans bavardage.

A droite et à gauche de ce corridor, une douzaine de cabinets particuliers laissaient échapper à travers leurs portes plus ou moins fermées et leurs cloisons plus ou moins épaisses, des éclats de rire, des chants qui n'étaient pas des chants d'Eglise et des propos rappelant ceux que nous avons légèrement esquissés dans nos chapitres précédents.

C'était un singulier voisinage pour une femme évanouie, pour un enfant à demi endormi par la fatigue, le froid et la faim. Mais leur sauveur ne semblait pas plus y faire attention qu'il ne se donnait la peine de répondre aux salamalecs de son guide.

Grossel introduisit ces trois nouveaux venus, l'un portant les autres, dans un petit salon retiré. Une table, un canapé, quelques chaises en formaient tout l'ameublement. En face d'une vaste cheminée où flambait un feu d'enfer, se trouvait une fenêtre donnant sur la rue des Saints-Pères ; cette fenêtre hermétiquement fermée avait, par surcroît de précaution contre le froid sans doute, de doubles rideaux en reps très épais, qui la masquaient de bas en haut.

Une double portière aussi épaisse et de même étoffe que les rideaux de la fenêtre, empêchait tout son de venir du dehors une fois la porte fermée; et il paraissait douteux que du corridor on pût entendre un seul mot de ce qui se disait dans le petit salon. Un épais tapis étouffait le bruit des pas. Ce sont de ces réduits que tout restaurant sachant se respecter doit avoir en nombre respectable.

Un homme d'un certain âge, au front large, au regard scrutateur, d'une mise sévère, une rosette d'officier de la Légion d'honneur à la boutonnière, se tenait assis, les pieds sur les chenets, devant la cheminée.

Il lisait le *National*.

Le bruit que fit la porte en s'ouvrant, ou plutôt le vent qui s'engouffra dans l'entre-bâillement, car la porte ne faisait aucun bruit, tira notre homme de sa lecture et de ses réflexions.

Il jeta son journal et se leva.

Ce fut tout. Pas le moindre signe de surprise. Pas un geste, pas un mot. Si cet homme n'était pas diplomate, il aurait dû l'être.

L'inconnu déposa la mère sur le sopha, mit l'enfant entre les bras du premier occupant du petit salon, et se tournant vers Grossel, respectueux, attentif, demeuré immobile au seuil de la porte :

— Vous nous servirez vous-même, lui dit-il ; vos garçons ne doivent pas se douter qu'il y a ici d'autres personnes que le docteur et moi.

— Personne ne s'en doutera, répondit le restaurateur, pas même moi, si je ne dois rien voir ni savoir.

— Le docteur et moi nous connaissons votre phraséologie et votre obéissance ; n'oubliez pas l'une et faites-nous grâce de l'autre ! repartit sèchement l'inconnu. Avez-vous exécuté mes ordres ?

— Dès qu'ils me sont parvenus, monsieur. Et Grossel salua en silence.

— Bien. Apportez ce que j'ai demandé.

— Moi-même ?

— Oui.

— Je vole et je viens.

— Animal ! grommela l'autre. Faites vite, et surtout pas un mot !

— Je serai muet, quoi qu'il m'en puisse coûter.

Il salua de nouveau et se retira en refermant soigneusement la porte à clef, derrière lui.

Pendant ce court colloque, l'officier de la Légion d'honneur, qu'on avait appelé le docteur, s'était approché vivement de la femme évanouie ; d'un rapide coup d'œil il avait examiné tous les symptômes de son évanouissement.

Puis, posant sur un fauteuil l'enfant qui pleurait, il lui dit doucement :

— Reste là et sois bien sage, je vais réveiller ta maman.

L'enfant le regarda de ses grands yeux effarés, lui sourit à travers ses pleurs en balbutiant :

— Voilà longtemps qu'elle dort. Il faudra lui donner à manger... Elle avait faim aussi, elle !... Laissez-moi l'embrasser, voulez-vous ?

Et le pauvre petit, sans attendre la permission que le médecin allait peut-

Une main puissante la saisit par la ceinture et l'attira en arrière.

être lui refuser, sauta à bas de son siège, se précipita et vint barbouiller de baisers les joues et le front de la jeune femme.

Mais, au grand étonnement des deux hommes, la mère ne se réveilla pas sous les caresses de l'enfant.

— Maman! maman! réveille-toi donc! c'est moi! Georges!... ton petit Georges!... Tu ne veux pas m'écouter? Je vas pleurer.

La crise si violente en plein air avait tellement brisée la frêle enveloppe de la pauvre créature que, le manque de nourriture aidant, c'est à peine si un léger souffle, l'ombre d'une respiration, s'échappait de ses lèvres pâles et serrées.

— Eh bien ! mon ami ? dit avec anxiété le dernier arrivé.

— Eh bien ! c'est grave ! Occupez l'enfant, je vais soigner la mère, répondit le docteur Martel, l'un des plus célèbres praticiens de ce temps-là.

Tout en parlant, et pendant que l'autre prenait l'enfant dans ses bras, il tira de la poche de son habit une trousse et un flacon de cristal.

— Y aura-t-il du danger ?

— Je ne puis rien dire encore. La secousse a été terrible, la réaction trop violente. Ah ! vous n'y êtes pas allé de main morte !

— Que craignez-vous ? fit l'inconnu dont la voix tremblait d'inquiétude.

— Pardieu ! je crains... je crains une congestion cérébrale.

— Une... Mais ce serait la mort !

— Ou à peu près, oui.

— C'est affreux ! c'est horrible ! dit l'inconnu en laissant tomber sa tête sur sa poitrine dans un mouvement de désespoir. Si ce pauvre petit devient orphelin, je ne me le pardonnerai de ma vie.

— Oh ! le petit... le petit... ce n'est pas de lui qu'il s'agit ; un bon consommé et une marmelade aux pommes en auront raison... Sacrebleu ! mon cher, vous êtes charmant ! grommela brutalement Martel, tout en faisant respirer à la malade le puissant cordial contenu dans le flacon, vous prenez une pauvre diablesse énervée par la misère, épuisée par les privations de toutes sortes... Il va falloir que je la saigne... comme c'est gai !... Vous emmènerez l'enfant. Et sur cette malheureuse, vous frappez comme sur une tête de Turc ! Vous avez amené le *mile*, de quoi vous étonnez-vous ?... Ah ! elle ouvre un œil... c'est quelque chose, mais ce n'est pas assez : ma mignonne, il faut ouvrir les deux.

Le brave homme, qui venait de retrousser ses manches, prit une lancette dans sa trousse, et mettant à nu le bras amaigri de la patiente, s'apprêta à le lui saigner, en cas de besoin.

— Ah ! vous allez faire du mal à maman... Je ne veux pas qu'on lui fasse du mal !... s'écria le petit Georges, que l'inconnu retint malgré ses efforts.

— Je vous avais bien dit de l'emmener, fit le médecin...

— Maman ! maman ! continuait l'enfant... réveille-toi... le vilain monsieur veut te tuer !... Je ne le veux pas...

— Là ! voilà ce que vous me valez, dit en souriant le docteur Martel à l'inconnu. Heureusement que ce petit braillard a raison... Je crois que la saignée sera inutile.

Et, pendant que l'enfant se calmait en voyant disparaître la lancette qui l'avait tant épouvanté, le praticien suivait sur sa montre l'augmentation presque insensible du pouls de la malade.

— Allons, reprit-il avec un soupir de soulagement, rassurez-vous, mon ami, cette crise sera moins rude que je ne le pensais. Peut-être même sera-t-elle salutaire.

— Salutaire?
— Oui, elle paralysera la prostration des organes, produite par une trop longue abstinence.
— Le ciel vous entende, docteur! Quelles que soient l'honnêteté et l'importance de notre but, je m'en voudrais toujours de l'avoir dépassé.
— Oui, oui... le but est honorable, je le sais, et sans cela, je ne me trouverais pas ici... Mais le moyen a été dur... Nous avons oublié que notre sujet n'était qu'un être nerveux et abattu par de longues souffrances... Quand je dis : nous...
— C'est de moi seul que vous voulez parler. J'en conviens, je suis le seul coupable.
— Coupable! non... mais tant soit peu imprudent. Savez-vous que, sans vous en douter, vous couriez le risque de rendre cette femme folle, ou de la tuer sur le coup?
— Eh! mon ami, répondit l'autre d'une voix sombre, n'eût-il pas mieux valu pour elle perdre la raison ou mourir, il y a quelques années?
— Il y a quelques années, soit, je le veux bien, fit sévèrement le docteur Martel; mais aujourd'hui qu'elle est mère et responsable dans ce monde et dans l'autre du sort de ce petit être-là... A propos de ce petit monsieur, il me semble qu'on tarde bien à lui apporter sa pâtée...

Comme si M. Anselme Grossel eût tenu à se justifier de l'accusation portée contre son activité, la porte s'ouvrit et il entra tenant un plateau sur lequel se trouvaient tous les aliments nécessaires à la mère et à l'enfant.
— Voici une lettre pour vous, monsieur, dit-il après avoir déposé le plateau sur la table.

L'inconnu prit la lettre, l'ouvrit et la parcourut rapidement.
— On attend la réponse, reprit le restaurateur.
— Conduisez la personne qui vous a remis le billet dans la chambre que vous avez dû préparer.
— La chambre verte!
— Elle est prête?
— Oui, monsieur. J'y ai veillé moi-même. Vous le savez, rien ne se fait aussi bien que quand l'œil du maître...

L'inconnu regarda Grossel en face et de telle façon que le bavard rougit, baissa les yeux, balbutia et finit par s'arrêter bêtement au milieu de sa phrase si mal commencée.

L'inconnu ouvrit son portefeuille, en retira une carte bizarrement découpée :
— Vous servirez cette personne comme moi-même, dit-il.
— Bien, monsieur.
— On ne l'a pas vue entrer chez vous?
— Non, monsieur.
— Vous lui remettrez cette carte, et vous lui direz ceci, — retenez bien mes paroles : *Sept, compagnons de la Lune, deux*. — Vous m'avez bien compris ?
— Parfaitement, répondit Grossel, qui n'avait rien compris du tout.

— Nul ne doit parler à cette personne. Vous la servirez vous-même et vous l'accompagnerez lorsqu'elle se retirera.
— Ce sera fait, monsieur ; pourtant...
— Quoi ?
— Me permettrai-je une simple observation ? objecta timidement Grossel, qui ne savait s'il devait se taire ou parler.
— Parlez.
— S'il faut que je serve moi seul la personne en question, car, à la discrétion et au silence de qui puis-je me fier, si ce n'est au mien propre ? comment m'y prendrai-je pour servir en même temps...?
— Vous n'aurez plus besoin de revenir ici avant une demi-heure, interrompit l'ami du docteur Martel.
Grossel allait se retirer.
— Ah ! un mot encore... Souvenez-vous que dans une heure ou une heure et demie, au plus tard, tous vos cabinets doivent être libres, vos garçons couchés et votre maison fermée. Vous m'avez compris ?
— A merveille.
— Allez, et soyez sûr qu'on vous tiendra compte de vos services.
— Vous pouvez être certain, monsieur, fit Grossel en appuyant sa main sur son cœur pour donner plus de poids à son affirmation, que je suis tout dévoué à l'œuvre et au maître.
— Je le sais et je ne l'oublierai pas. J'en témoignerai même au besoin.
Grossel se retira.
— C'est la personne en question ? demanda le docteur.
— Oui.
— Elle est sûre ?
— Elle est des nôtres.
— Bien. Soignez l'enfant. Je vais guérir la mère.
— Un mot encore, mon ami.
— Parlez, répondit le docteur, qui ne perdait pas du regard le visage de la jeune femme.
— Sera-t-elle assez forte pour répondre à mes questions ?
— Je vous dirai cela tout à l'heure.
— Quoique nous n'ayons pas de temps à perdre, je préférerais attendre à demain plutôt que de risquer une seconde fois ses jours.
— Avec de la prudence, des ménagements, il nous sera possible d'agir et de parler aujourd'hui même. Je l'espère.
— Pourra-t-elle marcher ?
— Nous verrons cela une fois qu'elle aura pris un consommé et quelques doigts de vin vieux.
— En tous cas, on la transporterait.
— Oui, mais comment ?
— Oh ! ceci me regarde. Ne vous en inquiétez pas, répondit l'inconnu en souriant.
Cependant l'enfant, qu'on avait placé devant la table chargée de mets apportés par le restaurateur, mangeait avec l'appétit de son âge, et ne se

serait pas arrêté, si le prudent médecin ne lui avait, pour ainsi dire, arraché les morceaux de la bouche.

— Il va s'étouffer, si on le laisse faire ! dit le docteur Martel en riant.

— J'en veux encore.

— Tu en auras, si ta maman se réveille, dit l'inconnu

Alors donne m'en... la voilà qui me regarde

Le petit Georges allait s'élancer vers sa mère, qui, après s'être levée brusquement en se soutenant sur ses deux bras, venait de faire entendre un léger cri d'étonnement et de joie.

Mais, sur un signe du médecin, l'enfant fut retenu.

Le corps penché en avant, les mains jointes et tendues vers lui, le regard avidement fixé sur lui, sa mère le contemplait ; ses traits fatigués rayonnaient d'une auréole de bonheur.

— Georges ! fit-elle à voix basse.

— Maman ! répondit l'enfant.

— Faut-il le laisser libre? demanda l'inconnu.

— Non, dit le médecin ; attendez.

Et examinant la pauvre femme avec la plus scrupuleuse attention, il suivait anxieusement tous ses mouvements.

L'inconnu s'était suspendu à ses regards.

— Georges ! répéta la mère, mon enfant ! mon cher enfant !

L'enfant, laissé libre, accourut dans ses bras.

Alors, ce furent des mots sans nom, des exclamations sans suite, des cris de ravissement entrecoupés de sanglots et de contractions, et qui aboutirent à un déluge de larmes silencieuses.

— Allons ! ça y est, s'écria le docteur. Il n'y a plus rien à craindre. Laissez-la pleurer à son aise ; dans quelques minutes elle sera complètement rétablie. Ouf ! nous l'échappons belle !

Et le docteur serrait avec effusion les mains de son ami, qui osait à peine en croire sa parole et le propre témoignage de ses yeux.

Quant à Georges, il sautait autour de sa mère, qui, le premier mouvement d'effervescence une fois passé, l'avait laissé aller ; il battait des mains, riait et se rapprochait insensiblement de la table, où il avait l'intention de se réintégrer.

— Viens, maman ; tu as faim, mange. C'est bon, tout ça... et mon bon ami ne demande pas mieux que de t'en donner ; et il la tirait par sa robe.

A peine avait-il achevé, que la mère releva la tête, et s'adressant à l'inconnu qui témoignait la plus tendre sollicitude pour l'enfant :

— Comment se fait-il, dit-elle d'une voix brisée par tant d'émotions, que vous qui, il y a une heure à peine, vous êtes montré si cruel envers moi, je vous trouve maintenant si bon pour mon fils, pour mon Georges bien-aimé?

L'inconnu embrassait l'enfant, qui se mit à dire :

— Maman, j'ai sommeil.

— Dors, petiot, lui dit le docteur. C'est encore ce que tu as de mieux à faire.

Et on l'étendit sur le canapé, où il s'endormit, la tête sur les genoux de sa mère.

II

OÙ L'INCONNU LÈVE UN PEU SON MASQUE

Il y eut un court silence.

Puis la malade, qui cherchait à recueillir ses souvenirs, à réunir dans sa tête affaiblie les faits qui s'étaient passés dans cette nuit, si triste pour elle, si gaie pour les autres, eut comme un éclair devant les yeux.

Elle se rappela les dernières paroles de l'inconnu :

« Je suis votre ami, et je veux votre enfant. »

Tout disparut pour elle, soins, secours, sympathie évidente des deux hommes, elle oublia tout, et, se dressant comme pour défendre l'approche de son fils à ses ennemis supposés, elle s'écria :

— Je me souviens ! je me souviens !... Laissez-moi !... Vous voulez me le prendre... me le voler !... Vous ne l'aurez qu'avec ma vie !

Et, sans écouter le docteur, pour qui cette recrudescence de nervosité remettait sa guérison en question, elle voulut se lever, saisir le pauvre petit et quitter l'asile où on l'avait conduite durant son évanouissement.

Les malheureux sont défiants.

Les bienfaits imprévus leur portent surtout ombrage.

Ils sont tellement accoutumés à l'indifférence générale, qu'ils supposent presque toujours un vil intérêt, une raison méprisable à quiconque leur témoigne de la pitié.

Ici, la pauvre femme, à qui la mémoire revenait, avait les meilleures raisons du monde pour se défier de ces deux hommes qui venaient de la rappeler à la vie.

Elle ne réfléchit pas qu'il leur aurait été bien plus facile de la laisser mourir, ou de profiter de son anéantissement pour exécuter les desseins qu'elle leur prêtait.

Aussi fut-il malaisé au docteur Martel de lui rendre la confiance en eux qu'elle venait de perdre.

Pourtant, à force de raisonnements, de soins et de douceur, il parvint à lui faire comprendre que l'homme dont la présence, une heure auparavant, avait failli lui devenir si fatale, qui lui était apparu comme un mauvais génie acharné à sa perte, était son sauveur et celui de son enfant.

— Le moment des explications n'est pas encore venu, ajouta ce dernier, vous n'êtes point encore en état de m'entendre sans trouble. Qu'il vous suffise quant à présent, pauvre enfant, de savoir que personne plus que moi ne s'intéresse à vous.

— C'est vrai, fit le docteur, qu'il interrogeait du regard.

— Depuis plusieurs mois déjà je vous suis dans l'ombre, pas à pas ; je connais votre vie de travail, de lutte et de misère. J'ai dû vous paraître inflexible, cruel ; ma conduite et mes actions témoignaient contre moi. Mais

j'ai agi comme je le devais. C'était un impérieux devoir pour moi de vous traiter ainsi que je l'ai fait. Un serment m'y obligeait.
— Un serment?
— Oui, un serment sacré.
— Vous me parlez par énigmes, monsieur, répondit-elle avec un sentiment de respect instinctif que ce langage venait de lui inspirer; je suis faible, je ne vous comprends pas bien et je vous prie de me pardonner, si je ne reconnais pas, comme je le dois, tout ce que vous avez fait pour mon fils, pour moi-même.
— Vous ne me devez rien. Ce n'est pas en mon nom que j'agis.
— Ce n'est pas en votre nom? Au nom de qui alors?
— Vous le saurez quand le moment sera venu, dit son interlocuteur, que le regard du docteur Martel empêcha de s'expliquer. D'ailleurs, c'est à vous seule que vous devez votre nouvelle destinée. Assez longtemps le malheur s'est appesanti sur votre tête, aujourd'hui vous n'avez plus à le redouter
— Que dites-vous?
— Désormais plus de misère, plus d'inquiétude sur votre enfant.
— Serait-il possible, ô mon Dieu!
Elle allait continuer, mais le docteur jugea qu'il était temps d'intervenir.
— Mon enfant, lui dit-il en lui prenant le bras et en la conduisant à un fauteuil qui se trouvait devant la table, vous continuerez cet entretien plus tard. Pour le moment il faut reprendre des forces. Je suis votre médecin, que diable! Vous devez m'écouter de préférence à monsieur, qui n'est que votre sauveur.
Et le brave homme plaçait à sa portée les aliments qui devaient lui rendre la force et la mettre à même d'écouter tout ce que son ami avait à lui dire.
— Ordonnez, j'obéirai, dit la jeune femme.
— Pardieu! j'ordonne que vous avaliez ce verre d'alicante et cette aile de volaille. Mon ordonnance n'est pas bien rigide, comme vous le voyez.
— Je n'ai plus faim, docteur.
— Oui, oui, je comprends, ajouta le docteur Martel qui feignit de tourner les réponses de la pauvre femme en plaisanteries, vous allez me prouver que vous commencez à vous habituer à ce régime d'abstinence. C'est fâcheux, ma chère enfant, mais il faut vous résoudre à faire comme tout le monde. Allons, avalez, avalez.
Elle commença à manger du bout des dents; la souffrance morale avait étouffé le cri de la nature; mais peu à peu la vie animale reprit le dessus; le médecin, qui la surveillait, se vit obligé de la traiter ainsi qu'il avait traité le petit Georges.
Ce léger repas, ajouté au bien que lui avait fait déjà la bienveillance dont elle se sentait entourée, transfigura la malade; les couleurs revinrent à ses joues, ses yeux brillèrent d'un éclat nouveau.
— Allons, allons, dit le docteur Martel, voilà qui va beaucoup mieux. Dieu a fait là une belle cure.
— Dieu et vous, monsieur, répondit-elle avec un vif accent de reconnaissance.

— Oh! moi, moi! je suis une vieille perruque dont tout le savoir consiste à s'apercevoir qu'elle ne sait rien. La jeunesse! la jeunesse! voilà le véritable médecin.

L'inconnu se pencha vers son ami.

— Est-il temps, mon cher docteur? murmura-t-il à son oreille.

— Oui, si le cœur vous en dit.

S'approchant alors de la jeune femme :

— Puisque, de l'aveu de notre ami, vous pouvez me donner quelques minutes d'attention, lui dit-il d'une voix douce et sympathique, sans vous trop fatiguer, Lucile Gauthier, consentez-vous à m'écouter?

— Vous savez mon nom! s'écria la jeune femme stupéfaite.

— Ne vous étonnez pas encore! répondit-il.

— Je vous écoute, murmura Lucile en jetant sur lui un regard empreint de surprise et de crainte.

Le docteur, après avoir examiné si le petit Georges dormait d'un sommeil tranquille, s'installa dans un fauteuil et se disposa à en faire autant, non sans avoir dit tout bas à son ami :

— Ne frappez pas trop fort. Préparez-la, ménagez-la.

Cette dernière recommandation faite, il ferma les yeux en murmurant à part lui :

— Allez, allez, mes enfants, je sais à un mot près tout ce que vous allez vous communiquer l'un à l'autre; je reste parce que vous pourrez avoir besoin de moi, mais, pour Dieu, tâchez de ne nous réveiller, ni l'enfant ni moi.

Quelques instants après, il dormait du sommeil de l'innocence.

Deux heures après minuit sonnaient.

Les chants avaient cessé dans les cabinets environnants, dont les bruyants locataires s'étaient éloignés sur les instances du maître de l'établissement.

Un silence profond régnait dans la rue des Saints-Pères et sur le quai Malaquais, silence que seul le roulement sourd et lointain d'une voiture venait interrompre par intervalles.

L'inconnu quitta son siège et vint s'asseoir près de la jeune femme.

Il prit une de ses mains dans les siennes.

— Je vous fais peur encore? fit-il en sentant cette main frissonner.

— Non, répliqua Lucile. Je n'ai plus peur de vous... C'est malgré moi que je tremble... je ne sais pas pourquoi.

Elle faisait un visible effort pour dissimuler la sensation pénible que les mains du jeune homme lui causaient.

Celui-ci s'en aperçut. Il abandonna sa main et recula sa chaise.

— Avant tout, il est de mon devoir de vous rassurer entièrement sur votre avenir à tous deux, reprit-il en désignant l'enfant endormi. Cette crainte chassée de votre esprit, votre attention me sera acquise. J'ai meublé et loué en votre nom un appartement convenable, mais modeste, au troisième étage d'une maison située rue d'Astorg!

— Rue d'Astorg! grand Dieu!

— Numéro 35.

— C'est là que... Mais mon Dieu! mon Dieu! comment pouvez-vous savoir?...

— Maman! maman! réveille-toi, le vilain monsieur veut te tuer.

— Le prix d'une année de loyer a été payé d'avance. En voici les quittances. En dehors du nouveau mobilier qui décore votre appartement, dans une pièce séparée, un petit boudoir, je crois, vous trouverez les quatre ou cinq souvenirs de votre vie passée, de votre jeunesse, que vous aviez conservés dans votre misère, jusqu'au dernier moment.

— Vous les avez rachetés?

— Je n'en ai pas eu besoin; c'est moi qui en avais fait l'acquisition lors de votre dernière vente par autorité de justice.
— Vous?
— Ma conduite, tous mes actes étaient écrits d'avance; ils m'étaient dictés par une volonté suprême, par une volonté que je n'ai jamais discutée. Ne cherchez pas à la découvrir. Aujourd'hui vous apprendrez une partie de la vérité; plus tard, vous saurez le reste. Maintenant, ajouta-t-il en ouvrant son portefeuille, dont il tira un papier plié en quatre, voici un contrat de rente, à votre nom, de six mille francs. M° Dubuisson, notre notaire, touchera vos revenus et vous les remettra tous les trimestres. Vous trouverez, dans le premier tiroir de votre commode, l'argent nécessaire à votre installation. J'ai arrêté, pour vous, une servante qui vous sera dévouée et fidèle. Je vous en réponds. Prenez ce papier, qui vous appartient, et parlons d'autre chose.

Il lui tendit le contrat de rente.

Lucile ne le prit pas.

— Vous refusez?
— Je le dois.
— Pour quel motif?
— Dispensez-moi de vous le donner.
— N'attendez pas de franchise de ma part, si vous gardez pour vous vos secrets et vos réflexions.
— Eh bien! dit Lucile, mieux vaut vous obéir. Pour que la lumière se fasse, il ne faut pas qu'un seul coin reste sombre dans notre pensée. Ma jeunesse a été misérable, parce que je n'ai pas su parler à temps, ou plutôt parce que, timide et concentrée, je n'ai pas osé parler. J'ai marché dans des ténèbres épaisses, continuelles. A qui la faute, si j'ai tant fait de faux pas? Le jour où j'ai voulu en sortir, il n'était plus temps. Je ne veux plus qu'à l'avenir il en soit ainsi. Je prétends voir clair dans ma vie.
— Qui vous en empêche?
— Tout; vos propositions, vos paroles, vos actes. Si j'accepte, je serai guidée comme un enfant vers un but que je ne comprends pas.
— Si vous refusez, c'est la misère, la mort peut-être, pour vous et votre fils!
— Oh! je ne la crains pas, vous l'avez vu.
— Pour vous, soit, mais pour lui?
— Qui sait si je ne grève pas son existence d'une reconnaissance trop lourde? Vos bienfaits sont redoutables, monsieur.
— Lucile!
— Pardonnez-moi, si dans mes paroles il s'en glisse une blessante! Mais, franchement, quel degré de confiance puis-je avoir? Je ne vous connais, jusqu'à présent, que par le mal que vous m'avez fait...
— Et par le bien que j'essaye de vous faire.
— Il est vrai... Mais c'est précisément ce bien, cette sympathie, aussi inexplicables que votre haine et vos poursuites primitives, qui me paraissent à craindre. Il me semble que je vais entreprendre un voyage où se briseront

mes forces et celles de mon enfant; que je marche vers un abîme inconnu, mais inévitable, par un chemin tout parsemé de fleurs.

— Ainsi, vous ne voulez pas avoir confiance en moi? fit l'inconnu avec douleur.

— Quelle confiance puis-je avoir?... Vous prétendez connaître mon passé? reprit-elle après une courte réflexion.

— Je le connais.

— Si cela est, de quel droit vous êtes-vous acharné contre moi? En vertu de quel mandat m'avez-vous poussée jusqu'aux portes entr'ouvertes du suicide? Quel marché honteux, infâme, avez-vous à me proposer?

— Pauvre nature humaine! s'écria l'inconnu avec amertume. Ne jamais croire à une pensée désintéressée! toujours supposer qu'une bonne action cache un crime ou une lâcheté! Malheureuse femme! vous ne voulez pas comprendre que l'intérêt que vous m'inspirez est réel. Mais je vous aime, comme j'aimerais ma fille ou ma sœur.

— Moi?

— Mais, continua-t-il avec véhémence, je n'ai pas d'autre but que de vous faire retrouver les restes de ce bonheur qui s'est brisé dans vos mains innocentes, sous le souffle impur d'un misérable et d'un infâme!

— Même cela! Il sait même cela! se dit-elle. Mais cet homme, cet infâme, je l'ai à peine entrevu; j'ignore jusqu'à son nom!

— Ce nom, je le connais, moi.

— Oh! dites-le, dites-le! et je croirai toutes vos paroles, et j'obéirai à chacun de vos ordres. Ce nom, c'est mon honneur retrouvé, c'est l'honneur de mon fils, c'est le droit de marcher la tête haute et de regarder en face toutes les femmes qui peuvent nommer le père de leur enfant. Oh! une fois ce nom en mon pouvoir, il faudra bien que celui qui le porte répare tout le mal qu'il m'a fait ou qu'au moins il essaye de le réparer.

— Et s'il ne le veut pas?

— S'il ne le veut pas! Je ne quitterai pas le seuil de sa demeure, je le suivrai, je le poursuivrai partout, en tous lieux, à toute heure. A chaque femme qui passera fièrement au bras de son époux, à chaque mère qui conduira sa fille par la main, à tous venants, je crierai : « Vous voyez cet homme qui demeure dans cette maison-là, c'est un voleur de nuit, un assassin; il a volé ma réputation d'honnête fille, il a assassiné le bonheur d'honnête femme que je pouvais avoir en ce monde! »

— Calmez-vous! fit l'inconnu, effrayé de son exaltation.

— Je crierai cela, et on me croira, parce que la vérité se fait toujours croire. Je crierai encore : Vous voyez cet homme : un jour j'étais chez moi, heureuse, par une journée d'été, dans une cabane de pêcheurs, au bord de la mer, à Roscoff, en Bretagne.

— C'est bien cela!

— Il entra pour se reposer, pour se garer des rayons d'un soleil brûlant. Il me demanda à boire. J'étais seule. Je me levai pour aller chercher ce qu'il avait demandé. Il me suivit. Le misérable m'avait vue, il m'avait trouvée belle. J'étais sans défiance. Et puis, je pensais bien à cela! J'avais le cœur plein d'amour pour... pour quelqu'un...

— Continuez.

Lucile s'essuya les yeux et continua :

— Il me dit : « Vous êtes seule, mon enfant? — Oui, monsieur. Mon père est en mer. Il ne reviendra pas avant une heure. » Je n'avais pas achevé que le misérable se jetait sur moi ; un coup violent que je reçus à la tête me renversa... Quand je revins à moi, j'étais perdue, déshonorée. Un an après j'étais mère; l'on me chassait du pays... l'homme que j'aimais s'éloignait, s'engageait, se faisait tuer en me maudissant... et l'homme qui m'avait réduite au dernier degré de désespoir et de misère ne m'a jamais donné aucun signe d'existence! Si j'étais seule, je le laisserais dans sa honte et dans ses remords ; mais j'ai Georges, j'ai mon fils! je ne veux pas que mon fils ne puisse pas nommer son père.

Elle se cacha la tête dans ses mains pour voiler sa rougeur et sa honte.

— Georges portera le nom de son père, je vous le jure. Mais prenez-y garde, ce nom appartient à un homme riche, puissant. La moindre imprudence, et nous échouerons.

— Nous!... Vous vous associez à moi... vous? dit-elle avec stupeur.

— Je vous amènerai le coupable... Il se traînera à vos pieds... Il implorera votre pardon.

— Lui !

— Il confessera sa faute, et sa faute confessée, il la réparera aux yeux du monde.

— Vous ferez cela? dit Lucile, qui croyait rêver.

— Je le ferai, répliqua-t-il simplement. Seulement, laissez-vous guider par moi. Unissez votre volonté à tous mes efforts.

— Oh! soyez tranquille !... Il s'agit de mon enfant, de son avenir, de sa vie, je ne serai ni imprévoyante ni imprudente.

— Bien. Nous réussirons.

— Mais, fit Lucile, qui depuis quelques moments réunissait tous ses esprits pour résister à cette suite de chocs imprévus, vous qui venez m'offrir la réalisation de mon désir le plus secret, vous qui me criez : il faut vivre ! en me donnant la seule bonne raison qui puisse me forcer à vivre, qui êtes-vous?

L'inconnu garda le silence.

— Vous hésitez? ajouta Lucile ; ne voulez-vous pas que je mêle votre nom à mes prières?... Vous hésitez ! Et à son tour elle fit un effort, se pencha vers lui, saisit sa main, et l'approchant de ses lèvres :

« Oh ! parlez, parlez !...

— Si j'hésite, Lucile, c'est que j'ai peur...

— Peur?... Je ne comprends pas.

— Oui, j'ai peur pour vous d'une trop forte commotion.

— Oh! je me sens forte.

— Car ce nom n'est pas nouveau pour vos oreilles... Il vous a été, il vous est peut-être encore bien cher !

— Un nom bien cher !... Il n'en est qu'un seul...
— Je tremble de réveiller des souvenirs cruels ; je n'ose pas fouiller une cendre encore brûlante.
— Ne craignez rien...
— La plaie de votre cœur est toujours saignante.
— Parlez, au nom du Ciel !
— Eh ! sacrebleu ! oui, parlez ! fit une voix derrière l'inconnu.

C'était celle du docteur, que les éclats de l'émotion de Lucile venaient de réveiller.

— Ne voyez-vous pas, ajouta-t-il, que vous risquez de lui faire cent fois plus de mal en vous taisant qu'en lui apprenant tout ? Que diantre ! on ne met pas la coupe aux lèvres des gens pour la leur retirer de la sorte !

— Vous le voulez, docteur ?
— S'il le faut, je l'ordonne !
— J'attends, dit Lucile, qui respirait à peine.
— Eh bien ! que votre volonté soit faite, Martel ! je vous obéis. Lucile, je suis le frère de l'homme que vous aimez... que vous avez tant aimé, fit-il en se reprenant, je suis Martial Renaud.

— Martial Renaud ! vous !... le frère de Noël !...

Il y eut un moment d'angoisse.

Le docteur Martel s'avança vers Lucile, la prit par les épaules et, la poussant presque de force vers Martial Renaud qui se tenait immobile et les bras tendus vers elle :

— Allons ! voyons ! embrassez-le donc. Vous voyez bien qu'il ne demande que cela.

La glace était rompue.

Pendant que Lucile sanglotait entre les bras de Martial, qui la soutenait et l'embrassait comme un frère aîné soutient et embrasse sa jeune sœur, le médecin s'approcha de l'enfant, l'enleva aussi légèrement qu'il eût fait d'une plume, et le plaçant au milieu du groupe formé par eux deux :

— Fais ta partie dans ce concert, crapaud ! lui dit-il.

Crapaud n'était peut-être pas de circonstance ; mais le bon praticien, aussi ému que sa malade, ne savait plus trop ni ce qu'il disait ni ce qu'il faisait.

Un quart d'heure après, Lucile et le petit Georges, sous la garde du docteur Martel, roulaient en fiacre vers la rue d'Astorg, et Martial Renaud restait seul dans le cabinet où cette reconnaissance venait de s'opérer.

Alors Martial dérangea un large buffet qui cachait une porte dérobée, et tirant à lui le buffet il ouvrit en même temps la porte, qui donnait dans une chambre pouvant passer pour un cabinet de toilette et pour un porte-manteau.

Des vêtements étaient préparés sur un canapé.

Des bougies brûlaient dans les candélabres.

Sans perdre de temps, Martial fit une toilette de bal.

Une fois habillé, il jeta un dernier regard sur la glace, prit ses gants, son chapeau et souffla toutes les bougies.

— La nuit a commencé, murmura-t-il ; comment finira-t-elle ?

Tout en faisant cet aparté, il se dirigea machinalement vers la glace qui surmontait une cheminée étroite et basse.

Il devait être venu bien souvent dans cette salle secrète du *Restaurant Basset*, puisque, malgré la profonde obscurité qui y régnait, il appuya sans la moindre hésitation l'extrémité de son index sur une des rosaces latérales du cadre.

La cheminée se conduisit comme s'était conduit le bahut du cabinet voisin.

Un pan de mur se détacha d'un seul bloc, tourna sans bruit sur lui-même et démasqua les taillis touffus d'un admirable jardin d'hiver.

Martial passa vivement au travers de l'ouverture béante.

Le pan de mur reprit aussitôt sa place, sans qu'il fût possible à l'œil de l'investigateur le plus habile d'apercevoir une ligne suspecte, une solution de continuité quelconque.

Martial regarda l'heure à sa montre.

Il était trois heures précises.

— J'arrive à temps, se dit-il.

Il se dirigea vers un milieu lumineux encore assez éloigné de cette extrémité de la serre et d'où lui arrivaient par échappées les sons d'un orchestre harmonieux.

Au moment où il tournait un massif d'arbres exotiques lui masquant la vue des brillantes illuminations qui faisaient ressembler cette serre et les salons sur lesquels elle donnait à un palais vénitien du bon vieux temps, une main légère se posa sur son épaule, et une voix amie lui murmura doucement à l'oreille :

— Vous arrivez bien tard ! On vous attend, mon cher colonel.

III

UN BAL A L'HOTEL DE WARRENS

Nous l'avons dit, le comte de Warrens, possesseur d'une fortune immense, porteur d'un grand nom, occupant une haute position dans la diplomatie, sans songer à la politique autrement qu'à ses heures, avait eu, dès le premier jour, ses grandes et petites entrées dans le Paris aristocratique et dans le Paris financier.

Les portes si soigneusement closes, d'ordinaire, du noble faubourg, et celles si facilement, si grandement ouvertes des faubourgs Saint-Honoré et de la Chaussée-d'Antin, ne se trouvèrent point avoir de battants pour lui.

Partout, il se vit accueilli avec les plus séduisants sourires ; partout avec les avances les moins déguisées.

M. de Warrens, gentilhomme de *high life*, avait répondu sans se prodiguer, mais avec politesse, à ces avances hospitalières.

La distinction de ses manières, le charme de sa conversation, son élégance de bon goût le mirent de plain-pied à la mode.

Presque sans s'en douter, à son corps défendant, il était devenu le lion de la saison.

Envié, mais admiré par les hommes, recherché et aimé par les femmes, il sut mériter l'envie et l'admiration des premiers; il fit si bien qu'il se retira sain et sauf des jolies mains qui lui tendaient des chaînes de roses.

Mais les petites mains se refermèrent avec des gestes pleins de menace, et les envieux se promirent bien de saisir la première occasion pour renverser l'idole et l'écraser sous son piédestal.

Du reste, le luxe déployé par le comte était véritablement princier.

Ses chevaux de selle, tant arabes qu'anglais, défiaient les plus rapides; ses chevaux de voiture et de trait, normands percherons ou mecklembourgeois, faisaient l'admiration de tous les connaisseurs. On citait ses écuries, qui, depuis les écuries de Chantilly, sous le premier Condé, pouvaient passer pour les plus belles qu'on eût jamais bâties en France.

Elles étaient au nombre de trois.

La première, en bois de chêne, éclairée par un plafond lumineux, éclairage rare à cette époque, contenait vingt boxes aux mangeoires de malachite.

Là se trouvaient les bêtes auxquelles le comte attachait le plus grand prix.

Au-dessus de chaque mangeoire, un cartel indiquait la race de l'animal et portait son nom.

Dans la seconde, infirmerie au petit pied, veillait un vétérinaire spécialement attaché aux écuries et à la vénerie. Là étaient soignées les bêtes malades ou fatiguées.

La troisième, éloignée des deux autres et dans laquelle on pénétrait par une petite allée de traverse, recevait les chevaux de nuit qui, de la sorte, respectaient le sommeil des chevaux de jour.

Nous ne parlerons que pour mémoire d'un réduit en bois d'amarante ne contenant que deux boxes, dans lesquels jour et nuit, bridés, sellés, prêts à partir pour une longue traite, se trouvaient à tour de rôle deux fines bêtes aux jarrets d'acier, aux flancs solides et au large poitrail.

Plusieurs fois déjà, ces chevaux de précaution, ainsi que les appelait l'intendant Karl Schinner, avaient servi soit à lui-même, soit au comte, et l'écume qui blanchissait leur frein, à l'heure du retour, témoignait que leur emploi n'était pas une sinécure.

Ses voitures, sortant des ateliers de Binder ou venant d'Angleterre, n'étaient ni voyantes ni surchargées d'armoiries.

A peine une couronne comtale, presque imperceptible, se détachant en relief jaune de son fond noir, affirmait-elle aux passants que le maître de ces luxueux et simples équipages n'était point un M. Martin ou un M. François quelconque.

Les remises et selleries, situées en face des écuries, auraient pu servir d'étude à un notaire très soigné ou à une petite maîtresse peu difficile et aimant l'odeur du cuir de Russie.

Sa livrée bleu et argent faisait merveilleusement derrière sa voiture ou à la porte de ses immenses vestibules.

Dans ses salons, il n'entrait que des huissiers vêtus de noir, chaîne d'argent au cou, en bas de soie et en escarpins.

Les talons rouges manquaient, voilà tout.

Inutile d'ajouter que, simple dans sa mise, le comte ne portait pas de bijoux voyants et ne se distinguait que par la finesse merveilleuse de sa batiste.

Roi de la mode, le comte de Warrens tenait d'une main si ferme ce sceptre fragile et redoutable, que nul n'osait lutter avec lui et que de nombreux amis et courtisans lui faisaient une cour brillante.

Mais si le comte de Warrens avait des amis dévoués et prêts à le défendre à outrance parmi les gens du monde, il avait aussi d'implacables ennemis, ennemis cachés à la vérité, infimes même, à craindre toutefois, leur œuvre étant une œuvre souterraine, un travail de taupe, patient et continu.

Les envieux et les jaloux procédaient par la médisance et par la calomnie.

Semant de tous côtés des bruits injurieux, compromettants au point de vue politique, ils se retiraient aussitôt que la fusée était partie, de façon qu'on apercevait bien la pluie de feu éclairant l'horizon, mais qu'on ne découvrait jamais la main qui l'avait lancée.

Ces bruits se répandaient avec une rapidité extrême et minaient sourdement l'idole encensée par une foule enthousiaste.

Les choses en étaient venues à ce point que la police, toujours ombrageuse, s'en émut.

On fit des démarches afin de savoir quel feu cachait toute cette fumée.

Mais la position du comte était si nette, sa fortune si réellement solide, son existence tellement étalée au grand jour, que les soupçons tombèrent d'eux-mêmes ; les imposteurs en furent pour leurs frais d'impostures et toutes ces tentatives et démarches hostiles tournèrent à son grand avantage.

« La calomnie, docteur, la calomnie! Il faut toujours en venir là! » fait dire Beaumarchais à son Basile. Lui ou un autre a écrit : « Calomniez, colomniez, il en restera toujours quelque chose. »

Ces deux conseils sont malheureusement trop faciles à suivre.

Aussi la police, tout en s'avouant vaincue, ne renonçait-elle pas à la lutte. Elle attendait, recueillant soigneusement les incidents les plus futiles en apparence.

Grossissant peu à peu son dossier et guettant le moment de rentrer en lice, elle se tenait sur la défensive et feignait d'avoir relégué cette affaire au fond de ses casiers.

Pourtant deux faits venaient de se passer qui avaient donné fort à réfléchir dans les hautes régions de la préfecture, et qui de nouveau fixèrent sur le comte son attention et celle du public.

Ces deux faits, nous allons les rapporter ici, afin de faire apprécier la position respective de nos personnages et d'éclairer, autant que possible, la lutte ténébreuse engagée entre eux.

Un procès dans lequel se trouvaient compromises plusieurs célébrités parisiennes tenait alors la curiosité en éveil.

Il entra pour se reposer, pour se garer d'un soleil brûlant.

Ce procès, dont les péripéties se déroulaient devant la cour des pairs, souleva l'indignation universelle et mit en émoi tout le faubourg Saint-Germain.

Le nom du principal accusé, sa haute position sociale, et surtout les révélations que l'on redoutait, faisaient de cette affaire une cause aussi intéressante qu'exceptionnelle.

Le scandale, déjà énorme, pouvait rejaillir sur bien des personnes haut placées.

On avait accordé à quelques-uns des accusés la faculté de recevoir des visites, sous la responsabilité d'un gardien vigilant qui assistait à leur entretien, armé du droit d'y mettre fin dès qu'il le jugerait convenable.

Un jour, le comte de Warrens, muni d'un laissez-passer en règle de tous points, se présenta pour voir l'un des accusés les plus compromis, celui dont on redoutait les révélations.

Cet accusé, ainsi que toutes les autres personnes impliquées dans cette affaire, était détenu au Luxembourg.

Le comte causa quelques minutes avec lui, ne traitant que de sujets indifférents, sans nulle importance, puis il se retira, toujours accompagné par le gardien, qui ne l'avait pas perdu de vue une seule seconde.

Deux heures plus tard, l'employé de la prison, le guichetier qui vint apporter son repas du soir à l'accusé, le trouva étendu sur son lit, froid, glacé, mort.

Les médecins de l'administration, appelés pour procéder à l'autopsie du cadavre, constatèrent la présence d'un poison foudroyant, inconnu en Europe.

Le mort avait emporté dans la tombe ces révélations redoutées.

Le gardien disparut ; il ne fut jamais retrouvé, malgré les plus actives recherches.

A tort ou à raison, le noble faubourg fit honneur de cette mort à M. de Warrens, qui laissa dire.

La seule chose que la police parvint à découvrir fut que le gardien, tout nouveau dans le service du Luxembourg, avait précédemment fait partie des nombreux serviteurs du comte.

Mais les preuves matérielles manquant, elle jugea prudent de s'abstenir, se promettant de prendre sa revanche à la prochaine occasion.

Cette occasion ne se fit pas attendre.

Le premier lundi du dernier carnaval, tous les bureaux de la Préfecture avaient été mis en émoi par la raison que voici :

Une lettre jetée au rebut, pour cause d'adresse inconnue ou mal mise, par l'employé de la poste chargé de la distribution, fut décachetée au bout d'un certain temps pour être retournée à l'expéditeur : cela, selon l'usage de la direction des postes.

Seulement, il se rencontra une petite difficulté lorsqu'on voulut connaître le contenu de cette missive.

Elle était écrite en caractères singuliers, qu'aucun préposé aux bureaux de l'étranger ne parvint à déchiffrer.

Cette lettre, jaunie, surchargée de cachets et de suscriptions, paraissait venir de très loin et être demeurée très longtemps en route.

Cependant, à force de la tourner, de la retourner et d'en épeler l'adresse, on crut lire le nom du major Karl Schinner, intendant du comte de Warens.

En désespoir de cause, on allait la lui expédier.

Un employé supérieur de la police qui se trouvait là et dont la curiosité fut subitement éveillée par la vue de ces caractères hiéroglyphiques, fit observer qu'il y avait un moyen bien simple de savoir à quoi s'en tenir.

— Qu'on coure à l'instant, dit-il, ou plutôt je vais aller moi-même à l'Institut ; là, parmi les nombreux savants qui peuplent cette auguste et docte assemblée, je trouverai bien quelqu'un qui déchiffrera ce grimoire.

De cette façon on était sûr de ne pas commettre une erreur, toujours préjudiciable à la réputation d'un établissement comme celui de la direction des postes.

L'employé aux rebuts lui confia la lettre énigmatique.

L'agent supérieur s'en empara et la porta sans perdre un instant, non pas à un des membres de l'Institut, non pas à un savant, mais au chef de la police de Sûreté lui-même.

Ce procédé, qui, avec quelque raison, semblerait extraordinaire aujourd'hui, n'avait alors rien que de fort usuel.

Le chef loua l'agent de son zèle, lui remit une gratification, se rendit à la Préfecture et fit appeler l'employé chargé des traductions qui ne put lui répondre non plus.

Seulement, sur la menace d'une destitution prochaine, il s'engagea à apporter la traduction le lendemain.

Le soir même, il alla trouver un marchand de bric-à-brac, professeur de langues mortes à ses moments perdus, rabbin de troisième ou quatrième classe, attaché à la synagogue de Paris, qui demeurait rue Jacob, dans une des boutiques attenant à l'hôtel de Warrens.

Ce marchand, appelé Élie Xhardez, cumulant son commerce de curiosités antiques, bâties dans un atelier de la rue Chapon, avec un négoce de vins du Rhin, Johannisberg, Assmanshauser et Stainberg, fabriqués avec des crus de Touraine coupés par de faux champagne, commença par se faire payer vingt francs pour sa peine.

Les vingt francs une fois empochés, il examina la lettre, se mit à rire et la rendit à l'agent de police en lui disant :

— Vous avez eu bon nez de vous adresser directement à moi.

— Pourquoi cela ?

— Je suis le seul homme qui puisse vous traduire ce papier. Tout l'Institut s'y serait cassé les dents.

— En quelle langue est-il donc écrit ?

— En patois indoustani.

— Et vous le savez ?

— Comme un habitant de Saint-Brieuc sait le patois breton.

— Ah bien ! voilà une maudite lettre qui peut se flatter de nous avoir donné du mal.

— Vous avez eu bien tort de vous en faire, fit Xhardez d'un ton goguenard.

— Pourquoi cela ?

— Parce que cette lettre est une mystification.

— Une mystification... à l'adresse de qui ?

— A la vôtre... c'est-à-dire à celle de la police.

— C'est impossible.

— Je vous l'affirme. Croyez-moi : brûlez-la et qu'il n'en soit plus question
— Pas avant de savoir ce qu'elle contient.
— Vous y tenez?
— Certes, répliqua l'agent, il y va de ma place.
— Vous insistez, je n'ai plus qu'à vous obéir. Voulez-vous une traduction écrite?
— Oui.

Xhardez s'approcha d'un bahut en bois noir veiné d'ivoire blanc, qui ressemblait, à s'y méprendre, à un meuble vénitien du xvie siècle, et le prenant pour pupitre, il y écrivit la traduction demandée.

Au bout de quelques minutes, il la tendit à l'agent.
— Tenez.

Celui-ci s'en empara d'un geste convulsif, la dévora littéralement des yeux; puis, froissant le papier avec rage entre ses doigts crispés, il poussa un soupir de désappointement.

— Je vous avais averti, murmura tranquillement Élie Xhardez. C'est quinze francs soixante-quinze centimes de plus pour le papier et pour la traduction manuscrite.

Tout à coup, l'agent de police, qui paya, se mit à rire.
— Toute réflexion faite, cela apprendra au chef de la police de Sûreté à se mêler de ce qui ne le regarde pas, pensa-t-il.

Et il sortit.

Le lendemain matin, dès son arrivée, le chef trouva sur son bureau la lettre avec la traduction sous la même enveloppe ministérielle.

Voici ce que contenait cette étrange missive :

« Monsieur le Comte,

(La lettre était pour le comte de Warrens et non pour son intendant, dont le nom n'était même pas prononcé.)

« Les laines se tiennent. Le marché est bon. La vallée de Kachmir est en progrès. Vous recevrez sous peu les châles que vous avez commandés; on les a expressément tissés pour vous, selon vos ordres. Tous vos troupeaux sont en état. Les fabriques marchent au mieux. »

Jusque-là, il n'y avait rien à dire. C'était une lettre d'affaires, en tout semblable à celles qui s'expédient journellement dans les cinq parties du monde.

Malheureusement le style du dernier paragraphe venait tout gâter.

Voici ce qu'il y avait dans ce paragraphe qui fit monter le rouge de la colère et de l'indignation au visage du chef de la Sûreté :

« Ne vous étonnez pas, Monsieur le Comte, je vous prie, de ce que je vous écris en patois indoustani. A tort ou à raison, je pense que le cabinet noir n'est pas mort. Je ne suis pas fâché de faire un peu travailler la police française, qui, sans doute, cherchera à lire cette lettre avant vous, sans y parvenir.

C'est une joie pour moi de lui prouver une bonne fois de plus son impuissance et son ineptie.

« Veuillez agréer, Monsieur le Comte, l'assurance du complet dévouement de votre très humble et très respectueux serviteur.

« Pierre Durand.

« Sirinagor (Lahore), 7 juillet 1846. »

La lettre, recachetée avec soin et de façon à ce qu'on ne s'aperçût pas qu'elle avait été ouverte, fut expédiée à l'hôtel de Warrens.

Mais, naturellement, la police était plus furieuse que jamais.

Le comte semblait ne pas se douter de ses colères et de ses fureurs ; il feignit d'ignorer la surveillance occulte dont il était l'objet.

Dès son arrivée, il avait pris deux jours par semaine, le mardi et le samedi.

Le mardi, il ne recevait que ses intimes.

Le samedi, ses salons s'ouvraient à tout ce que Paris renfermait de sommités et d'illustrations dans la diplomatie, dans les lettres, dans les arts, dans l'armée.

Nous avons déjà constaté que la noblesse et la finance avaient ouvert leurs portes ; aussi ne se faisaient-elles pas faute de venir se coudoyer et se regarder du haut de leurs quartiers ou de leurs sacs d'écus.

Sur ce terrain neutre se rencontraient les opinions les plus opposées.

Comme tout en se trouvant dans la meilleure partie du meilleur monde parisien, on jouissait de la plus grande liberté chez M. de Warrens, on l'accablait de demandes d'invitations. Il ne répondait qu'à bon escient.

Les honneurs de l'hôtel de Warrens étaient faits par Mme la duchesse de Vérone, veuve de l'un des plus célèbres généraux de l'ère impériale, le général Dubreuil, duc de Vérone.

Les liens éloignés de famille qui unissaient le comte de Warrens à la duchesse de Vérone lui avaient fait accepter une tâche qu'elle remplissait avec autant de distinction que de charme.

Sa présence autorisait les femmes, mariées ou veuves, et les jeunes filles à assister à ces soirées et à ces bals.

Le samedi gras était donc jour de bal à l'hôtel de Warrens.

Le programme, rédigé de façon à exciter vivement la curiosité, annonçait un concert, un bal paré et masqué, le tout se terminant par un souper devant durer deux heures, de cinq heures à sept heures du matin.

On était libre de ne pas se masquer, de ne pas se costumer ; — seulement tout invité ou toute invitée en costume de bal ordinaire ne pouvait pénétrer dans les salons réservés aux masques, aux costumes et aux dominos.

De la sorte, les mères timorées n'avaient rien à craindre pour les oreilles de leurs filles, et les veuves inconsolables ou les femmes trop mariées étaient sûres de trouver un refuge, un coin du monde où elles se verraient libres d'oublier les unes leurs maris morts, les autres leurs époux vivants.

Depuis plus d'un mois, de tous côtés, on parlait de cette fête.

Les brigues avaient été vives pour s'y faire inviter.

Vers onze heures, les voitures les plus élégantes commencèrent à amener le menu fretin des élus.

A une heure du matin, les têtes du bal étaient arrivées.

Près de deux mille personnes, dont plus de cinq cents masquées ou costumées, circulaient dans la longue enfilade de salons latéraux qui, partant du quai Malaquais, arrivaient rue Jacob.

Les salons de droite, consacrés aux invités en habit de ville, contenaient des ministres, des ambassadeurs, des littérateurs, des généraux et des artistes.

Les femmes les plus sévères de l'aristocratie française et étrangère n'avaient pu résister à leur désir de contempler ces splendeurs orientales.

Dans les salons de gauche régnait la plus franche gaîté. Là se heurtaient, au milieu d'éclats de rire de bon aloi, de propos légers ne frôlant même pas la licence, de tutoiements autorisés par le manteau vénitien, tout ce que Paris avait d'esprit, de talent, de verve et de gaîté.

Pas un habit noir, pas une cravate blanche ; l'or, l'argent, le velours, la soie, la poudre blanche et la poudre blonde, les fleurs et les diamants miroitaient sous une myriade de bougies.

Le comte de Warrens venait de faire oublier le comte de Warrens.

Il s'était surpassé.

On n'entendait de tous côtés que des exclamations extatiques ou des cris d'admiration.

Féerie! palais magique! fête digne des *Mille et une Nuits!* étaient les moindres éloges donnés par la foule à la réunion la plus brillante de tout l'hiver.

Le comte, à l'entrée des salons de gauche, recevait toutes les personnes costumées, déguisées ou masquées.

La duchesse accueillait dans les salons de droite les femmes en costume de bal, avec une grâce et une amabilité exquises.

Auprès de la duchesse de Vérone se tenait assise une jeune fille blonde, aux yeux bleus, aux traits fins ; une charmante enfant de dix-sept ans au plus, réalisant en un seul type la Charlotte et la Mignon de Gœthe.

Une robe de tarlatane blanche, des myosotis dans les cheveux, c'était tout, et cela suffisait pour en faire une des reines du bal.

Modeste et rougissante sous la pluie de regards admirateurs qui tombaient sur elle dru comme, grêle, elle semblait tout étonnée, tout effarée de se trouver dans un milieu nouveau pour elle.

Souvent la duchesse se penchait vers elle et lui présentait soit un danseur, soit une de ses connaissances.

Mais la jeune fille secouait sa blonde tête, et lui répondait dans ce muet langage :

— Ne craignez rien, madame. Ma résolution est immuable. Rien ne me fera chanceler. J'irai jusqu'au bout,

Derrière sa chaise et suivant tous les sentiments qui venaient tour à tour faire pâlir ou rougir son charmant visage, un jeune homme se tenait immobile et veillant sur elle.

A peine de temps à autre se baissait-il jusqu'à son oreille et prononçait-il quelques paroles qui lui faisaient secouer silencieusement la tête.

Évidemment, au milieu du brouhaha, des allées et venues, des présentations nombreuses se succédant les unes aux autres, il y avait une pensée vivant dans ces trois personnes, une pensée unique qui les réunissait toutes trois : la duchesse, le jeune homme et la jeune fille, dans la même attente.

Tout à coup la générale Dubreuil, qui venait de prendre la main de la jeune fille dans la sienne, la sentit frissonner.

Elle se tourna de son côté.

Elle la vit tremblante, les yeux pleins d'horreur, blanche comme un marbre de Carrare.

Se plaçant, sans en avoir l'air, de façon à masquer cette émotion subite, la vieille dame jeta les yeux autour d'elle et aperçut la cause de cette émotion.

— Courage ! dit-elle vite et bas.

— Courage ! répéta le jeune homme sur le même ton.

M. de Warrens venait vers la duchesse, accompagné d'un homme de quarante-cinq à cinquante ans, gros et court, aux épaules larges, à l'encolure commune, aux traits rapaces, éclairés par deux petits yeux gris pétillants d'astuce ; une brochette de croix nombreuses s'étalait sur son habit.

La face, la poitrine, le ventre, les jambes de ce nouveau venu respiraient la suffisance du parvenu, la confiance vaniteuse du financier qui met ses caves pleines d'or au-dessus de tout.

La face était couperosée, la poitrine et le ventre assez proéminents pour ne faire plus qu'un, les jambes réunies figuraient le parfait entourage d'une douve mal taillée.

Et malgré cela, le propriétaire de cet ensemble disgracieux et déplaisant saluait les femmes d'un air conquérant, les hommes d'un air protecteur, pensant à part lui que, pour peu qu'il lui plût, le lendemain matin, il aurait tous ces hommes et toutes ces femmes dans les caves de son hôtel, à genoux devant ses tonnes d'or, à plat ventre devant ses liasses d'actions, d'obligations ou de billets de banque.

Car c'était le plus riche banquier de Paris, de la France, de l'Europe, ce vilain monsieur-là ! Le plus riche, entendez-vous bien !

— Madame la duchesse, dit le comte de Warrens, permettez-moi de vous présenter M. le baron de Kirschmark.

Et il s'effaça devant le banquier, qui s'avançait avec la lourdeur et l'aplomb d'un galion ambulant.

— Je suis heureuse de vous recevoir, monsieur le baron, fit la duchesse en inclinant légèrement la tête.

— C'est moi, madame la duchesse, qui suis ravi, enchanté de me trouver ici. Je n'ai jamais vu fête plus belle, ni plus riche ordonnance... répliqua le baron de Kirschmark avec des penchements de cou et des clignements d'yeux voulant dire : Je suis bon prince, hein !

— Plus riche ? reprit le comte en souriant, vous vous oubliez.

— Non, parole d'honneur. C'est superbe, et digne du crédit que vous avez chez moi, mon cher comte... un crédit de pas mal de millions, ma foi !

— Mon cher baron, nous allons parler affaires, et ces dames n'y comprendront rien, interrompit M. de Warrens.

— Ce qui signifie que nous pourrions les ennuyer, ajouta le gros financier avec un rire à pomme d'or. Si madame la duchesse y consent, je profiterai de son bon accueil pour lui demander et lui prendre quelques minutes dans la soirée.

— Vous me trouverez entièrement à votre dévotion, monsieur.

Le banquier salua et se perdit dans la foule.

Le comte et la duchesse échangèrent un rapide coup d'œil.

La duchesse se pencha vers la jeune fille.

— C'est lui, n'est-ce pas, chère enfant ? lui demanda-t-elle avec intérêt.

— Oui, madame, lui répondit la jeune fille, qui était à peine remise de sa première émotion.

— Bien. Il nous fallait cette certitude. Maintenant que nous l'avons, M. le comte de Warrens et moi, nous ferons en sorte que vous ne soyez plus obligée d'affronter, ou de subir cette odieuse présence dans le cours de cette fête.

— Je m'y engage, mademoiselle, fit le comte.

— Redevenez donc joyeuse, mon cher cœur, ajouta la duchesse, et ne songez plus qu'au but que nous cherchons à atteindre.

— Je tâcherai, madame la duchesse.

— Et vous réussirez.

— Je l'espère, vous êtes si bonne pour moi !

— Oh ! ne parlons pas de cela. Est-ce que je ne remplace pas votre mère, en ce moment ?

— Ma pauvre mère ! murmura-t-elle avec un soupir étouffé.

Le comte, qui écoutait silencieux ce court dialogue, s'avança et fit un signe au jeune homme. qui s'éloigna aussitôt.

— Est-ce l'heure ? demanda Mme Dubreuil.

— Oui, duchesse.

— Ne craignez-vous que la surprise, l'émotion de tout à l'heure ne paralysent les moyens de cette chère enfant ?

— Mademoiselle aura le temps de se remettre, pendant la première partie du concert. Je suis sûr qu'elle obtiendra un succès foudroyant.

— Ah ! monsieur le comte, murmura la jeune fille.

— Je fais parfaitement la part de votre modestie, mademoiselle ; mais je suis sûr de vous. Dans deux heures votre nom sera dans toutes les bouches.

Il s'approcha d'un bahut en bois, et le prenant pour pupitre, il y écrivit la traduction demandée.

IV

APPARITION D'UNE ÉTOILE QUE M. LEVERRIER N'AURAIT PAS DÉCOUVERTE

Le jeune homme, auquel le comte de Warrens avait fait signe de s'éloigner, revenait alors donnant le bras à une femme, jeune encore, dont le sourire aimable n'excluait pas un certain air de tête que tous les artistes de grand talent possèdent.

Cette assurance méritée dénote l'habitude des bravos et des applaudissements.

Cette femme était Mme Cinti-Damoreau, l'illustre cantatrice.

Peu de temps auparavant, elle avait eu le courage, rare parmi les chanteurs aimés du public, de quitter la scène, à l'apogée de sa réputation.

La duchesse de Vérone fit pour Mme Cinti-Damoreau ce qu'elle n'avait encore fait pour aucun de ses invités.

Elle s'avança vers elle, la prit par la main et l'obligea gracieusement à s'asseoir à son côté.

Le concert allait commencer.

La grande dame et la grande artiste causèrent à voix basse pendant quelques instants.

Au bout de ce court entretien, Mme Cinti-Damoreau fit un geste d'assentiment, tout en lançant à la dérobée un regard curieux et presque affectueux à la jeune fille, qui rougissait, sentant qu'il était question d'elle entre les deux femmes.

Les invités affluaient dans la salle du concert.

Masquées, costumées, ou seulement en robes de bal, les dames occupaient les chaises et les banquettes d'un immense salon octogone.

Les hommes se tenaient dans les nombreuses embrasures des portes ou dans les bas côtés des murs latéraux faisant suite à l'estrade apprêtée pour les artistes et les exécutants.

Ce salon octogone, une des merveilles de l'hôtel de Warrens, mérite une description particulière.

Huit lustres de Venise y répandaient une lumière tamisée.

Le plafond, peint par Delacroix, représentait le supplice de Marsyas ; chaque dessus de porte, un faune et une dryade, un satyre et une nymphe, cherchant par leurs supplications à arrêter la vengeance d'Apollon, le Dieu du Jour et de la Musique.

Tous les lambris, en mosaïque digne de Pompéi, surmontaient des panneaux signés Corot, Decamps, Jules Dupré et Gudin.

Cette salle de concert, d'un goût sévère, faisait un contraste frappant avec la suite de salons blanc et or, par lesquels il fallait passer pour y parvenir.

Nous l'avons dit, un certain nombre d'artistes, l'élite des peintres, littérateurs et musiciens, avaient été invités par le comte de Warrens.

On n'avait donc point à s'étonner de voir au premier rang des curieux les directeurs de nos grandes scènes lyriques, l'Opéra, les Italiens et l'Opéra-Comique.

Au moment où le comte, traversant la foule, parut donnant le bras à Mme Cinti-Damoreau, qu'il était allé chercher près de la duchesse de Vérone, et qu'il conduisit jusqu'à l'estrade, où Ponchard, un grand chanteur d'opéra-comique, l'attendait, un silence respectueux se fit; puis les deux illustres virtuoses commencèrent un duo de l'*Ambassadrice*.

Inutile de constater les transports d'enthousiasme qui les accueillirent tous deux.

Chacun le sait, il était impossible d'avoir plus de voix que ces deux rossignols retraités, impossible de chanter avec plus de goût et de méthode.

Après le duo de l'*Ambassadrice*, vint l'air de *Joseph* :

> Vainement Pharaon, dans sa reconnaissance,

chanté par Ponchard,
Et l'air du *Domino noir* :

> Une fée, un bon ange...

exécuté par Mme Cinti-Damoreau.

En disant cette adorable inspiration d'Auber, la grande cantatrice mit dans sa voix tant de puissance de sentiment, tant d'intelligence pleine d'actualité, que ce fut un frémissement d'émotion dans la salle.

Ce fut surtout dans le groupe formé par la duchesse de Vérone et sa protégée, que l'effet se produisit le plus clairement.

Cette dernière pleurait, et pressant le bras de sa protectrice :

— Ah! madame! madame! que c'est beau! murmurait-elle attendrie ; jamais on n'a si bien chanté. Cela fait tout oublier!

— N'oubliez pas, répliqua la duchesse en souriant doucement, n'oubliez pas, chère enfant, que votre tour va bientôt venir.

— Oh! je n'oserai jamais.

— Calmez-vous, et ayez confiance. Vous avez un grand talent aussi, et une voix... plus jeune... Et puis, ne craignez rien, vous serez bien soutenue... Attendez et remettez-vous.

Ponchard et Mme Cinti-Damoreau venaient de se retirer au milieu d'un tonnerre d'applaudissements.

Après un quart d'heure de piano, que Listz remplit de ses inspirations poétiques et pleines de maëstria, apparurent sur l'estrade Lablache et Ronconi, qui, avec Mario et Giulia Grisi, faisaient alors les beaux jours, c'est-à-dire les beaux soirs des Italiens.

Ils enlevèrent, avec leur succès ordinaire, le duo des *Puritains* qui commence par :

> Il rival salvar tu puoi...

Et qui finit par l'héroïque ensemble :

> Suoni la tromba, e impavido
> Jo pugnero da forte...

Puis, comme les artistes qui les avaient précédés, ils vinrent s'asseoir parmi les spectateurs.

On le sentait, malgré toutes les splendeurs musicales offertes à ce public d'élite, l'élément de curiosité, l'attrait principal de la soirée se faisait désirer.

Aussi, lorsque la duchesse de Vérone se leva, prenant par la main sa protégée, qui tremblait comme la feuille secouée par une brise d'automne, lui fit rejoindre Mario, sur l'estrade, ce fut un murmure de curiosité pleine d'intérêt.

On pressentait là plus qu'un début insignifiant.

Chacun comprit que de cette épreuve solennelle dépendait l'avenir, la vie d'artiste de cette jeune fille timide et haletante de frayeur.

Tomber sous le ridicule, ou aller aux étoiles sous les yeux du Paris artistique, du Paris financier, du Paris aristocratique, là était la question, question de vie ou de mort, tout simplement.

Mario, en gentilhomme qu'il était, fit plusieurs pas au-devant de la pauvre enfant, s'inclina devant elle et la rassura en quelques mots.

Peu d'instants après, le talent de la cantatrice ayant pris le dessus sur les défaillances de la débutante, ils firent entendre les premières notes du duo de *Lucie*.

Ce fut un enchantement.

La voix suave, argentine du ténor italien se fondant dans un organe jeune, vibrant, sonore, ravit tous les cœurs. La salle se leva tout entière.

Vieillards, jeunes gens, femmes coquettes et femmes honnêtes, public nouveau, public blasé, amateurs et indifférents, juges ou parties, artistes et directeurs, tous criaient au miracle.

Ce n'était pas un succès ; c'était un délire, une folie, une rage d'enthousiasme.

Accablée sous les bravos, chancelante sous son triomphe, la jeune cantatrice disparut sous les fleurs qui inondaient le tapis de l'estrade.

Depuis la Malibran, on n'avait rien entendu de comparable.

Le concert était fini.

Parmi les admirateurs, trois des plus forcenés étaient les directeurs des Italiens et de l'Opéra et le baron de Kirschmark.

Les deux premiers se regardaient l'un l'autre avec méfiance et jalousie, tout en chantant les louanges de la nouvelle étoile à la duchesse, ravie de cette immense réussite.

Le dernier venait de prendre le comte de Warrens à part, et lui serrant les mains à les lui briser, s'écriait sur tous les tons :

— Elle est adorable ! c'est un bijou ! c'est un écrin ! c'est une mine de diamants ! Cela vaut son pesant d'or.

— Cela est honnête et de bonne famille, mon cher baron. Vous êtes veuf, je crois ?

— Je crois que oui, aussi.

— Eh bien ?

— Eh bien, quoi ?

— Épousez-la, fit le comte en riant.

— J'y penserai, répondit sérieusement Kirschmark, j'y penserai cette nuit.

Le baron de Kirschmark possédait un léger accent tudesque qui, sans lui faire baragouiner le charabia impossible du baron de Nucingen, de Balzac, ne laissait pas de lui donner une certaine ressemblance avec un bottier de grande maison.

Cela, au détriment de ses millions inconnus.

Désirant déposer le tribut de ses hommages aux pieds de l'heureuse jeune fille, il cherchait à se frayer un passage à travers la foule qui s'écoulait dans les galeries avoisinantes ; mais au moment où il touchait au but, l'objet de son admiration disparut.

La duchesse venait de l'emmener pour la soustraire à une ovation trop prolongée.

Peut-être aussi parce qu'elle avait remarqué le travail de circonvallation du baron.

Toujours est-il qu'il arriva juste à temps pour voir se refermer, sur les robes de ces dames, une porte dérobée, cachée à tous les yeux par une lourde tapisserie des Gobelins.

Cette tapisserie avait pour sujet Vulcain surprenant Mars et Vénus et les enfermant dans un filet forgé de ses propres mains.

Et voyez le hasard !

L'habile ouvrier qui avait tissé, brodé ce chef-d'œuvre, a donné à son dieu boiteux les traits et l'encolure de notre baron désappointé.

Nos lecteurs ont reconnu en même temps que nous, dans la duchesse de Vérone, dans la jeune fille et dans le jeune homme qui se tenait toujours à l'affût derrière elle, les deux femmes et le jeune homme du marché aux chevaux.

La jeune fille s'appelait Thérèse. Pas de nom de famille.

Le jeune homme, Olivier Maskar ; il était secrétaire de la duchesse de Vérone.

Pendant que tous ces personnages se séparaient, se dispersaient, pour se rendre les uns dans un salon de jeu, les autres dans un boudoir isolé, ceux-ci dans les galeries réservées aux masques, ceux-là dans le salon de danse, un huissier tenant deux manteaux vénitiens, noirs et courts, et deux masques à longue barbe, s'approcha de deux hommes qui causaient à l'entrée de la galerie des masques.

Ces deux hommes étaient le comte de Warrens et un employé supérieur de la police. Le comte remerciait ce monsieur d'avoir bien voulu assister à sa petite fête. Celui-ci lui faisait tous ses compliments sur la magnificence de sa réception.

— Que voulez-vous, mon ami ? demanda le comte à l'huissier.

— Monsieur le comte a ordonné de ne laisser pénétrer personne dans ces salons, sans masque et sans costume.

— C'est vrai, dit le comte en souriant. Il faut que je me déguise, c'est la loi.

— Et je suis convaincu, fit l'employé supérieur, qui ne se croyait pas connu pour ce qu'il était, avec un accent de bonhomie parfaitement joué, je suis convaincu, comte, que cela ne vous gênera pas beaucoup.

— Dame ! voyez, répliqua le comte de Warens, qui venait de s'encapuchonner et de se masquer, en tournant sur ses talons. On dirait que je suis né en pleines lagunes, du xv° au xvi° siècle. Le cœur vous en dit-il, cher monsieur?

— Ce que vous ferez ce soir, je le ferai comme vous, cher comte, reprit son interlocuteur, qui se masqua aussi.

— Je vous plains, alors, du fond de mon âme.

— Pourquoi?

— Parce que je suis maître de maison et qu'il est de mon devoir de ne pas m'amuser autant que mes invités.

— Est-ce pour qu'on vous reconnaisse que vous mettez ce nœud rose à votre épaule gauche?

— Sans doute; mais mon intendant seul et deux de mes gens savent ce détail. Je vous supplie en grâce de ne pas me trahir.

— Je vous promets de profiter seul de cette découverte, dit-il en riant.

— Mille grâces!

— A propos, votre intendant, n'est-ce pas un M. Karl Schinner?

— C'est cela même.

— Un charmant homme!

— Un honnête homme surtout, répondit gravement le comte.

Un quart d'heure après, l'employé supérieur de la Préfecture de police, attaqué par un adorable petit domino, dansait en face d'une esclave grecque ayant pour cavalier un masque au manteau vénitien et au nœud rose sur l'épaule gauche.

Rien n'empêchait ce rancunier et haut fonctionnaire de croire qu'il avait pour vis-à-vis, dans le porteur de ce nœud rose, le maître de céans, son ennemi intime, le comte de Warrens.

V

CE QUE PEUT CACHER UN MANTEAU VÉNITIEN

C'était le plus beau moment de la fête donnée par le comte de Warrens.

A l'extrémité du jardin d'hiver se trouvait un kiosque, si bien dissimulé par les massifs de verdure et les bosquets touffus, qu'un promeneur indifférent aurait passé et repassé plusieurs fois autour de lui sans en soupçonner l'existence.

Ce kiosque et le jardin d'hiver occupaient le milieu du parc.

Il se composait d'un rez-de-chaussée.

A la porte de ce rez-de-chaussée se tenait un personnage en costume de magicien, lequel laissa entrer successivement sept dominos, qui lui donnèrent tous les sept le même mot d'ordre.

Puis, le septième entré, il referma la porte, traîna un lourd sofa qu'il mit en travers, et s'étendit sur ce sofa.

Les sept dominos se trouvaient réunis dans une salle aux tentures sombres, dont la simplicité austère et l'isolement contrastaient, sous tous les rapports, avec les galeries bruyantes et resplendissantes de lumières du corps de logis principal.

Cette salle était assurément une retraite, un lieu d'asile pour certains privilégiés de la maison.

L'orchestre lançait au loin ses valses les plus entraînantes, ses harmonies les plus retentissantes.

Fleurs, parfums, lumières, faisaient un Eden nocturne de cette longue suite de salons merveilleux d'élégance et de richesse.

Pourquoi ces sept dominos avaient-ils fui la joie générale ?

Pourquoi s'étaient-ils glissés, rapides, silencieux, parmi ces deux mille chercheurs de plaisirs ?

Quel motif puissant les obligeait à se parler d'une voix contenue, mesurée, une fois qu'ils s'étaient mis à l'abri des indiscrets et des curieux, dans ce pavillon isolé ?

Que craignaient-ils ?

A chaque instant leurs yeux se tournaient machinalement vers la seule porte donnant accès dans la salle où ils se trouvaient.

Un moment même leurs conversations à voix basse s'arrêtèrent.

On venait de frapper à la porte du kiosque.

On entendit le gardien se lever, déranger le meuble placé par lui devant la porte, ouvrir, donner une réplique et recevoir une réponse.

Quelqu'un entra.

La porte se referma sur le nouveau venu.

Les premiers arrivés se levèrent tous à l'aspect d'un domino bleu qui, étendant vers eux sa main droite, leur montra un anneau sur la pierre duquel étaient gravées les armes de la maison de Warrens, avec la vieille devise au bas : *Varia ense ; Tout par l'épée...*

Ce domino bleu était le président de l'association dont les sept dominos noirs faisaient partie.

— Toutes mes précautions sont prises, messieurs, dit-il, nous n'avons à craindre ni interruption, ni indiscrétion.

Et du geste, il les invita à se rasseoir.

Les masques obéirent.

Seul, le domino bleu demeura debout au milieu du salon.

La demie après trois heures sonna.

— Messieurs, reprit le président, vous êtes exacts, et je vous remercie de votre exactitude. Chacune de nos séances annuelles, chacune de nos réunions préparatoires, quelque petit que soit le nombre des membres qui y assistent, est d'un concours puissant pour l'assemblée générale, qui tient ses assises tous les cinq ans. D'ici à longtemps peut-être, nous ne nous retrouverons pas ensemble, ou bien, si l'heure sonne d'une réunion nouvelle, combien de nous manqueront au rendez-vous ? Combien de nous, tombés sur la brèche, écrasés dans cette lutte incessante soutenue au nom du progrès contre l'obscurantisme, l'ignorance, la routine et tous les maux horribles qui en découlent ?

Un murmure approbatif interrompit l'orateur.

— Avant d'établir le bilan des grandes choses accomplies par nous et les nôtres depuis quatre ans, laissez-moi rappeler en quelques mots l'origine de notre société, si puissante aujourd'hui, puisqu'elle embrasse le monde entier de ses innombrables réseaux, si humble, si faible même dans ses commencements. Nous avons parmi nous deux nouveaux adeptes, c'est pour eux que je désire parler.

Ici — sans qu'il fût besoin de leur en faire la demande — deux dominos se démasquèrent et offrirent aux yeux des six autres les visages loyaux et fiers du baron d'Entragues et du vicomte de Rioban, les deux témoins de M. le comte de Mauclerc, qui, par la force des choses, s'étaient vus obligés de devenir ses adversaires.

Le domino bleu se tourna vers eux.

— Messieurs, dit-il, nous sommes touchés, nous sommes fiers de votre confiance. Mais ce que dans votre courage et dans votre loyauté vous avez cru devoir faire, nos statuts nous le défendent. Le président et une autre personne seule dont il n'est point encore temps de parler, ont le droit de connaître le visage et le nom de chaque initié. Remettez donc vos masques et ne vous étonnez pas que ces messieurs gardent les leurs.

D'Entragues et Rioban remirent leur masques.

— Parlez, fit-on au domino bleu.

Le domino bleu s'inclina, et, étendant le bras vers la pendule qui surmontait un piédouche en chêne noir comme tous les meubles de ce pavillon, il s'exprima ainsi :

— Il y a plus d'un demi-siècle, dans la nuit du 22 au 23 février 1767, à trois heures et demie du matin, cinq hommes, dont plusieurs se connaissaient à peine, se rencontrèrent au seuil d'une misérable hutte, construite par des trappeurs français, sur la lisière d'un défrichement américain.

« Ignorés de leurs concitoyens, sortis à peine de leur obscurité primitive, ces hommes devaient léguer, chacun de son côté, un nom immortel à la postérité.

« Ils se nommaient :

« Georges Washington ;

« Benjamin Franklin ;

« Thaddée Kosciusko ;

« Caritat, marquis de Condorcet ;

« Donatien de Vimeur, marquis de Rochambeau.

« Kosciusko et Condorcet sortaient à peine de pages.

« Le premier avait vingt et un ans, le second vingt-quatre.

« Des trois autres, deux, Washington et Rochambeau, dans toute la force de l'âge, s'inclinaient devant la science et la conscience du grand Franklin.

« Ce dernier, âgé de soixante et un ans, portait aussi vertement sa vieillesse naissante que le souvenir de ses soixante années de vertus. Malgré ses cheveux blancs comme les neiges de l'Himalaya, et les rides profondes creusées par l'étude et par la pensée sur son large front, l'homme tenait encore bon chez lui. Ses yeux brillaient toujours du feu clair et pénétrant de

L'or, l'argent, le velours, la soie, les fleurs et les diamants miroitaient sous une myriade de bougies.

la jeunesse, ses membres n'avaient rien perdu de leur force et de leur élasticité.

« On atteignait les mauvais jours du xviii siècle; les honteuses orgies de la Régence, surpassées par les débauches de Louis XV, comblaient la mesure. Le vieil édifice monarchique, miné de toutes parts, menaçait ruine. L'univers entier était en gestation. Des grondements souterrains annonçaient l'irruption prochaine des colères populaires et nationales, de la justice humanitaire et universelle.

« Le vieux monde du moyen âge, entamé par Louis XI, démantelé par Richelieu, absorbé par Louis XIV au profit de son orgueil, et désorganisé par Louis XV au profit de ses vices, craquait, croulait de toutes parts. La marée terrible montait, montait encore, montait toujours ; le peuple allait paraître à la surface, surnager, naître à la vie de l'intelligence, toucher terre, prendre pied et créer la société moderne.

« L'heure juste approchait où le principe des nationalités allait se faire reconnaître, où la solidarité humaine allait s'établir sur des bases indestructibles.

« Après nous le déluge ! » avait dit la marquise de Pompadour. « La machine « durera toujours autant que moi », répétait sans cesse le roi Louis XV, *le Bien-Aimé*, entre un éclat de rire à l'adresse de son bon peuple français et une caresse à l'adresse de Cotillon III. Et cela aussi bien dans le palais de Versailles, où personne ne gouvernait, que dans le pavillon de Luciennes, dont il avait nommé le nègre Zamore gouverneur.

« La France allait gaiement au diable, » selon le mot cyniquement vrai de Voltaire, et l'Europe la suivait en chantant.

« Plus grands encore par le cœur que par le génie, les cinq hommes dont nous parlons avaient suivi d'un regard anxieux la marche rapide du mal. Ils avaient frémi à la vue de cette démoralisation générale qui menaçait d'engloutir à jamais l'humanité tout entière sous le lourd linceul de la barbarie ; ils s'étaient sentis pris d'une immense pitié à la vue des misères effroyables engendrées par un despotisme sans bornes et qui étalaient devant eux leur lèpre hideuse.

« Ils avaient juré de sauver tous ces peuples courbés sous un joug odieux, en les faisant libres d'abord et ensuite en les instruisant à la fraternité et à la solidarité humaine.

« Ils étaient pauvres, isolés, inconnus ; cependant, tout en reconnaissant les difficultés presque insurmontables de leur mission sublime, ils n'hésitèrent pas à la remplir.

« Ils savaient que Dieu marchait avec eux, qu'il les soutiendrait et les ferait vaincre.

« Voilà comment le 22 février 1767, à trois heures et demie du matin, ces cinq hommes, plus grands que les Harmodius et les Aristogiton d'Athènes, que le Brutus de Rome, que les Guillaume Tell et les Meltchtal de la Suisse, — car ce n'était pas un petit peuple mais la famille humaine qu'ils prétendaient régénérer, — se trouvaient réunis dans une pauvre hutte abandonnée, sur la lisière d'un défrichement.

« Là, loin de tous regards profanes, dans le silence de la nuit, à la face du Dieu qui rayonne dans les hautes latitudes du désert, forts parce qu'ils avaient la foi qui renverse les plus grands obstacles, ils posèrent les bases de cette société des *Invisibles*, conspiration permanente contre l'obscurantisme et l'esclavage, appelée à renouveler le monde, d'après les principes de la solidarité humaine.

« Puis, au lever du soleil, le devoir qu'ils s'étaient imposé rempli, ces cinq hommes se serrèrent une dernière fois la main sur le seuil de cette hutte ignorée, et ils se séparèrent pour ne plus se revoir que bien longtemps après.

« Et l'œuvre gigantesque commença.

« Elle commença partout à la fois, en Europe comme en Asie, en Afrique comme en Amérique, sans que ces apôtres de la pensée s'arrêtassent un seul instant.

« Aujourd'hui le monde qu'ils avaient rêvé se trouve fondé.

« Les peuples ont ouvert les yeux à la lumière, le progrès est né; nulle puissance ne pourrait maintenant arrêter son essor.

« N'oublions pas, messieurs, le point obscur d'où nous sommes partis.

« Ayons toujours devant nous le but lumineux que nous voulons atteindre pour le bien de l'humanité.

Ici, le bruit de la fête, les accents du bal, dont la joie et l'ivresse allaient croissant, pénétrèrent jusqu'au cœur de ce petit réduit isolé; l'orateur s'arrêta comme pour laisser passer cette bourrasque de gaietés qui venait se jeter au travers des grands et nobles souvenirs des principes évoqués par sa parole vibrante et sympathique.

Il avait tellement captivé son auditoire, que de ces cœurs émus, de ces lèvres prêtes aux plus violents transports d'admiration, il ne s'échappa ni un mot, ni un murmure.

On attendit.

Au bout de quelques instants, il reprit :

— Redoublons de prudence, messieurs; la trahison s'est glissée dans nos rangs. Elle fait mieux, elle nous enveloppe. De faux frères, gagnés par nos ennemis, ont parlé. Cette nuit même, plusieurs d'entre vous le savent déjà; deux condamnations terribles, ordonnées par le conseil des chefs, ont été exécutées. Je ne parlerai pas de la première, ce n'est que l'histoire banale d'un misérable perdu de vices, vendant pour une somme plus ou moins forte ce qui lui restait d'honneur.

Un cri d'indignation jaillit de toutes les lèvres.

— Heureusement les projets de ce traître se sont vus déjoués, continua le président. Il est mort frappé dans un duel loyal par un de nos frères tout nouvellement reçu parmi nous. Nous remercions ce frère au nom de l'association, quoi qu'il n'ait fait que strictement son devoir. Mais un fait plus grave s'est produit. Il a exigé une répression immédiate.

« Le chef principal, le chef suprême de notre société, celui que nous-mêmes nous surnommons l'*Invisible,* nul de nous ne l'ayant vu ni ne le connaissant, l'Invisible devait assister à cette séance. La nouvelle m'en avait été envoyée ces jours derniers. Il arrivait d'Amérique dans le but de nous faire une communication de la plus haute importance.

« Ce soir, à six heures, l'Invisible a été arrêté, retenu par l'ordre du gouvernement espagnol, qui le garde prisonnier à *Irun.*

« On le surveillait depuis douze jours qu'il était débarqué au *Passage.*

« Notre chef, mis dans l'impossibilité d'agir, un espion, expédié en son lieu et place, devait se présenter à la réunion, surprendre nos secrets, nous envelopper tous dans un coup de filet immense, nous livrer et ruiner une grande partie de nos projets.

« Cet espion, suivi par un des nôtres depuis la frontière d'Espagne, est arrivé à minuit et quart à Paris. A minuit et demi, justice était faite !

« Nous sommes donc encore une fois hors de péril.

« Mais le but de notre réunion ne sera pas atteint, puisque celui qui devait nous apporter certains renseignements indispensables ne peut venir. A quatre heures sonnantes, notre chef devait faire son entrée dans cette salle. C'est l'heure, et, vous le voyez, sa place est vide parmi nous.

En effet, quatre heures sonnaient.

Tous les regards des initiés s'étaient tournés vers la pendule; leurs yeux, étincelants à travers les trous de leurs masques, se fixèrent sur le cadran.

Chaque vibration du timbre avait un écho sinistre dans la poitrine de ces hommes si douloureusement affectés.

A peine la dernière vibration venait-elle de s'éteindre, que trois coups secs, espacés, résonnèrent contre la cloison à laquelle le président tournait le dos.

Un frisson de surprise, un sentiment d'effroi courut dans l'assemblée.

— Qu'est ceci? fit le président, serait-ce une trahison nouvelle?

Trois coups, frappés une seconde fois contre la même cloison, lui répondirent.

Puis un léger craquement se fit entendre : une partie de la cloison, se détachant, glissa silencieusement dans une rainure, et dans l'espace resté libre, sur le seuil de cette porte improvisée, apparut un domino noir, dont les yeux, brillant comme des charbons ardents à travers les trous de son masque, forcèrent tous les assistants à s'incliner et à baisser la tête.

L'inconnu fit deux pas en avant.

Derrière lui la cloison reprit sa place.

— Il est quatre heures. Me voici! dit-il en s'avançant jusqu'au milieu du salon, tout auprès du président.

Il demeura immobile, la tête haute et les bras croisés.

Les affiliés semblaient frappés de stupeur.

Il y avait tant de dignité, tant de hauteur dans le peu de mots prononcés par le domino noir, que pas un d'entre eux ne songea à se révolter.

Seul, le président alla vers lui et, étendant la main comme pour le saisir, s'écria :

— Avant tout, il faut...

L'autre l'interrompit avec l'autorité d'un maître qui parle à son élève.

— J'étais là!... j'ai tout entendu! Et du doigt il désignait la partie de la cloison qui lui avait livré passage. Mon cœur a tressailli d'aise au discours généreux qui a été prononcé dans cette enceinte. Une cause possédant des adeptes comme vous, messieurs, est certaine du succès.

— Mais... répliqua le président...

— Silence! fit le domino noir avec un geste d'une majesté suprême, moi seul j'ai le droit et le pouvoir de parler ici. Tous, vous devez vous taire en ma présence. Ne me répondez que si je vous interroge.

Les affiliés regardèrent leur président.

Malgré l'inquiétude qui le dévorait, quelque grande responsabilité qui lui incombât, les paroles prononcées par l'inconnu, avec un léger accent étranger, avaient une telle puissance, que le président se tut une seconde fois.

Si grande était l'influence magnétique exercée par ce personnage inconnu sur tout ce qui l'approchait, que ces hommes, doués d'une énergie à toute épreuve, ne songèrent même pas à une résistance, à une révolte impossible.

— Vos renseignements étaient faux, ajouta-t-il de sa voix calme et reposée. Et voici ce qui vous a induits en erreur. L'*Invisible*, ou plutôt les Invisibles, ses sosies, — il y en avait trois sachant ce qui devait arriver, — se sont vu arrêter, l'un à Strasbourg, le second à Douvres, le troisième à Irun. La police de nos ennemis est bien faite, mais la nôtre vaut mieux. Nous ne payons pas nos agents avec de l'or, nous autres; nous les payons avec la satisfaction du devoir accompli, avec le droit de se dévouer de nouveau à une cause sainte. Aussi sommes-nous bien servis. — Écoutez bien ceci : Le traître expédié par le gouvernement espagnol, c'est moi!

— Vous! s'écria le président.

— Je ne vous ai pas encore interrogé, monsieur, fit hautainement le domino noir.

Mais à sa déclaration si nette, si clairement accentuée, un frémissement de colère parcourut les rangs des conjurés. Ils oublièrent leur faiblesse instantanée, et comme des lions du désert qui rougissent de s'être laissé dompter par la volonté d'un homme, ils firent tous un geste comme pour s'élancer sur l'imprudent qui venait si froidement les braver.

Bien des mains avaient saisi des armes habilement dissimulées dans les plis de leurs larges vêtements.

L'inconnu demeura impassible.

Mais le président, se jetant vivement au-devant de lui comme pour lui faire un bouclier de son corps, cria :

— Arrêtez !

Puis se tournant vers celui qu'il défendait :

— Je vous supplie, monsieur, de me permettre de vous demander qui vous êtes réellement?

— Vous êtes un brave cœur, et je ne vous laisserai pas plus longtemps dans l'indécision. Je suis celui que vous attendiez. Je suis l'*Invisible*, et pourtant j'ai dit vrai en vous annonçant que vous voyiez en moi l'espion du gouvernement espagnol. Je vous expliquerai cela plus tard. Pour le moment qu'il vous suffise de savoir ceci : Suivi, depuis Irun, par un membre de notre société, qui me prenait pour le traître en question, il m'a fallu m'adjoindre un de mes affidés subalternes entre Villejuif et la barrière de Fontainebleau. Cet homme m'a escorté et m'a conduit ici, au péril de sa vie. Je ne parle pas des dangers que j'ai courus moi-même; ils importent peu, puisque me voici. Un seul d'entre vous sait à quel signe on doit me reconnaître aujourd'hui. Quel est-il ?

Oui, répondit le président, ce signe m'a été communiqué il y a deux jours. Vous ne l'ignorez pas, chaque fois que le chef suprême vient présider l'assemblée d'une *province*, ce signe change.

— C'est bien, dit le domino noir. Cette nuit, l'*Invisible* doit présider la *Province de France*. Quel signe a-t-il adopté ?

— Quel signe ? dit le président.

— Oui, parlez !

— Je ne sais si je puis...

— Je le veux ! il faut que la lumière se fasse... il faut que les doutes s'évanouissent !... Ce signe, je vous autorise à le révéler. Vous seul et moi nous le connaissons... Quel est-il ?

— Ordonnez, je parlerai.

— J'ordonne, parlez !

— Parlez ! parlez ! firent tous les affiliés, résolus à savoir si c'était bien là leur chef ou un aventurier audacieux venu pour les braver et surprendre le secret de leurs noms et de leurs visages.

— Songez, monsieur, qu'une fois que j'aurai parlé, si vous n'êtes pas celui que je crois, vous devez vous considérer comme un homme mort.

— Vous perdez un temps précieux, dit froidement l'inconnu.

— Soit. Pour la réunion de cette nuit le chef suprême a adopté le signe suivant :

« Une croix de Malte à cinq branches.

« Chaque branche doit avoir une lettre majuscule avec un chiffre arabe, dans l'ordre que voici :

« Celle du haut, un W avec le chiffre 5 au-dessous ;

« La seconde branche, un F et un 8 ;

« La troisième, un C et un 4 ;

« La quatrième, un K et un 1 ;

« La cinquième, un R et un 7 ;

« Dans le centre de la croix, quatre lettres, F. P. surmontant F. I.

— Bien. Dites maintenant ce que signifient ces lettres et ces chiffres, ainsi disposés.

— Encore cela ?

— Oui. Il le faut. Je le veux.

— J'obéis. Les cinq lettres signifient :

        Washington,
        Franklin,
        Condorcet,
        Kosciuszko,
        Rochambeau.

« Le chiffre 5 représente le nombre des fondateurs de la société. 8, 4, 1 et 7 sont les chiffres transposés de l'année 1847, millésime de l'année où nous vivons. Enfin les quatre lettres F. P. F. I., placées dans le centre de la croix, ont pour signification :

        France,
        Paris,

Février,
Invisible.

— Est-ce bien tout? N'avez-vous rien oublié ?
— C'est tout. Je n'ai rien oublié.
— Vous avez religieusement tenu le serment de ne révéler à personne le secret que vous venez de révéler ici ?
— Je le jure sur mon salut éternel.
— Ainsi, vous en convenez, l'homme qui vous présentera ce signe de reconnaissance sera bien réellement le chef que vous attendez ?
— Oui, si, le signe une fois présenté, il ajoute certaines paroles que lui et moi nous savons seuls.
— Ces mots ne forment qu'une réponse.
— Il est vrai.
— Eh bien! regardez d'abord.

D'un geste plus rapide que la pensée, celui qui venait de parler écarta son domino et découvrit sa poitrine.

Sur cette poitrine étincelait une plaque en diamants.

— C'est lui! c'est lui! s'écrièrent les Invisibles,
— Attendez, dit froidement leur chef en refermant son domino, toutes les formalités ne sont pas encore remplies.

Alors, se tournant vers le président, qui attendait dans une attitude respectueuse :

— Vous avez une question à m'adresser, ajouta-t-il.
— En effet, maître, j'ai à vous demander au nom de qui vous venez vers nous.
— Je viens, dit celui qu'on venait d'appeler le maître, le chef, l'Invisible, je viens au nom du Christ, mort sur la croix, il y a plus de dix-huit cents ans, pour la rédemption et pour l'émancipation du genre humain. Je viens au nom du Christ, dont on a faussé le verbe sacré. Mes frères, me reconnaissez-vous ?
— Maître, répondit en s'inclinant le président, vous êtes celui que nous n'espérions plus voir cette nuit. Vous tenez dans vos mains la vie et la volonté de chacun de nous. Marchez, nous vous suivrons. Parlez, nous écouterons. Ordonnez, nous obéirons.

VI

L'INVISIBLE

A cette déclaration spontanée de leur président, les sept membres présents de l'association ne purent retenir leurs exclamations joyeuses.

La question était nettement tranchée en faveur de ce nouveau venu, dont on menaçait les jours peu d'instants auparavant.

Enfin il se trouvait au milieu d'eux, ce chef depuis si longtemps attendu!
L'heure suprême de la lutte allait sonner, lutte qu'ils appelaient de tous leurs vœux.

Ils voyaient déjà le progrès, cet aigle gigantesque, ouvrir ses larges ailes au grand jour et fondre, dans son essor irrésistible, sur l'ignorantisme, lâche vautour qui ne travaille que la nuit.

A l'envi l'un de l'autre, il se pressaient autour du maître.

Plus ils avaient résisté, plus ils se courbaient devant l'auréole de son génie.

Ils se disaient :

— Le voilà donc, celui dont la haute intelligence, dont le cœur généreux, dont la voix de tous les Invisibles ont fait le général de l'armée la plus redoutable! Devant lui les distinctions de rangs, de fortune, de nom s'effacent. Les castes les plus hautes comme les plus basses lui fournissent des soldats. Il jette un cri : Humanité, en avant! et ce cri le crée père de tous ceux qui souffrent, quelle que soit le race ou la nation à laquelle ils appartiennent! A sa venue, en sa présence, à sa vue, la société moderne espère et respire. Son influence se fait sentir et rayonne partout. Et pourtant, pas un seul de ses partisans, de ses frères, de ses séides ne sait ni qui il est, ni quels moyens il emploie pour toucher à son but glorieux. Le voilà! c'est le chef! c'est l'*Invisible!*

Et c'était à qui s'approcherait de lui; c'était à qui l'assurerait d'un dévouement à toute épreuve.

Le président, le premier, cherchait à lui faire oublier ses doutes, ses hésitations, son interrogatoire trop prolongé.

Le chef laissa se calmer l'élan de ses adeptes, puis, prenant et serrant la main du président :

— Vous n'avez point à vous excuser, lui dit-il, vous n'avez fait que strictement votre devoir. Nous vivons dans un moment, nous nous trouvons dans des circonstances qui exigent un redoublement de prudence. Je vous aurais blâmé de ne pas avoir pris les précautions nécessaires. Je suis heureux de voir que vous vous tenez sur vos gardes. Et cependant, si la fatalité m'avait arrêté en chemin, avant une heure, malgré votre vigilance, vous seriez tombés, tous huit, entre les mains d'un ennemi implacable. Vous étiez tous perdus!

— Perdus! firent plusieurs voix.

A un geste de l'Invisible le calme se rétablit aussi vite qu'on venait de le rompre.

— Oui! perdus! vous le reconnaîtrez tout à l'heure. Souvenez-vous-en, messieurs, nous sommes les *Invisibles*, non seulement pour les hommes qui vivent en dehors de notre association, mais aussi pour nous-mêmes. Peu d'entre nous se connaissent et ceux qui se connaissent appartiennent aux classes inférieures ou aux classes nouvelles. Vous, qui vous trouvez réunis dans cette salle, chefs de *départements* et de *communes*, si vos masques tombaient, vous seriez certes bien étonnés. Vous vous demanderiez comment plusieurs d'entre vous figurent parmi les invités d'un homme qui ignore leur présence dans son hôtel, et qui, s'il le savait, serait bien effrayé de les y voir.

— Le cœur vous en dit-il, cher monsieur ? — Ce que vous ferez ce soir, je le ferai aussi, cher comte.

— Nous répondons du comte de Warrens, corps pour corps, fit une voix.
— Cette ignorance complète, répliqua le Maître sans avoir l'air de s'être aperçu de cette interruption, cette ignorance fait notre force. Ne craignez ni traîtres tortueux, ni espions lancés à vos trousses. Vos rangs peuvent s'ouvrir par ruse ou par mégarde, on effleurera parfois le corps de notre Société, on ne parviendra jamais jusqu'à son âme. Vos prédécesseurs, vos aînés et

vous-mêmes, guidés par une foi ardente, reliés en faisceau entre les mains d'un chef, toujours jeune, toujours puissant, qui n'a eu de confident que le chef élu avant lui, sans alliés ni conseillers intéressés autres que son futur successeur, vous avez été invincibles, vous le serez toujours. Aujourd'hui, ce chef, c'est moi. Tant que vous exécuterez mes ordres, les yeux fermés, sans hésitation, sans discussion, je réponds de vous et de la chose publique. Tant que, seul, je connaîtrai vos noms, votre passé, vos espérances, il me sera facile de vous employer selon vos moyens. Obéissance et silence ! avec ces deux mots pour devise, l'association triomphera. Rien ne viendra déranger des combinaisons aux racines centenaires, des projets qui semblent irréalisables; rien ne s'opposera au succès de notre œuvre.

Ici, l'orateur s'interrompit, réclama le silence de l'assistance par un geste expressif, écouta attentivement si nul bruit du dehors ne frappait son oreille, puis, n'entendant rien, il reprit :

— Je tiens donc pour juste votre sévérité à l'égard d'un inconnu. Veillez, veillez, c'est votre droit, c'est votre devoir. Si, sentinelle négligente ou endormie, l'un de vous laisse l'ennemi pénétrer dans notre camp, ce peut être la ruine de toutes nos espérances. Soyez aussi implacables pour les traîtres que vigilants. Maintenant, laissons ce sujet, et venons-en aux motifs de notre réunion improvisée. Il nous reste trois quarts d'heure; ce n'est qu'à cinq heures précises que les agents de la police secrète doivent nous entourer, pénétrer céans, nous surprendre, et nous emmener pieds et poings liés à la Conciergerie ou à la Préfecture.

— La police? demanda le président.

— Mon Dieu, oui, messieurs. Le comte de Mauclerc a parlé.

— Il est mort, répondit un des membres.

— Il a parlé, répéta l'*Invisible*. Sans avoir pénétré tous nos mystères, le comte en avait découvert assez pour nous compromettre tous, si nous n'étions aussi bien informés que nous le sommes. Ainsi, il connaissait la date précise de notre réunion, le lieu du rendez-vous, détails assez importants et valant bien une partie des quatre cent mille francs qui devaient payer sa trahison. Ah! vingt mille livres de rentes, il y avait là, messieurs, de quoi acheter des consciences moins élastiques que celle de M. de Mauclerc.

— C'est vrai, dit le président d'une voix sourde, mais sa conscience n'est plus à vendre, ses trahisons ne pèsent plus dans la balance.

— Croyez-vous? fit simplement l'Invisible.

— Un coup d'épée, droit au cœur, ne pardonne pas.

— Et mon épée ne s'est pas trompée de route, ajouta un des dominos.

— Vous oubliez, mon cher baron, repartit le chef, qui semblait en effet reconnaître à la voix chacun des assistants, vous oubliez que les traîtres n'ont pas de cœur.

— Je suis sûr...

— Il faut les tuer deux fois pour être certain de leur mort.

— Mais sa blessure ne nous a pas suffi... nous l'avons encore...

— Jeté dans la Seine, enveloppé, garrotté dans une forte couverture de laine.

— Précisément.

— Oui, je sais cela... je le sais bien, mais écoutez-moi. Lorsque vous êtes arrivés sur le pont d'Iéna, ce pont était désert, n'est-ce pas?

— Désert, oui, Maître.

— Les deux berges du fleuve aussi?

— En effet.

— Eh bien! quand on regarde si un pont est désert, si personne ne passe sur les berges de droite et de gauche, il faut regarder également si le fleuve n'a ni yeux ni oreilles. Le comte de Mauclerc, c'est à peine si on lui a laissé le temps de se mouiller dans sa chute.

Un mouvement de fureur et de désappointement se manifesta parmi les Invisibles.

— Quelqu'un est venu à son aide? demanda le président.

— Oui, monsieur.

— Et ce sauveur?

— Oh! ne vous en inquiétez pas. Je saurai le retrouver en temps opportun. Ce que j'en dis est tout simplement pour prouver à ces messieurs qu'il ne faut jamais transiger avec la consigne donnée. Si l'on avait rigoureusement exécuté mes ordres, nous n'en serions pas maintenant à nous demander : M. de Mauclerc vit-il ou dort-il de son dernier sommeil?

— On a cru les exécuter, ces ordres.

— On ne l'a pas fait. On a risqué plusieurs vies précieuses contre une existence sans valeur. Je ne peux que blâmer cet excès de délicatesse. Un duel au lieu d'une exécution. L'épée au lieu de la hache ou du poignard! Sommes-nous des mignons du xvie siècle ou les justiciers de siècles à venir?

— En vérité, Maître, il est dur de...

— Ah! vous discutez mes ordres! ah! vous trouvez dur pour un honnête homme, pour un galant homme, pour un gentilhomme, de faire l'office du bourreau! Ah! vous vous dites : Pourvu qu'on délivre l'association d'un ennemi, rien ne peut nous être reproché. Vous vous trompez. Ce n'était pas un ennemi à frapper, mais un coupable à punir que je jetais en pâture à votre dévouement. La nécessité est une mère cruelle, sa main de fer broie, écrase, anéantit. Pas de demi-mesure, quand elle commande. Ai-je provoqué, frappé dans un loyal combat, le misérable qui prenait mon titre et ma place? Il m'attaquait avec des armes viles et ténébreuses, on l'a frappé avec des armes ténébreuses et viles. Et soyez-en certains, messieurs, celui-là ne sortira pas de sa tombe pour nous accuser, nous compromettre ou nous perdre par ses dépositions.

Un silence de mort se fit autour de cet homme qui parlait si froidement de la vie des autres hommes.

Aucun des huit Invisibles présents ne trouva la force de répondre à cette parole incisive, tranchante comme la lame d'un couteau.

Il n'y avait point à hésiter.

Pour le chef des Invisibles, qu'était-ce que la suppression d'un certain nombre d'êtres vivants, auprès de l'accomplissement de sa mission sacrée?

Chacun d'entre eux sentait à merveille que si la main gauche de ce terrible champion du droit venait à commettre une faute, sa main droite l'abattrait impitoyablement.

L'Invisible reprit :

— Dieu veuille que nous n'ayons pas à regretter votre négligence de cette nuit, et maintenant, venons au sujet qui m'amène parmi vous.

Tous se rapprochèrent.

Et lui baissant la voix :

— La trahison du comte de Mauclerc aura tout à la fois des conséquences funestes et des suites profitables. Tout est remis en question, du moins pour un certain laps de temps. Notre œuvre n'est pas de celles que le vent du caprice fasse sombrer. Le hasard s'incline devant nous. Apôtres de l'humanité, nous marchons droit, parce que la volonté et le souffle divins sont avec nous. En vain, ceux qui nous méconnaissent essaient-ils de nous donner pour des conspirateurs vulgaires. Un seul devoir nous incombe quant à présent : instruire le peuple, soulager ses misères, faire litière du vice triomphant, relever la vertu qui se tient à l'écart dans l'ombre et la poussière. Soyez-en sûrs, l'Europe, le monde entier s'associent de cœur à notre travail salutaire. Les puissances voisines ne sont pas prêtes encore. L'Italie, la Belgique, la Prusse attendent le signal; mais la Russie, malgré son vasselage, son servage séculaire, l'Autriche, toute réactionnaire qu'elle soit, se joindront à notre mouvement : il faut que le premier élan vienne de tous les peuples intelligents. Depuis trente ans la France accomplit l'œuvre de démocratisation du vieux monde; elle y emploie ses victoires et ses écrits : à la suite de son épée, sa parole pénètre partout; partout elle fructifie. Les monarchies de droit divin, minées de toutes parts, tremblent à l'approche d'une tempête inconnue et n'attendent plus qu'un souffle puissant pour s'évanouir en poussière, pour s'écrouler à jamais sous les ruines émiettées du passé; ce souffle, vous l'avez deviné, frères, c'est celui de la Révolution ! Cette France, à laquelle nous sacrifions tout et qui nous proscrit aujourd'hui, elle sera bientôt notre complice la plus active. Depuis 89, je le répète, n'accomplit-elle pas la transformation du vieil univers ? Oui, elle emploie, dans ce but, toutes ses facultés puissantes et régénératrices. Son épée frappe et flamboie, sa parole pénètre et retentit ; elle marche devant, l'Europe suivra. Qu'elle donne le signal, et toutes les nationalités se lèveront. Haut les cœurs ! l'heure est proche. Une ère nouvelle s'annonce. L'homme dont le génie doit tout constituer attend que le moment soit venu. Il attend.

Un frémissement d'intérêt parcourut l'assemblée.

— Or, ajouta l'Invisible d'une voix lente et ferme, cette révolution, préparée de si loin, caressée avec tant d'amour par les âmes généreuses, cette révolution n'éclatera pas aujourd'hui. Et cela par la faute d'un traître, que vous avez peut-être épargné.

Aucun des initiés ne releva ce nouveau reproche.

— Je ne veux rien livrer au hasard; j'attendrai. C'est de l'étranger, cette fois, que nous viendra le signal de la lutte contre les oppresseurs des peuples. Jusque-là attendons. Dans un an, au plus, tout sera fini. D'ici là, nous profiterons des loisirs qui nous sont faits par la nécessité pour consolider les bases de notre édifice. Je veille et je travaille pour vous. Messieurs, je vous attends le premier jour du mois de juillet prochain à Amsterdam, où doit avoir lieu notre assemblée générale.

« Avant de vous quitter, laissez-moi vous faire part d'une découverte dont notre association profitera largement. Dans une contrée sauvage, presque ignorée, l'un des nôtres vient de mettre la main sur des gisements aurifères d'une valeur incalculable. Il ne m'est point permis, en ce moment, de vous les désigner plus clairement. Mais, sachez-le, nous avons devant nous six ou huit grands mois, pendant lesquels nous exploiterons ce *placer* sans concurrents, sans rivaux. Les richesses immenses qui chaque jour entreront dans notre caisse, assureront le succès de notre glorieuse entreprise.

De chaleureux applaudissements interrompirent l'orateur à cette révélation inattendue, tant est forte, même sur les cœurs les plus dévoués, les plus désintéressés, la fascination de ce mot magique : l'or! tant est grande l'attraction de la fortune, même sur les classes les plus privilégiées!

— Hélas! reprit l'*Invisible* avec une sorte de mélancolie prophétique, cette découverte à laquelle vous applaudissez changera peut-être la face du monde. Cet or, si longtemps enfoui dans les entrailles de la terre, tout à coup répandu avec profusion, peut occasionner le débordement de toutes les passions mauvaises de l'homme. Qui sait s'il n'augmentera pas dans des proportions effrayantes la désorganisation sociale? N'applaudissez pas, messieurs; je vois toutes les convoitises en éveil! Voici que le xixe siècle et ses chercheurs d'or renouvelleront l'ère des féroces aventuriers du xve siècle!

« Dieu veuille que je me trompe! Dieu veuille que la société, penchée sur l'abîme, ne soit pas prise de vertige et ne sombre pas sous l'influence de ce métal odieux, cause de tous les maux qui nous affligent!

« Quant à nous, nous resterons purs de tout excès. Le but que nous nous proposons est trop beau, pour que nos yeux s'en détournent un seul instant. L'or ne doit être qu'un moyen, un instrument entre nos mains, il ne sera jamais pour nous un motif de joie ni d'orgueil.

« Donc, continuez à agir, ainsi que vous avez agi jusqu'à ce jour. Champions ignorés du droit, vengeurs des opprimés, défenseurs occultes des faibles, continuez votre tâche sans scrupules, sans réticences, sans craintes mesquines.

« Tous vos actes me sont connus. Je les approuve tous. Je vous félicite. Navigateurs habiles et intrépides, vous ne désespérez pas quand le navire fait eau, quand la foudre tonne sur vos têtes. Croyez-moi. Persévérez; l'orage passera, la foudre se taira, les voies d'eau seront aveuglées et vous arriverez triomphants au port, où la gloire, où la liberté vous attendent.

Ici, la musique lointaine du bal, un moment interrompue, reprit avec une vigueur nouvelle.

Le Maître s'arrêta.

Puis, semblable à la statue de l'Attention, le haut du corps penché en avant, l'oreille tendue, il écouta.

Un bruit, léger comme la respiration d'un oiseau-mouche, se fit entendre. Quelqu'un venait d'appuyer son doigt contre la cloison.

Le Maître se rapprocha de cette cloison, et appuyant lui-même l'extrémité de son index, il attendit.

On frappa six coups à peine perceptibles.

Il en répondit six à son tour.

Une voix plus faible que la dernière vibration d'une harpe éolienne murmura :

— Ils viennent !

— Bien ! répondit l'Invisible.

Et se tournant vers ses adeptes :

— Les agents déguisés dont je vous ai annoncé la visite s'approchent. Que nul de vous ne bouge. Dans un instant, ils seront ici. Souvenez-vous que le 1er juillet prochain, nous devons tous nous retrouver à Amsterdam.

— Nous nous en souviendrons, fit le président.

— Et vous jurez d'y être, à moins de force majeure ?

— Nous jurons d'y être.

Ici, la voix, se fit entendre de nouveau.

— *Nuit !* disait-elle.

— Attention ! s'écria le Maître.

Alors il se passa quelque chose d'étrange, qui devait avoir eu lieu déjà bien des fois, puisque aucun des affiliées ne fit un geste de surprise.

L'Invisible jeta les yeux sur les conjurés.

Il les vit groupés autour de lui.

Et, croisant les bras sur sa poitrine, il frappa deux fois le sol de son talon.

Le parquet du salon dans lequel ils se trouvaient s'abaissa lentement, entraînant avec lui hommes et choses, meubles et conjurés.

Cette descente s'opéra silencieusement.

Une fois les conspirateurs disparus, le plancher remonta.

Seulement, dans le milieu du salon, il ne restait plus que deux hommes.

Ces deux hommes, revêtus de longs dominos noirs, leurs loups de velours déposés sur la table qui se trouvait entre eux deux, jouaient aux échecs.

Penchés sur l'échiquier, absorbés par des combinaisons ardues, ne s'occupant que des péripéties de leur partie, ils suivaient leur jeu avec une attention inaltérable.

VII

ÉCHEC AU ROI, ÉCHEC A LA REINE, ÉCHEC A LA POLICE

L'un de ces deux joueurs si absorbés par leur partie d'échecs, était le docteur Martel, l'autre le colonel Martial Renaud.

La porte s'ouvrit doucement.

Plusieurs personnes parurent sur le seuil.

— Echec au roi ! fit le colonel. Tenez-vous bien, docteur !

— C'est bon, c'est bon, vous ne me materez pas encore ce coup-ci, mon cher colonel, répondit son adversaire.

Et il avança son fou de deux cases.

— C'est mon fou qui me sauvera, ajouta-t-il en le posant devant sa reine. Vous savez bien qu'il n'y a que les fous qui gardent bien les rois.

— Je vais faire donner ma cavalerie.

— On vous attend.

— Je prend votre fou, fit Martial Renaud.

— Eh bien! gardez-le. Je m'en passerai. Je n'ai pas besoin de lui pour arriver.

— A quoi?

— Vous allez voir...

Et le docteur, qui parlait à bâtons rompus, tout en réfléchissant, continua :

— Seulement, je vous l'avoue, vous avez bien fait de rompre le silence obstiné que vous gardiez depuis vingt minutes. J'avais un poids sur la poitrine. Je craignais que vous ne fussiez subitement devenu muet. Cela s'est vu...

— Raillez, raillez tout à votre aise. En attendant, je ne vois pas trop comment vous parerez votre échec.

— En vérité!...

Et le vieux lutteur, tout en avançant une pièce, se mit à chantonner :

As-tu vu la casquette, la casquette,
As-tu vu la casquette au père Bugeaud?

— Là! voilà, s'écria-t-il.

— Quoi donc?

— Echec à la reine!

— Echec à la reine?

— Oui, à votre reine, *Regina, reginæ*. Tirez-vous de là, beau Gusman !

Le colonel Martial fit un geste de mauvaise humeur.

— Pardon, pardon, s'écria-t-il; comment diantre vous y êtes-vous pris?

— Honnêtement, je pense.

— Je ne dis pas non, mais je ne comprends pas le coup.

— Il est pourtant bien simple. Tenez...

Et le docteur recommença paisiblement le coup demandé.

— Vous avez, ma foi, raison, dit Martial Renaud, et s'accoudant sur la table qui soutenait l'échiquier, il se mit à réfléchir profondément, sans prêter la moindre attention à cinq ou six masques qui venaient d'entrer.

Ces masques, après avoir attendu quelques instants en écoutant la conversation des joueurs, après avoir échangé entre eux plusieurs gestes de désappointement, étaient venus s'asseoir sur le canapé circulaire qui se trouvait près des adversaires.

L'un d'entre ces masques était retourné vers la porte et avait renvoyé une dizaine d'invités, également masqués, qui les avaient accompagnés jusqu'au perron du kiosque, en leur disant :

— Voilà bien le nid.
— Et les oiseaux ? avait demandé l'un de ceux-ci.
— Dénichés. Ce sera pour plus tard.
— Faut-il rester ?
— Non. C'est une affaire manquée pour aujourd'hui.

Puis il était rentré au salon.

A peine les masques en question venaient-ils de s'éloigner que huit dominos, dont sept noirs et un bleu, reparurent dans les environs du pavillon.

Tout en se promenant, ils jetaient de temps à autre de rapides regards vers le salon des joueurs d'échecs.

Ceux-là n'étaient autres que les huit Invisibles, qui, une fois rendus à la liberté par leur chef, l'avaient perdu de vue, et revenaient pour prêter main-forte à leurs amis en cas de besoin.

Mais les deux joueurs d'échecs n'avaient besoin d'aucun secours.

Leur partie les absorbait tellement qu'ils ne se doutaient même pas que d'autres invités eussent pénétré dans leur sanctuaire.

Le silence aurait duré longtemps.

Mais un nouveau personnage, revêtu d'un manteau vénitien, entra vivement et vint porter la perturbation dans ce cénacle tranquille.

Ce manteau vénitien avait un nœud de rubans roses sur son épaule droite.

Il se démasqua.

— Le comte de Warrens! dit un des invités.

— Mille pardons, messieurs, répliqua celui-ci en se jetant sur un fauteuil et en s'éventant avec son mouchoir. Mille pardons! Mais je ne puis plus me tenir sur les jambes. Ouf! je suis harassé, moulu, brisé de fatigue. Voilà cinq heures que je cherche un coin pour prendre un peu de repos. Le trouverai-je au sein de ces honnêtes joueurs d'échecs?

— Ah! vous pouvez bien vous reposer tant qu'il vous plaira, grommela le docteur Martel, pourvu que vous ne bavardiez pas trop.

— Merci de la permission, fit le comte en riant. Vous m'accordez [la liberté du silence?

— Oui.

— Eh bien ! j'en profiterai. Mais dites-moi d'abord si vous êtes vainqueur.

— Je n'en sais rien.

— Docteur! docteur! vous n'êtes pas modeste. Vous devez être en train de vous faire battre.

— Les journaux vous le diront demain, répondit Martel avec un redoublement de mauvaise humeur.

— Là! là! calmez-vous. Vous êtes?..

— Manche à manche, Nous jouons la belle.

— Je la plains si vous l'emportez, reprit le comte de plus en plus gai.

— Pan ! pan ! pan ! s'écria le docteur, tout à son jeu et avançant une tour.

— Bon, repartit joyeusement Martial Renaud. Vous avez donné dans le piège. L'échec est paré.

Un frisson de surprise, un sentiment d'effroi courut dans l'assemblée.

— Ma foi, oui, s'écria le docteur, millions de tonnerres ! sacrr !...
Et il allait recommencer à jurer, comme cela lui arrivait bien rarement de le faire, lorsqu'un des masques s'approcha de la table de l'échiquier, examina le coup et dit d'une voix mordante où l'intention railleuse perçait clairement :

— Allons ! c'est bien joué. Il n'y a rien à dire.

— N'est-ce pas! répliqua le comte de Warrens d'un air innocent. Oh! ce sont de rudes lames. Je les crois de taille à faire durer trois mois la même partie.

— Ah! comte, je suis bien de votre avis.

— Vraiment! vous m'en voyez heureux.

— Seulement...

— Voyez-vous, il y a un *seulement*.

— Seulement, ajouta le masque du même ton de sarcasme, je crois que cette partie-là dure depuis plus de trois mois.

— En vérité?

— Oui, je crois que si l'un de ces messieurs consentait à se donner la peine de nous répondre...

— Mais c'est chose facile.

— Là est toute la question.

— Voilà qui se dit en anglais, répondit le comte en souriant. Vous manquez de révérence envers la patrie du grand William, monsieur le secrétaire.

— Mon cher comte, c'est affaire à vous. Il est impossible de garder son incognito dans vos salons.

Et l'employé supérieur ôta son loup.

— Sur mon honneur, ajouta-t-il, je viens de prendre une superbe leçon...

— D'échecs? interrompit vivement de Warrens.

— D'échecs, précisément. Jusqu'à présent, il n'y avait que l'échec au roi, l'échec à la reine; grâce à vous, comte, il y aura l'échec à la police.

— Ce dernier n'existera que dans votre mémoire, fit le comte en saluant gracieusement l'employé supérieur. Personne autre que vous n'en parlera jamais.

— Que voulez-vous dire?

— Je veux dire, monsieur, que vous êtes mon hôte, et que jamais un de mes hôtes, moi présent, ne sera tourné en ridicule. Vous devez être assez sûr, ajouta-t-il d'un air dégagé, des personnes qui vous accompagnent pour ne pas douter de mon assertion.

— Vous jouez comme un gentilhomme, monsieur le comte.

— On joue comme on peut, monsieur.

— Mais, vous-même, vous me faites l'effet d'un très beau joueur.

— Oh! je ne suis pas de force à vous tenir tête, répondit-il avec intention, si vous êtes de la force de ces messieurs.

— Pure modestie de votre part. Si vous y mettiez de l'acharnement, vous les battriez.

— J'en doute.

— Etes-vous là depuis le commencement de la lutte?

— Non, je ne suis arrivé que quelques instants avant vous. Depuis combien de temps jouez-vous donc, messieurs? demanda le comte de Warrens, mais cette fois il parla aux deux joueurs d'une voix qui réclamait une réponse.

Le docteur leva la tête et regarda la pendule :

— Il y a plus de deux heures et demie.

— Tant que cela?
— Ce n'est pas trop pour faire un *match* de trois parties.
— Et c'est pour vous livrer cette rude bataille que vous vous êtes renfermés ici depuis si longtemps...?
— Le temps ne nous a point paru long.
— Seuls, comme deux hiboux, qui cherchent une proie à se partager?
— Si encore vous nous compariez à deux loups, dit Martial en riant, vous pourriez ajouter que demain on ne retrouverait de nous que nos...
— Deux appendices caudaux, fit le docteur, qui poussa vigoureusement sa reine sur l'échiquier.
Un domestique parut, un plateau à la main.
— Ah! voilà mon punch, s'écria Martial Renaud.
— Dites, notre punch, c'est moi qui l'ai demandé.
Et ils prirent chacun un verre de punch.
— Je croyais, grommela le docteur en ingurgitant son punch à petites gorgées, qu'on ne se donnerait plus la peine de nous l'apporter.
— Pourquoi cela? demanda le comte.
— Dame! voilà plus d'une bonne demi-heure que nous l'avons demandé.
— Baptiste, vous entendez le reproche du docteur; que cette négligence ne se renouvelle plus, ou la seconde fois vous ne ferez plus partie de ma maison!
— Je ne dis pas cela pour faire de la peine à ce garçon, dit le docteur.
— Allez, Baptiste, continua le comte.
Le domestique s'inclina respectueusement et sortit.
La partie se termina enfin.
Martial Renaud venait de faire échec et mat le docteur Martel, qui sacrait de son mieux.
Ce fut le signal du départ.
Tous, masques et dominos, se levèrent et rentrèrent dans le jardin d'hiver.
Mais au moment où le comte de Warrens allait suivre ses invités, le secrétaire du préfet qui, seul, était demeuré immobile, s'avança vivement vers lui, passa son bras sous le sien, et, l'attirant amicalement dans l'embrasure d'une fenêtre.
— Monsieur de Warrens, lui dit-il d'une voix contenue, vous avez de cruels ennemis.
— Je le sais, monsieur, répondit nettement le comte.
— Vous le savez?
— Oui, et depuis longtemps.
— Qui vous l'a dit?
— Personne. Mais j'ai une grande fortune, mon arbre généalogique remonte à Robert le Fort; je pourrais, si je voulais, occuper une haute position dans la diplomatie; quand l'occasion s'en présente, je fais le bien. Voilà, vous en conviendrez, continua-t-il avec un sourire empreint de tristesse, voilà plus de motifs qu'il n'en faut pour exciter l'envie et pour m'attirer la haine de bien des gens.
— Même de ceux à qui vous avez rendu service?

— Surtout de ceux-là.

— Vous êtes dans le vrai, comte, fit le secrétaire avec une gracieuse inclinaison de tête; mais si vous rencontrez des ingrats qui vous haïssent, ou des envieux qui vous jalousent, vous rencontrerez aussi des natures loyales qui vous apprécieront et des mains ouvertes qui se tendront vers vous.

— Puissiez-vous dire vrai !

— A partir d'aujourd'hui, mon cher comte, dès ce moment, comptez-moi, je vous prie, au nombre de vos amis.

— Je vous compterai volontiers au nombre de mes amis, répondit finement le comte de Warrens, mais, mon cher monsieur, je vous en préviens, je ne compte jamais sur mes amis.

— Je vous prouverai un jour ou l'autre que le mot *amitié* n'est pas un mot creux pour moi.

Et le secrétaire tendit sa main au comte.

Le comte la prit.

Cette étreinte chaleureuse était-elle franche, était-elle fausse?

L'avenir nous répondra.

Toujours est-il que, pour le moment, ces deux hommes, dont l'un conspirait la perte de l'autre, il n'y avait pas encore une demi-heure, se donnaient un témoignage d'estime et d'amitié incontestables.

— Vous excuserez, mon cher comte, ajouta le secrétaire du préfet, qui tenait toujours la main de son interlocuteur entre les deux siennes, vous excuserez les maladresses, les procédés blessants dont moi et les miens nous avons usé envers vous, et cela à diverses reprises.

— Je m'en suis à peine aperçu.

— J'étais contraint d'agir ainsi. Des ordres supérieurs me prescrivaient cette rigidité.

— Mais aujourd'hui?

— Mais, à partir d'aujourd'hui, ma consigne une fois remplie, je redeviens maître de ma conduite et de mes actes. J'ai acquis cette nuit la certitude évidente que tous les rapports faits contre vous étaient faux.

— Des rapports... politiques?

— Ne cherchez pas à savoir...

— De simple police?

— Non, je rougis de l'erreur de mes agents. Vous ne vous figurez pas les calomnies indignes dont vous avez manqué devenir la victime. Que des conspirateurs, des ennemis du gouvernement se réunissent chez vous, j'en doute, je le nierai au besoin, sans en mettre ma main au feu. Mais que vous-même...

— Moi, conspirer! Eh! mon Dieu, contre qui, et pourquoi faire? Dans quel intérêt?

— Ne vous défendez pas; c'est inutile. Seulement, si quelque jour, pour quelque raison que ce soit, vous avez besoin d'un défenseur, d'un allié, appelez-moi, je ne ferai pas faute.

— Merci, monsieur, je ne ferai jamais fi de l'estime d'un homme tel que vous.

Après s'être serré une dernière fois la main, le comte de Warrens et le secrétaire du préfet rentrèrent dans les salons du bal.

C'était l'heure du souper.

Les danses avaient cessé.

Toutes les dames assises autour de trois ou quatre immenses tables en fer à cheval, formaient d'adorables corbeilles de fleurs et de diamants.

Les hommes attendaient ou servaient celles d'entre elles qui les appelaient.

Le comte, qui venait de jeter un coup d'œil de maître sur toutes les tables, se retournait pour dire à son nouvel ami :

— Vous nous restez à souper?

Il aperçut le secrétaire faisant un signe à un certain nombre de masques mystérieux, qui disparurent aussitôt comme une troupe de noirs corbeaux.

Ces masques étaient des agents de la police secrète du royaume, chargés de prêter main-forte au secrétaire du préfet.

Le comte renouvela son invitation. Le secrétaire accepta.

— Mais, ajouta-t-il, si je soupe chez vous cette nuit, vous dînerez chez moi ce soir, pour cimenter notre nouvelle amitié.

— Soit, répondit en souriant le comte de Warrens, mais je viendrai seul.

Ce fut là sa seule vengeance.

VIII

OU LE LECTEUR FAIT CONNAISSANCE AVEC MOUCHETTE

On démolit aujourd'hui la Cité, cet antique berceau de Paris, dont chaque pavé a sa légende, chaque pan de mur son histoire comique ou tragique.

Parmi les rues démolies figure la rue de la Calandre.

Cette rue, l'une des plus anciennes voies de la Cité, remontait à l'occupation romaine.

L'origine même de son nom est une énigme.

Les uns l'attribuent aux ouvriers calandreurs qui l'habitaient et la peuplaient, d'autres à une famille de la Kalendre qui, la première, s'y serait installée.

Les curieux, que ces deux explications ne satisfaisaient pas, avaient fini par découvrir une vieille enseigne de *la Calandre*, cachée sous une couche de peinture et sous deux couches de vétusté.

On s'en était tenu là, et, après tout, cette dernière origine valait autant, sinon mieux, que les deux précédentes.

En somme, ignorants et érudits se sont vus tout naïvement contraints d'avouer leur impuissance à ce sujet.

La rue de la Calandre commençait rue de la Cité et finissait rue de la Barillerie.

Bien qu'étroite, sale, tortueuse, elle était jadis très fréquentée.

Elle a vu de nombreuses entrées royales, et grâce à sa situation centrale dans la Cité, on célébra peu de cérémonies publiques dont elle ne prit sa part.

Ainsi, en 1420, à l'entrée de Henry V, roi d'Angleterre, « *fust faict en la rue de la Calandre*, lit-on dans une chronique du xve siècle, *un moult piteux mystère de la Passion au vif* ».

A l'époque où se passe notre action, les splendeurs civiles de cette tant vieille rue n'existaient plus depuis longtemps qu'à l'état légendaire.

Complètement déchue, même dans l'estime du peuple des faubourgs, elle n'était plus hantée que par la classe la plus infime de la population.

Elle servait de refuge à ces innombrables métiers interlopes dont les titulaires pullulent sur le pavé des grandes villes et le salissent comme de honteuses verrues.

Logeurs à la nuit, cabaretiers de bas étage des tapis-francs, finissaient toujours par y faire une fortune amassée sou à sou, le plus malhonnêtement du monde.

Le n° 10 de la rue de la Calandre, où, d'après une tradition très accréditée, naquit, au ive siècle, saint Marcel, *évêque de Paris et bourgeois du Paradis*, vieille masure, sombre, étique, tremblant au moindre vent, menaçant ruine et suintant la misère, était habité par un certain nombre de ménages plus ou moins morganatiques.

Chanteurs ambulants, tireuses de cartes, forçats libérés ou en rupture de ban, porteurs d'eau et marchands des quatre-saisons formaient la clientèle assidue du cabaret borgne, ou plutôt du cabaret louche qui en occupait le rez-de-chaussée.

A la tombée de la nuit, tout ce monde gangrené venait y boire, y manger, y jouer et souvent s'y battre.

Ce n'était pas précisément un phalanstère, quoique, de loin, un appréciateur peu scrupuleux eût pu s'y tromper, en regardant cet immonde ramassis par le gros bout de sa lorgnette.

On pénétrait dans cette maison par une allée noire, fangeuse, remplie à toutes heures du jour d'émanations fétides.

Au bout de l'allée, dans l'ombre, se dessinait vaguement la première marche d'un escalier en tout semblable à celui dont parle Mathurin Regnier dans une de ses plus mordantes satires.

Une corde à puits, fixée au mur visqueux, servait tant bien que mal de rampe à cette échelle, moins riche en perspective et en horizons azurés que ne l'était l'échelle de Jacob.

Grimpons le plus promptement possible cinq étages éclairés par deux malheureux petits jours de souffrance, et pénétrons dans le logement situé au cinquième de cette triste maison.

Deux pièces le composaient, si de ce nom il est permis d'appeler deux réduits infects séparés par une mince cloison en planches disjointes, sur laquelle se jouaient en arabesques capricieuses les restes d'un vieux papier à fleurs jaunes.

Éclairé par une fenêtre dite à guillotine, dont les vitres, recouvertes d'un épais voile de poussière, ne laissaient pénétrer que quelques rayons verdâtres d'un soleil douteux, chacun de ces taudis avait un cachet particulier.

Dans la première pièce donnant sur le carré, tout allait à vau-l'eau, en désordre ; dans la seconde, se rencontrait une certaine recherche, témoignant de jours meilleurs.

Sur la porte d'entrée de ce logement on lisait, écrite à la main, en lettres de six pouces, cette mention d'une orthographe des plus fantaisistes :

VEUVE PACLINE

*Marq-Cham dai kat c'est z'on,
tir lais kart,
va-t-en vil,
fé tousse ki concert neso néta.*

Puis, au-dessous, d'une écriture plus fine, mais toujours avec le même respect pour le Dictionnaire de l'Académie française :

Tir hé lapat deu cha, siouplé.

Une patte de chat pendait, en effet, au bout d'une ficelle.

Seulement, on avait beau y mettre de la bonne volonté, on avait beau tirer, personne ne venait, par deux excellentes raisons : la première, que presque jamais il n'y avait personne au logis ; la seconde, qu'il n'existait pas l'ombre de sonnette à l'extrémité supérieure de la susdite ficelle.

Pourtant, par exception, au moment où nous pénétrons dans cet intérieur négligé, deux individus s'y trouvaient : un homme et un enfant de douze à quinze ans.

Assis sur des tabourets en bois peints, auprès d'un poêle chauffé à blanc sur lequel chantait une marmite pleine d'eau, ils causaient avec une vive animation.

A part les deux tabourets en question, le poêle et une table vermoulue encombrée des guenilles sans nom, de légumes de toutes sortes, cette première pièce était complètement dépourvue de meubles.

Par la porte entr'ouverte donnant dans la seconde chambre, on apercevait deux lits de sangle, garnis chacun d'une paillasse et de couvertures aux couleurs effacées. Surmontant l'un de ces deux lits, le cadre d'un portrait caché par un voile vert devenu presque jaune, se détachait dans la pénombre.

Près des deux causeurs, sur un escabeau, se trouvaient deux gobelets d'étain et une bouteille de trois-six.

De ces deux causeurs, le plus âgé, l'homme, avait trente-cinq à quarante ans. Ses traits durs, accentués, à l'expression sournoise et basse, inspiraient une répulsion instinctive.

Il portait un pantalon et une veste de camelot bleu, un gilet à grands carreaux rouges et verts ; une casquette de loutre, enfoncée jusque sur ses yeux, malgré la chaleur suffocante du poêle, cachait une partie de sa physionomie, et sa main ne quittait jamais la pomme de plomb d'un énorme gourdin dont le bois reposait entre ses jambes.

Le plus jeune, véritable produit du pavé de Paris, né entre la pose de la première pierre d'une barricade et le dernier coup de poing d'une batterie de barrière, type du *pâle voyou* de Barbier, avait l'air de dire à quiconque l'examinait : Regardez-moi bien ; où finit l'enfant? où commence l'homme ?

Une grimace expressive, succédant à ce point d'interrogation, achevait de dérouter l'observateur le plus attentif.

Élancé comme un peuplier qu'on vient de planter, unissant à la maigreur d'un clou la vivacité du vif-argent, la bouche fendue jusqu'aux oreilles, une bouche aux dents blanches, pointues, affamées, le nez au vent, l'œil gris et phosphorescent, cet être problématique, entre un éclat de rire et un verre d'eau-de-vie, secouait son front bombé, et de chaque côté de sa tête retombaient en désordre, sur ses épaules, une masse de cheveux d'un blond ardent.

Sur son visage se lisaient toutes les passions délétères de ses congénères. Le doute, l'insouciance et le cynisme se partageaient son intelligence narquoise et cauteleuse. Tantôt son regard vif se fixait partout à la fois, tantôt il ne se donnait même pas la peine d'ouvrir la paupière.

Un sourire railleur se jouait continuellement aux commissures de ses lèvres blafardes.

Sa voix avait des notes criardes pour les moments de grande émotion, des gammes traînantes pour la vie de tous les jours.

Tourmenteur, tourmenté, battant ou battu, le repos lui faisait horreur. Ses bras et ses jambes semblaient avoir trouvé le mouvement perpétuel.

Il savourait avec délices les aromes d'un cigare d'un sou dont la cendre lui brûlait les lèvres.

Malgré la rigueur de la saison, l'enfant était vêtu d'un pantalon de toile grise, trop court, dont le bas effiloqué laissait apercevoir ses jambes rougies par l'atmosphère glacée.

Des souliers à épaisses semelles ferrées à glace traînaient à ses pieds.

Ses maigres épaules n'étaient garanties du froid, de la neige et de la pluie, que par une blouse rapiécée, ouverte sur la poitrine.

Ce spécimen du produit de tous les vices de la capitale ne craignait ni Dieu ni diable, ni chaud ni froid. Malade, il narguait la santé; bien portant, il faisait la nique à la maladie.

Avait-il une chemise seulement, lui qui n'avait pas de bas?

Que lui importait!

Il venait de fumer un cigare, et il en allumait un autre. Sa casquette de cuir bouilli, à la visière cassée, crânement penchée sur son oreille gauche, tenait par un miracle d'équilibre, et complétait un ensemble qui n'aurait point été méprisé par le peintre des *Gueux*.

O misère! ô civilisation frelatée! vous aviez bien creusé vos stigmates indélébiles sur ce jeune visage!

Vous l'aviez bien signé, bien marqué de votre sceau et de votre griffe !

Le docteur recommença paisiblement le coup demandé.

Au moment où nous mettons en scène ces deux personnages, dont l'un, le gamin, nous est déjà connu, c'était lui qui tenait le dé de la conversation.

— Non, ma vieille, disait-il en secouant sa rousse chevelure et en se dandinant de gauche à droite comme l'ours blanc du Jardin des Plantes, t'as beau faire les gros yeux, t'as beau te tortiller la moustache, c'est comme si tu sifflais la complainte de Fualdès.

Et voyant que l'autre frappait du pied avec rage, il entonna de sa voix goguenarde :

Bastide, le gigantesque, etc.

L'homme au gourdin se mordait les lèvres jusqu'au sang, et fourrageait la luxuriante barbe noire qui ornait les côtés et le bas de son visage.

— Planches-tu, môme? répliqua-t-il d'un ton rogue.
— Plancher, moi! Le plus souvent! j' suis pas connu pour ça.
— Ainsi, tu laisses tes amis en plan?
— Rataplan! plan! plan! Les amis! c'te bonne blague!
— Oui, les...
— En v'là des camaraux! Merci, je sors d'en prendre, et j'ai vu de quoi il retourne dans leur cervelette.
— Hein! tu dis? fit l'homme d'un air scandalisé.
— Je dis que ces corbeaux-là aiment trop le raisiné; c'est tous des pègres...
— Après! qu'est-ce que t'es donc, toi? Le Grand-Turc?
— A la Porte! ricana le petit en se pinçant le nez et en faisant des courbettes devant son camarade. Alli! Allah! Alli! Allah!
— As-tu fini, satané pégriot!
— Pégriot, je veux ben, mais pas surineur.
— Qui te parle de suriner?
— Toi et les amis.
— Moi?
— Les amis et toi.
— Ce n'est pas vrai!
— Un démenti, monsieur le duc!
— C'est pas vrai, je te dis.

Le petit se mit à jouer de l'orgue de Barbarie avec le coin de sa blouse, et lui lança une bouffée de fumée dans le nez.

— Mouchette! cria l'homme en fureur.
— Monsieur Coquillard?... fit l'enfant, qui n'hésita pas à répondre à ce nom de Mouchette.
— Quoi?
— Vous avez tort de vous répéter quand vous êtes dans votre tort.
— J'ai tort, moi?
— Je le jure sur la tête de la jolie marchande de tabac qui m'a vendu ces soutados. En veux-tu la moitié d'un?
— Ce n'est pas de refus.

Et Mouchette, tirant un eustache de sa poche gauche, côté du cœur, partagea gravement un cigare d'un sou par la moitié.

— Pingre!
— C'est comme ça qu'on fait les bonnes maisons, dit le voyou, qui offrit un des bouts de cigare à son hôte

Mouchette était chez lui ou à peu près.

— Remarquez, cher mossieu de Coquillard, que c'est le bon bout que je vous offre.

Merci.

— J'aurais pu le garder. Faudrait pas en prendre l'habitude. Cette fois-ci, c'est pour compenser le refus que je viens de te faire.

— Tu refuses décidément.

— Oh! il n'y a pas! il n'y a pas! Ç'ant de la trop immoraleo société pour moi.

— Délicat! faudrait-il pas te présenter des ambassadeurs? Accepterais-tu?

— Ça dépend des puissances. On pourrait voir.

— Allons, c'est bon! grogna Coquillard ; t'es pas un vrai, t'es pas un pur! Tu r'naudes!...

— Comment que tu dis ça?

— Tu renaudes.

— A la bonne heure, c'est bien épelé, mais c'est mal raisonné.

— Alors tu acceptes? t'es des nôtres?

— Zut en musique!

— Au diable! fit Coquillard en frappant violemment le plancher de la chambre du bout de son lourd rotin.

— On y va, répondit Mouchette. Et d'abord ne défonçons pas le plancher de maman Pacline. Quoi donc qu'elle dirait à son retour? Faudrait qu'elle aille digérer sa goutte chez le voisin d'au-dessous.

— Voyons, une dernière fois, en es-tu? n'en es-tu pas?

— T'auras qu'un liard. Pourquoi que tu veux, à c't' heure, me mettre mal avec l'autorité? Il ôta sa casquette d'un air profondément respectueux en prononçant ce dernier mot, à la manière de monsieur Prudhomme. — J' n'ai pas besoin qu'elle se charge de mon logement et de ma nourriture.

— Que t'es bête!

— Je te donne dix ans pour me prouver cette périphrase.

— Périphrase! Il n'y a pas de périphrase là-dedans, répondit Coquillard, qui pas plus que Mouchette ne se doutait de ce que ce terme de rhétorique veut dire.

— Mon p'tit Coquillard! ce n'est pas une injure! Je m'esbigne de cette affaire-là parce que je crois que vous aurez la rousse sur les reins.

— La rousse? Je t'en soigne. Elle n'y verra que du feu!

— Possible! mais, vois-tu, ma p'tite chatte, je suis comme les pierrots, moi; il me faut la grande air et le parfum du ruisseau. J' peux pas vivre en cage, j'avalerais mes barreaux, et ce serait malsain.

— Faut tout connaître, dans ce bas monde, répondit philosophiquement Coquillard, en mâchant le reste de son bout de cigare éteint, dont il s'était fait une chique.

— Possible. Mais quand on a un état...

— T'as un état, toi?

— Moi! oui, moi!

— Depuis quand?

— Depuis hier.

— Et cet état, voyons un peu!

— Devine.

— Si je devine, viendras-tu avec les camarades?
— Peut-être bien.
— Oui ou non?
— Ma foi, oui. Tiens! je ne risque rien, je peux bien parier.
— Alors, je ne suis qu'une huître ?
— Tu te connais mieux que moi.
— Voyons, t'es clerc d'huissier?
— Faudrait m' saisir moi-même un jour. J' n'aimerais pas ça.
— Ouvreur de portières? Ramasseur de bouts de cigares?
— Ingrat! répondit Mouchette, qui tira un troisième soutados de sa poche et le lui montra majestueusement avant de l'allumer, tu n'as même pas la mémoire du tabac.
— Bon! bon! on te la rendra, ta moitié de cigare. T'es jocrisse à la foire de Saint-Cloud?
— L'hiver, au mois de février! Oh! mon oncle, tu me fais de la peine.

La plaisanterie préférée de Mouchette consistait à appeler Coquillard son oncle, ne se doutant pas qu'il marchait sur les brisées de Shakespeare.

— Si t'étais mon neveu, tu marcherais plus droit, graine de pendu.
— Tu voudrais que je poussse! Merci! On ne grandira pas pour la potence. D'abord faudrait s'expatrier pour être pendu, et j' peux pas, le gouvernement a besoin de moi.
— T'es passé mouche, Mouchette?
— Il y en assez sans moi.
— Cristi! t'as monté une maison de banque ?
— Banquier! moi? je ne me fierais pas à mes commis.
— Banquiste, alors?
— Donnes-tu ta langue aux chiens ?
— Dame!
— Dame! oui, ou dame! non?
— Je veux que le tonnerre m'écrase si je sais de quoi t'es capable de t'occuper.
— Est-ce fini?
— Oui, parle.
— Depuis hier, fit Mouchette avec importance, je r'trouve les chiens perdus...
— Ah! la belle affaire! Moi aussi, quand j'en rencontre.
— Et j' sauve les noyés.
— Hein?
— Les noyés!
— Qu'est-ce que c'est que cette blague ?
— Une blague! ma position sociale! Ah ben! t'es dur pour les Terre-Neuve, toi!
— T'as repêché quelqu'un, toi?
— A preuve! reluque-moi ça, répliqua le voyou en retirant de sa poche une pièce de vingt francs et cinq ou six pièces de cinq francs mêlées à de la menue monnaie.

— Quarante-cinq francs !
— Comme ça chante, hein?
Et il faisait joyeusement sauter le tout dans ses mains.
— C'est donc vrai?
Voilà ! ajouta Mouchette avec un ton de supériorité railleuse, en lançant un regard de triomphe à son interlocuteur ébahi.
Et il remit son argent dans sa poche.
— T'as donc noyé un millionnaire, pour le repêcher après?
— C'est une idée, ça ! mais elle ne m'était pas encore venue.
— Alors?
— Alors tu veux que je te conte la chose?
— Oui.
— Quant à ça, je veux bien, d'autant plus que c'est drôle. Un p'tit verre, veux-tu?
— L'eau d'affe fera passer l'histoire.
Ils se versèrent un verre de l'affreuse liqueur contenue dans la bouteille qui se trouvait sur l'escabeau, ils trinquèrent et burent en même temps.
— Vas-y, petit, dit Coquillard en reposant son verre vide.
Mouchette prit la grosse canne de Coquillard, frappa trois coups, comme un régisseur de théâtre, rendit la canne et commença :
— Pour lors, je venais de faire un tour de barrière... près d'une barrière que tu n'as pas besoin de connaître...
— Je les connais toutes, répondit bêtement Coquillard.
— Raison de plus; c'est une de celles-là. J'avais donc pris l'air à mon aise. Il n'était qu'une heure du matin. Il faisait un temps de demoiselle. Le plus souvent que je serais rentré chez maman Pacline; elle m'aurait fichu un poil de sept lieues.
— Bah !
— Elle ne veut pas que je me couche passé huit heures, la brave femme.
— C'te blague !
— Aussi, je me couche souvent après huit heures du matin. Et puis, je ne peux pas dormir en même temps qu'elle; elle ronfle comme une toupie d'Allemagne. Donc, après une course en douze temps qui m'a servi de paletot, v'là que je m'entends héler sur le quai de Billy... Je m'arrête, me disant : Quoi qu'on me demande? Le son vient du fin fond de l'eau. C'est quelque sirène charmée par le physique chouette à Moumou.
— Fat ! va!
— Je r'arrange ma cravate.
— C'te ficelle-là?
— Oui. Le jour elle ne fait pas d'effet, mais la nuit elle ferait descendre un pendu de son arbre.
— Il croirait courir après sa corde.
— Faut me mettre ça en verses !
— Va toujours, fit Coquillard, qui n'avait jamais eu autant d'esprit de sa vie.
— Je crie : « Qui qui m'appelle? — Moi ! qu'on me répond. — Qui ça, toi?

imbécile! que je récrie. — Filoche ! » qu'on me répond. — Il n'avait pas besoin de me dire son nom; je l'avais appelé imbécile, je l'avais reconnu par avance.
— Qui ça, Filoche? demanda l'autre.
— Filoche le débardeur; tu ne connais que lui...
— Moi? non.
— Le copain à la Cigale.
— La Cigale! en v'là encore un!
— Oh ! faut pas le mécaniser, c'est un bon, lui, et qui vous a dix doigts...
— Qu'est-ce qui n'a pas dix doigts?
— Dix triques, lui.
— Ah! ouiche... faudrait voir.
— Je t'engage à t'y frotter, ma bonne vieille, ricana le gamin. Il y aura de la colle sur le trimar (du sang par terre).
— Ah çà ! voyons, contes-tu ton histoire, ou ne la contes-tu pas?
— Quand je commence, je finis toujours. Je regarde, et près de la berge, descendant à droite d'une des piles du pont, je vois un train de bois en dérive. « Viens-tu? me crie Filoche... Je te débarque à... »
— Où? demanda Coquillard.
— « Nous ferons un cinq mille de bezigue, continua le gamin sans répondre. J'ai des cartes neuves, qui n'ont qu'un an, et un petit fil-en-quatre dont tu me diras des nouvelles. — As-tu un rince-bouche? que je lui dis. — Nous chercherons, viens. » Je prends mon élan, et je m'embarque. Comme ça, j'étais sûr de ne pas gêner le canon de la mère Pacline. — Donne-moi du feu : veux-tu?
— En v'là, moutard !
— Bon ! je me guérirai de ma jeunesse; si tu te guéris jamais de ton âge mûr, toi, ça étonnera bien des femmes honnêtes.
— Continue, répliqua Coquillard, qui supportait toutes les railleries du voyou, tenant à savoir les détails de sa nuitée.
— Une fois à bord...
— A bord de quoi?
— A bord de la frégate la *Désirée*, commandée par l'amiral Filoche, je lui dis: « C'est pas tout ça. Quoique ça me rapportera, ce voyage? — De l'agrément et quinze ronds. — Paye d'abord. » Il m'aboule les quinze, et il allonge les brêmes sur un madrier.
— Mazette! ça devait être une belle partie.
— Mais on s'en flatte, fit Mouchette avec modestie ; on maquille le dab de carreau avec assez d'entregent.
— D'entre quoi?
— D'entregent... comme qui dirait avec astuce.
— Ah! nom de nom! dévide le jars, — parle argot, — ou parle français, mais si tu t'expliques en japonais... Pour lors ?
— Pour lors... il donne... La partie s'engage, j'en avais déjà deux mille sept cent quarante. J'annonce : Toutes ces dames, au salon!
— Comment?
— Soixante de femmes, quoi? Tu ne sais donc rien, toi ? — Filoche me

répond par : Quarante de larbins, dont deux de carreau. — Plus de cinq cents pour moi, non d'un chien ! « Monsieur se trouve mal ? me dit Filoche en se fichant de mon malheur ; monsieur s'évanouille ? faut-il jeter une goutte d'eau sur la narine gauche de monsieur ?... » Il n'a pas plus tôt lâché cette blague, que floh ! placq ! pouff ! v'là un bruit du diable qui se fait près de nous. Pitt ! pan ! boum ! un vrai rire d'obusier ! Le dôme des Invalides tombe dans l'eau ! Des milliers de gouttes, une gerbe liquide nous saute à la figure, flanque la lanterne à bas, balaye les cartes et rafraîchit de la tête aux pieds !

— Quelle chance ! dit Coquillard, va toujours, ça me pique le gosier.

— Filoche éternue, je lui crie : « Dieu te bénisse ! » En deux temps, habit bas, pas plus de feuille de vigne que sur ton nez... Nous étions beaux tous les deux, comme ça ! — Ca y est ! — Houp là ! Nous y sommes. Il prend la chose par le pôle nord, moi par le pôle sud, et nous regrimpons sur le radeau.

« Mâtin ! oui ! c'était lourd... cent kilos, au moins, les gouttes d'eau comprises.

— C'était ton noyé,

— Après, peut-être bien. Mais du premier coup de mirette, un saucisson de Lyon, fagotté, ficelé, entortillé dans une couverture de cheval dont je compte bien me faire faire un vêtement complet par mòssieu Humann. Filoche rallume sa lanterne. Je déficelle notre trouvaille. Ah ! qué bel homme ! et un trou dans la poitrine ! Ah ! qué beau trou ! Il y avait de quoi y fourrer une bougie de l'Étoile !

— Un assassinat ?

— Ou une vengeance de femme amoureuse.

— Ah ! ouiche !

— Mon vieux, répondit Mouchette avec fatuité, j'en connais d'aucune qui ne se contenterait pas d'un tour de vrille...

— Le plus souvent ! Ous qu'est ta barbe ?

— C'est bien à toi, à parler de barbe, toi qui...

— Ah ! mais, t'as pas fini... bougonna Coquillard, qui se tourna de façon à se mettre dans l'ombre et à cacher cet admirable ornement de son disgracieux faciès... Eh bien ! ce noyé, ce blessé ?...

— Ah ! voilà.

Mouchette allait répondre à l'interrogation de Coquillard, mais la porte du logement, violemment poussée du dehors, s'ouvrit et un homme entra.

Le gamin se retourna.

— Tiens, Cigale ! Ah ! bien ! t'arrive comme mars en carême, dit-il en regardant Coquillard avec un sourire narquois.

— En v'là une scie ! grommela celui-ci entre ses dents, plus moyen de rien savoir.

— Salut, messieurs, mesdames et la compagnie, fit poliment la Cigale en nettoyant ses souliers sur le semblant de paillasson qui se trouvait, non pas sur le carré, mais à l'entrée de la chambre.

Coquillard se détourna avec humeur, sans que le nouveau venu eût l'air de s'en apercevoir.

Mouchette se leva de son tabouret, l'offrit avec cérémonie à son nouvel hôte, qui ne se fit pas prier pour l'accepter.
— Veux-tu te rafraîchir, mon petit? demanda l'embryon au géant.
— Ce n'est pas de refus. Qu'éque vous buvez?
— De la fine champagne de chez Ramponneau, retour de Montmartre.
— Ça réchauffe, j'accepte.
— Il n'y a que deux verres, mais faut pas vous gêner, messeigneurs, dit Mouchette en prenant une pose à la Mélingue. Je piquerai à même le carafon.
— Ce n'est pas la peine, grogna Coquillard. J'en ai assez.
Mouchette remplit les verres, en offrit un à la Cigale et ingurgita l'autre.
Tout en buvant, après avoir fait une espèce de salut militaire avec son petit verre, celui-ci examinait sournoisement l'homme à la longue barbe.
— Voyons. Un dernier mot, petiot, faut que je me cavale, dit Coquillard.
— T"es pressé?
— Oui.
— T'aimes mieux causer à deux qu'à trois, pas vrai? fit-il en ricanant.
— Ah! tu ne vas pas recommencer? répondit l'autre en louchant du côté du géant, qui humait son petit verre et le dégustait à petites gorgées.
— Pousse ton venin!
— C'est le dimanche gras, jord'hui.
— Jusqu'à demain lundi, que je présuppose.
— Eh ben! tu le sais, nous sommes une société...
— Aimable.
— Qui va nocer et danser.
— Où ça?
— Chez le père Signol.
— Rue d'Angoulême-du-Temple?
— A sept heures de relevée.
— C'est une bonne heure.
— Viendras-tu?
— On n'a jamais pu savoir, dit Mouchette.
— Réponds : oui ou non.
— Oui ou non, répliqua le gamin avec un sang-froid imperturbable.
— Cré nom! tu te fiches de moi! cria Coquillard impatienté.
— On n'a jamais pu savoir non plus.
— Ah! mais...
— Voyons, calmons-nous. Si je viens, je serai-t-y libre de m'en aller?
— Eh! oui,
— De roupiller?
— Parbleu!
— De faire ce que je voudrai, à la fin des fins?
— Oui, nom de mille fois oui, pourvu que tu viennes.
— Ta parole?
— Ma parole.
— Sacrée?

Les hommes attendaient ou servaient celles d'entre elles qui les appelaient.

— Sacrrr...ée..., fit Coquillard, qui retint le plus rude juron de son répertoire.
— La Cigale, je te prends à témoin.
— J'en lève... la main, répondit la Cigale, qui leva le coude pour avaler les dernières gouttes d'eau-de-vie contenues dans son petit verre.
— Un moment... A ta santé, bel homme!

— A la tienne... et à celle de la société !

Après avoir reposé son récipient sur l'escabeau, ce dernier fit claquer sa langue entre ses dents, passa le dos de sa large main sur sa bouche pour l'essuyer, et, regardant les deux compagnons en souriant de son sourire le plus naïf, le plus innocent :

— Il faut être poli avec tout le monde, n'est-ce pas ?
— C'est un sucre, fit le gamin.
— Avec Mouchette aussi bien qu'avec les mouches.
— Hein ? rugit Coquillard en se redressant et en fronçant le sourcil. Hé ! l'homme est-ce que c'est pour...
— De quoi ?
— Je vous demande... enfin... pour qui que c'est que vous dites ça ?
— Je n'ai nommé personne. Qui se sent morveux se mouche, répondit le géant de sa voix la plus tendre, et en faisant un pas de retraite.

L'admirable scène de maître Jacques et de Valère, dans l'*Avare*, sera toujours vraie.

Ce pas de retraite fit faire deux pas en avant à son adversaire.

Mouchette se curait les dents avec une branche de ciseaux dépareillée.
— Ous qu'est ta mère, l'enfant ? lui demanda la Cigale.
— A ses affaires... la brave femme. Je l'attends.

Cependant Coquillard, encouragé par la douceur de la Cigale, et voulant se montrer aux yeux du gamin, s'avança encore, s'appuya sur son gourdin, et regardant le premier dans le blanc des yeux :

— Dites donc, vous, si vous avez l'intention de m'esbrouffer, faut pas y aller par quatre chemins.
— Moi ? Pas le moins du monde. Je ne vous connais pas et je ne tiens pas à faire votre connaissance. Laissez-moi tranquille, c'est tout ce que je vous demande.
— Il n'est pas très exigeant, murmura Mouchette de façon à jeter de l'huile sur le feu.
— Ah ! mais, faut voir, reprit l'agresseur. Il ne s'agit pas de lancer des fusées d'essai, et puis après de barguiner comme un caneton.
— Couen ! couen ! fit le gamin.
— Ah çà ! voyons, me ficherez-vous la paix à la fin ? demanda la Cigale.
— C'est que je n'entends pas qu'on se conduise comme ça avec moi.
— Il faut des excuses à monsieur ?
— Pourquoi pas ?
— Écrites ?
— Et signées en toutes lettres.
— Qué dommage que je sois pas allé à l'école ! dit le géant, qui, sans avoir l'air de rien, se tenait sur ses gardes, et bien lui en prit : l'homme à la longue barbe n'en fit ni une ni deux ; sans dire gare, son énorme rotin levé, il s'élança sur lui.

La Cigale fit un saut de côté, le bâton siffla dans le vide, tomba sur la bouteille, qu'il brisa, et sur l'escabeau, qu'il envoya dans un coin de la chambre.

Alors la Cigale étendant le bras gauche prit son agresseur par la nuque le souleva à la force du poignet, et tout grouillant, tout gigotant, il le porta sur le carré.

— Tiens! Coquillard qui fait Guignol! s'écria Mouchette, qui riait à se tordre.

— Veux-tu me lâcher, brigand!... Ah! je te mangerai le nez... hurlait le misérable, râlant presque sous l'étreinte de fer qui le tenait suspendu sur les premières marches de l'escalier.

— Merci, répondit le géant. Je n'en ai qu'un et j'y tiens... Allons, soyons sage et lâchons notre badine.

Coquillard, qui serrait convulsivement son rotin, cherchait à porter un coup de bas à son bourreau.

La Cigale, qui le tenait de la main gauche, le lui arracha de la droite.

— Là! serez-vous raisonnable?

— Canaille! lui cria une voix qui n'avait plus rien d'humain.

— Polichinelle et le commissaire! riait Mouchette. Ah! mon pauvre Coquillard, ça vaut dix centimes. Je te les dois.

— Je te repigerai, toi...

— Chez le père de Signol, à sept heures. C'est convenu.

Coquillard, qui était parvenu à saisir la main de la Cigale, la mordit jusqu'au sang...

— V'là qu'est gentil, dit tranquillement le géant, j'allais le lâcher...

Et sans ajouter un mot de plus, il le lâcha... dans l'escalier.

Le misérable dégringola, la tête la première, les marches visqueuses, en hurlant.

— Bien des choses chez vous, lui cria Mouchette par-dessus la rampe.

Coquillard cherchait vainement à se retenir, à se rattraper; il roula jusqu'au bas de l'escalier. A terre, force lui fut de s'arrêter, mais il s'arrêta étourdi, moulu, rompu.

— Quel dommage que la cave ne soit pas ouverte! disait Mouchette.

— Scélérats! voleurs! escarpes!... Je vous repincerai tous les deux, leur lança-t-il, à cinq étages de distance. Ah! gredins, vous me payerez ça plus cher que vous ne le pensez.

Et il écumait, et il serrait les poings avec rage, d'autant plus furieux qu'il avait été plus insolent.

A une dernière injure plus violente, plus ordurière que les autres, une voix narquoise et calme lui dit :

— Gare là-dessous, mon brave ami!

Et son gourdin lui tomba en plein corps.

Coquillard en eut assez.

Il ramassa son bâton, et clopin clopant, proférant d'horribles menaces contre la Cigale et contre Mouchette, qui ne l'avait pas défendu, il sortit de l'allée à peine éclairée.

Une fois au dehors, il essuya tant bien que mal le sang qui lui coulait à la fois par la bouche et par le nez, puis montrant encore une fois le poing à ceux qui l'avaient si cruellement, mais si justement maltraité :

— J'aurai mon tour, fit-il.

Et il s'éloigna, pas assez vite cependant pour ne pas entendre la voix perçante du voyou de Paris, qui chantait à perce-tête :

> Malbrough s'en va-t-en guerre,
> Mironton, tonton, mirontaine,
> Malbrough s'en va-t-en guerre,
> Ne sais quand reviendra.

IX

OÙ RATON TAQUINE BERTRAND

— Cré coquin ! dit avec admiration Mouchette à la Cigale, qui rentrait de son pas tranquille dans la chambre, cré coquin ! vous pouvez vous vanter d'avoir une rude pince, vous !

— Tiens ! tu ne me tutoies plus, moucheron ?

— C'est vrai ! je suis cruche...

Et le petit, tournant autour du colosse comme un connaisseur ou un maquignon tourne autour du cheval qu'il veut examiner sur toutes ses coutures avant de l'acheter :

— Nom d'une pipe ! comme c'est établi ! Le beau travail ! Mes compliments à tes père et mère !

— Ah ! pas de bêtises ! moucheron ! touchons pas à ça !

— Et du cœur par-dessus le marché !

Il retroussait la manche droite de sa blouse tout en parlant, et il en sortait un bras maigre et long.

— Qué que tu fais donc ?

Mais Mouchette, sans lui répondre, retroussa également la manche droite du bourgeron de la Cigale et mit à nu un bras formidable, monstrueux assemblage de muscles saillants comme des cordes à puits et de nerfs d'acier enchevêtrés les uns dans les autres.

— A-t-il des idées ! tu veux nous tatouer le biceps ?

— Non, je veux piger fit l'enfant, en plaçant son bras à côté de celui du géant.

Celui-ci se mit à rire, mais il se prêta à sa fantaisie.

— C'est assez drôle tout de même ! répliqua Mouchette, qui ne riait pas. Une allumette et un mât de cocagne, pas vrai ?

— Dame ! le fait est que tu ne pèses pas lourd.

— Eh bien ! ma vieille, souviens-toi de ce que je te dis : le jour où ceci, — il montrait son poignet et sa main droite, — s'en prendra à cela, — et il montra la poigne énorme de la Cigale, — ceci brisera cela comme un goulot de bouteille.

— Vrai ? répondit l'autre, qui s'amusait de l'air sérieux du gamin. Et comment t'y prendrais-tu, Moumouche ?

— Ainsi, fit Mouchette.

Et plus rapide que l'éclair, il se glissa, passa entre les jambes du colosse solidement arcbouté, et lui bondissant à califourchon sur les épaules, il lui posa sur le crâne la gueule béante d'un revolver à six coups.

— En v'là de la gymnastique! dit la Cigale, qui ne tourna même pas la tête du côté du voyou. Faudrait voir à ne pas jouer avec les armes à feu, tu pourrais te blesser, petit.

Mouchette dégringola du haut de son perchoir et se retrouva en un instant sur ses jambes :

— T'es un rude mâle, sais-tu, la Cigale?

— Je le sais.

— Si j'ai jamais besoin d'un coup de main, je peux-t'y compter sur toi?

— Pour le bien, toujours.

— Je laisse le mal à Coquillard. Je suis le fils de la Pacline... c'est-à-dire son fils... enfin, je mange son pain, et je ne veux pas gagner le mien plus malhonnêtement qu'elle, la pauvre femme.

— Alors, pourquoi portes-tu des outils à six bouches, comme celui-là, dans ton portefeuille?

— C'est un cadeau qu'on m'a fait.

— Qui ça?

— Une riche Anglaise dont j'ai retrouvé le king's charles. Jelui rapporte son caniche, elle pleure de joie dans mon sein et m'offre de l'argent. « Merci bien, que je lui fais, je reçois rien des femmes. — Aoh! portant, jé volé récompenser vô. » Il y avait ce joujou sur la cheminée. Je lui dis : « Eh ben! ma bonne dame, donnez-moi ce machin-là. — Le revolver de milord Blackword, jé donné à vô tôt de même. »

— Et ça t'a servi?

— A rien, mais l'avenir est à Dieu, et le revolver est à moi. — C'est égal. — La morale de la chose, la v'là : Il n'y a pas de poigne grosse comme la tienne qui soit plus forte qu'une de ces petites balles pointues.

— Savoir. J'en ai reçu pas mal, de balles dans ma carcasse, et je suis encore bon du poignet. Mais ce n'est pas tout ça... ce n'est pas de ça qu'il s'agit.

— De quoi alors?

— J'ai à causer un brin avec toi, petit.

— Vas-y carrément, je t'écoute.

— Oui, mais là, sérieusement.

— Ça va être embêtant... Attends un peu que je me leste...

Mouchette chercha la bouteille, mais il se souvint que le gourdin de Coquillard l'avait brisée et en avait répandu le contenu sur le plancher, qui s'était empressé de la boire jusqu'à la dernière goutte.

— Gueusard de Coquillard! fit-il. Veux-tu que je descende chez le pharmacien?

— Chez le pharmacien?

— C'est comme ça que maman Pacline appelle le liquoriste.

— Non. T'as assez bu, et tant mieux s'il ne reste plus d'eau-de-vie, la

Pacline en jeûnera ce soir. Une fois, par hasard, ça ne lui fera pas de mal.

— Le plus souvent qu'elle s'en privera. La mère a sa bibliothèque de réserve. Je sais où c'est, mais je n'y touche jamais, c'est sacré pour moi.

— Il y a l'étoffe d'un bon gars en toi, fit le colosse en lui donnant un petit coup sur la joue. Je l'ai toujours pensé.

— Bigre! s'écria Mouchette, dont la joue était devenue rouge sous la caresse de son redoutable ami. Pas tant de moelleux dans les articulations, ou je te parle à distance.

— Voyons, es-tu capable de...

— Je suis capable de tout, quand je veux.

— Tâche de le vouloir un peu, hein? Tu me feras plaisir, la chose est grave.

— Va ton train, Nicolas. De quoi s'agit-il?

— De ta mère, gamin.

— Hein! tu dis? fit Mouchette, dont la bouche grimaça une émotion pénible, mais qui, se sentant observé par le regard perçant de la Cigale, parvint promptement à prendre le dessus.

— Je dis : de ta mère.

— De maman Pacline?

— Non.

— Ah! tu sais?... Eh bien! oui, mon pauvre vieux, repartit l'enfant, qui cherchait à cacher sa douleur sous un masque de cynisme, c'est comme ça. Ma mère, ma vraie mère, connais pas. Je suis un enfant du pavé, moi. Eh! mâtin, c'te bonne Pacline, qui était alors réveilleuse à la halle, m'a ramassé, vers les quatre heures, sur un tas d'épluchures de choux, de carottes et de poireaux où on m'avait couché bien douillettement.

— Qui?

— Ah! si tu le sais, tu me rendras service de me l'apprendre. J'étais à moitié mort de faim et de froid; je pleurais que c'en était une bénédiction, et je criais comme un beau diable, tout ça à l'âge de deux ans.

— Tonnerre! fit la Cigale, il y a donc des âmes assez dures pour...

— Il y en a, mais en revanche il s'en trouve d'assez bonnes qui rétablissent l'équilibre dans les plateaux de la balance.

— Alors la Pacline t'a ramassé?

— Faut croire que, puisque me voilà. J'étais gentil à cette époque-là.

— Ah! bah!

— Merci bien! La brave femme eut pitié de moi et de mes grimaces.

— T'en faisais déjà?

— Alors, nous ne parlons pas sérieusement. Je veux bien, dit Mouchette, qui s'arrêta, blessé dans son amour-propre de conteur.

— J'ai tort. File ton nœud.

— Après m'avoir fourré sur son éventaire. Dans ce temps-là, elle étalait sa marchandise sous ses avant-scènes, au lieu de la traîner dans son cabriolet. Elle me fit faire le tour des Halles. Cristi! quelle fête de baisers, de morceaux de sucre, de gros sous, de poissons frais et de légumes nouveaux! Toutes les dames de la Halle déclarèrent qu'on ne pouvait rien voir de plus intéressant que moi. Je devins une bonne affaire pour la mère Pacline. Elle me ramenait de temps à autre sur le carré des Halles, et comme j'allais, je venais, et que je bourdonnais toujours, on m'a appelé Mouchette.

— Comprends pas.
— Petite mouche.
— Ah! bon!
— V'là comment maman Pacline est devenue ma mère. Je ne l'ai plus quittée depuis ce matin-là, et je m'en trouve bien pour elle et pour moi.

Tout en se livrant à quelques interruptions inévitables dans une nature aussi peu primesautière, la Cigale avait prêté la plus sérieuse attention aux paroles du gamin.

— Ce que tu me racontes là me fait du bien au cœur, dit-il. Je suis bien content de m'assurer que c'est une bonne et brave femme.
— Un cœur d'or, tout bonnement.
— Oui, mais...
— Mais quoi?
— Elle a un défaut.
— Un défaut! maman Pacline! Je voudrais bien faire sa connaissance, s'écria Mouchette avec animation.
— Oh! chacun a les siens, répliqua philosophiquement le colosse. Moi-même, je ne suis pas parfait.
— Tu m'étonnes!
— Ta parole?
— D'onze heures. Ne rions plus et raconte-moi quel est le défaut de cette chère maman. Je l'en corrigerai.
— Elle aime un peu trop à boire.
— Et après?
— C'est tout.
— Pas possible, fit le gamin, et tu l'attaques pour ça!
— Dame! quand elle boit elle s'enivre.
— Quand elle s'enivre elle s'endort et tout est réglé. Ah ben! le plus souvent que je lui reprocherai sa boisson, à c'te pauvre chérie, c'est sa seule consolation en ce bas monde. Il paraît qu'elle a eu des malheurs dans son jeune temps.
— A ton aise. Où est-elle maintenant?
— Elle n'est pas rentrée, mais elle ne tardera pas.
— Tu ne sais pas où elle va?
— Tu me prends pour Coquillard, mon petit vieux!
— Tu ne veux pas me répondre. Alors il faut que je l'attende ici.
— Attendons. Ça ne changera rien à notre position sociale.
— Je peux allumer Bébelle?
— Qui ça, Bébelle?
— Ma pipe.
— Pourvu que tu n'abîmes pas les tentures, dit Mouchette en riant sec.
— Non, mais c'est qu'il y a des femmes qui n'aiment pas ce parfum-là.

La Cigale tira un brûle-gueule de sa poche, le bourra, l'alluma, le vissa entre ses dents et se mit à le fumer en silence.

Au bout de quelques instants, Mouchette, que cela ennuyait de ne pas se sentir remuer et pour qui remuer c'était vivre, dit au géant :

— T'as plus rien à me demander?

— Non, plus rien, répondit l'autre entre deux bouffées de fumée qui le firent disparaître momentanément.

— Alors je vais m'étendre sur mon lit de sangle. Tu attendras la mère tout seul.

Et il se dirigea vers l'autre pièce.

La Cigale fit un geste de désappointement, qui ne fut pas aperçu par le petit; puis, prenant son courage à deux mains et affectant l'attitude la plus indifférente.

— Tu t'es amusé, hier, môme? lui dit-il.

— Comme tous les jours.

— Qu'éque t'as fait?

— Des bêtises.

— Et après?

— Je me suis promené depuis la Madeleine jusqu'à la Bastille et vice Versailles.

— Tu parles bien, toi. Alors, tu te promènes le jour?

— Comme un omnibus complet.

— Mais la nuit?

— Ah! la nuit... fit le gamin en se grattant l'occiput... la nuit, voilà, je... dors.

— Tu me blagues. Tu n'as pas dormi cette nuit, je le sais.

— Ça se voit donc?

— A tes yeux, oui.

— Alors, j'avoue.

— Quoi?

— Dame! tu sais, ma vieille, il ne fait pas très clair.

— Je m'en doute.

— De sorte que je me suis perdu de vue moi-même.

— Ah!

— Et que je n'ai pas pu me retrouver avant ce matin, répondit le gamin d'un air goguenard.

— Tu as donc la vue bien mauvaise, à c't' heure?

— Une infamie. Je n' peux pas tant seulement suivre mon nez dans ses circonvolutions.

— Dis donc, Moumouche, si je te coiffais... fit le colosse en allongeant sa large main toute grande ouverte.

— Tu humilies ma casquette, répondit le petit sans bouger.

— D'une bonne beigne, continua l'autre.

— Pourquoi faire?

— Pour te faire souvenir que la nuit dernière était claire comme un jour de printemps.

Près des deux causeurs se trouvaient deux gobelets et une bouteille de trois-six.

— C'est vrai qu'il y avait une lune à se mirer dedans.
— Tu vois! Il ne s'agit que de s'entendre.
— Alors, si ce n'est pas mes yeux, c'est ma mémoire qui est malade.
— Faudra la faire soigner.
— J'y penserai.
— Assez causé! fit le géant avec impatience.
— Faut se taire, à présent?

— On t'a vu vers les onze heures du côté de la barrière Fontainebleau.
— J'y vais quelquefois.
— On t'y a vu hier.
— Ah! eh ben! c'est que j'y étais, et après je n'y étais plus.
— Après? Tu te promenais du côté des Invalides.
— Sabre de bois! la trotte est bonne.
— Oh! t'as des jambes de quinze lieues à la nuit, quand ça te passe par la boule.

Mouchette ne répondit pas. Il réfléchissait.

La Cigale attendit quelques instants, et le prenant par le bras :
— Tu m'entends? Faut me répondre.
— Ah! ça, ma jolie Cigale, fit le gamin sortant de son mutisme, qui est-ce qui te renseigne si bien, toi?
— Personne. Je m'intéresse à mes amis et camaraux, et comme tu en es un, il me semble tout naturel de m'intéresser à ton sort.
— Alors, je n'ai plus à m'occuper de moi-même, ricana Mouchette, tu veilles sur moi depuis le matin jusqu'au soir.
— Quand ça se trouve.
— Et depuis le soir jusqu'au matin?
— Quand c'est nécessaire.
— Merci. Quelle bonne balançoire!
— Tu doutes de mon amitié pour toi, petit?
— Je ne dis pas... Mais seulement, de même que je flâne pour flâner, toi, ma vieille...

Il s'arrêta.
— Moi, va donc!
— Toi, c'est pour autre chose. Voilà tout.
— Où est le mal?
— Je ne suis pas sorcier, sans ça...
— Voyons, petiot, sois franc, d'autant plus que tu n'as pas à cacher ce que tu as fait cette nuit.
— Qui est-ce qui se cache? Je ne mets pas de faux nez, mais je n'aime pas raconter mes affaires...
— Ou te vanter de tes belles actions...
— Zim! boum! zin! la! la! zim! boum! fit Mouchette en imitant l'orchestre d'une troupe de saltimbanques.
— Il n'en est pas moins vrai que tu as sauvé un homme, sur les deux heures du matin.
— Oh! un homme... la moitié d'un homme... Nous étions deux à le repêcher. Et puis, qui vous a appris ça?
— Toi, mon gamin.
— Elle est encore rupe, celle-
— Tu l'as raconté tout à l'heure à ce serin de Coquillard.
— Tiens! t'écoutes aussi aux portes?
— C'est le seul moyen que j'aie trouvé pour bien entendre, et puis, je suis entré pour ne pas en entendre davantage.

— Oui, fit l'enfant, d'autant plus que je ne voulais plus rien dire du tout.
— Il y a un peu de vrai... fît la Cigale en riant sous cape.
— Monsieur la Cigale, madame la Cigale, mademoiselle la Cigale, répondit Mouchette en gonflant ses maigres joues et en se donnant les inflexions de voix les plus variées et les plus comiques, il me paraît que votre honorable famille fait un drôle de métier.
— On est débardeur à Bercy, oui.
— Hum ! tu me fais l'effet de débarder de drôles de marchandises, mon petit père.
— Quand ça se rencontre, tout de même. Et c'est un homme cossu que t'as retiré du bouillon? dit la Cigale, rompant les chiens.
— Il en avait l'encolure.
— Est-il mort?
— Je ne crois pas.
— A-t-on l'espoir de le sauver?
— Je n'en sais rien.
— Son nom, son adresse, les connais-tu?
— Ni vu ni connu, je t'embrouille.
— Cependant, on l'a transporté quelque part.
— Il y a des chances, à moins qu'on ne l'ait replongé dans la rivière.
— Alors tu ne veux rien me dire?
— V'là une heure que nous causons.
— V'là la première fois que j'entends dire ça.
— Ça t'intéresse donc un peu, beaucoup, passionnément, cette noyade?
— Couci, couça.
— Tu connais mon noyé?
— Non, mais je voudrais le connaître.
— Pourquoi faire?
— Pour le connaître. Si jamais t'es dans l'embarras, si c'est un homme bien posé, je lui demanderai sa protection pour toi.
— T'es un vrai ami, toi, fit le gamin, en ayant l'air d'essuyer une larme.

Le colosse se mordit les lèvres. Il comprit qu'il faisait fausse route, et qu'en continuant de la sorte, Mouchette, fin et rusé, ne se laisserait pas aller à la moindre confidence.

Il se décida à faire preuve d'une demi-franchise.

— Une personne... que je n'ai pas besoin de nommer.
— Pardine !
— M'avait chargé de prendre des renseignements à ce sujet-là. Comprends-tu?
— Je comprends que tu voulais m'extirper les lézards de mes jolies narines, mon bonhomme.
— Suis-je ton ami? Es-tu le mien?
— Il n'y a qu'entre amis qu'on se fait des canailleries. Il n'y a que les camarades qui vous blousent. Tu me prends donc pour un imbécile?
— Sois franc, on t'a recommandé la discrétion la plus profonde?
— Sois franc aussi toi, la Cigale.

— Je ne mens jamais.

— Dis-moi le nom de ton curieux et je te colle le nom et l'adresse de mon noyé.

— Tu la sais donc?

— Je la trouverai.

— Mon petit Moumouche, dit le géant d'un ton caressant.

— Mon vieux Gagale, répondit le voyou d'une voix pleine de chatteries et de traînaillements.

— T'a-t-on payé pour te taire?

— T'a-t-on payé pour me questionner?

— Ah! t'es vicieux pour ton âge.

— T'es bien innocent pour le tien.

— Enfin... voyons... il n'y a pas moyen de savoir... On t'a recommandé le silence sous peine de la vie?

— J'obéis jamais à la menace. Si on m'avait menacé, il y a plus d'une heure que t'en saurais autant que moi.

— On t'a donc supplié?

— Ah! zut! à la fin... Personne ne m'a rien recommandé, personne ne s'est mis à mes genoux; une fois ma récompense touchée, on m'a planté là comme un caillou, ce qui m'a humilié et...

— Et...

— Et, ajouta Mouchette, ça m'a fait les suivre sans qu'ils se doutent le moins du monde que je les suivais.

— Ah! tu les as suivis! tu vois.

— Pardine! puisque je te le dis... Mais c'est tout ce que je te dirai.

— Allons, il faut en prendre son parti... fit la Cigale, qui soupira, tout en pensant à part lui : — Petit mâtin, je te ferai parler avant vingt-quatre heures.

— La séance est levée, hein! mon président?

— Il le faut bien. J'entends la Pacline.

— Oui, fit Mouchette en se précipitant, c'est elle qui se casse le cou dans l'*escayer*... Puis, s'arrêtant sur le seuil : T'as quelque chose à lui demander?

— Qu'est-ce que ça te fait? répondit la Cigale, tu refuses de t'épancher dans le sein d'un ami, je n'ai pas besoin de te raconter mes affaires.

— Fameux! la Cigale qui fait son nez!

— Je ne fais pas mon nez, mais je suis vexé, dit le géant avec bonhomie.

— C'est tout de même.

— Non; à preuve que je ne t'en veux pas, je vas te donner...

— Quoi? fit le gamin, qui tendit la main.

— Un bon conseil.

— Ah! répondit Mouchette, qui retira sa main, je tiens de cette marchandise-là aussi. Elle n'est pas chère.

— Méfie-toi de Coquillard, c'est une mauvaise pratique.

— Ce n'est pas lui qui me fera danser sans violon, et ce n'est pas à moi qu'il doit en vouloir le plus.

— Oh! moi, je le crains peu! répliqua le colosse en riant de son rire tranquille.

— Ni moi non plus, dit Mouchette. Merci tout de même, mon Cigale ; t'es un bon zigue et je te pardonne ta curiosité.

— V'là maman Pacline, fit la Cigale ; plus un mot là-dessus.

La porte s'ouvrit.

La Pacline entra.

X

LA RÉVEILLEUSE

Marie-Étiennette Brizard, fille du feu Antoine Brizard, ex-sergent aux grenadiers de la garde impériale, et de Jacqueline Malassis, son épouse légitime, marchande de marée, avait, dans son temps, passé pour une des plus jolies filles du carreau des Halles.

Mariée toute jeune à un homme qu'elle adorait et dont elle était adorée, elle resta veuve et mère d'une petite fille, après trois ans de ménage et de bonheur.

Son mari, Pierre Paclin, exerçait le dangereux état de couvreur.

Un jour qu'il remplissait sa terrible tâche avec l'insouciance ordinaire aux ouvriers de sa classe, le rire aux lèvres et le souvenir de sa femme ou de sa fille dans la tête, un tuyau se défonça sous ses pieds.

Il tomba du haut d'un toit et se tua raide.

Une heure après, on rapportait à la pauvre femme le corps de son mari, sanglant, mutilé, inanimé.

Marie-Étiennette manqua devenir folle de douleur.

Sa douleur ne trouva pas de larmes.

Elle avait à peine vingt ans ; un instant l'idée du suicide lui traversa le cerveau, mais un cri de sa fille la rappela à la raison.

Elle était mère ; elle vécut.

Seulement la veuve Pacline — on l'appelait ainsi aux Halles — renonçant, à partir de ce jour, à tous les plaisirs, à toutes les distractions de son âge, ne s'occupa plus que de son enfant, le seul but utile de sa vie solitaire.

Toutes ses affections s'étaient reportées sur la tête chérie de sa petite Marguerite.

Aussi bien était-il impossible de rien voir de plus séduisant que cette enfant-là.

Agé de deux ans, ce chérubin blond et rose, aux grands yeux bleus reflétant l'azur du ciel, avait déjà un air grave et plein de rêverie qui faisait dire à mesdames les maraîchères :

— La petiote connaît son malheur et celui de sa pauvre mère.

Puis, de temps à autre, tout en faisant sauter entre leurs bras robustes la frêle et mignonne créature qui semblait regretter ses ailes d'ange, elles ajoutaient :

— Cette enfant-là est trop *fragile*. Elle ne fera pas de vieux os. Et c'est bien dommage ! Qu'est-ce qu'on fera de la mère, si la fille vient à s'en aller ?

Mais, malgré les mauvais pronostics, Marguerite grandissait.

Elle commençait à bégayer quelques mots.

Son doux gazouillement, ses rires cristallins remplissaient de joie et de soleil la pauvre mansarde que Marie-Étiennette Paclin occupait avec elle.

C'était chose touchante que le spectacle de cette jeune femme, vieillie par un désespoir prématuré, et renaissant à la vie, à la lumière, à l'espérance, grâce aux jeux de son enfant.

La Pacline couvrait Marguerite de baisers ; elle lui parlait comme si celle-ci eût pu la comprendre, elle en faisait sa confidente intime, et lui racontait tout ce qu'elle avait dans le cœur de souvenirs et de regrets.

Marguerite lui répondait en lui passant ses petits bras autour du cou, et s'endormait le plus souvent sur son sein, bercée doucement par une de ces chansons enfantines que les mères chantent si bien.

Aimable et naïve crédulité que Dieu met dans l'âme de toutes les femmes !

La Pacline, si cruellement éprouvée pour son propre compte, ne voyait rien que d'heureux dans l'avenir de sa fille.

Elle bâtissait déjà sur cette tête, si jeune et si chère, les plus fastueux châteaux en Espagne, voyant, malgré ses déboires et ses déconvenues de chaque jour, la vie tout en rose, dès que ses regards attendris tombaient sur le frais visage de son ange blond.

Ce fut le plus heureux temps de la jeune mère.

Elle était presque parvenue à croire que son mari n'avait pas emporté avec lui toute sa part de bonheur en ce bas monde.

Tout en restant fidèle à son souvenir, elle se surprenait par moments à ne pas trop regretter le passé.

Le lutin de sa mansarde, la joie de son modeste foyer, venait d'atteindre sa cinquième année.

Marguerite devenait un petit personnage.

Elle aidait sa mère dans ses marchés, et, sur ma foi, plus d'un l'appelait déjà : *Mademoiselle Margoton*, long comme le bras.

Tout le monde en raffolait, tant elle était charmante.

Les affaires marchaient bien.

Tout donnait à croire que la mère et la fille se retireraient un jour du commerce avec une aisance honnêtement gagnée.

Mais, hélas ! rien n'est vrai et sûr que le malheur.

Et depuis Polycrate, le tyran de Samos, qui ne put conjurer sa mauvaise fortune en jetant son anneau à la mer, jusqu'au pierrot de la foire Saint-Laurent, qui n'avait pas trouvé d'autre moyen d'échapper à la mort que de se pendre, la vie a toujours été une longue suite d'ennuis et de misères.

Courts sont les plaisirs !

Rares les bonheurs.

La Pacline n'avait pas de bague à jeter dans la Seine ; elle ne craignait pas la mort, elle ne tremblait que dans la personne de sa fille chérie.

Ce fut dans sa fille que son mauvais ange la frappa.

Marguerite, tous les matins, accompagnait sa mère à la Halle ; on lui avait réservé une des meilleures places du Carreau.

La Pacline avait ses chalands particuliers et une clientèle ordinaire, que lui assuraient ses manières honnêtes et tristes, sur lesquelles tranchait l'allure vive et caressante de Marguerite.

Et, cela, sans qu'une seule des commères, ses voisines, fortes en gueule et en jalousie, se permît la moindre observation.

Il semblait, au contraire, que chacune de ces bonnes âmes fût enchantée du succès de l'orpheline et de la réussite de la veuve.

Aussi fallait-il voir comme Mlle *Margoton* vous recevait son monde du haut de sa gentillesse et de la petite chaise où on la plaçait dès son arrivée au carreau des Halles !

Un matin, le premier vendredi du mois de mars, vers les sept heures, au moment le plus actif de la vente, en plein coup de feu, la Pacline, qui venait d'écouler les derniers rogatons de sa marchandise, n'entendant plus rire ni chanter auprès d'elle, jeta les yeux sur la petite chaise de sa fille et la trouva vide.

Ce matin-là, précisément, à cause de l'affluence des acheteurs et de la cohue extraordinaire, elle avait recommandé à l'enfant de ne pas bouger.

— Marguerite ! appela-t-elle.

Mais Marguerite ne répondit pas.

— Petit diable ! pensa la mère, elle sera encore allée jouer avec le petit de Mme Beaupré. Voilà ce que c'est que de la trop gâter. Elle ne m'obéit plus.

Et elle recommença à crier de plus belle :

— Margot ! Margoton ! viens ! viens vite !

Rien.

La Pacline, impatientée de ce silence continu, sortit de son comptoir et courut chez Mme Beaupré, sa voisine.

Celle-ci n'était pas à son établi.

Elle venait d'aller à l'autre bout du Carreau.

Et la Pacline attendit.

Mais Mme Beaupré revint. Elle n'avait pas amené, ce matin-là, son fils au marché, la vente durant ; elle n'avait même pas aperçu la fille de sa voisine.

— Ah ! mon Dieu ! fit la pauvre mère, dont une secrète angoisse, un sombre pressentiment vint traverser le cœur, comme eût pu le traverser la pointe d'un couteau. Ah ! mon Dieu !

Et cherchant à maîtriser l'émotion qui envahissait toutes ses facultés, elle se précipita, affolée, tremblante, allant de l'une à l'autre, et n'ayant qu'un seul mot à la bouche :

— Ma fille ! Vous n'avez pas vu ma fille ?

Personne ne l'avait vue ; mais tout le monde aimait Marie-Étiennette, si bonne, si serviable, et Marguerite, si gentille, si intelligente.

Chacune des vaillantes commères, qui ne put lui répondre : « Votre fille, la voilà ! » prit part à son angoisse, fit siennes sa douleur et sa peine.

On se mit en quête de l'enfant disparue. On alla, on vint, on s'informa.

En un instant, ce fut un tohu-bohu général.

La Halle était sur pied, bouleversée, grondante, menaçante, cherchant enfin à qui s'en prendre de cette alerte fausse ou vraie.

On aurait voulu que cette disparition ne provînt que d'une niche de l'enfant.

L'une disait à la malheureuse mère :

— Ne vous effrayez pas : Margoton joue à cache-cache.

L'autre :

— Je vas vous la ramener, mais faudra la fouetter... pour la première fois, cette petite pricesse.

Et Marie-Étiennette, pâle, défaite, la voix brisée, répondait :

— Oui, je la fouetterai... mais rendez-la-moi... rendez-la-moi.

Mais le temps s'écoula.

Les acheteurs s'éloignèrent.

Le carreau des Halles, si animé, redevint presque silencieux ; les marchandes, consternées, n'osaient plus parler que bas autour de cette misérable femme qui ne voulait pas croire à son malheur.

La journée tirait à sa fin.

On ferma le marché.

Marguerite n'était pas revenue ! Elle ne devait plus reparaître !

Plus de trace ! plus d'espoir !

— Mon Dieu ! mon Dieu !... murmurait de temps à autre la pauvre Marie-Étiennette ! On me l'a prise !... Sainte Vierge ! vous me la rendrez ! — Et puis elle appelait sa fille d'une voix à réveiller les morts.

Rien n'y fit.

Marguerite était bien perdue pour elle.

Les voisins et les voisines de Marie-Étiennette firent une déclaration au commissaire de police.

Cela n'amena aucun résultat.

Nul indice ne fut recueilli.

Malgré les recherches les plus consciencieuses, nulle lueur ne se fit sur cette disparition mystérieuse, qui demeura à l'état de problème insoluble.

Ce dernier coup brisa la Pacline.

La femme avait péniblement résisté à la perte de son mari ; la mère ne résista point à la perte de son enfant.

En proie à une fièvre ardente, elle fut transportée à l'hôpital. Là, elle hésita cinq mois entre la vie et la mort.

Enfin sa jeunesse et la force de sa constitution triomphèrent. La malade entra en convalescence ; ce fut long.

Quand elle sortit de l'hôpital, où tous, médecins, infirmiers, religieuses, avaient lutté de soins et de sympathies, ses amies les plus intimes ne la reconnurent pas.

Marie-Étiennette Pacline était entrée à l'hôpital âgée de vingt-quatre ans ; elle en sortait vieillie de vingt ans, avec des cheveux gris.

Les chagrins vont par troupe, dit un proverbe.

Quand la Pacline se trouva sur le pavé de la grande ville, elle était bien et dûment ruinée.

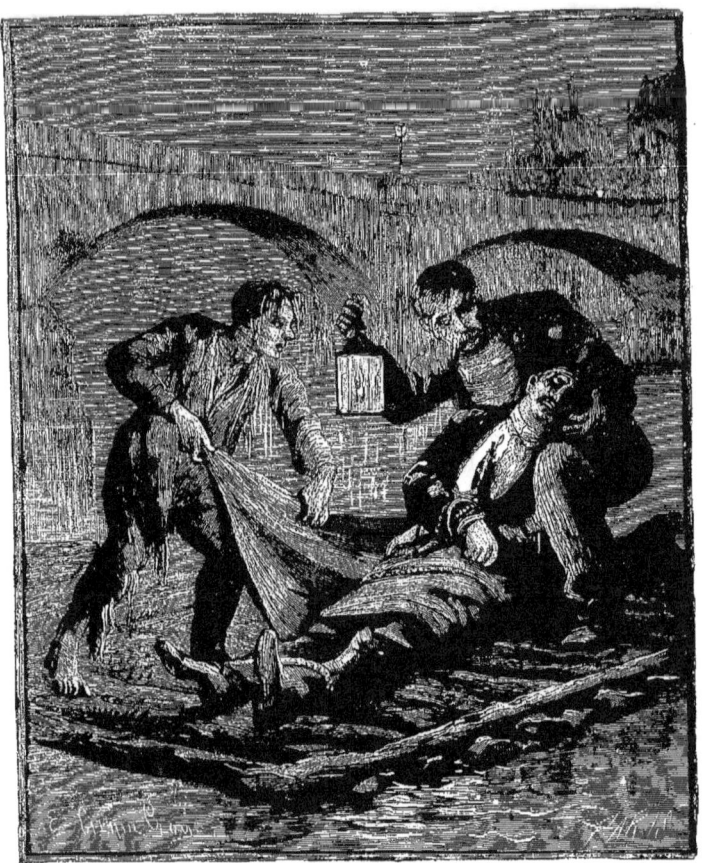

— Ah! qué bel homme! et un trou dans la poitrine...

Ses économies avaient à peine suffi à liquider son commerce et à payer son arriéré et son loyer.

Mais que lui importait : elle n'avait plus personne auprès d'elle pour qui la misère l'effrayât.

D'ailleurs, les dames de la Halle sont compatissantes pour les malheurs immérités. Elles ne la laisseraient pas mourir de faim.

En effet, ses anciennes amies, ses camarades, ses voisines se cotisèrent. Grâce à leur secours, la veuve Pacline — à partir de ce jour on ne l'appela plus Marie-Étiennette! — se vit en mesure de recommencer son commerce.

Elle se remit à l'œuvre avec une sorte de rage.

Dans quel but, puisque désormais elle vivait seule?

Cette petite fleur bleue qui pousse au bord des précipices les plus escarpés et qui a nom l'espérance, lui faisait-elle encore subir son mirage trompeur?

Travaillait-elle pour oublier?

Était-ce pour se souvenir?

Non, la Pacline travaillait pour travailler.

Quelques années se passèrent.

La veuve remboursa peu à peu les avances qui lui avaient été faites si amicalement.

Elle se revit une seconde fois à la tête d'un modeste pécule, laborieusement gagné, qui ne devait rien à personne.

Seulement, trop pauvre pour reprendre sa place sur le carreau, elle se fit marchande à éventaire.

On ne l'entendit jamais proférer une plainte sur sa déchéance, car c'était bien une déchéance pour une dame de la Halle de devenir simple marchande des quatre-saisons.

Que lui importait?

Par moment même, on eût pu croire qu'elle préférait sa misérable profession.

Pourquoi?

Ah! c'est que, sans se l'avouer à elle-même, la pauvre femme espérait.

Oui. Elle espérait! le cœur d'une mère ne désespère jamais.

Elle voyait toujours devant elle cette petite fleur bleue qui l'attirait, et qui fuyait sa main au moment où sa main croyait la saisir.

Sous prétexte de débiter sa marchandise, mais, en réalité, dans l'idée de retrouver l'enfant disparue, la Pacline parcourait Paris du matin au soir.

Au commencement, elle allait et venait fiévreusement, sans se rebuter, sans ralentir ses infructueuses et incessantes recherches.

Mais à la longue, le temps, cet égoïste implacable, qui dans sa marche fatale passe son niveau irrésistible sur toutes les choses de ce monde, le temps accomplit son œuvre de consolation.

La fièvre du désespoir s'apaisa et disparut insensiblement, elle en vint à se changer en une résignation apathique, touchant au *c'était écrit* des Orientaux.

Bien que la mère ne renonçât pas à retrouver sa fille, jamais elle n'en parlait, jamais le nom de Marguerite ne sortait de ses lèvres.

La vie reprit pour elle son cours machinal.

D'ailleurs, de grands changements s'étaient opérés autour d'elle.

A la Halle, ses anciennes amies, ses connaissances s'étaient retirées les unes après les autres.

Des marchandes nouvelles les remplaçaient, et pour celles-là, avec qui la Pacline ne tenait pas à se lier, la disparition de *mademoiselle Margoton* était passée à l'état de légende douteuse.

L'indifférence remplaçait la pitié.

On avait complètement oublié ces noms de Marie-Étiennette et de Marguerite, qui jadis se trouvaient dans toutes les bouches.

On ne connaissait plus que la Pacline, la marchande des quatre-saisons, qui n'avait plus ni âge, ni beauté.

Peut-être même éprouvait-elle un secret plaisir à ne plus entendre retentir à son oreille ces noms si chers jadis, et qui maintenant n'avaient plus d'écho dans aucun cœur, pas même dans le sien.

Un jour qu'elle venait de faire sa tournée de réveil, — car tout en exerçant son métier de marchande de quatre-saisons, la Pacline, qui, dans ce temps-là, cumulait et exerçait en même temps la profession de réveilleuse des Halles, — profession qui consiste à réveiller dès l'aube les forts de la halle et les maraîchers logés dans les garnis du quartier moyennant une minime rétribution, — un jour, elle qui n'avait jamais eu de chance de sa vie, trouva quelque chose.

Elle n'en crut pas ses yeux.

Ce quelque chose était une pauvre petite créature abandonnée sur un morceau de détritus de toutes sortes, au coin de la rue aux Fers.

Le cœur de la Pacline ou de la Réveilleuse, comme il plaira au lecteur, ce cœur si rudement éprouvé, qui se croyait mort à toute joie humaine, bondit dans sa poitrine, à la vue de l'être misérable qui gisait à ses pieds, vautré dans la fange et dormant d'un sommeil profond.

Par un de ces mouvements instinctifs qui viennent du fond de l'âme et dans lesquels le calcul n'entre pour rien, elle se baissa, prit dans ses bras l'enfant, âgé de quatre ou cinq ans à peine, et... mais ici il nous faut ouvrir une parenthèse et raconter le premier dialogue qui s'établit entre le *quelque chose* plus haut cité, et la brave femme qui venait de le ramasser.

— Hé! là-bas! fit le quelque chose, âgé de cinq ans, qui était un petit garçon malingre, souffreteux, mais frétillant comme un écureuil, et possesseur de deux yeux clairs et perçants comme des yeux de chat; hé! là-bas! la petite mère...

— Ne m'appelle pas la mère, petiot, fit la Pacline d'une voix sourde, tout en enveloppant son protégé dans son tablier.

— Hé! là-bas! la petite vieille...

Vieille!... Pacline n'avait pas trente ans!...— Mais La Fontaine l'a dit :

Cet âge est sans pitié..

— La petite vieille, continua le môme, on empêche donc les amis de *roupiller!*

Il avait cinq ans à peine, lui!

— Tu dormiras chez moi, dans mon lit. N'aie pas peur.

— Un lit! quéqu' c'est qu' ça? Et puis, j'aime pas qu'on m'emmaillotte comme ça. J'ai des jambes. Je veux marcher, moi!

La Pacline regarda l'étrange enfant qu'elle tenait, et, voyant l'air résolu dont il lui parlait, elle le mit à terre et lui dit de sa voix la plus douce :

— Comment t'appelle-t-on, petiot?
— J' sais pas.
— Connais-tu tes parents?
— Pourquoi faire?
— Où demeures-tu?
— A Paris, sur un tas de légumes et de pommes pourries.
— D'où viens-tu?
— De la campagne. On m'y a battu. J'en ai eu assez.
— Qui t'a battu.? ton père?
— Qui ça, mon père? Je gardais les oies... C'est le maître aux oies qui m'a battu.
— Veux-tu que je te reconduise chez lui?
— Non! cria l'enfant, lâchez-moi. Je me suis *ensauvé*, c'est pas pour retourner chercher des coups. Lâchez-moi, la vieille, que je vous dis... D'abord, je vous dirai pas où c'est.
Et il essayait de se sauver.
Mais la Pacline le retint d'une main ferme.
— Viens avec moi, lui dit-elle, tu vivras avec moi. Je t'habillerai et je te nourrirai.
— Je ne garderai plus les oies?
— Non, dit la Pacline en souriant.
— Je ne travaillerai pas à la basse-cour?
— Non plus.
— Tu m'aimeras bien?
— A preuve, voilà! s'écria-t-elle en le faisant sauter jusqu'à ses lèvres et en le couvrant de baisers.
Pour la première fois, l'enfant la regarda avec un semblant de tendresse. Il lui rendit ses baisers.
Tout était précoce en lui.
Là où il n'aurait dû y avoir qu'une sensation de stupeur, il y eut un sentiment d'affection presque filial.
Le commerce *des oies* avait fortement développé cette intelligence enfantine.
On ne devient pas si vite reconnaissant quand on n'a eu affaire qu'à des hommes.
Cinq minutes après, la Réveilleuse et sa trouvaille sans nom, l'une suivant l'autre, arrivaient rue de la Calandre, grimpaient cinq étages et s'endormaient tous deux d'un sommeil aussi profond que celui dont jouissait l'enfant tout seul sur son tas d'immondices.
Personne ne connaissait l'enfant, personne ne le réclama.
Du reste, si l'on s'amusait à réclamer tous les petits êtres abandonnés sur le pavé de Paris, on aurait fort à faire.
La Réveilleuse adopta celui-ci.
S'il ne remplaça pas la fille qu'elle avait perdue, il donna du moins un aliment à cet insatiable besoin d'aimer qui dévorait la pauvre femme isolée. Il lui constitua une famille nouvelle.

Nous avons dit précédemment comment un beau matin l'enfant trouvé gagna le gracieux surnom de Mouchette.

Cela posé, nous reprendrons notre récit à l'entrée de la Pacline dans son domicile.

Ce jour là, quinze ans s'étaient envolés depuis l'enlèvement ou la disparition de Mlle *Margoton*, et il s'était écoulé près de dix ans depuis qu'elle avait ramassé son nouvel enfant au coin de la borne de la rue aux Fers.

Pacline la Réveilleuse était donc une femme d'une quarantaine d'années.

Petite, rondelette, aux traits fatigués mais réguliers, aux yeux émerillonnés, à la chevelure blanche comme la neige, elle gardait une singulière expression de jeunesse sur sa face petite et rougeaude.

Pas de trace de souffrance sur le visage de cette femme qui avait tant souffert; pas une ride, pas un sillon attristant sur ce front pur et uni comme le front d'une jeune fille.

Ses trente-deux dents, resplendissantes de blancheur, étaient restées fidèles au poste et garnissaient une bouche dont un léger pli aux coins des lèvres laissait seul deviner combien était menteur le calme de cette physionomie.

Là, seulement, apparaissait, pour un observateur intéressé, la griffe indélébile d'une douleur inassouvie.

La Réveilleuse entra dans la première chambre.

Son costume, simple comme celui de toutes les marchandes des quatre-saisons, ne brillait point par un luxe exagéré, mais par une irréprochable propreté, qui en faisait le charme principal.

En apercevant la Cigale debout, près du poêle, elle échangea un rapide regard avec lui, sans que Mouchette pût se douter de cette entente muette. Puis se tournant vers lui :

— Va remiser le camion, petit, lui dit-elle.

— On y va, répondit le gamin, qui se tenait devant elle, immobile, comme un troupier au port d'armes.

— Comment! on y va. Et tu restes là?

— Je ne peux pas partir sans lest et sans feuille de route.

— Tu parles comme un matelot, dit la Pacline.

— Ou comme un soldat, ajouta la Cigale, qui ne voyait rien de bien maritime dans le lest de maître Mouchette. Voyons, y vas-tu ou n'y vas-tu pas?

— D'abord, honorable tambour-major du Grand-Océan, de l'océan Atlantique et de tous les océans connus et inconnus, ce n'est pas à vous que je me fais l'honneur de m'adresser.

— A qui donc?

— A la vénérable que voici. Et Mouchette désignait la Pacline du coin de l'œil. — Tant qu'elle n'aura pas compris qu'elle manque à tous ses devoirs de mère et de maîtresse de maison, le camionneur que voici ne bougera pas.

— Au diable le môme et ses mômeries! — Tu ne veux pas descendre, je descends, et je remiserai la charrette à la mère, sans tambour ni trompette.

— Trompette, trompette, trompette,
Vous vous trompez toujours!

chantonna le voyou, mettant, selon son habitude, une variante au refrain de cette chanson si connue.

— Arrêtez! la Cigale! s'écria la Réveilleuse en retenant le colosse, qui avait déjà la moitié du corps sur le carré. Arrêtez! je sais de quoi il retourne. Approche, mauvais sujet.

Mouchette fit deux pas en avant, toujours au port d'armes, et tendit la joue droite en disant :

— Baisez joue... droite! droite!

La Réveilleuse obéit.

— Passez sur la joue... gauche! gauche!

La Réveilleuse lui donna un petit soufflet d'amitié.

— Merci, m'man! cria le gamin en cabriolant à travers la chambre, vous avez fait votre devoir — à moi de remplir le mien! — Au camion, en deux temps, deux mouvements, ce sera dans la remise, et je reviens.

— Ne te gêne pas, fiston. Tu as le temps. T'as pas besoin de te presser.

— Bon, compris, m'man ; on a à causer et Moumouche ne doit pas être du *jaspinnage*.

— De quoi se mêle-t-il? fit la Cigale avec humeur.

— On vient donc se faire tirer les cartes par m'man Pacline? Nous ne tenons ni le petit, ni le grand jeu. Faut vous adresser à l'étage au-dessus. Il y a des lézards tricotés en cordon de sonnette.

— Assez, petit, dit la Réveilleuse.

— C'est parfait. Je me la casse, repartit Mouchette en ouvrant la porte qui donnait sur le palier. Monsieur de la Cigale, il n'y a rien pour votre service personnel?

— Cré môme! va.

— Mouche, dit Pacline, tu apporteras un litre à seize. Dis à la Mastoc que c'est pour moi.

— Est-ce qu'elle me croira?

— Oui, tout de même ; va, petit.

— Allons, j'ai du crédit sur la place, il y a encore de beaux jours pour... la banlieue. — Dévidez votre chapelet, mais ne soyez pas longtemps.

— Pourquoi ça?

— Parce que j'ai mon rosaire à égrener aussi... et que je suis tout aussi pressé que monsieur le vice...-amiral.

— Moucheron! cria la Cigale, moitié souriant, moitié colère.

— Descends, Mouchette, dit sérieusement Pacline.

— On ne rit plus. Bien le bonjour ; au revoir, m'man.

Et le gamin, qui venait de sauter une dernière fois au cou de la Réveilleuse — elle lui permettait à présent de l'appeler sa mère — ferma la porte derrière lui et disparut.

On l'entendit dégringoler l'escalier à toute volée, chantant à tue-tête le premier couplet d'une chanson de sa composition, paroles et musique.

De cette chanson, improvisée par lui, *ex abrupto*, voici à peu près la teneur, pour les paroles :

>Dormez bien, forts de la Halle,
> Halle! halle! halle!
>Hommes blancs, noirs, gris et roux!
> Roux! roux! roux!
>M'man jase avec la Cigale,
> Gale! gale! gale!
>M'man dormira mieux que vous,
> Hou! hou! hou!

Quant à la musique, Rossini, le dieu de la musique chrétienne, et Verdi, le pontife de la musique païenne, eussent renoncé à en noter une mesure, une note même, tant la voix qui la chantait était fausse.

XI

LE MESSAGER DE L'INVISIBLE.

Nos deux personnages prêtèrent attentivement l'oreille ; puis au bout d'un instant :

— Ouf! je suis fatiguée, je n'en peux plus! dit la Pacline en s'asseyant. Reposez-vous, mon vieux, nous allons avoir à causer longuement.

— Ça dépend! repartit la Cigale en lui obéissant. Mais, d'abord, pour répondre à ce qui regarde votre fatigue, pourquoi donc est-ce que vous vous décarcassez tant que ça?... Renoncez à votre métier de réveilleuse et ne gardez que la vente des quatre-saisons.

— Vous êtes bon là, vous, avec votre conseil. Et la marmite?... elle bouillirait donc toute seule?

— Vous en aurez toujours bien assez pour deux.

— Pour deux, oui, possible...

La Pacline n'acheva pas, elle se passa la main sur les yeux et reprit d'un air indifférent :

— Mais ne nous occupons pas de ces détails-là. Ce n'est pas pour me donner des conseils que vous v'là ici ?

— Non, la mère, c'est connu, les conseillers ne sont pas les payeurs...

— Et vous venez pour me payer ?

— Peut-être bien.

— Quoi donc?

— Vos services à...

— A qui?

— *A ceux que personne ne voit.*

— *Et qui voient tout*, ajouta la Réveilleuse en baissant la voix.

— Oui.

La femme posa un de ses doigts sur sa bouche en signe d'invitation au silence, se leva, alla à la porte, l'ouvrit, se pencha sur l'escalier pour s'assurer que personne ne pourrait les espionner, puis elle rentra.

La Cigale, impassible, ne semblait nullement étonné de toutes les précautions prises par la Réveilleuse.

Une fois rentrée, celle-ci ferma la porte à double tour, l'assura au moyen d'une targette de fer, revint à la Cigale, et lui touchant légèrement le bras :

— Venez, lui dit-elle.

Celui-ci se leva et la suivit.

Ils entrèrent dans la seconde chambre.

Dans cette pièce, on le sait, se trouvaient les deux lits de la Pacline et de son fils d'adoption.

Au-dessus du lit de la femme, il y avait un cadre doré entourant un portrait recouvert d'un voile noir.

C'était le seul objet de luxe qui se remarquât dans cette pauvre demeure. Pourtant la misère n'avait pas le droit de s'y croire impatronisée.

— Ici, nous serons mieux, fit la Pacline.

— Comme vous voudrez. Pour les servir, je suis bien partout.

— Vous êtes donc toujours à leurs ordres?

— Toujours.

— Vous avez parlé de payement tout à l'heure. Vous savez, mon garçon, que ce n'est pas en monnaie d'or ni de billon qu'on s'acquittera envers moi?

— Si on vous doit, on s'acquittera n'importe comment, soyez-en sûre! Ça les regarde, et ils ne manquent jamais à leur parole.

— Ma fille! pensa la mère — et tout haut, elle continua : — J'y compte. Parlez. Que veulent-ils de moi?

— Avez-vous bien tous vos moyens?

— Vous dites?

— Je vous demande, la mère, si avant de rentrer chez vous, vous ne vous êtes pas arrêtée cinq minutes de trop chez Paul Niquet?

— Je ne bois que quand j'ai du chagrin, — et puis, ne craignez rien, je vous comprendrai toujours assez.

— C'est égal, j'aime mieux colloquer à jeun avec vous.

La malheureuse femme en était arrivée à ne plus considérer son état d'ivresse que comme une manière de régime nécessaire à son corps et à son âme. Toutes les fois qu'on faisait allusion à sa funeste habitude, elle répondait avec le plus grand sang-froid, sans prendre cela pour une injure :

— Allez votre train, je vous écoute. D'abord, vous avez de la chance, mon homme; si je suis aussi éreintée à cette heure, c'est que je n'ai pas pris l'ombre d'une goutte depuis hier minuit. Parlez.

— Je suis chargé de vous dire certaines choses.

— Lesquelles?

— Et de vous remettre une lettre.

— Donnez.

— Que vous me rendrez après l'avoir lue.

— Je veux piger, fit l'enfant, en plaçant son bras à côté de celui du géant.

— Et si je l'oublie?
— Vous la relirez dix fois, s'il le faut, jusqu'à ce que vous en sachiez le contenu par cœur.
— Et alors?
— Alors, je la brûlerai devant vous.
— Par où commencez-vous? demanda la Pacline.

— Par ma commission verbale.
— Voyons.
— Vous recevrez aujourd'hui deux visites.
— Deux?
— Oui. La première sera celle d'une femme.
— Viendra-t-elle seule?
— C'est possible, dit la Cigale. Il est possible aussi qu'elle vienne accompagnée.
— Faudrait me donner des renseignements plus sûrs.
— Faudrait les avoir pour vous les donner. Cette femme est jeune, belle; elle a des yeux bleus, des cheveux châtain clair.
— Son âge?
— Elle paraît avoir de vingt à vingt-deux ans?
— Elle paraît?
— La mère, on n'est jamais sûr de l'âge d'une femme.
— C'est bon, répondit la Réveilleuse, continuez.
— On sera déguisé de façon à ne pas laisser soupçonner par vous la position qu'on occupe dans le monde.
— Ce serait plus malin de venir dans le costume de sa vraie position.
— On viendra peut-être non déguisée, vous ne chercherez à rien savoir.
— C'est dur, ça.
— Il le faut.
— Ce sera. Est-ce tout?
— Oui.
— Passons à la seconde visite. Je n'ai pas besoin d'en entendre davantage sur la première.
— La seconde visite vous sera faite par un homme, continua la Cigale.
— J'aime mieux ça, répondit la Réveilleuse en souriant.
— Peut-être cet homme viendra-t-il seul, peut-être aussi viendra-t-il avec un autre homme et une femme.
— Toujours du même au même.
— Les deux hommes sont jeunes. L'un est presque imberbe. Il ne porte qu'une légère moustache brune retroussée. C'est un étudiant en droit.
— Et le second?
— Un peu plus âgé, trente ans, très brun, tenue militaire.
— C'est un soldat?
— Oui. Que voulez-vous que ce soit?
— Il y a tant de gens qui ont l'air militaire et qui ne sont que des marchands de crayons déguisés!
— C'est vrai, la mère.
— Et la femme?
— Une brune piquante, c'est la maîtresse de l'étudiant.
— Bon. Est-ce tout?
— Quant à présent, oui.
— On ne peut pas savoir ce que viennent chercher ces gens-là?
— Vous le saurez par eux.

— Merci. Voyons la lettre.

— La voici, dit le géant; et il tira d'une de ses poches de côté un pli cacheté qu'il lui tendit.

— Qu'y a-t-il là-dedans, mon vieux? Vous en doutez-vous? demanda la Pacline en cherchant à lire jusqu'au fond du cœur de son interlocuteur.

— Non, répondit celui-ci sans broncher sous ce regard de feu.

— Vous ignorez donc tout, vous?

— Oui, et je saurais quelque chose...

— Que ce serait absolument tout de même, continua-t-elle.

— Vous l'avez dit.

— A la bonne heure. C'est franc, ça. Et on n'a pas besoin de chercher midi à quatorze heures avec vous.

Elle prit la lettre et l'ouvrit. Elle la lut.

Pendant que la Pacline lisait, le messager des Invisibles ne se permit ni de bouger ni de parler.

La lecture dura longtemps.

La Pacline cherchait à bien graver dans sa mémoire le texte de cette missive. A trois reprises différentes, elle recommença.

Puis elle replia le papier et le rendit à la Cigale.

— C'est fait, lui dit-elle.

— Vous êtes sûre de ne rien oublier? répliqua l'autre.

— Pas une ligne, pas un mot.

— Alors, venez.

— Où?

— Dans l'autre chambre.

— Pour quoi faire?

— Pour brûler ce papier.

— Si vous le gardiez, ce papier! fit la Réveilleuse, sans avoir l'air d'attacher la moindre importance à son insinuation.

— Hein? vous dites? gronda le géant stupéfait.

Et il y avait une telle indignation dans ces trois mots, que la Pacline ne crut pas devoir pousser son épreuve plus loin.

— Vous êtes un brave cœur et un rude gars, Cigale.

— Je... je... je n'aime pas ces f... f... farces-là, répondit celui-ci qui, selon son habitude, se mettait à bégayer pour peu qu'une émotion quelconque le saisît à la gorge.

— J'ai mes ordres, fit la Réveilleuse.

— Ah! c'est la consigne... Je me plaindrai au chef de son manque de confiance en moi.

— N'en faites rien, cela vaudra mieux, et suivez-moi.

Ils rentrèrent dans la première pièce, où le poêle chauffait et brûlait de plus belle.

La Pacline ôta la marmite du feu et le géant jeta la lettre dans les flammes.

En moins d'un instant, ce sujet de bisbille fut réduit en cendres.

— Voilà! dit-il.

— Il y a des gens qui auraient payé ce brimborion de papier-là de toute une fortune !

— Ces gens-là ne sont pas assez riches pour acheter *votre espérance*, la mère.

— Oui, mais vous, quelle raison ?...

— Moi, ils sont trop pauvres pour me payer ma conscience et mon dévouement à qui vous savez, interrompit la Cigale.

— Qu'on vienne nous dire, après ça, que la richesse fait le bonheur ! ajouta la Pacline avec un sourire d'une expression indéfinissable.

— La richesse, je ne crache pas dessus, mais je m'en... moque bien.

— Quelle est la première visite que je recevrai ? demanda-t-elle.

— On ne me l'a pas dit.

— A quelles heures faut-il que je sois ici ?

— De cinq à dix heures du soir.

— On y sera. Y a-t-il autre chose ?

— Ceci encore.

Il fouilla de nouveau dans ses poches et en retira un second papier.

Elle prit le papier et fit le geste de le décacheter.

La Cigale l'arrêta.

— Plus tard, fit-il, quand vous aurez vu votre monde.

— J'attendrai.

— A minuit, vous prendrez connaissance de cette seconde lettre.

— Bon.

— Vous sortirez. Dans la rue de la Barillerie, en face du numéro trente-cinq, une voiture sera arrêtée.

— Je monterai dedans ?

— En passant devant le cocher, vous direz comme si vous parliez à vous-même : *La lune n'éclaire pas ce soir*.

— Le cocher me répondra-t-il ?

— Oui, ces mots : *Il fait assez clair pour marcher*.

— Après ?

— Vous ouvrirez la portière du côté droit ; vous monterez dans la voiture et vous vous laisserez conduire.

— Est-ce fini, cette fois ?

— C'est fini. Seulement, faites bien attention : descendez de chez vous à minuit précis, montez dans la voiture avant minuit dix minutes ; passé ce temps vous ne la trouveriez plus.

— Je serai exacte. Voilà Mouchette. Il était temps.

En effet, on entendait dans l'escalier la voix du gamin qui remontait en chantant une autre couplet de sa chanson.

> M'man, réveillez la cigale
> Gale ! gale ! gale !
> S'il n'est pas empoisonné.
> Sonné ! sonné ! sonné !

C'te fois, c'est moi qui régale !
Gale ! gale ! gale !
V'là d' l'eau d'aff. Piquons-lui le nez,
Nénez ! nénez ! nénez !

La Pacline retira la targette qui fermait la porte.
Presque aussitôt le gamin bondit, plutôt qu'il n'entra dans la chambre. Il tenait deux bouteilles.

— Le liquide demandé ! Un litre à seize ! Voilà ! servez chaud ! Boum ! fit-il en posant un litre de vin sur la table. — Et une demi-bouteille de fine champagne extra... Ne criez pas, m'man. C'est moi qui paye. — Boum ! répéta-t-il en imitant la voix et le ton d'un garçon de café à la mode.

— Tu payes, petit ? avec quoi ? demanda la Pacline étonnée.
— Ne vous inquiétez pas. J'ai dévalisé une diligence de rivière. Versez d'abord. Nous compterons ensuite.

La Pacline remplit les verres.
On trinqua et l'on but.

— Assez pour le moment, fit le colosse arrêtant la main du voyou, qui voulait recommencer.

— Nous renâclons devant la boisson à l'œil ? fit le gamin en riant. Mâtin ! vous causiez donc politique ?

— Nous t'attendons depuis une demi-heure, répondit la Cigale, pour rompre les chiens.

— Le plus souvent ! On veut donc me monter le coup ! Ah ! c'est pas gentil ! riposta le gamin avec son ricanement habituel. Vous n'en voulez plus, m'man ?

— Non, dit la Réveilleuse, qui fit bonne contenance devant la Cigale, tout en poussant un gémissement de regret et de convoitise.

— O vertu ! s'écria Mouchette.
— Viens-tu voir les masques, petit ?
— Je veux bien. C'est-y vous qui régale ?
— Oui, mais tout de suite.

— Fallait donc le dire ! Tout à l'heure on me renvoie, maintenant on m'emmène. Ce serait facile de ne pas jouer au petit père La Franchise avec son Fifi, son Nini, son Moumou.

— Il n'y a pas à dire ! quoi ! murmura le géant, il est plus malin qu'un homme des bois.

— Voyez-vous ça ! fit le gamin ; on finit par reconnaître le vrai mérite. Attends, Goliath. Je t'accompagne, mais j'ai un bout de conversation à tenir à la mère.

Et il sortit tout son argent de sa large et longue poche, qui lui commençait à la taille et finissait à peine à la hauteur de son genou.

— Tenez, la mère, serrez ça dans votre profonde...
— Qu'est-ce que c'est que tout cet argent-là ? fit la Pacline.
— C'est de quoi vous acheter du nanan pendant la semaine prochaine. Je ne garde que deux *roues de derrière* pour faire le fadard et pour m'acheter un *philosophe*.... J'en ai un qui ne tient plus qu'à moitié.

Et pour prouver la vérité de son assertion, Mouchette monta sur la table et mit son pied à la hauteur de l'œil de la Cigale.

— D'où vient cet argent? répéta la Réveilleuse, qui fronçait le sourcil en voyant cette somme entre les mains de son fils d'adoption.

L'enfant comprit ses scrupules.

— Vous pouvez le prendre, m'man. C'est le fruit de mes sueurs, demandez plutôt à Gargantua.

— Oh! de tes sueurs! fit la Cigale en riant. Tu transpires dans l'eau, toi?

— Dans l'eau! s'écria la Pacline.

— Dame! je n' peux pourtant pas retirer un noyé du feu.

— Tu as sauvé un homme? dit la mère, rouge de plaisir.

— Faut pas rougir pour ça, m'man.

— Est-ce vrai, la Cigale?

— C'est vrai.

— Bon! v'là qu'on me traite comme un nègre! v'là qu'on ne me croit pas! v'là qu'on m'appelle menteur parce que...

— Parce que t'es un brave garçon, polisson.

— Vrai?

Et Mouchette descendit de la table sur laquelle il était resté juché, en faisant le saut périlleux.

— En l'honneur de M. Auriol, dit-il, et celui-là pour vous, m'man.

Il en fit un second.

— Diable d'enfant! dit la Réveilleuse, qui s'essuyait les yeux. Et si tu t'étais noyé, que serais-je devenue, moi?

— Me noyer dans l'eau! Le plus souvent! Je ne l'aime pas assez pour ça. D'ailleurs, la Seine me connaît trop pour me garder dans son lit. C'est une rivière trop honnête.

— La Seine est un fleuve, moucheron, grommela le géant pour échapper à l'attendrissement qui commençait à le gagner, lui aussi.

— Bah! fit Mouchette étonné, eh bien! raison de plus.

— Allons, viens, il est onze heures, je te paye à déjeuner.

— Où ça? chez Paul?

— Chez Niquet, oui.

— Fameux! Allons-y. Adieu, m'man.

— Adieu... répondit la Pacline... Eh bien! à ton tour.

— Quoi donc?

— Tu pars sans m'embrasser?

— Je craignais de vous embêter.

Et il lui ressauta au cou.

— Mauvais sujet, lui dit-elle en l'embrassant avec tendresse. Quand seras-tu un homme?

— Quand la Cigale sera un singe.

Et le géant et le gamin quittèrent joyeusement la mansarde.

Restée seule, la Réveilleuse serra l'argent dans une cachette creusée dans le mur de sa chambre, puis tombant sur un siège :

— S'il avait péri dans ce sauvetage... je serais restée seule... seule! murmura-t-elle d'une voix triste. O ma fille! ma pauvre fille, ne te retrouverai-je donc jamais!

Elle se versa un plein verre d'eau-de-vie et le but d'un seul coup.

XII

COQUILLARD OU CHARBONNEAU?

Coquillard était de fort mauvaise humeur en sortant de la maison où logeait la veuve Pacline, et certes il avait les meilleures raisons du monde de n'être ni glorieux ni content de sa dernière campagne.

Le refus péremptoire opposé par Mouchette à ses offres insidieuses le chagrinait peut-être plus vivement encore que la triste fin de sa querelle et de sa lutte avec la Cigale.

C'est que, quoi qu'il en eût, il se voyait obligé de convenir de ses torts et de sa maladresse.

Sans être certain du résultat de sa démarche, il avait eu l'imprudence, la présomption de s'engager, envers ceux dont il était l'émissaire, à obtenir la coopération du gamin.

Quand nous disons la coopération, c'est la complicité qu'il nous faudrait mettre ici, l'affaire dont s'était chargé maître Coquillard n'étant rien moins que véreuse.

Mouchette, à la vérité, ignorait le but des propositions qui lui avaient été faites. Mais son concours paraissait indispensable, et sa vague promesse de se trouver au rendez-vous désigné, rue d'Angoulême-du-Temple, ne rassurait que médiocrement l'intéressant Coquillard.

Aussi, tout en étanchant avec son mouchoir le sang qui continuait à couler de son nez, grommelait-il avec rage :

— Gredin de môme! Il m'a roulé! Que faire à présent? Décidément, je n'ai pas de chance cette semaine. Maudit carnaval! Je donnerais treize francs cinquante pour le voir *ad patres* !

Puis le souvenir de sa descente un peu brusque lui revenant à l'esprit, le cours de ses idées changea :

— Que diable peut être, se demanda-t-il, cette espèce de Limousin qui m'a fichu du haut en bas de l'escalier? Un débardeur, lui! Non. Je connais tous les débardeurs des ports, et je ne me rappelle pas seulement l'avoir rencontré. C'est égal, si jamais je le repince, il me payera sa première poignée de main plus cher qu'au bureau !

Et comme son sang coulait toujours :

— Ah çà! elle ne va donc pas s'arrêter, cette fontaine de *raisiné?*... Voyons donc! voyons donc! fit-il, et il réfléchissait tout en marchant : Il me semble que j'ai déjà eu affaire à ce poignet-là, il y a... oh! ma foi, voilà bien longtemps... oui, mais où donc? et à quelle époque?... Je veux bien que Satan me torde le cou si je m'en souviens!

Puis, se disant qu'il n'avait pas reconquis encore toutes ses facultés, la secousse ayant été plus que violente, il ajouta entre ses dents :

— Ce doit être quelque *cheval de retour*. Oui... quand je me serai bien remis dans les bonnes grâces de *monsieur Jules*, il me dira qui c'est, lui qui les connaît tous, depuis le premier jusqu'au dernier; je l'arquepincerai, et son compte sera bon !

Nous saurons tout à l'heure de qui Coquillard entendait parler en nommant *monsieur Jules*.

Tout en maugréant de la sorte, comme une bête féroce qui tourne dans sa cage en mâchant à vide, Coquillard s'était approché d'un puits placé au fond de l'allée.

Là, tirant un seau d'eau fraîche, il se mit en devoir de faire disparaître le sang et la boue qui souillaient ses vêtements.

Cette toilette indispensable terminée tant bien que mal, il sortit de l'allée clopin-clopant et mit le pied dans la rue.

On ne descend pas impunément un certain nombre d'étages sur les reins, si solidement charpenté qu'on soit, sans se ressentir tant soit peu de cet étrange mode de locomotion.

Coquillard s'en ressentait si bien, qu'une fois dans la rue, il eut toutes les peines du monde à se tenir droit et à marcher sans boiter.

Son gourdin, ce gourdin qui avait servi à son adversaire pour lui asséner le coup de la fin, lui était, il est vrai, d'une grande utilité.

Sans son aide, il ne serait jamais parvenu à dissimuler les résultats douloureux de son double échec.

Enfin, faisant contre fortune bon cœur, il s'achemina le plus gaillardement possible vers son domicile.

Le cabaret de la Mastoc, où Mouchette devait faire ses liquides achats, se trouvait sur le chemin de Coquillard.

Un moment l'envie lui vint d'y entrer pour s'y restaurer; mais se ravisant, il continua sa route aussi rapidement que le lui permettaient des élancements terribles, suite de sa dégringolade.

Heureusement pour lui, la distance n'était pas grande.

Il demeurait, 22, rue de la Cité.

— 22, les *deux cocottes*, ainsi qu'il le disait agréablement à sa portière, lorsque son humeur était tournée au gai.

Mais ce jour-là il voyait tout en noir, ou, pour être vrai, il voyait tout en rouge.

Aussi ne prit-il pas la peine de s'arrêter pour faire l'aimable auprès de la gardienne de ses lares.

La maison dans laquelle Coquillard venait de pénétrer, située au coin de la rue de la Cité, ne différait pas de l'immeuble où perchait la Pacline.

Même allée, un peu moins sombre.

Même escalier, un peu moins visqueux.

Coquillard s'y engagea sans hésitation.

Parvenu au second étage, il introduisit une clef, de raisonnable dimension, dans la serrure d'une porte faisant face à l'escalier.

La Pacline trouva une pauvre petite créature abandonnée sur un monceau de détritus.

La porte s'ouvrit.
Il entra, et la referma.
Il était chez lui.
Son premier soin, une fois la porte fermée et les verrous poussés, fut de s'étendre tout de son long dans un vieux fauteuil en bois peint, garni de velours d'Utrecht, qui se trouva là tout exprès pour le recevoir.

Quelques minutes de plus, et l'homme à la longue barbe n'aurait plus eu la force de soutenir ce superbe ornement de sa physionomie.

Fermer les yeux, pousser un long soupir de satisfaction, et s'assoupir dans un anéantissement réparateur fut tout un pour lui.

La chambre en question était petite, mais propre et assez bien meublée.

Elle témoignait de certaines habitudes d'ordre cadrant assez mal avec les manières plus que grossières du personnage qui l'habitait.

Une pendule en albâtre, à colonnes droites, placée sur la cheminée, entre deux vases également en albâtre, garnis de fleurs artificielles et horribles, un lit, deux chaises, un fauteuil et un guéridon en acajou, en formaient l'ameublement aussi solide que peu élégant.

Au mur, quelques lithographies mal encadrées et difficiles à distinguer sous la couche de poussière qui recouvrait leurs verres ternis.

Souvenirs et *Regrets.* — *On ne passe pas, quand même vous seriez le petit caporal !* — et *Après vous, Sire !* en étaient les sujets.

L'amour et la gloire, le bonheur et la grandeur de ce monde se trouvaient réunis, se faisant vis-à-vis, dans la tanière de cette bête brute qui avait nom Coquillard.

Donnez-vous donc la peine d'être jolie, aimée, adulée, ou de gagner la bataille d'Austerlitz ou de Wagram, pour venir orner le sale papier gris de fer d'une pareille alcôve !

A droite et à gauche de la cheminée, dont le foyer intact attestait la chaleur naturelle de M. Coquillard, se trouvaient deux grands placards.

Au-dessus, une fenêtre à guillotine garnie de doubles rideaux, laissait passer assez de jour pour éclairer cette pièce, dont l'aspect, en somme, était assez triste.

Coquillard reposait, depuis quelque temps déjà, mollement étendu dans son fauteuil, lorsque huit heures sonnèrent :

— Bigre ! balbutia notre homme en s'étirant et en sautant vivement sur ses pieds, huit heures déjà ! Il ne s'agit pas de *roupiller* la grasse matinée.

En se secouant, comme un chien qui vient d'être fouetté, il alla au placard de droite, y prit une gourde d'eau-de-vie, en but une pleine rasade, et, faisant claquer sa langue avec satisfaction :

— Ça va mieux ! fit-il. J'avais besoin de ce coup de tampon.

Il remit la gourde à sa place, et refermant le placard de droite, il ouvrit celui de gauche.

Celui-ci servait de porte-manteau.

Là se trouvaient toutes sortes de vêtements.

Redingotes et habits bourgeois, vestes et blouses d'ouvrier, uniformes de fantassins et de cavaliers, il y avait de tout.

C'était une véritable arrière-boutique de marchand de vieux galons.

Coquillard réfléchit un instant, et à sa mine sérieuse, à ses sourcils froncés, on eût pu croire qu'il agitait, dans sa vaste cervelle, les destins du département de la Seine.

Puis il choisit un pantalon, croisé noir et blanc, un gilet de piqué marron à fleurs rouges, une redingote bleue, un pardessus olive très ample, et il étala complaisamment le tout sur son lit.

Refermant avec soin le second placard, dont il mit la clef de côté, il procéda aux mystères de sa nouvelle toilette.

La première chose qu'il fit fut de changer sa tête.

Enlevant, du même coup de poignet, sa longue chevelure et sa magnifique barbe noire, de brun foncé qu'il était, il devint blond ardent.

Ses cheveux, presque rouges, taillés à la malcontent, ses sourcils fadasses, auxquels il rendit leur couleur primitive au moyen d'un linge mouillé, firent de lui un tout autre homme.

M. Coquillard y gagnait-il?

Y perdait-il?

Je ne crois pas qu'il y ait une femme assez abandonnée des hommes et de Dieu qui se donnât la peine de décider cette imprudente question.

Toujours est-il qu'une fois sa tête faite, il quitta les vêtements qu'il portait pour endosser ceux qu'il avait si soigneusement étalés sur son lit.

— Là! dit-il en se mirant sans trop de déplaisir dans une glace cassée, tout en fourrant ses mains rouges et pataudes dans de gros gants en filoselle ; là! bien fin, maintenant, le camarade qui me reconnaîtra.

Il avait raison.

Rien ne restait du Coquillard si malmené pas le gigantesque ami du petit Mouchette.

Visage, costume, allure, tout le plumage était métamorphosé; l'oiseau avait fait plume neuve. Il ne lui manquait plus que de varier son ramage, et c'était son plus grave souci.

En somme, il avait l'air du premier venu.

Or, quand on ressemble au premier venu, quoique, ou parce que le Bartholo de Beaumarchais prétend qu'il n'y en a pas, on ne ressemble à personne.

Coquillard jeta un dernier regard sur la glace, pour voir si rien ne péchait dans sa toilette.

Satisfait de lui-même, au lieu du rotin plombé que l'on sait, il prit une canne à épée légère et bien en main, puis il sortit.

Sur le carré, il se croisa avec une vieille femme, sa voisine.

Cette vieille femme descendait, une chaufferette sous le bras et une boîte en fer-blanc à la main droite.

— Déjà levé, monsieur Charbonneau? lui dit-elle après lui avoir adressé un salut familier.

Pour les locataires de la maison qu'il habitait, Coquillard s'appelait Charbonneau.

— Comme vous le voyez, madame Jackmel, répondit-il poliment. Ce n'est pas le dimanche gras tous les jours.

— Malheureusement!

— Pour le bœuf gras.

— Ce bon monsieur Charbonneau! il a toujours le petit mot pour rire. Et alors, comme ça, vous allez déjà vous lancer dans la foule, à c'te heure?

— Que voulez-vous, ma chère dame, on est père ou on ne l'est pas.

— Et vous l'êtes.
— Certainement. J'ai promis à mes enfants de les conduire à Saint-Maur, et je vais les chercher.
— Vous n'irez donc pas voir le bœuf?
— Pardonnez-moi, nous serons revenus à Paris de midi à une heure.
— A la bonne heure ! Dès que vous irez voir la pauvre bête, il n'y a rien à dire, fit la brave femme. Moi, il me semble que personne ne s'amuserait de la journée, si je n'allais pas lui lancer mon petit coup d'œil.
— Au revoir, madame Jackmel.
— Bien du plaisir, monsieur Charbonneau.
— Prenez garde. Ne vous mettez pas trop en avant dans la foule.
— Vous de même.

Ils se saluèrent; et comme, tout en causant d'une façon aussi intéressante, ils avaient descendu l'escalier, ils se trouvaient dans la rue, chacun tira de son côté, ce dont Charbonneau ne fut pas contrarié.

Le sieur Charbonneau, qui avait suspendu son nom de Coquillard dans le placard contenant ses défroques de rechange, descendit à petits pas la rue de la Cité.

Une victoria vide passa près de lui.

Il héla le cocher, le prit à l'heure et lui recommanda de ne pas trop se presser.

— Où allons-nous, mon bourgeois? demanda le cocher, étonné de la recommandation.

— Rue des Noyers, 7.

Charbonneau savait par expérience que le seul moyen de donner des ailes à un cocher de louage et à ses bêtes consiste à le prier de marcher comme des écrevisses.

L'équipage partit au grand tort.

Peu de temps après, il s'arrêtait devant le numéro 7 de la rue des Noyers. Charbonneau descendit et ordonna au cocher de l'attendre, après l'avoir remercié de ce qu'il ne l'avait pas cahoté davantage.

Cela fait, il entra dans une petite cour, au fond de laquelle se trouvait, au rez-de-chaussée, une porte d'entrée ressemblant à toutes les portes de bureaux, avec une plaque contenant ces mots cabalistiques :

Tournez le bouton, S. V. P.

Il tourna le bouton et s'introduisit dans une pièce assez vaste et assez pareille à la grande salle d'un corps de garde.

Là se trouvaient réunis une quinzaine d'individus de mauvaise mine.

Ces individus se tenaient debout, le chapeau ou la casquette à la main.

Ils paraissaient attendre qu'on les appelât, et pour tromper les ennuis de l'attente, ils ne se faisaient faute ni de bavarder ni de remuer bruyamment.

Au moment où Charbonneau pénétrait dans la salle, un jeune homme encore imberbe, à mine de furet, assis devant une table-bureau, derrière un

grillage à rideaux de serge verte, levait le nez, et, posant sa plume sur son pupitre, s'écriait avec impatience ..
— Voyons, messieurs, un peu moins de bruit! C'est une vraie pétaudière. Je ne m'entends seulement pas écrire.

Quelques chuchotements étouffés, des rires coupés et des ricanements dissimulés sortirent de la foule et lui répondirent.

Mais le calme se rétablit.

A la vue de Charbonneau, plusieurs des premiers venus saluèrent avec empressement.

D'autres se détournèrent pour ne pas avoir à le saluer.

Tous s'écartèrent pour le laisser passer.

Notre homme, sans prendre trop garde ni aux uns ni aux autres, s'approcha du grillage, et, ôtant son chapeau, qu'il ne s'était pas donné la peine d'ôter en entrant :

— J'ai bien l'honneur de présenter mes respects à monsieur Piquoiseux, dit-il d'une voix traînante et nasillarde, différant en tous points de l'accentuation brutale et rapide employée peu auparavant par le rustre Coquillard.

Ajoutez cette voix à l'apparence béate et doucereuse que s'était donnée Charbonneau, et vous comprendrez qu'il devait être assez persuadé de sa valeur personnelle.

— Ah! c'est vous, Charbonneau? fit le jeune homme sans relever la tête et en terminant une note qu'il avait commencée.

— Moi-même, pour vous servir.

— Pourquoi diable arrivez-vous si tard?

— Il est à peine huit heures et demie.

— Le patron est furieux contre vous.

— Pas possible. Je me croyais en avance.

— Il vous a déjà demandé deux fois.

— Deux fois! s'écria Charbonneau, qui sortit de sa tranquillité apathique et montra par là tout le cas qu'il faisait de la colère de *son patron*.

— Au moins.

— J'en suis désespéré, vraiment désespéré, mon cher monsieur Piquoiseux, mais des affaires imprévues...

— Allez lui dire ça, et vous verrez s'il admet les affaires imprévues, celui-là.

— Pourtant...

— Attendez votre tour, et quand il sera venu, expliquez-vous avec lui, vous m'en direz des nouvelles.

— Je suis sûr qu'il m'excusera, quand il apprendra pour quelles raisons...

— Hum! je ne le crois pas... Enfin, je vous le souhaite.

— Vous êtes mille fois trop bon, répliqua Charbonneau, qui était parvenu à reprendre sa physionomie pleine de douceur.

— Ce qu'il y a de certain...

— C'est que?

— C'est que ce matin, il est d'une humeur massacrante.

— Tant pis pour moi.

— Ainsi, tenez-vous bien.

— Je fais ce que je peux, dit Charbonneau en tournant les pouces et en cherchant à se donner une contenance assurée.

— Et si vous êtes rudement secoué, ne vous étonnez pas trop.

— Il ne faut s'étonner de rien dans cette vie.

— Ni dans l'autre, ricana Piquoiseux, qui vivant dans un milieu tant soit peu cynique, se croyait le droit de faire l'esprit fort de temps à autre.

Un peu plus, Charbonneau allait se signer.

— Vieux farceur! murmura le jeune homme.

— Ah! jeune homme! jeune homme! dit le bon apôtre, vous n'avez rien de sacré. C'est un tort.

— Ah! bah!

— Oui. En attendant, je vous remercie tout de même de l'avis que vous venez de me donner.

— Profitez-en si vous pouvez, mon brave homme.

— Je tâcherai, répondit l'autre.

— C'est votre affaire. Permettez-moi de m'occuper de la mienne.

Et M. Piquoiseux se remit à écrire.

Charbonneau s'assit dans un coin.

Un quart d'heure s'écoula, pendant lequel Piquoiseux se vit plus d'une fois obligé de rappeler à l'ordre l'aimable société qui peuplait la salle d'attente.

Puis, au milieu du brouhaha, retentit le bruit d'une porte éloignée qui se refermait violemment.

Un coup de sonnette furieux retentit.

Le silence se rétablit comme par enchantement.

— A qui le tour? demanda Piquoiseux.

— A moi! à moi! répondirent plusieurs voix.

Second coup de sonnette plus vigoureux.

— Une minute! fit le commis, qui se leva vivement et se précipita vers la porte dans le cabinet de son patron.

Il l'ouvrit et disparut.

Mais il ne fit qu'entrer et sortir. Dans ce cabinet, les conversations du patron et de l'employé n'étaient pas longues.

On se précipita au-devant de lui.

Chacun semblait s'attendre à voir son nom sortir de la bouche de M. Piquoiseux.

— M. Charbonneau! dit-il simplement.

— Présent.

— Entrez. Le patron vous demande, et sapristi, ne l'agacez pas. Il est pire qu'un dogue.

Charbonneau s'affermit sur les deux bateaux qui lui servaient de chaussures. Il prit son courage à deux mains, et, les yeux baissés, lentement, à pas comptés, il entra dans le cabinet du redoutable patron.

XIII

UNE PROVIDENCE BORGNE

Dans un cabinet de travail ressemblant assez au cabinet d'un avoué ou d'un huissier, l'homme que M. Piquoiseux nommait si emphatiquement *le patron*, les bras croisés, donnant de temps à autre les signes de la plus vive impatience, se promenait de long en large.

La pièce était plus large que longue.

Des piles de papiers entassées les unes sur les autres, de nombreux cartons l'encombraient.

Au milieu, un bureau ministre étalait bien des sujets de préoccupations renfermés dans des dossiers de papier jaune ou dans des serviettes de cuir brun.

L'homme n'était autre que le célèbre M. Jules, nom de guerre de ce problème, de ce Protée, de ce mythe, de ce redoutable Vidocq enfin, ce forçat émérite qui sut, Dieu sait par quels moyens, presque redevenir honnête, ou du moins faire croire au plus grand nombre à la réalité de sa conversion.

Avant que nous le mettions en scène, nos lecteurs ne seront sans doute pas fâchés de faire ample connaissance avec ce personnage qui se trouvera souvent mêlé aux nombreux incidents de ce récit.

Lors de sa sortie de la police, l'ancien chef de la brigade de Sûreté avait fait plusieurs métiers.

Ces métiers ne lui avaient que médiocrement réussi.

Ses antécédents, sa réputation de finesse, sa célébrité même nuisaient aux rapports commerciaux qu'il voulait entamer avec diverses maisons de France et d'Angleterre.

Les commerçants apprécient la finesse, vue prise d'eux-mêmes; ils la craignent et la méprisent chez les autres.

Aussi lui fut-il impossible de prospérer dans ce qu'on appelle vulgairement *les affaires*.

D'ailleurs, pour M. Jules, la police était devenue un besoin impérieux. Ne pouvant plus en faire pour le compte de l'État, qui venait de le remercier, il résolut d'en faire pour son compte personnel, et au profit des particuliers qui viendraient lui confier leurs intérêts.

Il fonda donc une agence de renseignements, rue Vivienne.

Quand on demandait M. Jules, on le trouvait installé dans de magnifiques bureaux, tout aussi bien organisés que ceux de la préfecture de police.

Du reste, son agence avait tout l'air d'en être la succursale.

Cette agence, qui prospérait trop, ne prospéra pas longtemps.

L'autorité prit l'éveil.

L'agence fut fermée.

Les scellés posés sur les papiers, on arrêta le directeur, qui, après quelques jours de prison préventive, comparut, le 3 mai 1843, devant la sixième chambre de la police correctionnelle.

Condamné à cinq ans de prison en premier ressort, il en appela et se vit acquitter par la Cour royale.

Il n'en avait pas moins fait six mois de prévention.

La leçon fut rude.

Toute rude qu'on la lui eût donnée, elle ne le corrigea guère de sa manie de se mêler des affaires des autres.

Après plusieurs séjours à l'étranger, il revint à Paris vers la fin de l'année 1845, pour fonder une nouvelle agence de renseignements.

Seulement, cette fois, la chose s'exécuta à petit bruit, et dans des conditions plus modestes.

M. Jules s'établit rue des Noyers, n° 7.

Pour des motifs que nous ignorons, la police d'alors, non seulement ne l'inquiéta pas, mais encore, non contente de le laisser tranquille, à plusieurs reprises, et dans des circonstances graves, elle eut recours à lui.

C'est dans cette agence que nous le retrouvons, au moment où le malheureux Charbonneau pénètre dans son antre.

M. Jules, né le 21 juillet 1775, était un homme de cinq pieds six pouces, se tenant très droit, aux épaules larges et carrées, plein de vigueur encore, malgré son âge; ses traits, bien qu'empreints de vulgarité, brillaient par une expression de finesse remarquable.

Son teint brun, sa barbe rasée de près, ses petits favoris, des cheveux gris, longs et frisés, rejetés en arrière, un front vaste et découvert n'en faisaient pas une tête ordinaire.

Vêtu de noir, toujours en cravate blanche, il portait une profusion de bijoux, tant à son gousset où une large chaîne d'or s'épanouissait, qu'aux boutonnières endiamantées de sa chemise.

Cet homme, qui affectait une tenue irréprochable de gentleman, — à son compte, du moins, — cet homme, qui recevait ses clients élégants, en bottes vernies et en gants paille, portait aux oreilles de petites boucles d'oreille en or.

Tel était le personnage devant lequel Coquillard-Charbonneau, qui sans doute possédait d'autres noms patronymiques dans son sac et s'en servait selon les circonstances, se trouvait, dans une tenue humblement respectueuse, le chapeau à la main et la tête basse.

La comédie de bienveillance, de douceur et de jésuitisme qu'il jouait avec le commun des martyrs, lui était plus difficile à jouer devant ce fin renard.

M. Jules possédait une dose d'orgueil déraisonnable.

Il se croyait non seulement redoutable, mais encore très redouté.

Son plus grand plaisir était de voir trembler devant lui les natures les plus perverses.

Quand il avait affaire à d'honnêtes gens, ce qui naturellement ne manquait pas d'être rare, ses manières changeaient.

La société, pour lui, se composait de plusieurs classes de coquins.

Le souvenir de sa descente un peu brusque changea le cours de ses idées.

— Fripons, voleurs et assassins, ne sortez pas de là, et vous ne vous tromperez pas souvent! répétait-il à qui voulait l'entendre.

Aussi, au fond du cœur de toute personne qui l'approchait, cherchait-il toujours et trouvait-il parfois une conscience plus ou moins bourrelée.

Il n'admettait que des degrés dans le vice ou dans le crime.

Et jusqu'à un certain point cette appréciation du genre humain se comprenait chez un homme qui n'avait jamais vécu qu'au milieu des bandits les plus rusés, des voleurs les plus expérimentés et des assassins les plus terribles.

Aussi, bandits, voleurs, assassins l'admiraient-ils, tout en le détestant cordialement.

Pour eux, et ils étaient payés pour être de cet avis, M. Jules était le mouchard incarné, l'homme police; il appartenait à la race des fouines, des furets, et autres bêtes malfaisantes. Il chassait à l'homme avec plus de voluptueuse sensualité que le braconnier ne chasse au lièvre ou au lapin.

Par le fait, ils avaient raison.

Caractère étrange, inexplicable, aussi ardent à faire le mal que le bien, nature hybride tenant de la femme, du bohémien et de la bête fauve, intelligence ébauchée, lançant parfois des éclairs de génie : cet homme était tout cela.

Une de ses manies, ou plutôt une de ses tactiques, consistait à employer une brusquerie de langage, à feindre une colère de mauvais aloi, dans le but d'intimider ses interlocuteurs.

Avec cela, une audace et une effronterie sans égales.

A coup sûr, le *patron* de M. Piquoisoux n'était point cire molle facile à manier pour ce pauvre M. Charbonneau.

M. Jules, sans paraître remarquer sa présence dans son cabinet, continuait sa promenade saccadée, tout en poussant de sourdes imprécations.

Il frappait du pied et roulait des yeux furieux.

L'autre se faisait le plus petit possible.

Il se trouvait dans une de ces situations où l'on ne tient pas à présenter une surface respectable.

Enfin, se plantant devant lui, le *patron* s'arrêta et le toisa silencieusement des pieds à la tête, avec une expression écrasante de mépris.

Il réfléchissait, il accumulait sur ses lèvres la masse d'adjectifs qu'il pensait applicables à son surbordonné.

Enfin, son opinion sur le compte de ce dernier se fit jour et se formula de la sorte :

— Ah! vous voilà, vous! imbécile! brute! buse! Nom de nom! faut-il que vous soyez bête!

Tout cela d'une voix accentuée comme le beuglement d'un taureau enragé.

Charbonneau ne bougea pas et conserva son sourire obséquieux.

— Vous m'entendez, crétin?

Charbonneau fit de la tête un signe affirmatif.

— Convenez que je place bien ma confiance et que je choisis proprement mes têtes de colonne!... Vous ne dites rien... sacré mille... voyons, répondez, convenez-en!

— J'en conviens, répondit le pauvre diable.

— C'est heureux!

Et, tout en haussant les épaules, il reprit sa promenade.

Charbonneau connaissait son homme. Loin de se démonter, il attendit patiemment la fin de la bourrasque.

Ne sachant pas au juste par quel reproche, mérité ou immérité, son patron allait commencer, il se tenait sur le pied de la plus profonde réserve.

Au bout de quelques allées et venues, mais sans s'arrêter cette fois, le patron reprit :

— Oui, vous êtes un fier imbécile !

Et il se tut.

C'était le moment de placer sa réponse. Charbonneau le comprit.

— Vous m'avez déjà fait l'honneur de me le dire, riposta-t-il.

— Ah ! Eh bien ! je ne vous le dirai jamais assez.

— Si, parce que je finirai par le croire.

— Oui-da ! Et après ?...

— Après, je donnerai ma démission. Je me retirerai du service.

— Hein ! gronda M. Jules.

— Et vous perdrez votre plus dévoué serviteur, monsieur Jules.

Monsieur Jules ! — Vidocq affectionnait ce nom de Jules, qui le plus souvent, ainsi que nous l'avons dit, lui servait de nom de guerre.

L'aplomb de son surbordonné l'étonna, lui qui prétendait ne s'étonner de rien.

Aussi fut-ce d'un ton moins farouche, quoique restant dans la gamme de la mauvaise humeur, qu'il s'écria :

— Oui... oui... vous m'êtes dévoué... Mais, sacrebleu ! il est des dévouements qui reviennent plus cher qu'ils ne rapportent.

— Oh ! monsieur Jules ! recommença l'autre d'un ton de reproche sentimental.

— Il n'y a pas de *monsieur Jules* qui tienne. Vous venez de me faire passer pour un *sinve*, moi !...

— Qui prétend cela ?

— Qui ? Parbleu, le préfet de police en premier, et moi-même en second.

— Alors je n'ai qu'à m'incliner.

— Oui, blaguez ; il ne manque plus que ça. Ce sera complet. Comment ! vous, un vieux *fagot de retour*, un *mariolle* fini, qui vous faites fort de connaître la *haute pègre de Pantin* depuis A jusqu'à Z, vous que je choisis de préférence à dix *ferlampiers* qui ne sont pas *frileux*, vous vous payez un *impair* de cent pieds de haut sur cinquante de large ; vous vous laissez *empaumer* comme un *pante* !

— Moi ?

— Dame !... qui donc ? A moins que ce ne soit votre sœur ou votre tante ! On fera mieux une autre fois. On se rattrapera, je vous le jure.

— Oui-da ! on se rattrapera. En attendant, ce matin, à six heures, j'ai été appelé à la Préfecture, moi ! J'ai été saboulé de la belle manière, moi ! J'ai voulu répondre aussi que je me rattraperais ! On m'a intimé l'ordre de ne plus m'occuper de cette chienne d'affaire. Tripes du diable ! Parce que vous n'êtes qu'un bancroche et un manchot, je me suis vu traiter de sot et de maniaque qui voit partout des conspirateurs et des canailles.

— Un homme de votre valeur, monsieur Jules, dédaigne tout ça...

— Tonnerre ! il est encore joli, avec son dédain ! Savez-vous ce que le préfet m'a dit en propres termes? Non? Eh bien! Écoutez, et puis, étonnez-vous si je rage. Il m'a dit: Monsieur, un peu plus, vous causiez un scandale atroce. Vous avez fait mettre sur pied toute la brigade de sûreté; vous l'avez introduite dans l'hôtel d'un galant homme qui n'a rien à se reprocher. Ce galant homme est le représentant d'une puissance étrangère; par son caractère, sa fortune et sa haute position, il aurait dû se trouver à l'abri de vos injustes soupçons. Vos agents sont des maladroits et des niais qui volent votre argent, et vous, monsieur, vous n'êtes qu'un fou, en trois lettres, et un fou bien jeune dans son métier.

« Oui, monsieur Charbonneau, ajouta le patron avec un redoublement de colère, un fou, moi; bien heureux encore qu'on n'ait pas dit que j'étais un sot. L'épithète m'a manqué. Elle s'est arrêtée en route probablement. Voyons, vous restez là comme un Terme! Comprenez-vous? Tonnerre! c'est à vous, à vous seul que je dois cet affront.

Et il frappait du pied avec fureur.

Charbonneau courba la tête sans répondre une syllabe.

Qu'eût-il objecté pour sa défense?

Tout était d'une exactitude rigoureuse dans la diatribe du patron, qui continua de plus belle :

— J'étais déjà au courant de tout ce qui s'est passé cette nuit.

— Ah!

— Me prenez-vous pour une bûche? Croyez-vous que je laisse faire les autres quand il s'agit de choses graves? Non, je ne m'en rapporte qu'à moi-même. J'étais à l'hôtel de Warrens la dernière nuit.

— Eh bien!... alors?

— Eh bien! quoi? est-ce que je m'étais engagé à *paumer marrons* un *tas de sinves* qui nous ont joué des airs de clarinette en plein nez, sans que nous ayons eu le plaisir de les faire danser à deux ou à trois temps? Est-ce que c'était moi qui répondais de tout, quasiment sur ma tête? Mâtin! vous en avez de rechange, des boussoles, que vous les engagez si facilement. Nous avons été roulés comme des enfants au maillot. Pourquoi ne vous ai-je pas trouvé à votre poste, cette nuit?

— J'y étais, monsieur Jules.

— Quand ça?

— Avant l'heure du bal.

— Pourquoi pas la semaine dernière? fit-il en haussant les épaules.

— J'étais entré dans la salle.

— Et après?

— La personne en question est arrivée; mais au moment de se retirer dans sa loge avec un petit débardeur plus que décolleté, plusieurs masques l'ont accostée.

— Amicalement?

— Ma foi, je ne saurais vous le certifier, mais à coup sûr si une querelle s'est élevée entre eux, ç'a été à voix basse, sans scandale.

— Et vous n'avez pas cherché à vous faufiler, à entendre?

— La foule empêchait de mettre un pied devant l'autre.

— Ce n'est pas un pied devant l'autre qu'il faut mettre, quand on veut passer, dans ces cas-là, c'est le pied sur celui des autres qu'il faut poser. On en est quitte pour s'excuser et pour s'éloigner triomphalement.

— J'ai essayé d'autres moyens, j'ai joué des coudes ; rien ne m'a réussi, mon homme avait disparu. Je l'ai attendu dans le coin de droite du foyer, ainsi qu'il l'avait demandé lui-même. Mais en vain. J'ai croqué un marmot de deux heures. Rien, ni personne.

— Pardieu ! cet homme a été enlevé ou assassiné.

— Croyez-vous ?

— C'est clair. Il fallait me prévenir.

— J'ignorais où j'aurais pu vous rencontrer. Vous ne vous étiez pas donné la peine de m'en informer.

— Bon, bon ! fit M. Jules, qui n'aimait pas se voir reprocher le plus petit manque de prévoyance.

Et il reprit sa promenade fiévreuse.

Un travail se faisait dans sa tête.

Charbonneau sentit bien que de ce travail rien de mauvais ne pouvait résulter pour lui. M. Jules, organisation exceptionnelle, n'en avait pas moins ses faiblesses. Comme tous les hommes d'exécution, il aimait à *poser* devant ses inférieurs, devant ses employés.

Et quand une idée lui venait prompte, lucide, ayant chance de succès, il leur pardonnait leurs maladresses ou leurs insuccès.

C'est tout ce qu'espérait le sieur Charbonneau.

Après s'être mordillé les lèvres, après avoir fourragé longuement sa chevelure à la Frédérick-Lemaître, le patron s'arrêta devant son subordonné, et lui frappant sur l'épaule :

— Nous avons affaire à des *zigs* qui pratiquent *la maltouze politique;* aussi vrai que nous avons été roulés par eux cette nuit, et sur toute la ligne encore, nous les roulerons à notre tour.

— Vous ne comptez donc pas lâcher l'affaire ?

— Moi !

« On peut bien m'ordonner ça et autre chose... M'avez-vous jamais vu agir autrement qu'à ma tête ? Et il me semble que personne ne s'en est mal trouvé jusqu'à présent.

— A coup sûr.

— Eh bien ! si on veut que je lâche cette assommante affaire, il faudra me prouver qu'il n'y a rien derrière. Me le prouvera-t-on ?

— Je ne le pense pas.

— Ni moi non plus. Dans ce cas-là, tant que la tête que voilà tiendra sur les épaules que voici, personne autre que moi ne *lavera le linge* du comte de Warrens et de sa séquelle endiablée.

— Je n'ose plus me proposer pour vous seconder...

— Et vous avez tort... vous avez une revanche à prendre... vous la prendrez ; seulement c'est moi qui vous en fournirai l'occasion.

— Oh ! monsieur Jules !

— Bon ! bon ! vous me remercierez plus tard. Ah ! ils me croient assez lâche pour obéir à un ordre aussi humiliant! continua-t-il avec redoublement de violence. Ah! ces gens-là supposent que je ne vaux plus une *chiffe*, que je suis fini, vidé, que je n'ai plus *rien dans le ventre*. Tonnerre! Je leur prouverai que si je suis un *vieux casque*, il y a encore une *sorbonne* solide dans ce casque-là.

— Mais personne n'en doute.

— On en doutera encore moins quand ces *pantes de la haute* auront *coupé dans le pont* que je vais leur *donner à faucher*.

M. Jules devait éprouver une violente émotion, tout en cherchant à ne pas trop la montrer à son employé; cela se voyait à son langage.

M. Jules ne parlait argot que dans les grandes occasions, ou lorsque son sang-froid courait les champs.

Alors le naturel de l'ancien forçat reprenait le haut du pavé sur les manières polies affectées par M. Jules, et de même qu'un étranger allemand, espagnol, anglais ou italien, vivant en France et parlant correctement le français, n'en pense pas moins dans sa langue maternelle, de même M. Jules pensait en argot et *dévidait le jars le plus carabiné* toutes les fois que la passion l'emportait.

— Mes successeurs savent leur métier, continua-t-il, comme si personne ne se trouvait là pour l'entendre; oui, ils sont malins, je ne dis pas le contraire. Mais s'ils veulent faire joujou avec papa, on pigera. Les enfants! ils prétendent faire la police d'une grande ville comme Paris en n'employant que d'honnêtes gens!

— Pourquoi non?

— Pourquoi non? Serin que vous êtes! Parce que d'abord on ne vous donnerait pas d'eau à boire, s'il ne fallait remplir la police que des honnêtes gens en question.

— Injurier n'est pas raisonner, fit Charbonneau, qui essaya un mouvement de révolte.

— De quoi? des injures de moi à vous. Elle est forte, celle-là! Je la retiens. Si vous ne m'interrompiez pas d'abord, ça vaudrait mieux, mon bon ami.

Quand M. Jules appelait quelqu'un *son bon ami*, ce quelqu'un était sur le point de passer un mauvais quart d'heure.

Charbonneau le savait.

Il se tut.

— Les honnêtes gens! grommela Vidocq, est-ce que ça sait quelque chose? Il faut avoir roulé sa bosse dans tous les égouts pour manger un arlequin avec les égoutiers. Mettez donc des moutons en chasse, et lancez-les sur la piste d'un troupeau de loups; vous verrez ensuite de quel côté seront les os croqués.

— Des moutons, soit, mais des chiens?

— Il y a plus de king-Charles que de bouledogues! Et le bouledogue devient aussi nuisible que le loup, à la longue. Dent contre dent, la partie est égale. Sinon, bonne nuit. Ah! je ne suis qu'un infirme! Qui vivra verra, nom de nom! Le bois dont je me chauffe n'est pas le sapin de tout le monde. Je ne demande pas un an pour détruire de fond en comble l'association de finauds contre laquelle nous nous sommes cassés le nez.

— Un an !

— Oui, un an ; il nous faudra bien ça. On ne prend pas une forteresse bien défendue comme on avale un petit verre de fine. Laissez-moi établir une batterie, ouvrir mes tranchées et soyez tranquille, garçon, vous aurez votre part du gâteau.

— Je suis à vous, à la vie, à la mort.

— Je le pense, répondit le patron de Charbonneau. J'en suis sûr. Sans cela, vous dégoiserais-je toutes mes intentions ? Vous avez perdu la première manche, mais là, bien perdu. Je veux qu'on nous pende tous les deux, haut et court, par les pieds, au clocher de la Sainte-Chapelle, si nous ne gagnons pas la seconde.

— Et la belle ?

— Pour la belle, on verra plus tard.

— Nous réussirons, monsieur Jules.

— J'y compte, mon vieux ; de votre côté, vous-même, vous pouvez compter que je vous lâche comme un chien galeux si nous remportons notre veste une seconde fois.

— Ce sera justice.

— A propos, et l'affaire de Belleville ?

— Je m'en suis occupé ce matin.

— Est-ce avancé ?

— Oui, monsieur Jules.

— Où en sommes-nous ?

— Ce soir, je pourrai vous donner tous les renseignements nécessaires.

— Avez-vous empaumé le môme ?

— J'ai fait mon possible, répondit Charbonneau, qui n'osait pas avouer son échec probable.

— Viendra-t-il ?

— Il me l'a promis.

— Promettre et tenir sont deux.

— S'il ne vient pas, on se passera de lui.

— L'affaire est importante. Pensez-y. Il y a gros à gagner.

— Je le sais, monsieur Jules, et j'y apporte tous mes soins.

Ici, l'on frappa à la porte.

— Entrez, dit M. Jules.

M. Piquoiseux parut, et s'approchant de son patron, lui dit quelques mots à l'oreille.

Celui-ci fit un geste de surprise,

— Introduisez-le sur-le-champ, dit-il, et renvoyez les autres. Je les recevrai demain.

Piquoiseux sortit.

Alors le patron, ouvrant une petite porte dérobée, recouverte d'une épaisse tapisserie, et s'adressant à Charbonneau, qu'il mit poliment et vivement dehors :

— Sortez par là, mon cher. N'oubliez pas de m'expédier ce soir une note sur cette affaire de Belleville, et pour le reste, revenez demain matin à la même heure. Bonjour.

Charbonneau se retira satisfait d'en être quitte à si bon marché et bénissant le visiteur imprévu qui lui fournissait une sortie plus agréable que son entrée dans le cabinet du patron.

Quant à M. Jules, aussitôt son mandataire disparu, il s'assit dans le large fauteuil qui se trouvait devant son bureau, et, l'œil à demi fermé, les lèvres souriantes, il attendit.

XIV

LE CHIEN ET SON MAITRE

Le dernier des invités du comte de Warrens retiré, le suisse de l'hôtel du quai Malaquais avait fermé les portes.

Il était près de sept heures du matin.

Le comte de Warrens, rentré dans ses appartements, s'était renfermé tête-à-tête avec le major Karl Schinner.

Le maître et l'intendant avaient eu un rapide entretien, à la suite duquel ce dernier sortit, laissant le comte libre de se livrer à un sommeil qu'une nuit passée tout entière devait lui avoir rendu nécessaire.

Arrivé dans une antichambre précédant l'appartement particulier de M. de Warrens, le major trouva le valet de chambre de service.

— Retirez-vous, lui dit-il, M. le comte dort. Pas de bruit dans l'hôtel. Recommandez cela aux gens de service.

— Bien, monsieur le major. A quelle heure faudra-t-il entrer dans la chambre de M. le comte ?

— A midi.

Le domestique se retira.

Schinner ne parlait pas longuement.

Ses ordres étaient d'une précision merveilleuse; aussi ne lui demandait-on jamais d'explications, et jamais personne ne commettait d'erreur.

Cinq minutes après, le mot d'ordre était donné, et l'hôtel de Warrens, où retentissaient peu auparavant les accents de la plus folle joie, retombait dans un calme et dans un silence voisins de ceux du tombeau.

Alors la porte de la chambre à coucher du comte roula sans bruit sur ses gonds, et un personnage ressemblant à s'y méprendre à l'ouvrier qui, la nuit précédente, se trouvait en embuscade sur la route de Villejuif, à celui que la Cigale traitait de capitaine, à Passe-Partout, enfin, en sortit, et descendit dans les jardins de l'hôtel par un escalier dérobé.

Seulement, Passe-Partout avait troqué sa blouse contre une redingote usée aux coutures, et sa casquette contre un chapeau, qui, à coup sûr, ne sortait pas des ateliers d'un faiseur à la mode.

Il prit son courage à deux mains et il entra dans le cabinet du redoutable patron.

Jetant un regard investigateur tout autour de lui, pour s'assurer que nul ne le surveillait, il se dirigea vers une statue de Diane chasseresse.

Là, posant le doigt sur un bouton habilement dissimulé dans une des lettres qui composaient le nom du sculpteur, il poussa.

La statue tourna lentement sur elle-même.

Le socle suivit le mouvement de la statue.

Une étroite ouverture se fit et livra passage à Passe-Partout.

Il s'y engagea et disparut.

Socle et statue reprirent leur première place.

Pendant que cela se passait dans le jardin de Warrens, un marchand de vins de la rue Jacob, gros homme à la face rougeaude, à la mine joviale, au ventre rebondi, achevait, en sifflotant un air à boire, d'ouvrir les volets de sa boutique.

Cet honorable industriel se dépêchait d'autant plus d'ouvrir son établissement qu'il venait d'apercevoir, tournant l'angle de la rue des Saints-Pères, une de ses meilleures pratiques.

— Bonjour, prince, fit la pratique, qui n'était autre que la Cigale, bonjour, prince et la compagnie.

Le cabaretier était tout ce qu'il y a de plus seul.

La compagnie brillait par son absence.

Mais, on le sait, la Cigale avait un tic, c'était d'être poli pour tout le monde, même pour les absents.

Seulement, pourquoi appelait-il prince ce bon gros joufflu de cabaretier?

La raison était bien simple.

Le cabaretier se nommait Bonnel.

Avant de venir exercer à Paris, il avait tenu un superbe bouchon-restaurant à Caen.

Or, dans le Calvados, tout comme dans le département de la Seine, les aubergistes sont amoureux de la dive bouteille et de l'eau-de-vie de cidre.

Un beau matin, qu'il avait nombreuse compagnie dans sa salle de cent couverts, qui pouvait contenir vingt-cinq convives très serrés, l'honnête Bonnel, bonnet de coton en tête, à cheval sur un biquet ramené par lui du marché, fit irruption au milieu de ses clients.

Bonnel était ivre comme les Normands savent s'enivrer.

Il se tenait ferme en selle et faisait caracoler sa bête sur place.

On ne compta guère que trois chevilles blessées et deux têtes bossuées à la suite du discours qu'il jugea à propos de faire à ses habitués.

Comme il déboucha sa plus fine tonne pour panser les blessés, on ne lui intenta que cinq procès.

Le tribunal le condamna à 500 francs d'amende et à quinze jours de prison pour blessures involontaires par imprudence.

A partir de ce jour et de ce jugement mémorables, on le surnomma le prince Plumet.

Il quitta Caen, vint s'établir à Paris, et prit pour enseigne un plumet couronné.

Le surnom lui resta,

Voilà pourquoi la Cigale le traitait de prince long comme son bras.

— Tiens! c'est vous, monsieur la Cigale? fit le cabaretier en lui serrant la main, vous venez de bonne heure dans le quartier... Un canon de blanc, ça vous irait-il?

— Tout de même.

— Il n'y a rien de meilleur pour tuer le ver.

— Allons-y, répondit la Cigale, à qui son coffre irremplissable permettait de ne refuser aucune offre de ce genre, faite d'aussi bonne grâce.

Le prince Plumet laissa là sa devanture.

Peu d'instants après, il se trouvait, lui, derrière, et la Cigale devant le comptoir, séparés par le bois et le métal qui le composaient, mais réunis par des toasts énergiques qu'ils portaient à la santé l'un de l'autre.

Ce n'étaient pas deux canons que ces bons compagnons ingurgitaient, c'était bien une batterie tout entière.

Le premier feu passé, Plumet, qui, quoique buveur, ne laissait pas d'être raisonnablement curieux, réitéra son interrogation amicale.

— C'est vrai, j'arrive de bonne heure dans le quartier, mais j'ai peut-être bien mes raisons pour ça.

— Des raisons mystérieuses... et qu'on ne peut pas savoir?

— Mystérieuses... possible, dit le colosse, mais qu'on ne peut pas savoir! Pourquoi donc ça, s'il vous plaît, mon prince Plumet?

— Faut voir.

— J'ai rendez-vous avec un ami.

— Ici chez moi?

— Pardine!... est-ce que je fais des infidélités... dans le quartier?

— Ce serait mal! s'écria Plumet sentimentalement.

— Aussi, que j'aie du quibus ou que j'aie le gousset vide, c'est toujours au Plumet-Couronné que je donne mes rendez-vous, pas vrai?

— Oh! je ne suis pas inquiet, vous êtes une bonne paie. Vous gagnez de l'argent!

— Le métier n'est pas mauvais, il ne faut pas se plaindre, repartit la Cigale; je gagne bien mes petits quarante-cinq ou cinquante livres par semaine.

— Et qui m'amenez-vous?

— Un pays, à moi.

— Vous êtes de quel pays?

— De Toulouse.

— Tiens! vous avez l'accent marseillais. C'est drôle.

— Ce n'est pas si drôle, puisque je suis de Toulouse, répondit simplement le géant.

— On travaille bien là-bas. On bâtit bien! mâtin, oui!

— Oui, assez; les maisons sont solides.

— Les maisons... ce n'est pas des maisons que...

— Et de quoi donc?

— Des citoyens dont votre père est le créateur.

— Farceur! Dirait-on pas qu'il est établi comme un oiseau-mouche!

Et la Cigale campa sur l'abdomen de S. A. Plumet, premier du nom, un énorme revers de main qui lui fit faire une affreuse grimace.

Ce bon la Cigale était un peu de la nature des ours, qui vous étouffent en vous caressant.

Pour racheter la vivacité de ses gentillesses, le géant dit :

— A mon tour, je paie une tournée.

— Ça va, fit joyeusement le prince, qui oublia la caresse virulente de son client.
Mais il s'arrêta :
— Ah!... non !... Tenez, ajouta-t-il, voilà un particulier qui regarde par ici... Il a l'air de chercher quelqu'un... Ça doit être votre pays.
— Ma foi ! oui.
— Le gaillard ne s'est pas fait attendre. Faut-il ajouter un troisième verre?
— Da... da..., bredouilla la Cigale embarrassé.
— Ajoutez, mon prince, dit gaiement Passe-Partout, le camarade attendu par le géant, ajoutez.
— Ah ! bien... alors ! fit celui-ci, qui, malgré lui, prit une attitude moins sûre de lui-même en présence de son capitaine.
Un violent coup de pied que ce dernier lui allongea dans l'os de la jambe le força de se taire.
Le cabaretier tout à son vin qu'il versait, en le répartissant également dans trois verres proprement rincés à nouveau par et pour lui, ne remarqua point ce jeu muet.
La seconde tournée passa dans le gosier de la Cigale et de Plumet, comme la première y avait été engloutie, sans qu'il y parût.
Passe-Partout avala le contenu de son verre comme s'il n'avait jamais bu un verre de Château-Larose ou de Cliquot première.
La tournée finie, il dit gracieusement au cabaretier :
— Nous avons à causer avec le camarade.
— Je sais... je sais, répondit l'autre..., et à déjeuner ?
— Oui. Vous nous servirez ce que vous aurez de prêt.
— Demandez.
— Vous avez un cabinet?
— Superbe... on y tiendrait quatre.
Et le prince Plumet ouvrit la porte d'un taudis à soupente, où une table boiteuse dansait entre deux bancs mal équarris.
— Et on est tranquille ? demanda Passe-Partout.
— Vous y tueriez vos père et mère que personne ne vous gênerait.
— C'est bien ; la Cigale, viens !
Le colosse, qui n'avait plus soufflé depuis le coup de pied de Passe-Partout, s'ébranla et le suivit dans le prétendu cabinet.
— Vous empêcherez qu'on ne nous dérange, n'est-ce pas, mon ami ? fit ce dernier en posant d'une façon particulière et sans affectation l'index de sa main droite sous l'extrémité de son menton.
A ce geste, à ce signe de reconnaissance, le prince Plumet ôta vivement sa casquette de loutre et devint aussi respectueux qu'il avait été sans gêne jusque-là.
— Ces messieurs peuvent être bien tranquilles, dit-il, personne ne mettra le bout du nez dans leurs affaires.
Et il sortit à reculons après les avoir servis.
— Maintenant, causons, reprit Passe-Partout.
— Oui, cap...

— Animal!... n'est-ce pas assez de l'avertissement que je t'ai donné tout à l'heure pour t'empêcher d'être toujours aussi bêtement respectueux avec moi, devant témoin?

— Oui, mon vieux Pa... Passe-Partout.

— Qu'as-tu fait cette nuit? Allons, réponds et ne bégaie pas... Je n'ai pas de temps à perdre.

— Cette nuit... répondit le colosse, s'efforçant de rattraper sa langue pour obéir; cette nuit, je suis allé à l'Opéra, de là à Beaujon. J'ai vu tomber l'homme, je l'ai vu jeter à la Seine, je l'ai vu repêcher.

Telle était la crainte ou le désir de contenter son chef, éprouvés par ce pauvre la Cigale, qu'il prononça cette phrase toute d'une haleine, sans seulement prendre le temps de respirer,

— Tu as vu tout cela... toi-même?

— Moi-même.

— Qui l'a retiré de l'eau?

— Plusieurs individus, des charrieurs de bois, des débardeurs.

— En connais-tu un?

— Non.

— Ah! c'est fâcheux.

— Seulement, parmi eux, se trouvait un gamin,

— Eh bien! s'écria Passe-Partout, qui se contint pour ne pas donner signe d'impatience.

— Un voyou de ma connaissance.

— Son nom?

— Mouchette.

— Le fils de la Pacline?

— Son fils... ou à peu près, répondit la Cigale, après réflexion.

— Bien! murmura Passe-Partout avec un sourire étrange. L'homme était-il mort?

— Je ne sais pas, cap... mon vieux!

— Mordieu! il fallait savoir cela.

— Je le saurai, dit le géant en baissant les yeux comme une fille grondée par sa gouvernante.

— Où l'a-t-on transporté?

— On lui a donné des soins sur place.

— Et après?

— Après?... je me suis vu forcé de filer mon nœud.

— On t'avait éventé?

— Ma foi, oui; vous l'avez deviné... fit la Cigale, tout joyeux... Sans ça...

— Quand auras-tu des renseignements précis?

— En sortant d'ici.

— En me quittant?

— Oui.

— Où cela?

— Chez la Pacline, donc! et par le moutard.

— C'est juste, dit Passe-Partout. Écoute-moi.

— Allez.
— Approche-toi.
— Oh! il n'y a pas de danger. Plumet est sûr.
— Je ne suis sûr que de moi.
— Et de moi aussi, pas vrai?
— Oui. Approche.

Et, se penchant à l'oreille du colosse, Passe-Partout lui parla deux ou trois minutes à voix basse et lui remit deux lettres soigneusement cachetées.

— Tu m'as bien compris? termina-t-il à voix haute.
— Un enfant de cinq ans aurait aussi bien compris que moi. Ce n'est pas difficile, répondit la Cigale, qui cacha les lettres dans sa poitrine.

Tout en causant, sur l'invitation de Passe-Partout, il avait bu et mangé. La bouteille était vide.

Dans l'assiette, il ne restait que des os, si bien dépouillés, qu'un chat n'y aurait pas trouvé sa nourriture.

— N'as-tu rien à me remettre? reprit Passe-Partout.
— Si, mais j'attendais votre demande.
— A la bonne heure! Tu te formes. Un portefeuille, n'est-ce pas?
— Le voici.
— Qui te l'a confié?
— Un domino noir, au bal de l'Opéra.
— Bien.

Passe-Partout prit le portefeuille, l'ouvrit, y jeta un regard rapide, en retira quelques pièces qu'il mit à part, et le serra dans une des poches de sa redingote.

— Autre chose, dit-il ensuite.
— Quoi donc?
— Caporal?...
— Il a fait son affaire.
— L'homme?
— Tombé du premier coup.
— Mort, ou blessé seulement?
— Tué raide.
— Ses papiers, te les a-t-il remis?
— Caporal ne les remettra qu'à vous, mon... Passe-Partout, répondit la Cigale.
— C'est bien. Tu n'as rien de plus à m'apprendre?
— Rien pour le quart d'heure.
— Ce soir, à l'heure convenue, dans l'endroit que tu sais.
— On y sera.
— Amène Caporal.
— On l'amènera.
— Recommande-lui de ne pas oublier les papiers en question.
— S'il les oublie, c'est que j'aurai moins de tête que lui.
— Va, maintenant. Qu'attends-tu? demanda Passe-Partout.
— Êtes-vous content de votre matelot, mon ca... marade?

— Oui. Comme toujours, tu as été brave et dévoué. Voici ma main.

Au lieu de presser cette main fine et aristocratique entre ses mains rudes et calleuses, le colosse la porta à ses lèvres.

— Grand enfant! fit Passe-Partout, tu ne seras donc jamais un homme?

— Pour être un homme, faut-il oublier que je vous dois tout?

— Assez sur ce sujet. Sois reconnaissant si tu le veux, mais ne me parle jamais de ta reconnaissance.

Passe-Partout n'avait pas pu s'empêcher de laisser percer une certaine amertume dans ces paroles adressées sur un ton rude au débardeur, qui n'en pouvait mais.

La Cigale s'inclina, tout en hochant la tête comme pour dire :

— Vous aurez beau faire, mon maître, vous ne pourrez jamais vous opposer à ce que je vous sacrifie mon sang et ma vie.

Un passé terrible liait l'existence de ces deux hommes, dont l'un appelait l'autre tantôt : *mon matelot*, tantôt : *mon capitaine*.

Seulement, toutes les fois que le premier ouvrait la bouche pour faire allusion à ce passé, l'autre la lui fermait impérieusement.

Passe-Partout, pour couper court aux récriminations de la Cigale, frappa sur la table avec le dos de son couteau.

Le cabaretier parut.

— Combien devons-nous?

— Quarante-cinq sous, messieurs, répondit le prince Plumet.

Passe-Partout paya.

Ils sortirent du cabaret et descendirent la rue Jacob.

Arrivés place Maubert, ils se séparèrent.

Nous ne nous occuperons pas de la Cigale, son itinéraire nous étant connu. Nous l'avons vu à l'œuvre chez la Pacline.

Attachons-nous aux pas de son compagnon.

XV

LES DEUX GASPARD

Après avoir laissé la Cigale descendre du côté de la Cité et se perdre dans la foule, Passe-Partout prit la rue des Noyers.

Arrivé devant le numéro 7, il s'arrêta et réfléchit.

— Il n'y a pas à hésiter, se dit-il au bout de quelques instants, il faut donner une fausse piste à suivre à ce fin limier.

Et il s'engagea résolument dans la cour de la maison.

Peu de temps après, il traversait la foule plus ou moins patibulaire des agents ou des clients de M. Jules, et il atteignait le grillage de fer derrière lequel instrumentait le jeune et important M. Piquoiseux.

— Monsieur? dit Passe-Partout, en frappant du bout des doigts contre le grillage.

L'autre ne releva même pas la tête, grommelant un :
— Qu'y a-t-il encore? qui n'avait rien d'engageant.
— Un mot, s'il vous plaît.
— Je n'ai pas le temps; attendez.
Et il achevait de tailler un crayon.
— Pardon, monsieur, c'est que ce mot est intéressant.
« Très intéressant même.
— Pour qui? dit-il en relevant subitement la tête.
— Vous êtes bien curieux maintenant, riposta l'ouvrier, qui tenait à prendre sa revanche aux yeux de l'honorable assistance
— Hein? fit Piquoiseux, en jetant un regard dédaigneux sur l'intrus qui osait le traiter si cavalièrement.
— Tout à l'heure vous ne l'étiez pas assez, voici que vous le devenez trop, à présent, continua Passe-Partout avec un sang-froid glacial.
— Que signifie?...
— Cela signifie que je ne veux pas satisfaire votre curiosité.
— Enfin, que ou qui demandez-vous? dit l'employé furieux, mais intimidé par ce calme souverain.
— Je demande M. Jules.
— Eh! mon ami, tout le monde demande M. Jules, ici. Voilà vingt personnes qui attendent depuis une ou deux heures, et elles passeront avant vous.
— C'est leur droit, si...
— Si... quoi?
— Si, comme moi, ces vingt personnes possèdent la carte que voici.
— Quelle carte?
— Savez-vous lire? dit Passe-Partout, le goguenardant.
— Non; on ne m'a appris qu'à écrire et à compter, repartit Piquoiseux, qui voulait faire son petit effet aussi.
Naturellement, le groupe de ses flatteurs applaudit avec complaisance.
Passe-Partout mit son chapeau et se dirigea vers la porte de sortie.
— Diable! pensa Piquoiseux, cet homme n'a pas besoin de nous... et nous pouvons avoir besoin de lui... Monsieur! hé! monsieur! cria-t-il.
— Vous me rappelez?
— Oui.
— Alors vous savez lire?
— J'apprendrai exprès pour vous.
— C'est aimable.
— Donnez votre carte.
Passe-Partout prit une carte dans son carnet et la lui tendit.
Le secrétaire la prit d'une main qu'il cherchait à rendre dédaigneuse. Mais à peine eut-il lu le nom écrit sur cette carte, surmontée d'une couronne comtale, qu'il sauta sur sa chaise, poussa une exclamation de surprise, et se levant vivement :
— Comment? s'écria-t-il.
— Oui! répondit laconiquement Passe-Partout.

Au moment de se retirer dans sa loge, plusieurs masques l'ont accosté.

— Attendez.
— J'aime mieux cette façon de prononcer ce mot-là.

A l'ébahissement général, Piquoiseux se précipita vers le cabinet du patron et y entra, sans que celui-ci l'eût appelé.

Il en ressortit immédiatement.

— Venez, monsieur, fit-il.

Et il ouvrit la porte toute grande pour laisser passer Passe-Partout.

Puis, congédiant en peu de mots les clients et les agents de M. Jules, qui venaient d'avoir la satisfaction de l'entrevoir dans l'autre pièce sans pouvoir lui parler, il ferma la porte d'entrée à double tour et se remit à griffonner dans sa cage grillée.

M. Jules et Passe-Partout se trouvaient en présence.

Il y eut une pause.

L'ancien agent de la police de sûreté n'entrait jamais en relations, amicales ou hostiles, avec un nouveau visage sans l'avoir étudié dans tous ses détails.

De son côté, le capitaine tant vénéré par le brave la Cigale savait avoir affaire à forte partie.

Il ne tenait certes pas à engager le feu le premier.

M. Jules ayant passé son petit examen, commença, en lui indiquant un siège du doigt :

— Donnez-vous la peine de vous asseoir, monsieur.

Passe-Partout s'assit.

Alors, M. Jules, qui ne cessait pas de l'étudier, laissa échapper un léger éclat de rire :

— Il faut avouer, dit-il pour expliquer son hilarité, il faut avouer qu'un spectateur désintéressé aurait bien de la peine à reconnaître, à leur mise, les deux personnes qui se trouvent dans ce cabinet

L'ouvrier fit un geste qui équivalait à une interrogation.

— Moi, je suis mis comme un duc et pair, ajouta-t-il en faisant jabot et en appelant l'attention sur sa mise de perruquier endimanché qu'il prenait pour le suprême du genre, et vous, monsieur le comte de Mauclerc, vous vous êtes donné le souci de vous déguiser en ouvrier qui sort de son atelier.

Et M. Jules se remit à rire.

Passe-Partout ne se dérida pas.

— C'est bien à monsieur le comte de Mauclerc que j'ai l'honneur de m'adresser, n'est-ce pas?

— Je ne crois pas, monsieur, lui fut-il répondu.

— Hein? quoi? vous ne seriez pas le comte?

— Pas le moins du monde, répondit Passe-Partout, qui ne sortait pas de son flegme anglican.

— Vous plaisantez? s'écria l'autre, en fronçant les sourcils à la façon du Jupiter olympien.

— Je ne plaisante jamais, repartit l'ouvrier. Vous m'interrogez et vous me dites : « Vous êtes le comte de Mauclerc? » Je vous réponds : « Pas le moins du monde! » Je ne vois pas l'ombre d'une plaisanterie dans ma réponse.

— Ah çà! est-ce que vous êtes venu ici pour vous *ficher* de moi? gronda l'agent d'un ton menaçant.

— Franchement, je cherche ce que cela pourrait me rapporter.

— Moi aussi! Voyons, assez causé. Qui êtes-vous?... Vous me connaissez, je suis... M. Jules, et je n'aime pas avoir affaire à des gens que je ne connais pas.

— Oui, c'est un avantage que vous ne voulez pas laisser sur vous à votre interlocuteur.

— Peut-être bien, répondit M. Jules, fâché et surpris à la fois de se voir si promptement percé à jour. Répondez-moi ou prenez garde à vous !

— Mon cher monsieur, dit lentement Passe-Partout, permettez-moi de vous faire observer, avec tout le respect qu'un inconnu doit au célèbre M. Jules, que vous vous rendez souverainement ridicule.

— Ridicule ! reprit l'agent.

— Certes, oui, ridicule, continua-t-il en appuyant sur chaque syllabe de façon à rendre le mot deux fois plus rude à accepter. Comment ! je viens ici pour vous rendre service...

— Service... vous, à moi !...

— Et vous me traitez comme votre domestique, si vous avez un domestique !

— Tonnerre ! vous allez continuer longtemps comme ça !

— Et vous me menacez ? Croyez-vous pas que moi, qui me suis introduit volontairement dans votre tanière, je sois homme à trembler parce que je me trouve en face d'un ancien forçat libéré ?

— Sacré mille millions de... !

— D'un ex-agent de la police de sûreté, ajouta Passe-Partout d'une voix lente et mesurée.

— Vous seriez le *boulanger* en personne, que je ne souffrirais pas... cria M. Jules hors de lui, et se levant avec rage.

Mais l'autre ne le laissa pas même achever sa phrase :

— Et pourquoi, puisque vous n'êtes plus ni l'un ni l'autre, puisque, par la grâce royale et par la démission qu'on vous a obligé de donner, vous êtes rentré dans la catégorie des simples particuliers, sans autre influence que leur propre et mince mérite, pourquoi voulez-vous que je frissonne en votre présence ?

— Par le *meg des megs* ! jura M. Jules en levant les deux points, voilà un *pante* qui me fera *bibarder* de dix ans en une heure !

— Ah ! je vous supplie de remarquer que vous me parlez argot, langue qui m'est totalement étrangère.

— Ce n'est pas vrai, malin ; tu dévides le jars comme moi, j'en suis sûr, fit l'ex-agent, qui ne se possédait plus.

— Si c'est pour m'injurier, à votre aise, allez, mon bon ami, je vous répondrai en hindoustani. Cela fera une charmante conversation.

— V'là qu'il parle hindoustani ! répliqua l'ex-agent.

Probablement cette remarque calma M. Jules, car sa colère tomba comme un grand vent abattu par une petite pluie. Il comprit qu'il n'obtiendrait rien par la violence.

Aussi, avalant la rude semonce qu'on venait de lui administrer, il changea de manières et de ton.

— Enfin, voyons, ne nous fâchons pas.

— Cela vaudra mieux.

— Je ne demande pas mieux que de m'entendre avec vous.

— Écoutez-moi, alors.

— Vous m'avez fait passer la carte du comte de Mauclerc ?

— C'est vrai.

— Est-ce lui qui vous a chargé de me la remettre ?
— Peut-être oui, peut-être non.
— Nous allons recommencer ! fit M. Jules, qui pourtant cherchait à se contenir.
— Nous recommencerons tant que vous vous entêterez dans vos points d'interrogation.
— Ainsi, vous venez chez moi pour me mettre une gourmette, une bride et une selle sur le dos ?
— C'est à peu près cela, dit Passe-Partout en souriant.
— Avez-vous apporté votre chambrière et vos éperons, au moins ? ricana l'homme de police.
— Vous verrez cela tout à l'heure.
— Voyons, sérieusement, là... Je reconnais que vous valez mieux et plus que votre enveloppe de pacotille.
— Bien obligé.
— Que demandez-vous ? que cherchez-vous ? que voulez-vous ?
— Mon pauvre monsieur Jules, vous êtes réellement incorrigible. Enfin, je suis bon prince et je veux bien vous répondre.
— Ah ! soupira-t-il avec satisfaction.
— Personnellement, moi, je ne vous demande rien ; je ne viens chercher ni homme ni chose chez vous, et je ne veux ni bien ni mal.
— Tonnerre ! Enfin vous venez de la part de quelqu'un ? Vous savez que je suis, ou plutôt que j'étais en relation avec ce Mauclerc que le diable peut bien étrangler pour tout le mal qu'il me donne ?
— Ah ! vous brûlez, comme disent les enfants.
— Donc !
— Donc, je viens à vous de la part d'une de mes connaissances.
— Qui se nomme ?
— Louis-Horace Escoubleau de Sourdis, comte de Mauclerc. Êtes-vous satisfait ?
Cela fut dit avec une ironie de si bon goût, que l'ex-agent de la police de sûreté ne sut plus s'il devait remercier ou se fâcher de nouveau.
— Satisfait..., satisfait..., répondit-il, je ne le serai que quand je saurai à qui j'ai affaire.
— Que vous importe ?
— Vous me le direz, à la fin des fins !
— J'en suis désespéré pour vous, mon cher monsieur, mais comme cela ne vous regarde aucunement, vous m'autoriserez bien à garder le plus strict incognito.
— Alors vous vous méfiez de moi ?
— Pouvez-vous le penser ?
— Je le pense *d'autor et d'achar*.
— Encore de l'argot ?
— Je le pense fermement, se reprit M. Jules.
— Eh bien ! monsieur, fit agréablement Passe-Partout, entre nous, — nous sommes bien seuls, n'est-ce pas ? — entre nous, vous avez raison de le penser.

Il se tenait ferme en selle et faisait caracoler son cheval sur place.

Pour le coup, M. Jules bondit comme un cheval qui vient de recevoir une volée de coups de cravache.
— Je puis vous faire arrêter, cria-t-il.
— Je voudrais voir cela, fit l'autre en riant.
— Oui? Eh bien! vous le verrez.
— Vous oubliez, cher monsieur Jules, que vous n'êtes plus chef de la

brigade de Sûreté, fit Passe-Partout, en tambourinant sur la table du bout de ses doigts.

— Qu'est-ce que cela fait?

— On n'arrête pas les gens sans rime ni raison, dans notre beau pays de France.

— Vous croyez ça, vous?

— Surtout quand on n'est rien.

— Rien? moi!

— D'ailleurs, essayez. Je suis curieux de voir comment vous vous y prendrez.

— Pardieu ! Je n'en aurai pas le démenti, s'écria le patron, qui se précipita vers le coin de son cabinet où se trouvait la sonnette d'appel.

— Je vous en défie.

Et Passe-Partout se leva aussi.

M. Jules sonna violemment.

— Faites! faites! dit l'ouvrier en lui riant au nez; seulement, je vous en avertis, je parlerai.

— Vous pouvez bien chanter si ça vous amuse.

— Je suis très bavard.

— Tant pis pour les autres.

On frappa à la porte.

Le patron allait crier : « Entrez! » mais il s'arrêta en entendant Passe-Partout prononcer les quelques mots que voici :

— Avez-vous eu vent, cher monsieur Jules, d'une certaine affaire Ger... Ger... aidez-moi donc !

— Vous dites ? s'écria-t-il effaré.

— Meur!... Germeur! c'est cela. Nous avons aussi l'histoire de la famille de l'Estang...

— De l'Estang!

Et l'ex-agent recula comme devant un fantôme qui se serait soudainement dressé devant ses yeux.

En ce moment, la porte s'ouvrit, et Piquoiseux, qui avait donné à son patron deux fois le temps moral de lui ordonner de paraître, craignant de ne pas avoir entendu sa réplique, entra en scène.

— F...lanquez-moi la paix, vous ! Qui est-ce qui vous a appelé?

Et d'un violent coup de pied il ferma la porte au nez de ce charmant M. Piquoiseux.

Il ne vint même pas à l'idée du secrétaire de répondre à son chef : « Mais vous m'avez sonné ! » tant il était accoutumé à une obéissance passive.

— Décidément vous êtes un bon zig... je veux dire une rude lame... Il n'y a rien à gagner dans un duel avec vous... Soyons amis, hein?

— Je ne suis pas venu pour vous être désagréable, répondit Passe-Partout, médiocrement dupe de ces avances doucereuses.

— Ainsi, vous savez?... reprit-il avec une quasi-émotion dans la voix.

— Tout! dit nettement l'autre.

Cette réponse amena un silence.

Ce fut M. Jules qui le rompit encore.

Toute trace de colère avait disparu de son visage.

Par un effort suprême de sa volonté, sa physionomie avait repris une expression de bienveillance et de franchise.

— Vous êtes un homme comme je les aime. Ne faites plus attention aux calembredaines que je vous ai lâchées. C'était pour vous éprouver. Je suis convaincu de votre valeur ; nous allons, si vous le voulez bien, traiter à présent de puissance à puissance.

— Comme il vous plaira. Alors, nous pouvons nous rasseoir.

— J'ai encore une demi-heure à vous donner.

— Quand je vous disais, dit Passe-Partout avec un fin sourire, qu'à la longue vous prendriez grand intérêt à notre entretien.

— C'est tellement vrai, ce que vous dites là, que je ne demande pas mieux que de vous laisser parler trente minutes, sans me permettre la moindre interruption.

Il était redevenu maître de lui-même.

L'ouvrier sentit qu'il ne s'agissait plus de s'amuser aux bagatelles de la porte. Il était parvenu à enfourcher cette bête rétive, et il ne s'agissait plus pour lui que de la diriger et de lui faire exécuter les courbettes et les changements de pied d'usage dans la haute école.

— Venons au fait, dit-il.

— J'écoute.

— M. de Mauclerc...

— Disons : Mauclerc, tout court... ce sera moins long et je comprendrai quand même, interrompit-il.

— Soit. Mauclerc avait rendez-vous la nuit dernière, à l'Opéra, avec un de vos hommes ?

— Après ?

— Est-ce vrai ?

— Oui.

— Bien. Arrêtez-moi, si, involontairement, je me dépars d'une seule ligne de l'hommage que je prétends rendre à la déesse Vérité.

— Je serais heureux, ne put s'empêcher de ricaner M. Jules, si vous vouliez bien m'indiquer l'arrière-boutique où l'on vous enseigne des phrases aussi ronflantes.

— Y entreriez-vous en apprentissage ? fit Passe-Partout plein d'obligeance.

— Aujourd'hui même.

— Eh bien ! nous verrons tout à l'heure.

— Je retiens votre promesse. Revenons à notre mouton.

— Singulier mouton que Mauclerc ! Enfin, je vous obéis... Vous n'ignorez pas que, soit qu'il fût échauffé par les fumées du champagne, soit qu'on l'eût provoqué, il s'est pris de querelle en plein bal.

— J'ai là le rapport de mon agent, dit M. Jules en montrant un dossier qui se trouvait sur son bureau et sur lequel se lisaient en lettres majuscules ces mots : *Affaire Mauclerc*.

— Votre agent vous a-t-il appris la suite de cette querelle ?

— Non. Je l'attends.
— Je puis vous éviter cette attente pénible.
— Oh! pénible! Allez toujours.
— Mauclerc a souffleté son adversaire.
— Je croyais le contraire. On m'a assuré que c'est lui qui avait été giffié le premier.
— On s'était contenté de lui ganter la figure,
— Ganter est joli! Il y a ganter et ganter, dit-il en riant. Bref, ces messieurs se sont battus, n'est-ce pas?
— Oui.
— Et l'adversaire de Mauclerc est sur le flanc; voilà qui m'explique sa disparition. Il aura filé pour la Belgique.
— Ce n'est pas cela.
— Il n'a pas filé?
— Ce départ était difficile. Mauclerc, qui venait de blesser son premier adversaire, a de son second reçu un coup d'épée au travers du corps.
— Ils se sont mis à deux? c'est un assassinat!
— Non. Il y a eu deux duels au lieu d'un.
— Les témoins n'auraient pas dû le permettre.
— On n'est pas sorti des règles les plus strictes d'une rencontre loyale.
— Une si bonne lame, se faire trouer le bedon, pardon le ventre, aussi maladroitement!
— Maladroitement? que nenni. Il n'a été touché que par un coup de maître.
— Vous y étiez?
— J'étais un des témoins de Mauclerc.
— Excusez du peu! Pour un ouvrier, vous avez de belles connaissances.
— Dans ces moments-là, on est embarrassé, et, pour peu qu'on veuille en finir vite, on prend qui vous tombe sous la main, fit modestement Passe-Partout.
— En somme, est-il blessé grièvement, le maladroit?
— On craint pour sa vie. Le médecin qui a fait le premier pansement n'a qu'un bien faible espoir.
— Bigre! Et où l'a-t-on transporté?
— Trop faible pour que ses témoins pussent le ramener à son domicile, il a été conduit allée des Veuves, dans la maison de santé du docteur Martel.
— Bonne maison!
— Vous la connaissez?
— Oui.
— Et le docteur Martel?
— Je dois le connaître aussi, répondit vaniteusement M. Jules; mais continuez.
— En reprenant ses forces, Mauclerc m'a aperçu, et, faisant de la main un geste pour éloigner tous les assistants, il m'a prié de me pencher vers lui...
— Allez, je ne perds pas un mot de la mise en scène, dit l'homme.
— Je lui obéis; alors, me serrant la main et me parlant à l'oreille, il me dit : « Mon ami, vous m'avez déjà rendu le bon office de me servir de témoin...

— Ah ! mon ami, tout le monde ici demande Monsieur Jules.

— Joli service ! grommela l'autre.
— « Des motifs de la plus haute gravité m'obligent à mander ici une personne que...
« Il s'interrompit, et rappelant le docteur Martel, qui s'était écarté un moment et se tenait dans une encoignure de fenêtre :
« — Docteur, lui demanda-t-il d'une voix de plus en plus faible, docteur,

je suis un homme brave et j'ai besoin de savoir à quoi m'en tenir ; combien de temps me reste-t-il à vivre?

« Et comme le docteur Martel hésitait :

« — La vérité, docteur, la vérité ! Il y va des plus graves intérêts...

« — Mais, monsieur, répondit M. Martel, ne pensez pas à cela ; je ne peux rien assurer, du reste, ce n'est pas le moment de vous occuper des affaires des autres...

— Oui, fit M. Jules, tous les biais qu'on trouve en pareil cas.

— Mais le blessé se dressant sur son séant : « Je vous somme de me répondre ; ai-je deux heures devant moi? — Oh! plus que cela, répondit le médecin. — Deux jours? Il n'eut pas de réponse. — Un jour? — Oui, si le mieux que j'espère se produit; sinon, le sang vous... — Le sang m'étouffera? — J'espère que non. — Mais c'est possible. » — Le médecin se taisant de nouveau, Mauclerc lui dit : « Merci. »

— Un crâne mâle, tout de même, grommela M. Jules avec l'admiration que tout homme de sa trempe a pour le courage matériel et brutal. Et alors, qu'est-ce qu'il vous a dit tout bas?

« — Il faut que je voie M. Jules... Allez le trouver à son agence, 7, rue des Noyers, et priez-le de venir.

— Tout de suite? s'écria M. Jules. Ah! sacrebleu! voilà une heure que vous me faites jaser quand c'était si facile de me...

— « Et priez-le de venir à six heures du soir, » continua imperturbablement Passe-Partout.

— Pourquoi si tard?

— « A cette heure-là, dit le blessé, j'aurai envoyé chercher des papiers que je veux lui remettre... D'ici là, je vivrai, je vous le jure... »

— Très bien... je comprends! fit l'ex-agent en se frottant les mains d'un air de jubilation... Les papiers... bon!

— Vous comprenez? tant mieux, fit froidement l'ouvrier. Moi, je n'ai pas à comprendre, j'ai à accomplir ma mission, et je l'accomplis le mieux qu'il m'est possible. Que ces papiers soient curieux, qu'ils ne le soient pas, je ne demande ni à les voir ni à les lire. Je me rends au vœu d'un blessé, d'un mourant peut-être, c'est tout.

— Oh! ils ne vous intéresseraient guère.

— Je le suppose. Le comte m'a chargé de vous recommander de ne pas vous faire annoncer sous votre nom.

— Il rougit de ses amis à son heure dernière, ce monsieur? fit le patron du jeune et beau Piquoiseux, moitié blessé dans son amour-propre, moitié convaincu de l'utilité de cette précaution. C'est bon. On mettra un faux nez, si c'est nécessaire.

— Cela vous regarde.

— Ah! le comte est un gaillard plein de prudence. Il ne laisse rien au hasard.

— Excepté sa vie, quand il la risque sur un dégagement ou sur un coupé mal paré.

— Vous faites des armes? dit narquoisement M. Jules.

— Au régiment, j'ai été prévôt en second.
— Je voudrais bien savoir dans quel régiment vous avez servi, vous ? fit-il d'un air narquois.
— Dans le quatrième *plongeur à cheval*, riposta Passe-Partout en riant.
— Vous n'êtes pas bête, vous !
— Vous avez mis du temps à vous en apercevoir.
— Et si vous vouliez, continua-t-il, vous pourriez vous faire une jolie position.
— Où cela ?
— Dans mon agence de renseignements. Hein ? qu'en pensez-vous ?
— Nous en recauserons... si les conditions sont bonnes... je ne dis pas non.
— Il ne dit pas non, c'est oui, pensa M. Jules, je le tiens... Oh ! les conditions, fit-il tout haut, vous les fixerez vous-même, mon cher monsieur... monsieur ?...
— Rifflard, ouvrier cambreur, répondit Passe-Partout avec sang-froid.
M. Jules éclata de rire.
— Va pour Rifflard ! et à ce soir.
— Où cela ?
— Ne serez-vous pas à six heures au chevet de notre ami Mauclerc ?
— J'y serai. Ainsi, je puis répondre à ce pauvre diable de blessé que vous ne lui ferez pas faux bond ?
— A six heures précises, ce soir, chez le docteur Martel, allée des Veuves.
— Je vous félicite de votre mémoire.
— Vous verrez plus tard, mon cher monsieur Rifflard, que je n'en manque réellement pas, fit-il avec son air bonhomme, bien plus redoutable que ses roulements d'yeux furibonds.
— Maintenant, cher monsieur Jules, il ne me reste plus qu'à prendre congé de vous.
— Pas avant d'avoir accepté tous mes remerciements pour tout l'ennui que je viens de vous causer, fit M. Jules en lui tendant la main.
Passe-Partout prit bravement la main de M. Jules et la serra assez pour que l'ex-agent crût réellement l'avoir embauché ; puis il se dirigea vers la porte du cabinet.
— Une prière, cher monsieur, dit-il au moment où il en touchait le bouton.
— Parlez !
— Ne pourriez-vous pas m'éviter la corvée de traverser de nouveau cette horrible salle, pleine de gens crottés qui empestent le tabac et le cigare ?
— Ah ! monsieur Rifflard ! monsieur Rifflard ! répondit M. Jules en riant, pour un ouvrier cambreur... D'ailleurs, vous oubliez que j'ai renvoyé tout mon monde.
— Ah ! monsieur Jules ! monsieur Jules ! vous allez redevenir indiscret... Est-ce que je me suis entêté à vous parler de l'affaire Germeur ou de la famille de l'Estang, moi ?
Le sourire s'éteignit sur les lèvres de l'ex-chef de la brigade de Sûreté.
Pour la seconde fois il était réduit au silence, maté par une réponse faite avec un air d'innocence complète par son mystérieux visiteur.

— Venez, lui dit-il sèchement.

Et il le fit sortir par l'issue dérobée qui avait déjà servi au sieur Charbonneau.

— Tout droit devant vous, ajouta-t-il. L'allée donne dans la rue.

Les deux hommes se saluèrent.

L'ex-agent rentra dans son bureau :

— Qu'est-ce que c'est que ce muscadin-là ?

« On verra plus tard ! — Comment diantre a-t-il eu vent de ces deux satanées affaires ? — Est-il de la *rousse* ? — Non. Je le connaîtrais. Ah ! bah ! en attendant que je m'occupe de lui, occupons-nous de l'autre. — Ah ! monsieur de Warrens, vous n'êtes pas hors de mes griffes ! Je tiens ma revanche. Elle m'arrive toute seule, ou par l'entremise de M. Rifflard... Joli nom qu'il a choisi là ! Enfin !... il ne faut pas trop se plaindre. Cette providence aveugle, le hasard, — comme dirait M. Lacressonnière au théâtre de l'Ambigu, — se charge de réparer la sottise de Coquillard-Charbonneau.

Et, tout compte fait, M. Jules ne fut pas mécontent de sa matinée.

De son côté, Passe-Partout Rifflard s'éloignait joyeusement, à grands pas, de la maison sise numéro 7, rue des Noyers, murmurant à part lui, tout en regardant avec soin si l'autre ne l'avait pas fait suivre :

— Vive Dieu ! Ai-je bien joué mon petit rôlet, ainsi que le disait Sa Majesté Charles le neuvième, de sanglante mémoire ! — Si tu ne m'as point pris pour Rifflard, l'ouvrier cambreur, je ne pense pas que tu puisses mettre un nom sur ton visiteur de ce matin, mon pauvre Jules, vieux lion sans dents et sans griffes. Voilà donc encore une réputation d'habileté usurpée dans ce Paris, où tant de bateleurs de toutes sortes font leurs nids et leurs trous ! A ce soir, vieux lion, à ce soir !

Et Passe-Partout monta philosophiquement dans un omnibus qui passait.

Où allait-il, cet omnibus ?

Le conducteur seul aurait pu répondre à cette question, Passe-Partout en ignorant la direction tout autant que vous et nous, chers lecteurs.

PASSE-PARTOUT

Les Invisibles de Paris, 2º volume.

TABLE DES MATIÈRES

		Pages.
I.	Les Casa-Real.	173
II.	Le débarquement.	183
III.	La lettre.	194
IV.	Tête-à-tête.	202
V.	Le testament du comte de Casa-Real.	212
VI.	Les passagers.	223
VII.	Le massacre.	234
VIII.	L'abandon.	244
IX.	Dans la chaloupe.	248
X.	Le brick.	259

I.	La fidélité gaélique.	267
II.	Deux profils de grisettes.	277
III.	Chez M. Lenoir.	293
IV.	Où Rosette commence son histoire.	308
V.	Vie de bohème de Rosette.	321
VI.	Où l'honnête Machuré revient sur l'eau.	334
VII.	Comment Rosette finit son histoire.	344
VIII.	Le petit lever du comte de Warrens.	352
IX.	La comtesse Hermosa de Casa-Real.	364
X.	Une explication orageuse.	374
XI.	Un intérieur créole.	387

FIN DE LA TABLE

Sceaux. Imp. Charaire et Cⁱᵉ.

LES INVISIBLES DE PARIS

PASSE-PARTOUT

PAR

GUSTAVE AIMARD

ET

HENRY CRISAFULLI

PARIS
ROY et GEFFROY, LIBRAIRES-ÉDITEURS
222, BOULEVARD SAINT-GERMAIN, 222

1893

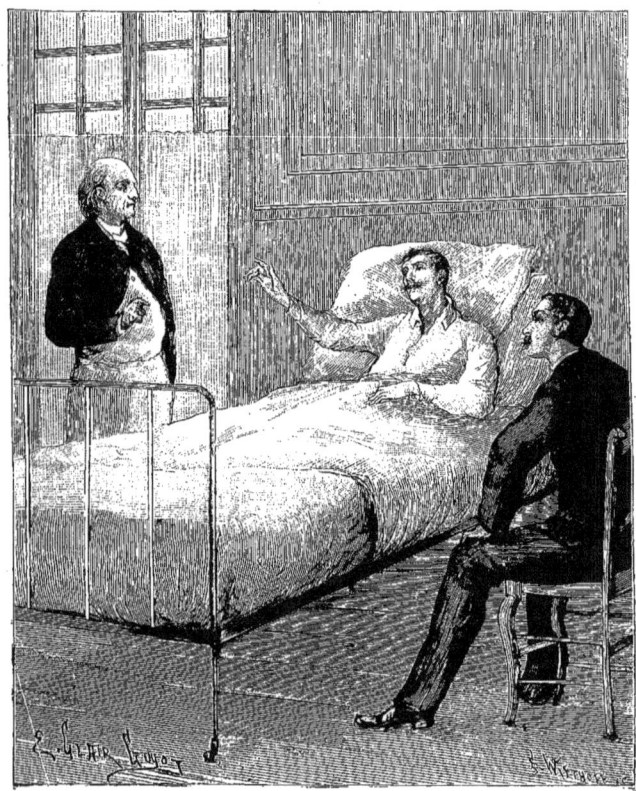

— Docteur, demanda-t-il d'une voix de plus en plus faible, combien de temps me reste-t-il à vivre ?

PASSE-PARTOUT

LA RÉDEMPTION

I

LES CASA-REAL

L'origine des comtes de Casa-Real se perd dans la nuit des temps.

La première fois que l'histoire en fait mention, elle en parle comme d'une famille déjà riche et puissante.

Un comte de Casa-Real se réfugia avec Pélage dans les montagnes de la Cantabrie et combattit à ses côtés à Cavadonga, l'an 737.

Plus tard, au nombre des gentilshommes castillans qui voulurent accompagner Christoval Colomb, lors de son premier voyage, et s'embarquèrent avec lui à Palaos de Moguer sur sa caravelle, se trouvait aussi un Casa-Real.

Dans le cours de ce premier voyage, Christoval Colomb découvrit l'île de Cuba.

Le comte de Casa-Real, son compagnon, séduit par les enchantements de cette terre nouvelle, demanda le consentement de son amiral, l'obtint, se fit débarquer et s'y établit.

Depuis cette époque, cette branche de la famille des Casa-Real figura toujours parmi les plus puissantes familles des deux Amériques.

Avec le temps, ses richesses s'accrurent dans des proportions incalculables.

La plus grande partie de l'île de Cuba, ce joyau précieux de la couronne de Castille, devint sa propriété.

Cependant, malgré l'accroissement de ses richesses et de son influence, cette famille resta toujours fidèle à la monarchie espagnole.

A plusieurs reprises même, les Casa-Real la défendirent vaillamment au prix de leur sang, la soutinrent généreusement au prix de leur or.

Lors de l'abdication du roi Charles IV et de l'envahissement de l'Espagne par l'armée française, le chef de la branche principale de cette maison, restée dans la mère patrie, refusa de prêter serment au roi Joseph.

Il émigra avec tous les siens.

Naturellement le lieu de son émigration fut l'île de Cuba, où les Casa-Real américano-espagnols le reçurent à bras ouverts.

Il y demeura jusqu'à la restauration des Bourbons en Espagne.

Alors, cette famille fidèle et dévouée à la royauté revint prendre sa place auprès du roi Ferdinand VII.

Mais les quelques années d'exil en Amérique avaient resserré les liens un peu relâchés entre les deux branches de cette noble maison.

Ce qui n'avait pas eu lieu jusque-là, des rapports fréquents s'établirent entre les Casa-Real d'Europe et les Casa-Real d'Amérique.

Il y eut de nombreuses alliances entre les membres des deux branches de cette famille.

L'Océan n'exista plus pour elles.

Le 25 octobre 1846, c'est-à-dire sept mois environ avant les événements que nous avons rapportés dans notre précédent volume, entre deux et trois heures de l'après-midi, un brick de deux cent cinquante à trois cents tonneaux, portant le pavillon mexicain à sa corne, qui, depuis le matin, louvoyait bord sur bord, dans la passe, donna dans la rade de Matanzas, un des ports les plus commerçants et les plus achalandés de l'île de Cuba; puis, avec une adresse remarquable, ce brick vint se ranger bord à quai dans le port intérieur.

Cette manœuvre, très difficile, avait été admirée par les nombreux oisifs réunis en ce moment sur le quai de Matanzas.

En dehors même de cette dextérité extrême de manœuvre, on se plaisait à examiner ce brick, grand et beau navire, étroit, ras sur l'eau, à la haute mâture crânement rejetée en arrière.

Tout semblait indiquer à l'œil d'un curieux expert en ces sortes de choses, que ce navire n'avait pas toujours dû se livrer à un commerce paisible.

A l'entrée du port, toutes les voiles avaient été carguées à la fois, et ce n'était que par son aire que le fin bâtiment, obéissant comme un cheval de course, avait manœuvré sous la main puissante de son capitaine.

Ce capitaine tenait lui-même la barre.

Il était venu se mettre à sa place d'amarrage sans se soucier des nombreux bateaux, chalands ou navires qui se rencontraient sur son passage.

Il les évitait comme en se jouant.

Une fois l'ancre jetée, la douane monta à bord pour y passer sa minutieuse inspection.

La libre pratique accordée à son navire, le capitaine, qui pendant le temps pris par toutes ces formalités, s'était promené, les mains derrière le dos, sur les passavants de tribord arrière, regardant, selon l'habitude constante des marins, tantôt le ciel, tantôt la voilure serrée par son équipage, jeta le reste de son cigare à la mer, et mettant les mains à sa bouche en guise de porte-voix :

— La Cigale !

— Capitaine ! répondit aussitôt un colosse bien connu de nos lecteurs, en se penchant au-dessus de la vergue du grand perroquet dont il achevait de serrer la voile.

— A bas ! en double !

Le matelot ne se fit pas répéter cet ordre.

Il saisit deux galaubans et *s'affala* si prestement qu'il se trouva, presque aussitôt l'ordre prononcé, le chapeau à la main, à deux pas de son chef.

Le capitaine lui dit :

— Préviens M. le comte de Casa-Real que nous sommes amarrés bord à quai.

— Bien, capitaine.

— Et qu'il peut débarquer dès que cela lui conviendra.

— On y va.

La Cigale salua et se dirigea vers le *carrosse*, placé à l'arrière du bâtiment.

Il frappa doucement à la porte du carrosse.

— Entrez.

La Cigale obéit.

Par l'ordre du capitaine, un pont volant, assez large et garni d'une double balustrade, avait été rapidement installé par ses hommes.

Ce pont allait du navire à terre.

Le coude appuyé sur son banc de quart, la tête dans la main, le capitaine s'était complètement retiré en lui-même.

Il ne vivait plus pour les objets extérieurs.

Pendant qu'on exécutait ses ordres et ses commandements à la lettre, son regard vague cherchait, se perdait au loin.

Ce n'était pas l'inquiétude causée par un danger prochain, la crainte d'un orage ou d'une tempête, qui enlevait cet homme à son existence matérielle.

Il y avait une raison indépendante de ses occupations journalières, en dehors de sa périlleuse profession, qui lui saisissait le cœur, qui lui cerclait le cerveau.

De temps à autre ses sourcils se fronçaient.

Il passait dans son regard comme un éclair de menace ; puis le découragement ou la fatigue venait prendre la place de la colère, et il faisait un geste de dégoût.

Une ombre s'interposa entre lui et le soleil.

Le capitaine releva la tête.

— Qui est là ? demanda-t-il.

La Cigale se tenait immobile devant lui, dans une attitude respectueuse.

— Que me veux-tu ? continua-t-il d'un ton bourru.

— Moi, rien, mon capitaine.

— Alors, laisse-moi, va-t'en.

Le géant fit un mouvement de retraite, commandé par l'habitude d'obéir religieusement à son chef, puis comme arrêté par un scrupule de conscience il revint sur ses pas.

— Encore ?

— Dame ! mon... mon capitaine, je vous l'ai dit, je ne veux rien pour moi... mais... mais...

— Mais... mais quoi ?

— Mais vous...

— Eh bien ?

— Il faut pourtant bien que je vous rende compte de ma commission.

— Quelle commission ?

— Celle que vous m'avez donnée auprès du comte de Casa-Real.

— Ah ! oui... pardon, matelot... Je suis distrait en ce moment... Encore une fois, pardon...

— Je vous pardonne, capitaine, répliqua naïvement le colosse, quoique, franchement il n'y ait pas de quoi écraser une puce : donc, v'là ce que c'est...

— Que t'a dit le comte ?

— Monsieur le comte et madame la comtesse de Casa-Real, dit-il avec solennité... vous... vous...

— Achèveras-tu, idiot ! s'écria le capitaine en frappant du pied.

— Je répète ce qu'on m'a chargé de...

— Répète plus vite.

— J'achève... j'ach... fit le géant, qui se mit à bégayer de plus belle, strangulé par l'émotion qu'il ressentait à la première observation un peu verte de son chef.

— Achève, ou *crève*, mille diables ! dit ce dernier, qui décidément ne se trouvait pas en veine de patience.

— Paraîtrait que le grand mât est mal bordé ce matin ! murmura le matelot en faisant passer sa chique du côté droit au côté gauche de sa bouche... Ne l'*asticotons* pas dans son *acastillage*.

Les deux hommes se saluèrent.

— Hein?
— Rien.
— Parleras-tu?
— Pour lors, voilà ce que c'est, mon capitaine, reprit la Cigale en prononçant de son mieux pour se bien faire comprendre, le comte et la comtesse sa femme vous prient de vouloir bien être assez gentil pour avoir la bonté de leur faire l'honneur de...

— Animal !
— Merci !
— Dis la chose sans phrases !
— Voilà : Faites-vous l'honneur d'aller chez eux... c'est tout ce qu'on vous demande, quoi !
— Est-ce tout ?
— Oui. Ça y est.
— *File en double*, imbécile ! lui dit le capitaine en haussant les épaules... File, plus vite que ça !

Le matelot se retira sans demander son reste.
Il s'élança dans les haubans du grand mât.
En quelques secondes il grimpa dans la hune.
Là, il respira.
Cependant le capitaine appelait :
— Mortimer ! Mortimer !

Un jeune homme, aux manières distinguées, aux traits expressifs, vêtu de ce costume coquet affectionné par nos officiers de commerce, quitta l'habitacle auprès duquel il se tenait.

En quelques secondes il arriva près du capitaine.
— A vos ordres, capitaine.
— Mon cher Mortimer, veuillez, je vous prie, prendre le commandement du navire, lui dit affectueusement son chef ; votre service de second commence. Vous surveillerez nos hommes d'un peu près. Ils sont difficiles à tenir, dans le voisinage de la terre.
— Je veillerai, capitaine.
— Je n'ai pas besoin de vous recommander la propreté du bâtiment. On courra la petite bordée. Vous ne laisserez personne monter à bord, ni personne descendre à terre, jusqu'à nouvel ordre.
— Bien.
— Vous m'avez compris ?
— Parfaitement, capitaine.
— Vous veillerez à la stricte exécution de mes ordres, n'est-ce pas ?
— Soyez tranquille.

Alors, le capitaine se pencha vers lui et lui dit à l'oreille quelques mots prononcés d'une voix basse comme un souffle.

Ces quelques mots devaient avoir une signification bien étrange.
Le jeune officier pâlit en les écoutant.
Croyant avoir mal entendu, il regarda une dernière fois son chef.
Celui-ci soutint franchement ce regard, et, posant un doigt sur ses lèvres :
— Silence... obéissez ; il le faut, ajouta-t-il.
— Vous le voulez ?
— Je le veux.
— Bien ; ce sera.

Et le second s'inclina en signe d'acquiescement.
Le capitaine lui serra la main en souriant, et cela fait il alla au carrosse,

dans lequel il entra, après en avoir prévenu les hôtes par deux coups discrètement frappés.

La porte fut refermée immédiatement sur lui.

La carrosse est un logement élevé, construit sur le pont, à l'arrière des navires qui manquent de dunette.

Cette construction ne tient pas à la muraille du bâtiment.

On en peut faire le tour.

Les carrosses sont ordinairement couverts en planches de sapin, revêtues d'une toile goudronnée.

Les côtés en sont joints à clin.

Le carrosse, dans lequel nous pénétrerons à la suite du capitaine avait été intérieurement séparé en trois parties.

Une salle commune se trouvait réservée au milieu.

A tribord et à bâbord, on avait ménagé une chambre à coucher.

Ce carrosse, particulièrement affecté à l'habitation du comte et de la comtesse de Casa-Real, était meublé avec un luxe princier, en rapport, du reste, avec la position élevée et l'immense fortune des nobles hôtes qui s'y étaient installés durant toute une longue traversée.

Le comte de Casa-Real et sa femme, assis dans la salle commune, dans des fauteuils placés de chaque côté d'une table à roulis, achevaient de déjeuner.

Le comte, bien que paraissant avoir dépassé la première moitié de la vie, était un homme de trente-cinq ans.

Ses traits, beaux autrefois, portaient les traces indélébiles de longues et cruelles souffrances.

Sur son masque crispé, déformé, presque grimaçant, on lisait le morne désespoir produit par un mal incurable.

Son visage avait des teintes livides, qui, parfois, devenaient verdâtres.

Ses yeux caves et creux manquaient de chaleur et de vitalité.

D'une maigreur extrême, son corps flottait dans les larges vêtements noirs qui lui donnaient une apparence fantastique.

Cette maladie du comte de Casa-Real, contractée en Espagne, dans la *Sierra de Grenada*, à la suite d'une chasse longue et fatigante, avait mis en défaut la science des plus grands médecins européens.

Aucun d'eux n'y avait rien compris.

En fin de compte, ils lui avaient ordonné le retour au pays, espérant que l'air natal lui redonnerait un peu de ces forces qui lui manquaient et diminuaient de jour en jour.

Triste remède que ces déplacements au bout desquels on ne trouve qu'un surcroît de fatigue !

Le comte le sentait bien.

Néanmoins, il s'était embarqué à Cadix sur le brick à bord duquel nous le trouvons, non pas dans l'espérance de guérir, il avait la conviction intime que sa maladie était mortelle, mais pour fermer les yeux dans la magnifique contrée où il était venu au monde.

— Au moins, se disait-il, je rendrai mon dernier soupir au milieu de ces paysages aimés de ma première enfance, entouré des souvenirs si chers de mon heureuse et tranquille jeunesse.

On avait beau lui faire espérer que là peut-être se trouvait pour lui une recrudescence de vie et de santé.

Il secouait tristement la tête et souriait avec mélancolie, mais il ne tendait la main à aucune de ces illusions flatteuses.

De la comtesse de Casa-Real, nous ne dirons rien, quant à présent, sinon que, toute jeune encore, elle était belle d'une beauté éblouissante et hardie.

Le contraste de cette magnifique et vivace nature aux prises avec la nature étiolée, avec l'apparence moribonde, avec l'essence cadavérique du comte, avait quelque chose de navrant.

Il était en vérité bien difficile de dire auquel de ces deux êtres, si différents et si intimement liés, on s'intéressait.

L'homme inspirait la pitié par ses souffrances physiques.

La femme semblait tout aussi à plaindre.

On la voyait sans cesse aux côtés de ce cadavre vivant; on subissait toutes ses douleurs, on partageait tous ses dévouements.

Pourtant, dès que leurs amis ou leurs visiteurs les laissaient seuls, dès que le comte avait la tête tournée ou s'abandonnait à un sommeil réparateur; la physionomie de la jeune créole changeait.

Par moments elle songeait.

Et sa rêverie ne devait pas la conduire dans le pays des rêves dorés, des songes bienfaisants; car l'expression douce et caressante de ses traits se métamorphosait en une implacable dureté.

Elle regardait le comte de Casa-Real, dans d'autres moments, et de ses longues prunelles de velours s'échappait une lance de feu.

Un médecin particulièrement attaché à la personne de M. de Casa-Real se tenait immobile derrière la comtesse, et surveillait le malade.

Deux domestiques desservaient la table.

Les ordres qu'ils avaient reçus étaient si sévères, qu'ils allaient, venaient sur le parquet sans produire le plus léger bruit nuisible au repos de leur maître.

En entendant la porte s'ouvrir, le comte releva la tête.

Le capitaine venait d'entrer.

Lui tendre la main en essayant de sourire avec affabilité fut tout ce que put faire le malade.

La comtesse, au contraire, demeura immobile.

Ses yeux se baissèrent involontairement, et une vive rougeur empourpra son visage.

— C'est vous, mon cher capitaine, dit le comte, soyez le bienvenu. Heureux, vraiment bien heureux de vous voir.

— Je me rends à vos ordres, monsieur le comte, répondit le capitaine. Que désirez-vous de moi?

— Asseyez-vous d'abord.

Le capitaine se rendit à l'invitation de son hôte.

Ce dernier reprit ;

— Nous voici arrivés. Nous allons descendre à terre.

— En effet, quand il vous plaira.

— Je désire vous remercier, cher monsieur, de la sollicitude, de la gracieuseté avec laquelle vous m'avez traité pendant notre traversée. Un parent, un ami dévoué, n'aurait pas veillé sur moi avec plus de bonté et de zèle intelligent.

— En vérité, monsieur le comte, vous me rendez confus.

— Non pas; merci encore une fois. Il ne me reste que peu de jours à vivre, mais tenez pour certain que jusqu'à mon dernier souffle je garderai de vos bons soins le meilleur et le plus touchant souvenir.

— Je n'ai fait que mon devoir, monsieur le comte, fit le capitaine avec une respectueuse compassion, vous ne me devez rien pour ces soins dont vous prenez la peine de me parler. Quant au reste, à votre précieuse santé, vous vous trompez, je l'espère, j'en suis convaincu. Il vous reste encore de longs jours à vivre.

— De longues souffrances alors. Est-ce là ce que vous me souhaitez?

— Dieu m'en garde, monsieur! mais le docteur nous assure...

— Le docteur fait son métier, ajouta le comte de Casa-Real en amortissant par la tranquillité, par l'aménité de son accentuation, ce que ses paroles pouvaient renfermer de dur pour le médecin qui n'en perdait pas une, mais il n'espère pas plus que moi ma guérison.

— Je n'ai pas dit cela, interrompit le médecin.

— Connaissez-vous un médecin qui n'agirait pas comme vous, mon cher docteur? Votre conduite me paraît naturelle, et je l'approuve. Les miracles sont rares aujourd'hui. Il en faudrait un pour me conserver l'existence.

— On le fera.

— Espérons-le, capitaine, puisqu'il serait le bien reçu de tous ceux que j'aime, répliqua le comte de Casa-Real évitant de rencontrer le regard de sa femme.

— Et de tous ceux qui vous aiment, monsieur le comte, ajouta lentement la belle créole.

— C'est que j'allais dire : vous ne m'avez pas laissé le temps d'achever ma phrase, chère Hermosa.

M*me* de Casa-Real se nommait *Hermosa*, mot espagnol qui veut dire *belle;* jamais nom ne fut mieux porté.

— Pourquoi affliger de la sorte madame la comtesse? dit froidement le capitaine.

— Ma femme?

— Elle et tous vos amis ou serviteurs.

— Vous avez raison, capitaine. Il ne faut pas me laisser aller à un découragement irrémédiable.

La comtesse venait de s'approcher de sa chaise.

— Puis à quoi sert de vous affliger, Hermosa? Mieux que personne j'apprécie la grandeur de votre dévouement et le mérite de l'abnégation dont vous donnez la preuve en vous astreignant à ne jamais me quitter.

— Pas un mot de plus, cher comte, répondit la créole en lui mettant avec des mouvements pleins de charme la main sur la bouche pour l'empêcher de continuer.

Le comte se dégagea avec douceur et continua :

— Mais à cause même de cette abnégation et de ce dévouement, je vous préparerai à une catastrophe, à un départ qui me paraît prochain, plus prochain qu'on ne le suppose.

— Au nom du ciel, comte, ne parlez plus de cela ! Vous vous trompez.

— Je ne le crois pas.

— Je suis sûre que vous vous trompez.

Le capitaine intervint; il se résolut à mettre le doigt entre l'arbre et l'écorce pour donner un autre tour à l'entretien.

— Monsieur le comte, j'ai, vous le savez, de nombreuses occupations. Je demande pardon si je vous rappelle cela, mais le devoir est le devoir.

— Parlez !

— Votre intention est-elle de demeurer encore quelque temps à bord? ou bien préférez-vous descendre aujourd'hui même à terre?

— Cela, cher monsieur Noël, dépendra de mes gens, dont je suis un peu l'esclave depuis cette maudite maladie.

— Quel est votre désir à ce sujet?

— Je n'en ai aucun. C'est une question de préparatifs à faire ou faits. Jusqu'à ce que je sois édifié, je vous demanderai la permission de ne pas quitter votre bord, si je ne vous incommode pas trop.

— M'incommoder ! vous, monsieur le comte ! N'êtes-vous pas le maître, à bord, tant que vous nous honorez de votre présence ?

— Mille grâces… mais je ne profiterai de votre invitation que si mes gens sont en retard.

— Ce n'est pas leur habitude, mon ami, lui répondit Mme de Casa-Real.

— C'est vrai. Néanmoins il faut que je sache si on les a prévenus de mon arrivée.

— Pourquoi ?

— Je ne voudrais pas me voir forcé de rester à Matanzas, un méchant trou où l'on dort encore plus mal qu'on ne mange.

— Marcos Praya doit avoir reçu, déjà depuis longtemps, la lettre que vous lui avez adressée de Cadix, monsieur.

— Oui.

— Il est homme de précaution.

— Je sais cela.

— Et pour peu que la lettre lui soit arrivée à temps, je ne doute pas qu'il ne se soit mis en mesure d'en exécuter tous les commandements.

On frappa légèrement à la porte du carrosse.

— Entrez ! fit le comte.

La Cigale parut.

II

LE DÉBARQUEMENT

En se trouvant devant ces deux hommes, dont l'un était celui pour lequel il avait un message et l'autre son chef, le colosse, qui ne brillait ni par l'imaginative, ni par le jugement, fit selon sa noble habitude.

Il perdit la parole.

Il resta le pied en l'air, triturant entre ses deux mains calleuses le chapeau de toile cirée qu'il venait d'ôter en entrant, et se mit à regarder successivement le capitaine Noël et le comte de Casa-Real.

Son embarras était si plaisant, que la comtesse, quelque peu d'envie qu'elle en eût, au moment où son mari venait de lui exposer ses idées noires, ne put s'empêcher de rire.

Ce rire d'enfant, clair, sonore, ne remit pas le pauvre Cigale dans son assiette.

Le comte, qui semblait tout passer à la jeune femme, attendit que sa gaieté nerveuse fût terminée, et, se tournant vers le matelot, rouge, ahuri et pestant en lui-même contre sa propre timidité et contre l'impertinente assurance de Mme de Casa-Real, il lui demanda :

— Que voulez-vous, mon ami ?

Son capitaine ne l'ayant pas autorisé à répondre, la Cigale continua à se dandiner sans desserrer les dents.

— Eh bien ? fit Noël.

Le géant s'empressa de dire :

— Pardon, excuse, capitaine... et la compagnie... si je... je viens, c'est à seule fin de vous faire savoir qu'un... qu'un...

— Un quoi ? Achève.

— Un particulier demande la permission de monter... ter...

— Où ?

— A bord.

— Le second a ses ordres.

— Oui, capitaine.

— Qu'il les suive.

— Oui... mais... voyez-vous... faut que je vous dise...

— Rien.

— Bon.

Et la Cigale se tut.

Il se serait trouvé à la gueule d'un canon chargé à mitraille, qu'il n'eût pas séparé ses lèvres l'une de l'autre sans l'injonction expresse de son chef.

— Va-t'en, ajouta ce dernier.

Le géant allait se retirer.

La comtesse, qui, son rire passé, avait eu le temps de la réflexion, lui dit vivement :

— Mon ami, un moment.

Il fit la sourde oreille.

— Arrive, cria le capitaine.

Le matelot s'arrêta.

— Parlez, madame, fit Noël : mon matelot vous écoutera, vous répondra et vous obéira comme à moi-même.

La Cigale s'inclina en murmurant :

— Pardi oui... mais c'est égal, j'aimerais mieux autre chose.

— Pour quelle raison cet individu a-t-il dit qu'il désirait monter à bord? demanda la créole.

— Ah! voilà.

— Va donc! lui enjoignit son chef.

— Le particulier prétend qu'il veut voir quelqu'un.

— Qui?

— Il ajoute qu'il est l'intendant du comte de Casa-Real.

— Marcos Praya! dit celui-ci.

— Connais pas.

— C'est pour moi que Marcos demande l'autorisation de monter à bord? fit le comte en regardant sa femme.

— Sans nul doute. Qu'il vienne. Faites monter cet homme!...

Le matelot consulta silencieusement son capitaine, qui lui répondit par un signe de tête affirmatif.

La créole comprit qu'elle avait violé les lois de la discipline maritime; elle rougit et s'adressant au capitaine:

— Pardon! capitaine Noël... j'oublie toujours que je n'ai pas d'ordres à donner ici.

— Ici et partout vous êtes reine et maîtresse, madame, repartit son interlocuteur, qui ajouta : Va, matelot, et fais ce que Mme la comtesse demande.

Pour la Cigale, entendre son capitaine, c'était lui obéir.

Il sortit à reculons et referma sur lui la porte du carrosse.

Le capitaine Noël fit un mouvement pour le suivre.

Sur un geste de Mme de Casa-Real, un laquais approcha un siège du sien.

Une demi-minute après, sans qu'un seul mot eût été échangé entre eux, le marin était assis près de la coquette grande dame.

Le comte venait de fermer les yeux.

Était-ce fatigue?

Était-ce désir de ne pas avoir l'air d'apercevoir ce manège muet?

Noël crut à la fatigue.

Hermosa ne se donna même point la peine de chercher ce que cela pouvait être.

La Cigale ouvrit la porte du carrosse, introduisit le métis, majordome du comte de Casa-Real, et sur un coup d'œil de son capitaine se retira discrètement.

Discrétion qui ne coûtait que bien peu au brave mais sauvage colosse.

[— Il faut pourtant que je vous rende compte de ma commission, répliqua naïvement le colosse.

Avant toutes choses et toutes personnes, Marcos Praya regarda sa noble maîtresse.

Elle seule s'en aperçut.

Ce regard fixe et brûlant lui causait une gêne inexplicable.

Au lieu de le soutenir et de faire baisser les yeux à son esclave, la créole tourna les siens et lui dit:

— Marcos Praya, M. le comte vous attendait.

Le métis s'inclina jusqu'à terre devant elle, puis, se redressant pour venir déposer ses hommages devant celui qui tenait sa vie et sa fortune entre ses mains débiles, il attendit que ce dernier l'interrogeât.

Le comte avait ouvert les yeux depuis un instant.

— Vous avez reçu ma lettre, Marcos ? lui dit-il.

— Depuis dix jours, monsieur le comte.

— Comment tout va-t-il là-bas ?

— Aussi bien que cela peut aller en l'absence du maître.

— Mes esclaves, mes serviteurs ne manquent ni de force ni de dévouement. Comment se fait-il qu'il en soit ainsi ?

— Si dévoués que paraissent les serviteurs, si rudes au travail et durs au mal que soient les esclaves, ils ne remplacent jamais le maître.

— C'est vrai, ordinairement, ce que vous dites là, mon pauvre Marcos, reprit le comte de Casa-Real avec un soupir de regret ; mais pour cette fois-ci, je crois que vous vous trompez.

— Non, Seigneurie.

— Mon arrivée, mon retour n'apportera, je le crains, aucun changement dans l'habitation.

— Mon ami ! fit Hermosa.

— Vous le pensez comme moi, madame la comtesse, répliqua un peu sèchement le comte.

— Moi, je vous jure...

— Tout le monde vous aime et vous vénère, Seigneurie ! s'écria Marcos, coupant la parole à sa maîtresse, dont il devinait la gêne forcée ; les esclaves et les affranchis attendent votre retour avec une grande impatience.

— Oui... oui... c'est possible. Je n'ai jamais été un mauvais maître.

— Il y a si longtemps que vous nous avez quittés !

— Hélas ! fit M. de Casa-Real répondant à son serviteur comme s'il se fût répondu à lui-même. Hélas ! j'aurais agi plus sagement en n'entreprenant pas ce long et pénible voyage. Je n'ai pas voulu y renoncer. J'espérais. Aujourd'hui mes yeux se sont ouverts. Il est trop tard, même pour me plaindre. Que la volonté du Très-Haut soit faite !

Comme tout bon Espagnol, et surtout comme un Espagnol malade, le comte mettait sa foi en Dieu, et n'entendait pas qu'on se permît chez lui la moindre raillerie contre les pratiques ordinaires de la religion.

La comtesse ne sourcilla point.

Mais, à coup sûr, des deux ce n'était pas elle qui avait le plus vivement senti les atteintes de la grâce.

Quant au métis, il s'inclina gravement devant la résignation de son maître.

Le capitaine Noël, qui s'était mis à causer avec le médecin du comte, ne donnait, en apparence du moins, aucune attention à ce qui se passait entre les nobles seigneurs de Casa-Real et le majordome Marcos Praya.

Après un temps laissé au comte, Hermosa voyant qu'il persistait dans sa tristesse, se leva, s'approcha de lui et le baisant au front :

— Pourquoi ces pensées? dit-elle douloureusement. Vous voici revenu dans votre chère patrie. L'espoir, ce dictame béni, devrait rentrer dans votre cœur.

Le comte secoua la tête en signe négatif.

Elle reprit :

— Les médecins vous l'ont dit : votre maladie est surtout morale. Je suis de leur avis.

— Vraiment? laissa échapper ironiquement le comte, qui se mordit les lèvres, s'apercevant que son exclamation venait de faire retourner le capitaine et le docteur. Continuez, ma chère, fit-il d'une voix plus affable.

— Réagissez contre vous-même.

— Vous me trouvez faible, n'est-ce pas?

— Un peu.

— Je le suis, répliqua le comte avec une sombre raillerie qu'il dissimula mieux cette fois. Je l'ai été surtout.

— Que voulez-vous dire ?

— Rien. Vos conseils sont excellents, chère amie; je m'efforcerai d'en profiter.

— Vous me comblez de joie! répondit la créole. Chassez les tristes pensées qui vous assaillent, rattachez-vous à tout ce que vous aimiez jadis, et j'en suis sûre, je l'espère pour notre bonheur à tous, votre existence sera longue encore.

— Ainsi, Hermosa, vous croyez que j'appelle la mort et qu'il est besoin de me rappeler à la raison.

Cela fut dit lentement, et les yeux du comte dans ceux de sa femme.

Marcos Praya, les paupières baissées, attendant qu'on refit attention à lui, ne perdait rien de cette scène de ménage.

Le capitaine et le médecin causaient toujours à voix basse de leur côté.

La créole ne répliqua rien à la question posée par son mari ; elle le considérait avec stupeur, comme un enfant qui, après avoir lu et relu vingt fois la même phrase, y découvre un sens inconnu jusqu'à ce moment.

— Voyez-vous, chère, continua le comte de Casa-Real, à mon âge, lorsque l'avenir se présente avec ses horizons radieux, avec ses riantes promesses, on ne jette pas ses regards en arrière; on cherche à voir devant soi. Eh bien! il n'en est pas ainsi pour moi. Que mes idées soient justes, que mes pressentiments me trompent, l'avenir en décidera. Je vous ai attristée par mes plaintes, que j'aurais dû retenir. Brisons là. Vous voyez peut-être plus vrai que moi. Brisons là, je le répète.

La créole l'embrassa encore.

Puis, détournant la tête, elle s'essuya les yeux pour empêcher une larme d'apparaître sur le bord de sa paupière.

Le capitaine Noël eut un sourire de mépris sur les lèvres.

— Marcos Praya! appela le comte.

— Seigneurie.

— Tout est-il prêt?

— Oui, Seigneurie, fit le métis, comprenant à demi-mot.

— Ainsi, nous pouvons débarquer?
— Selon votre bon plaisir.
— Et nous rendre directement à Casa-Real?
— Depuis quatre jours, je suis à Matanzas avec cinquante esclaves ; deux palanquins sont préparés pour le voyage ; les mules de charge attendent tout harnachées dans les *corrales* de la posada de l'Espiritu-Santo.
— Loin d'ici?
— A dix pas.
— Sur le port?
— Sur le port même. Un seul mot de Votre Seigneurie, et dans deux heures nous serons en route pour l'habitation.
— Et nous arriverons?
— Au coucher du soleil.
Le comte n'hésita plus.
Il se leva.
— Eh bien! partons. J'ai hâte de remettre le pied sur le sol natal. Vous permettez, n'est-ce pas, monsieur le capitaine, que mes esclaves débarquent mes bagages?
— J'ai fait monter les caisses et les malles sur le pont, monsieur le comte, le transbordement peut commencer sur-le-champ.
— Il sera terminé en combien de temps?
— En moins d'une heure. Mon second a reçu les ordres nécessaires pour que tout marche au plus vite.
— Merci, capitaine. Allez, Marcos. Ne perdez pas de temps. Dès que les mules seront chargées, venez me prévenir.
Le majordome sortit.
Le capitaine Noël allait le suivre.
— Où allez-vous? lui demanda vivement la comtesse.
— Surveiller moi-même le transport...
— Ne prenez pas cette peine, cher monsieur Noël... Marcos Praya est un serviteur intelligent, il fera le nécessaire.
— Et je vous l'ai dit tout à l'heure, j'ai une prière à vous adresser. Demeurez un instant encore, dit le comte.
— A votre disposition, monsieur le comte.
La créole respira.
Elle savait évidemment ce que son mari allait demander au capitaine, et elle ne prévoyait pas de refus.
Le comte reprit :
— Capitaine, j'ai un service à vous demander.
— Monsieur le comte, considérez-le comme rendu.
— Je comptais sur cette bonne réponse, et j'y attachais une grande importance.
— Parlez, et s'il est en mon pouvoir de vous satisfaire...
— Cela ne dépend que de vous.
— De moi... seul?
— De vous seul.

— Alors, monsieur le comte, permettez-moi de vous faire remarquer vos hésitations et de vous certifier que je ne les comprends pas.

— Le comte de Casa-Real n'aime pas risquer un refus, dit la comtesse.

— Il n'y a pas de refus possible, madame, répondit Noël à Mme de Casa-Real; puis, ne regardant que son mari : et d'avance, vous m'entendez bien, monsieur le comte, je m'engage à accéder à votre demande quelle qu'elle puisse être.

— Je retiens votre parole, capitaine.

— Je vous écoute.

— Oh! ne vous effrayez pas d'avance, cher monsieur Noël. Voici ce dont il s'agit : Avant peu nous allons nous quitter pour longtemps, peut-être pour toujours. Vous, vous reprendrez vos courses aventureuses à travers l'océan, votre domaine; moi, je ne sortirai plus de mon habitation ou tout au moins de Cuba. Cette séparation me peine. Vous vous êtes montré pendant la traversée si bon, si aimable pour moi et les miens, vous vous êtes conduit, envers un pauvre et ennuyeux malade, avec tant de délicatesse et de prévenances, que vous avez gagné toute mon amitié.

Le capitaine s'inclina sans répondre.

Le comte et la comtesse échangèrent un regard à la dérobée.

Au bout d'un instant de silence, M. de Casa-Real ajouta :

— Cela posé, vous ne vous étonnerez pas que je vous supplie de venir passer quelques jours à mon château de Casa-Real.

— Ah! c'est cela?... fit le capitaine étonné, et ne pouvant s'empêcher de jeter un regard sur la créole.

Celle-ci ne semblait ni voir ni entendre.

— Oui, repartit le comte. Est-ce chose impossible?

— Je vous ai répondu d'avance, monsieur le comte, que rien ne me serait impossible pour vous satisfaire.

— Alors, vous partez avec nous?

— Ce soir même?

— Ce soir.

« Oui, je vous emmène.

— Ah! voilà qui est plus difficile.

— Allez-vous me manquer de parole déjà? fit le comte. J'ai été votre hôte à bord, devenez le mien à Casa-Real.

— Mon cher comte, des devoirs impérieux réclament ma présence à bord de mon navire, pendant quelques jours, tout au moins.

— Ainsi vous refusez?

— Non pas; mais, ces devoirs accomplis, je me rends à votre habitation, et j'y passerai tout le temps que vous voudrez.

— Foi de marin?

— Foi de marin!

— Bien! De quel nombre de jours avez-vous besoin pour terminer vos affaires, capitaine?

— De sept ou huit jours au moins.

— Mettons-en dix, quoique ce soit bien long! fit le comte en soupirant. Enfin, pourvu qu'il n'arrive pas de nouveaux obstacles d'ici là !...
— De ma part, je vous en réponds.
— Mais puis-je répondre que de la mienne il n'en surgisse pas cinquante... tandis que si je vous emmenais...
— Il ne vous arrivera rien que de favorable, je l'espère, monsieur le comte, répliqua le marin, qui examinait la comtesse d'un œil aussi sévère que s'il avait été, lui, le juge, et la comtesse l'accusée.

Celle-ci tressaillit, mais ne souffla pas mot.

— Soit ! s'écria le comte de Casa-Real sans rien remarquer, dans dix jours vous serez nôtre.
— Je vous le promets, je m'y engage formellement.
— Je compterai sur vous. Comtesse, nous partons.
— Vous me voyez prête, mon ami.

Le capitaine sortit du carrosse.

Une heure plus tard, le comte de Casa-Real et sa femme quittaient le brick avec toute leur suite.

En mettant le pied sur le pont volant qui faisait communiquer le navire avec le quai, la comtesse se retourna, et se penchant vers le capitaine, qui lui donnait le bras, elle lui dit d'une voix étouffée :

— Vous viendrez à Casa-Real, n'est-ce pas?

Noël se taisait.

— Je le veux.

Rien.

— Je vous en conjure.
— J'agirais mieux en ne venant pas, madame.
— Non. Il le faut.
— Parce que ?
— Parce que si vous ne venez pas au château, c'est moi qui viendrai vous chercher ici.
— Folle ! murmura Noël.
— Folle ! soit! mais je veux que vous ne vous éloigniez pas ainsi de moi, et ma volonté se fait toujours, vous le savez.

Elle lui parlait bas, le sourire aux lèvres, jouant de l'éventail ou du mouchoir.

Elle était ravissante de coquetteries hypocrites.

Il eût fallu avoir un cœur de bronze pour ne pas se rendre à ses désirs et à ses minauderies.

Le capitaine s'inclina, et après l'avoir accompagnée jusqu'à son palanquin, après avoir serré une dernière fois la main à son mari, il regagna son navire, en se disant, à part lui :

— Non ! Ce n'est pas possible ! Je me serai trompé ! Un vase aussi parfait ne renferme pas un poison aussi terrible: Oh ! je saurai tout. Pour savoir, il faut voir. J'irai au château de Casa-Real, et là je verrai, je saurai !

III

LA LETTRE

Dix jours après les événements que nous avons racontés dans notre précédent chapitre, deux cavaliers, bien montés, traversaient la plaza de Armas de Matanzas, au moment où deux heures de l'après-dîner sonnaient à l'horloge du Cabildo.

Au premier coup d'œil, il était facile de reconnaître ces cavaliers pour des Européens.

Ils firent un crochet sur la droite et s'engagèrent dans une rue étroite et longue, aboutissant à la campagne.

Ces deux étrangers étaient le capitaine Noël, commandant le brick mexicain arrivé depuis peu dans le port de Matanzas, et son matelot, le gigantesque la Cigale.

Un silence morne planait sur la ville.

Tout était fermé, fenêtres, jalousies, grilles et portes.

Les habitants faisaient la *siesta*.

Suivant le proverbe espagnol, proverbe peu flatteur pour notre amour-propre national :

« A l'heure de la siesta, on ne rencontre dans les rues des villes castillanes que des chiens ou des Français. »

Or, une fois par hasard, la voix du peuple ne mentait pas.

Nos deux intrépides, qui bravaient avec tant d'insouciance les trente-cinq ou quarante degrés d'une chaleur torride et les rayons de feu d'un soleil implacable, étaient bien Français de naissance, de corps et de cœur.

Parfois, sur leur passage, quelque chien, confortablement couché à l'ombre d'un porche solitaire, entr'ouvrait un œil endormi au bruit des pas de leurs chevaux et poussait un aboiement à demi étouffé par le sommeil.

La journée était belle.

Les rayons du soleil, semblables à des flèches d'or rouge, faisaient miroiter comme une vitrine de diamants le cailloutis micassé des rues.

Pas un souffle dans l'air.

Quelques gypaètes, perchés sur le rebord des toits en terrasse, dormaient tranquillement sur une patte, la tête cachée sous l'égide protectrice de leurs ailes.

Une vapeur nauséabonde, dans laquelle papillonnaient en bourdonnant des milliers de moustiques, sortait des flaques d'eau fangeuses, oubliées par l'incurie des habitants, devant les portes de presque toutes les maisons.

Chevaux et cavaliers allaient marchant côte à côte.

Noël songeait.

La Cigale, bercé doucement par le pas cadencé de sa monture, sommeillait avec autant de tranquillité que s'il eût été étendu dans son hamac.

Son cheval suivait machinalement le pas de son compagnon d'écurie.

On se trouva bientôt en pleine campagne.

Le capitaine du brick devait connaître à fond l'endroit où ils se trouvaient. Sans hésiter, il appuya légèrement sur la gauche et s'engagea dans une route carrossable assez bien entretenue pour le pays.

Il est bien entendu que de cette route, en France, nul département, nulle commune ne se contenterait.

Mais en France on ne possède qu'un demi-soleil et un demi-sommeil.

Moins de chaleur et plus de temps sont deux précieux auxiliaires pour nos préfets, nos ingénieurs et nos agents voyers.

A chacun selon ses œuvres.

Cet axiome pourrait bien servir de pendant au proverbe espagnol qui prône si orgueilleusement la siesta et ses fidèles.

La route carrossable citée plus haut s'enfonçait, après force méandres, dans une épaisse forêt de palmiers, de gaïacs, de grenadiers, de tamarins, d'acajous, de limoniers et d'orangers.

Tous ces arbres aux fruits savoureux, à l'ombrage odoriférant, poussaient pêle-mêle, s'enchevêtrant les uns dans les autres dans le désordre le plus pittoresque.

Une fraîcheur délicieuse régnait sous ce couvert.

Cette brusque transition d'une chaleur tropicale à une fraîcheur, à un froid relativement aigu, réveilla le matelot.

La Cigale ouvrit les yeux, chercha où il pouvait être, et avant de se retrouver il éternua, coup sur coup, à trois ou quatre reprises.

Ces éternuements formidables firent envoler des bandes de petits oiseaux réfugiés dans le feuillage.

Ils tirèrent en même temps le capitaine de ses réflexions.

— Dieu soit avec toi, mon bon la Cigale! fit-il en souriant.

— Oh! ne vous gênez pas, mon capitaine, vous pouvez dire : Dieu vous bénisse! Je l'ai bien mérité.

— Bien et plusieurs fois.

— Pristi! je crois que je m'enrhume! v'là que ça me reprend.

Et les éternuements de recommencer de plus belle.

— Heureusement que nous voyageons en plein jour, dit le capitaine.

— Pourquoi ça?

— Tu ne réveilles que des oiseaux.

— Eh ben! si c'était la nuit?...

— Si c'était la nuit, mon pauvre ami, ton clairon pourrait bien nous attirer des visites désagréables... Les jaguars qui se cachent maintenant dans leurs antres ou sous la feuillée, ne demanderaient pas mieux que de venir faire leur partie dans tes concerts.

— Les jaguars... faudrait voir! ricana le géant en levant ses énormes poings... J'en ai toujours entendu parler, je n'ai jamais pu mettre la main dessus... Je parie que j'étrangle le premier que nous rencontrons sans lui donner le temps de dire « Dieu vous bénisse! » si j'éternue.

— Je ne désespère pas de te procurer ce petit plaisir-là.

— Vous me trouvez faible, n'est-ce pas ? — Un peu.

— Vous êtes bien bon, mon capitaine. C'est égal, on respire à son aise, ici, au moins.
— Tu trouves, matelot ?
— Oui, sauf votre respect.
— Tu sais où nous nous rendons ?
— Pardi, monsieur le comte !

— Hein? gronda le capitaine.
— Cristi! non! Je veux dire : Pardi, oui, mon capitaine.
— Ouvre l'œil au bossoir, mon gars, reprit sévèrement Noël.
— J'y veillerai... mais voyez-vous... mon capitaine... quand je ne bégaie pas, je dis des bêtises... Je vas me remettre à bégayer...
— Plus d'oubli.
— Il n'y a pas de danger... répondit le géant, qui venait de se mordre les lèvres jusqu'au sang.
— Tu reconnais cette route?
— J'ai assez louvoyé bord sur bord dans ces parages de malheur, capitaine, pour les reconnaître en plein soleil ou en temps de brume; il n'y a pas un brin d'herbe que je n'aie relevé à son tour, et dont je ne connaisse le gisement.
— Tu me quitteras où tu sais.
— Bon.
— Et comme autrefois tu t'arrimeras dans ta grotte...
— Dans la grotte du Frayle?
— Oui.
— C'est tout?
— Tu veilleras au grain.
— Ça, il n'est pas la peine de me le recommander. Je connais la manœuvre aussi bien que tous ces moricauds.
— Ils sont malins comme des singes.
— Pas assez pour faire voir le tour à votre matelot et pour genopper un vieux de la cale comme moi.
— Je m'en rapporte à toi.
— Et vous avez raison, mon capitaine. Est-ce qu'elle durera longtemps, cette croisière sur le plancher des vaches?
— Deux ou trois jours, peut-être.
— A la bonne heure!
— Et ce sera la dernière fois que nous reviendrons ici.
— Le Seigneur vous entende, mon capitaine! Ces arbres, ces rochers, ces ranchos, ces buissons, ces casas, toute la boutique et tout le bataclan, ça ne me va pas, voyez-vous.
— Oui dà! Monsieur a mieux sans doute dans son portefeuille!
— Je crois bien, répondit le colosse, heureux de voir son chef plaisanter avec lui, j'ai... j'ai... j'ai...
— La mer, n'est-ce pas?
— Oui, la mer. Palez-moi de cette grande route-là... Il ne faut pas s'écarquiller les yeux pour reconnaître ses amis, et pour voir ses ennemis de loin. On sait tout de suite à quoi s'en tenir. Ce n'est pas comme ici. On cherche toujours sur quoi on met le pied.
— Tu n'es jamais content, toi.
— Dame! écoutez, mon capitaine; je vous dirai bien ce que je pense, si vous voulez me le permettre.
— Dis.
— Vous ne vous fâcherez pas?

— Non.
— Eh ben! je veux que le grand Lucifer m'extermine si je comprend rien à vos gyries.
— A mes gyries?
— Les mots sont les mots; les choses sont les choses. Vous m'avez promis de ne pas vous échauffer, je vas en profiter.
— Fais vite au moins, répondit Noël, qui pardonnait bien des libertés à son matelot.
— C'est limpide! Vous courez un mois côte à côte et courant le même bord avec...
— Avec qui?
— Avec la personne...
— Pas de nom, n'est-ce pas?
— Il n'y a pas de danger!... Pendant ce temps-là, vous avez causé, vous vous en êtes dit qu'on en couvrirait toutes les pages du livre de bord, et, malgré ça, vous éprouvez le besoin de retailler une bavette avec elle! Faut que ce soit bien agréable tout de même!

Le capitaine se mit à rire.

La Cigale ne trouvait pas la chose si risible, lui.

Dans l'effervescence de sa démonstration, il tira trop vivement la bride de son mustang.

L'animal se cabra droit sur ses jambes de derrière.

Noël crut son matelot désarçonné.

Il n'en fut rien.

Le géant avait des jambes de fer.

Serrant sa monture, qui poussa un hennissement de douleur et de colère, il la fit retomber sur place, et lui enleva par cette preuve de vigueur irrésistible toute velléité ultérieure de révolte.

Cela fait avec le calme qui le caractérisait, la Cigale reprit :
— C'est égal, c'est tout de même une drôle d'idée qui vous reprend là, mon capitaine.
— L'idée ne vient pas de moi, bavard sempiternel !
— Si vous voulez que je me taise.
— Parle si tu veux, tais-toi si cela te convient.
— Alors je me tais.
— A ton aise.

Le bon la Cigale ne parlait que dans l'intérêt de son chef.

Dès qu'il lui fallait ouvrir la bouche et desserrer les dents pour son propre compte, il devenait muet comme un poisson, ne trouvant pas que le sujet fût digne de ses efforts d'éloquence.

Au bout d'un quart d'heure de trot silencieux, Noël lui dit :
— Nous approchons.

Le matelot s'inclina sur sa selle.
— Tu m'entends?

L'autre fit signe que oui.

— Tâche de ne pas faire de sottises... Voyons, ne boude plus et réponds-moi, animal !
— Alors, faut que je parle ?
— Oui. Que vas-tu faire ?
— Mon capitaine, je vais vous quitter au carrefour de la Cruz-San-Andrès.
— C'est cela.
— Et vous continuerez votre route tout seul jusqu'à la maison. Vous êtes attendu. On a placé bien sûr des hommes de vigie autour de l'habitation.
— Peu importe.
— Oui, mais que ça vous importe ou non, aussitôt que vous aurez été signalé on laissera arriver en grand sur vous pour vous piloter et vous faire les honneurs.
— Tu as de la mémoire, matelot.
— Pour vous, oui.
— C'est convenu. Tu me quitteras au carrefour de la Cruz-San-Andrès.
Le colosse fit un signe de satisfaction.
Ils avancèrent rapidement.
Noël était retombé dans ses réflexions.
La Cigale luttait contre les regains de son sommeil interrompu.
Vers quatre heures, ils atteignirent le carrefour de la Cruz-San-Andrès.
Là, ils s'arrêtèrent.
Après avoir échangé quelques dernières recommandations, la Cigale prit une sente qui filait sous bois, et son capitaine continua sa route, au galop de chasse, allure habituelle des chevaux américains, qui, pour le constater en passant, ont en général le trot fort dur.
Au bout de quelques minutes de galop, Noël aperçut à l'autre extrémité de la route un cavalier accourant vers lui à bride abattue.
C'était un *montero* ou paysan tenant une ferme à gages.
Arrivé côte à côte avec le capitaine, il s'arrêta net, et portant la main à son chapeau :
— *Santas tardes, caballero !* lui dit-il.
— *Dios la dé à Vuestra Merced buenas,* lui répondit Noël.
Après cette réciprocité de complimentation, formule consacrée de tout salut espagnol en Amérique, le montero continua :
— Votre Seigneurie veut-elle bien me permettre une question ?
— Parlez.
— Votre Seigneurie se rend-elle à Casa-Real ?
— Mais... oui.
— Alors Votre Seigneurie est le capitaine Noël ?
— Je suis le capitaine Noël.
Le montero salua.
Noël lui rendit son salut.
— Le comte de Casa-Real m'a donné l'ordre de venir au-devant de Votre Seigneurie avec quelques esclaves et des peones qui nous attendent à l'entrée de la forêt.
— Je suis à vos ordres, caballero.

Le montero rangea son cheval à la gauche du capitaine, et les deux cavaliers se remirent en route.

Cependant la forêt allait s'éclaircissant.

Les arbres s'éloignaient, s'écartaient les uns des autres. L'ombre se faisait moins épaisse, et dans le lointain on pouvait apercevoir des échappées de la campagne.

Après avoir jeté autour de lui un regard soupçonneux, arrivé à une clairière où tout espion se fût difficilement dissimulé à son œil perçant, le montero toucha légèrement le bras du capitaine.

Celui-ci se retourna vers lui.

Le montero lui tendit alors un billet, scellé d'un large cachet armorié ; mais avant de le lui remettre entre les mains :

— De la part de qui vous savez, caballero, fit-il à voix basse.

— Donnez.

— De la part de qui ?

Noël vit que le montero ne lui remettrait le pli cacheté qu'en échange d'un nom.

Il répondit indifféremment :

— De Mme la comtesse de Casa-Real.

— Bien. Prenez.

Noël prit la lettre et se mit en action de la décacheter.

L'autre l'arrêta :

— Vous lirez cela quand vous serez seul ; puis vous le brûlerez.

Le capitaine Noël serra le papier, puis se tournant vers le montero :

— Votre nom, señor ? lui demanda-t-il.

— Juan Romero, Seigneurie.

— Vous êtes dévoué à la comtesse de Casa-Real ?

— Corps et âme.

— Dites-lui que je ferai ce qu'elle désire.

Le montero s'inclina jusque sur le cou de sa monture.

Ils étaient parvenus à la lisière de la forêt.

Une vingtaine de cavaliers les attendaient.

Ces cavaliers laissèrent passer le capitaine et son guide ; ils se rangèrent respectueusement en arrière et s'apprêtèrent à les suivre.

On continua à s'avancer vers l'hacienda de Casa-Real, qui dessinait sa majestueuse silhouette au sommet d'une colline bornant l'horizon de ce côté.

L'hacienda, ou le château de Casa-Real, construit dans les premiers temps de l'occupation espagnole, est certes un des plus magnifiques échantillons du style de la Renaissance en Amérique.

On ne peut lui comparer, et encore désavantageusement, que le palais du comte de La Fernandina et celui du gouverneur de la Havane.

L'aspect en est imposant et grandiose.

C'est bien véritablement le type de ces manoirs féodaux que les nobles aventuriers de ce temps-là se construisaient.

Au moyen de ces forteresses inexpugnables, les gentilshommes de proie tenaient sous leur joug de fer et de sang les malheureuses et craintives populations de ces pays inconnus.

Ce fut surtout dans la première période de la découverte que bon nombre de ces manoirs s'élevèrent comme par enchantement.

Vu de la sorte, à distance, le château de Casa-Real offrait un coup d'œil superbe.

Il était placé au centre de plusieurs villages dont les maisons aux faîtes rougeâtres réverbéraient les derniers rayons du soleil couchant.

Les clochers des églises se mêlaient aux arbres de toutes espèces et paraissaient surgir du milieu d'un bouquet de palmiers gigantesques.

Une immense forêt l'enveloppait, formant une éblouissante ceinture vert d'émeraude à l'orgueilleuse demeure.

Lors de la prise de la Havane, en l'année 1536, par les Français, et en l'année 1762 par les Anglais, Casa-Real soutint victorieusement deux sièges mémorables contre les armées envahissantes.

Le dernier siège dura plus d'un an.

Pendant ce long espace de temps, les assauts répétés, la famine, les fléaux les plus terribles, ne parvinrent pas à lasser la constance de ses héroïques défenseurs.

Vingt fois on leur offrit une honorable capitulation, vingt fois ils la refusèrent.

Assiégeants et assiégés y mirent la même persévérance, le même acharnement.

On ne leva le siège que le jour où la Havane fut restituée à la monarchie espagnole par le traité de Versailles.

Le comte de Casa-Real actuel, celui que nous avons présenté à nos lecteurs, à bord du brick mexicain commandé par le capitaine Noël, attendait son hôte.

Pour lui faire honneur, il se tenait sur le seuil de sa demeure seigneuriale, appuyé sur deux serviteurs.

Sa femme était près de lui, à sa droite, un peu en arrière, pour ainsi dire dans son ombre.

De la sorte, elle voyait tout, sans livrer son visage en examen aux yeux de son seigneur et maître.

Noël mit pied à terre dans la cour d'honneur.

— Soyez le bienvenu dans le château de mes pères, capitaine Noël, dit le comte de Casa-Real, faisant avec peine deux ou trois pas au-devant du marin. Veuillez, je vous prie, vous considérer ici comme dans votre propre demeure. Cette maison est vôtre ainsi que tout ce qu'elle contient.

Cette hyperbolique, cette emphatique politesse n'eût rien signifié dans la bouche de tout autre bon Espagnol.

Tout offrir afin de se faire tout refuser est le propre de ce peuple vantard et généreux quand même.

De la part du comte de Casa-Real, ce n'était pas une vaine parole.

— Mille grâces, monsieur le comte, répondit Noël, serrant la main de son hôte et saluant profondément son hôtesse; un pareil accueil me touche. Je ne saurai jamais trop le reconnaître.

— Vous reconnaîtrez mon hospitalité en l'acceptant comme je vous l'offre, franchement et de tout cœur. Vous nous comblerez même en agissant avec nous comme avec de vieux amis.

Noël regardait la comtesse en souriant.

Le comte n'eut pas l'air de remarquer ce sourire, et il ajouta :

— Ici pas de façon, pas d'étiquette.

— Je me conformerai à vos instructions.

— Mais, mon ami, interrompit la belle Hermosa, vous ne songez pas qu'au lieu de retenir ici M. le capitaine Noël, vous...

Le comte ne la laissa pas achever.

— J'oubliais en effet la fatigue du chemin, mais la joie que j'éprouve en voyant le capitaine sous mon toit est mon excuse.

— La fatigue et moi nous sommes de vieilles connaissances, monsieur le comte.

— Marcos Praya! appela ce dernier.

— Seigneurie? fit le métis, avançant à l'appel de son maître.

— Conduisez ce caballero à son appartement.

— Mais...

— Oh! pas de cérémonie... N'allez pas vous croire obligé de demeurer plus longtemps près de moi... Vous avez besoin de repos... Suivez Marcos Praya, je vous prie.

Ne croyant pas devoir insister plus longuement, le capitaine suivit le majordome.

Après avoir traversé de nombreux et vastes corridors, ils arrivèrent à un élégant appartement.

Le capitaine se souvint de l'avoir habité déjà à une époque antérieure.

Marcos, exécutant les ordres du comte de Casa-Real, était censé ne pas se douter de la connaissance que Noël pouvait déjà posséder de ces êtres.

Noël imita sa réserve.

Le métis ouvrit la porte de l'antichambre et s'arrêta sur le seuil.

— Entrez, señor, fit-il.

— Vous ne me montrez pas le chemin plus avant? demanda un peu ironiquement le capitaine.

— Tout est disposé pour que Sa Seigneurie ne manque de rien, répondit froidement Marcos Praya.

Noël entra.

Le métis ajouta :

— La cloche du dîner sonne à six heures.

— Bien!

— Sa Seigneurie n'a pas autre chose à me dire?

— Pas autre chose. Merci.

Marcos Praya referma la porte et revint sur ses pas.

Dès qu'il se crut certain de ne plus être vu par l'hôte de son maître, le métis changea de physionomie.

La froideur, l'impassibilité de commande qui avaient servi de masque à son visage disparurent, et une expression de rage y reprit sa place.

Il fit un geste de menace du côté par lequel avait disparu le capitaine, et il murmura entre ses dents :

— Qu'elle prononce un mot... et ce mot sera ta condamnation, Français maudit!

Et il retourna annoncer au comte de Casa-Real que ses ordres venaient d'être exécutés.

Le capitaine pénétra dans un salon, traversa un fumoir et parvint dans une chambre à coucher dont il eut soin de visiter les coins et recoins.

Quelque sûr de sa solitude qu'il fût, Noël, pensant que les murs mêmes de sa chambre à coucher pouvaient avoir des yeux, ne jugea point à propos de prendre connaissance immédiate de la missive de la comtesse.

Il choisit un cigare dans un élégant étui en paille de Goyaquil, l'alluma à un brasero en vermeil placé sur un guéridon, et, s'installant dans un fauteuil à bascule, il fit mine de se livrer à la demi-somnolence que procure et amène la fumée du tabac des Iles.

Arrivé à la moitié de son cigare, il sortit un portefeuille de sa poche et se mit à compulser une assez copieuse correspondance.

Parmi ces lettres se trouvait celle qui lui avait été remise dans la forêt par Juan Romero.

Il la prit, la décacheta et la lut.

Cette lettre était courte et d'une écriture tremblée.

On avait dû la recommencer plus d'une fois.

Pour un indifférent, le contenu n'en avait rien que de simple et d'ordinaire.

Pour le capitaine, il n'en fut pas ainsi.

Aux premières lignes qu'il parcourut, son regard se voila, son visage pâlit un tremblement nerveux fit osciller le papier entre ses doigts crispés par une émotion violente, insurmontable.

Voici ce qu'il venait de lire :

« Monsieur le capitaine,

« En épouse obéissante, j'ai laissé le comte de Casa-Real vous remercier pour les soins dont vous nous avez entourés pendant notre longue traversée de Cadix à Cuba.

« Mais puisque, Dieu aidant, vous avez accepté notre hospitalité, j'ai compris qu'il fallait saisir cette occasion de vous témoigner ma reconnaissance personnelle.

« L'heure est venue.

« Je la saisis.

« Vous n'abandonnerez pas ce pays, vous ne quitterez pas cette habitation sans me donner quelques instants.

« L'état maladif de mon mari l'oblige à se retirer de bonne heure dans ses appartements.

« Chaque soir, à neuf heures, je demeure et suis seule dans mon salon.

Une fraîcheur délicieuse régnait sous ce couvert.

« Consentirez-vous, monsieur, à me tenir compagnie une demi-heure?

« Votre appartement, vous le savez, communique avec ce salon, grâce à une double porte.

« Vous n'aurez qu'à ouvrir cette double porte, et vous serez sûr de trouver des remerciments sincères, un ennui à soulager et un peu de mauvaise musique à entendre.

« Comtesse Hermosa de Casa-Real. »

IV

TÊTE-A-TÊTE

La lettre que le capitaine Noël venait d'achever était ou paraissait être bien inoffensive, bien anodine.

A quoi bon cette recommandation expresse de la brûler, de la détruire après lecture?

Il fallait comprendre bien mal la langue castillane, il fallait avoir l'esprit singulièrement tourné vers le mal pour entacher du plus léger blâme des paroles si cordiales, et qui exprimaient une aussi franche, une aussi sincère reconnaissance.

Notre héros relut pourtant deux fois cette lettre.

Chaque fois, il essuya avec son mouchoir son front, sur lequel perlaient des gouttelettes de sueur froide.

Une cruelle indécision se peignait sur ses traits attristés, assombris.

Il froissait machinalement le papier dans ses mains.

Un instant, la pensée de fuir, de quitter l'habitation du comte de Casa-Real traversa son esprit.

Mais quel prétexte donner à ce départ subit?

A peine venait-il d'arriver.

Que penserait son hôte d'une détermination aussi étrange?

D'autre part, se retirer sans le voir, sans le prévenir, était impossible.

— Que faire? murmurait-il.

Après de longues fluctuations, Noël parut avoir pris son parti.

Il se leva, et allant au brasero, il brûla la lettre qui venait de causer son hésitation.

Sa promesse était tenue.

Alors, avec une insouciance formant un singulier contraste avec son émotion toute récente, il passa dans un cabinet de toilette attenant à la chambre à coucher.

Là, il se mit en mesure de réparer activement le désordre causé à sa tenue par un voyage de plusieurs heures.

Il achevait sa toilette lorsque la cloche sonna le dîner.

Noël se dirigea d'un pas tranquille vers la salle à manger.

Quatre personnes l'attendaient pour se mettre à table.

Ces quatre personnes étaient :

La comtesse de Casa-Real,

Le comte,

Le médecin,

Et l'aumônier de la famille de Casa-Real.

Dès qu'il eut mis le pied dans la salle à manger, le capitaine sentit le regard de la créole tomber sur lui. Il se savait examiné. Il demeura impassible.

La belle Hermosa ne parvint à rien lire, à rien deviner sur ce visage calme et froid.

Sur un signe du comte, le chapelain prononça le *Benedicite*.

Chacun prit place.

Noël se trouvait assis entre le comte et la comtesse.

Si grande que fût la contrainte que lui imposait le voisinage immédiat de cette dernière, il bénit cet arrangement, dans son for intérieur.

Il préférait se trouver auprès d'elle.

De la sorte, il ne sentait pas ce regard de feu peser continuellement sur lui.

Le dîner fut long.

On le servit avec ce luxe et cette élégance qui ne se trouvent plus aujourd'hui que dans les maisons princières.

Chez les parvenus on dîne beaucoup.

Chez les gens qui ne sont pas encore arrivés on dîne peu.

Chez les gentilshommes ruinés on ne dîne plus du tout.

En fait de gastronomie, les grandes familles espagnoles ont précisément conservé la tradition du siècle de Louis XIV.

En apparence, il ne se passa rien tout le long de ce repas.

Le feu couvait sous la cendre.

La conversation tombait sans que personne la relevât d'une impulsion vigoureuse.

L'aumônier mangeait comme tout bon ecclésiastique le doit faire à l'heure sainte de ses repas.

Le médecin veillait son malade, sans perdre un morceau pour son propre compte.

Malgré tous ses efforts, le comte de Casa-Real laissait percer une souffrance.

Mme de Casa-Real était nerveuse, selon son habitude.

Le capitaine seul mangeait, riait, buvait et causait.

Sans lui, le dîner, qui n'était que peu gai, aurait été lugubre.

Si Mouchette s'était trouvé admis dans une si noble compagnie, il eût demandé la permission de faire une cabriole sur la table pour animer la conversation.

Mais le gamin de Paris grouillait chez la Pacline, à deux mille lieues de là, en ce moment; il n'avait même pas encore fait la connaissance de son ami la Cigale.

Et puis, pourquoi Mouchette en cette affaire?

Les *dulces* et les *confites* servis, on se leva.

L'aumônier dit les *Grâces*, et l'on passa au salon.

L'aumônier et le médecin n'y firent qu'une courte apparition.

Le comte, sa femme et le capitaine restèrent seuls.

— Mon cher capitaine, lui dit le comte, vous le savez, vous êtes ici chez vous. La liberté la plus grande vous est accordée. Vous serez d'autant plus libre que l'état de faiblesse dans lequel je me trouve m'empêche de faire de vous ma... ma victime.

— Je le regrette, répondit Noël en regardant la comtesse à la dérobée.

Celle-ci saisit la balle au bond et ajouta :

— Monsieur le comte de Casa-Real oublie une seule chose.

— Laquelle, madame ?

— C'est qu'en son absence je ferai mon possible, non pas pour le remplacer, je n'en ai pas la prétention, mais pour vous empêcher de trouver monotone le séjour de Casa-Real.

— Je n'avais pas oublié cela, comtesse, répliqua l'hôte de Noël, j'allais même l'ajouter, mais vous avez eu l'obligeance de me devancer, et je vous en remercie; oui, mon cher monsieur Noël, ma femme est tout à votre dévotion.

Ce disant, un fin sourire apparaissait et disparaissait presque simultanément sur ses lèvres.

Noël fit semblant de ne rien voir, et pourtant...

Il vit le sourire du comte, il vit l'éclair de menace qui brilla dans les yeux de la comtesse.

Mais tout cela se passait entre gens du meilleur monde, il n'y eut pas un geste, pas un mot d'échangé qui indiquât l'état d'émotion intime dans lequel se trouvaient nos trois personnages.

Un drame terrible allait se jouer.

Deux d'entre eux le savaient.

Le troisième n'était pas sans une violente appréhension.

Et pourtant leur voix était tranquille, leur accent gracieux et poli.

Ils se tendaient la main, toute grande ouverte, rentraient les ongles et faisaient patte de velours.

Noël n'ayant rien répondu au comte de Casa-Real, celui-ci reprit :

— Vous êtes chasseur, capitaine ?

— Oui, comte.

— Mes ordres sont donnés. Demain, je l'espère, vous ferez dans mes bois une chasse dont vous garderez bien longtemps le souvenir.

— Croyez-vous être assez remis, demain, pour accompagner le capitaine, monsieur le comte ? demanda Hermosa.

— Hélas! vous savez comme moi, chère amie, que je ne peux jamais compter ni sur ni avec ce mot terrible qu'on appelle : demain.

— Je serais désolé... fit Noël.

— Ne vous préoccupez pas de moi, mon hôte. Je prendrai mon inaction en patience, et Mme de Casa-Real, qui adore la chasse et qui de plus est une de nos plus audacieuses et habiles écuyères, vous conduira dans les meilleurs endroits.

Ces paroles, prononcées de la façon la plus aimable, avaient cependant une teinte de raillerie qui fut loin d'échapper au capitaine.

La créole était rentrée dans son impassibilité étudiée.

Rien ne devait plus l'en tirer devant son mari.

Le comte ajouta :

— D'ailleurs, j'ai interrogé mes gardes, et vous ne chômerez pas... Le gibier foisonne en ce moment.

— Avez-vous quelques bêtes de prédilection qu'il faille ménager? demanda Noël, qui, en sa qualité de fin chasseur, connaissait le fort et le faible de tout bon propriétaire de chasses.

Tirez tout à votre aise. Nous ne sommes point en France, où l'on pleure une poule faisane ou une chevrette. Ici, ajouta-t-il, moitié sérieux, moitié ironique, plus on tue, plus on est considéré.

— On n'est pas plus royalement hospitalier.

— Maintenant, il ne me reste plus qu'à m'excuser auprès de vous, capitaine.

— Vous me rendez réellement confus.

— Je me sens un peu plus souffrant que dans l'après-midi. Permettez-moi de me retirer.

— Faites, je vous en supplie, monsieur le comte.

La comtesse de Casa-Real sonna.

Deux domestiques parurent.

— A demain et bonne nuit, mon cher hôte, dit le comte, je vous laisse avec la comtesse de Casa-Real. Comtesse, ajouta-t-il en se tournant vers sa femme, je vous confie le capitaine. Vous m'en rendrez bon compte demain matin.

Les serviteurs s'approchèrent.

Le comte s'appuya sur leurs épaules et sortit lentement sans retourner la tête.

La créole et le marin étaient seuls.

Ils échangèrent un regard.

De pâle qu'elle était, la belle comtesse de Casa-Real devint livide.

Il y eut un instant de silence funèbre.

Noël attendait qu'il plût à la comtesse de prendre la parole.

De son côté, Mme de Casa-Real semblait ne pouvoir se décider à parler.

Il y avait autant d'hésitations, autant d'émoi d'une part que de l'autre.

Mais dans toutes les circonstances *tendues* de la vie, à chance égale, à moyens de même force, les femmes sont plus promptes à prendre une résolution extrême.

Elle se décida donc à entamer l'entretien.

— Vous voici, à votre grand déplaisir, condamné à un tête-à-tête avec moi, monsieur, lui dit-elle d'un ton doucement ironique.

— A mon grand déplaisir, madame? En vérité, vous ne pouvez croire à une syllabe de la phrase que vous venez de prononcer, répondit le capitaine sur le même ton léger.

— Au moins n'est-ce pas un bonheur pour vous.

— Suis-je aveugle, madame la comtesse? Croyez-vous que, mieux que tout autre, je ne comprenne pas la faveur inestimable dont je profite?

— Vous n'êtes ni un aveugle ni un sot, monsieur le capitaine.

— Merci de votre indulgence.

— Vous êtes un ingrat.

— Un ingrat?

— Oui.

Et sur cette affirmation, la créole se leva avec un geste de dépit.

Mme de Casa-Real fit deux ou trois tours de salon, comme une lionne enfermée qui guette l'entrée du dompteur ou du belluaire pour se précipiter sur lui; enfin, elle se rapprocha vivement de son hôte, qui ne la quittait pas des yeux et gardait une attitude indifférente.

— Vous avez reçu ma lettre? dit-elle d'une voix brève et ardente.
— Juan Romero me l'a remise.
— Vous l'avez lue?
— Oui, comtesse.
— Brûlée?
— La question est inutile. Vos prières sont des ordres pour moi.
— Ainsi?...

Elle s'arrêta.

Son silence même était une interrogation.

— Ma présence n'est-elle pas une réponse suffisante, madame?
— Vous consentez à me donner l'explication que je vous demande?
— Ah! mille pardons, madame. Je vous prie de m'autoriser à modifier les termes dont vous vous servez...
— Pourquoi?
— Ils ne me paraissent pas convenir à la définition de cette entrevue.
— Expliquez-vous, monsieur!
— Je suis devant vous, madame la comtesse, non pas pour vous donner, une explication, qui, selon moi, n'est nullement nécessaire.
— Comment?
— Je n'ai, que je sache, rien à vous expliquer, grâce au ciel!
— A quoi êtes-vous disposé, alors? fit-elle, se contenant avec peine.
— A écouter patiemment, sans vous interrompre même, si vous le désirez, tout ce qu'il vous plaira de me dire.
— Tout cela!
— Oui, madame.
— Et vous ne craignez pas de vous compromettre?
— De nous deux ce n'est pas moi qui devrais ressentir pareille crainte.
— Oh! vous savez que je ne crains rien, moi, s'écria la créole avec une violence furieuse.
— Je le sais... mais prenez garde... votre mari peut vous entendre.
— Mon... mari ne m'entendra pas... et après tout... mieux vaudrait-il peut-être qu'il m'entendît. Chacun de nous saurait à quoi s'en tenir, au moins.

Noël ne répondit rien.

Elle reprit :

— Après tout, vous avez raison. Peu m'importe la qualification que vous donnerez à cet entretien. Je l'ai, je n'en demande pas davantage. Seulement, j'exige que vous répondiez à mes questions. Vous voyez que nous sommes loin du silence tant désiré par vous.

— Vous exigez?
— Oui.

— Vous exigez, madame! répliqua Noël en la couvrant sous son regard sévère, et en pesant sur chaque mot.

— Je suis femme, monsieur!

— C'est vrai. Comme telle vous avez le droit de dire : Je veux. Nous ne sommes en droit que de vous supplier, de nous incliner devant vous et de dire : Je désire.

— Bien compris, capitaine! fit Hermosa, qui ne put s'empêcher de sourire au milieu de sa colère et de son irritation.

Les deux interlocuteurs se trouvaient face à face.

Duellistes émérites, ils venaient d'engager le fer et de se reconnaître de même force sur le terrain.

Ils firent à la fois un pas de retraite pour préparer leur jeu et réunir toutes les ressources de leur science et de leur adresse, avant de commencer un combat qu'ils sentaient instinctivement devoir être mortel.

La créole alla se mettre au piano.

On ne saurait croire combien Pleyel ou Erard se mêlent à la conversation de l'autre côté de l'Océan.

Noël comprit.

Sans attendre l'invitation de sa belle ennemie ou amie, il vint s'asseoir dans un fauteuil qui se trouvait tout près du piano.

Elle avait pris et placé sur le pupitre la première partition qui lui était tombée sous la main.

C'était la partition de *Lucia di Lammermoor*, le plus doux chef-d'œuvre de Donizetti.

A cette époque *Lucia*, encore dans sa nouveauté en Europe, était à peine connue dans le nouveau monde, et faisait fureur.

La comtesse de Casa-Real passait pour une excellente musicienne.

Elle méritait sa réputation.

Elle était née artiste, et avait appris à déchiffrer et à comprendre les maîtres sans se donner la moindre peine, sans se livrer à un travail fatigant qui l'eût dégoûtée de cet art divin.

Tout en jouant l'ouverture de cette longue suite de mélodies, elle dit résolument à Noël :

— Écoutez-moi, Noël. Quoique nous soyons autorisés par le comte à rester souvent l'un près de l'autre, il convient de prendre nos précautions.

— Mais... repartit le capitaine.

— Oui, je sais ce que vous allez me répondre : vous n'avez pas l'intention de dire un mot qui sorte des convenances et du respect que vous devez à l'hospitalité.

— Oui, comtesse.

— Tenez, vous me faites jouer faux, fit Hermosa en riant d'un rire presque aussi faux que la note mal attaquée dont elle parlait ; ne me répondez que quand je vous interrogerai... du moins pendant que je tapoterai ces sœurs blanches et noires.

Le capitaine s'inclina en signe d'obéissance.

Elle continua :

— On ne sait jamais avec qui l'on vit sous ce climat de feu ; peut-être quelque ennemi inconnu veille-t-il à l'une des portes de ce salon.

Comme Noël se levait pour aller voir et la rassurer, elle le retint en ajoutant :

— Le bruit de l'instrument étouffera le retentissement de ma voix, de la sorte nous n'avons rien à craindre.

Et pendant quelques minutes elle se contenta de terminer l'introduction de *Lucia*, cherchant des termes assez forts pour porter la conviction dans le cœur de l'homme qui se tenait immobile et insensible auprès d'elle.

Quant au marin, le sang-froid redoutable de cette femme l'effrayait malgré lui.

Jamais il ne l'avait vue si calme et si maîtresse d'elle-même.

Sous ce calme factice couvait et se cachait une tempête furieuse.

Il la sentit approcher.

Il se recueillit pour lui tenir tête.

Cependant Mme de Casa-Real laissait courir ses doigts de fée sur les touches, qui s'animaient et prenaient une vie nouvelle sous cette impulsion fiévreuse.

Elle se jouait de toutes les difficultés.

Arrivée à la fin de l'air d'Ashton :

> La Pietad in suo favore
> Miti sensi in van mi detta !

elle entama ce difficile entretien.

Alors commença entre ces deux personnes, qui, en apparence, se livraient corps et âme aux délices, aux harmonies du chef-d'œuvre de Donizetti, ce musicien si mal placé au second plan et si digne du premier, une scène étrange, indescriptible.

Si passionné que devint l'entretien, si menaçantes que fussent les paroles échangées entre le capitaine Noël et la jeune comtesse de Casa-Real, le piano ne restait pas muet une seconde.

Les doigts de l'artiste ne s'arrêtaient pas.

Ils couraient toujours avec la même sûreté magistrale, bondissant d'une octave à l'autre.

— Prêtez-moi toute votre attention, Noël ! dit-elle. Sur mon âme, ce ne sont pas de frivoles plaintes ou des paroles futiles que vous allez entendre.

Elle attaquait en ce moment le duo sublime et charmant de Lucia et d'Edgardo ; elle arrivait à ce magnifique passage :

> Sulla tomèa che mi cela
> Il tradito genitore...

et telle était sa propre puissance sur elle-même que, malgré son amour de l'art, elle ne perdit pas une seconde de vue l'idée mère de son discours.

Accompagnement sinistre, base effrayante plaquée par la rage, le déses-

— Soyez le bienvenu dans le château de mes pères, capitaine Noël.

poir, l'amour et la jalousie sur une explication décisive, fatale, mortelle peut-être.

— De cette explication, ajouta-t-elle, de cet entretien, si vous préférez, dépend notre avenir, notre destinée à tous les deux.

Noël fit un geste.

Elle le regarda en rassemblant ses deux mains sur les touches retentissantes.

Il s'arrêta.

— Dieu veuille, reprit la créole, que le résultat en soit tel que je le souhaite.

Une expression sardonique se fit jour sur le visage du marin.

— Ne raillez pas, Noël... Je connais votre esprit, vous n'avez pas besoin d'en faire preuve nouvelle devant moi. Ne bravez pas, je connais votre courage. Tout cela devient grave, plus grave que vous ne le pensez. Je vous supplie en grâce de ne pas mettre d'irritation dans vos réflexions, pas plus que vous n'en mettrez dans vos réponses.

Noël fit signe qu'il écoutait.

Tout en jouant l'ensemble frais et jeune de :

> Verranno a le sull'aure
> I miei sospiri ardenti...
> Vedrai sul mar che mormora
> L'eco de miei lamenti...

Elle continua :

— Accordez-moi, comme à vous, de l'intelligence et du cœur. C'est une histoire que je veux vous remettre devant les yeux; une histoire, oui, la mienne... celle de beaucoup de jeunes filles.

Elle examinait Noël pour s'assurer qu'il lui prêtait une attention soutenue.

Satisfaite de son examen, elle ajouta :

— Calme, douce, insouciante, pleine de naïves rêveries, d'aspirations instinctives vers un idéal insaisissable et séduisant, cette histoire-là pourrait bien finir dans les bas-fonds d'un abîme sanglant... Oh! fit-elle, en redoublant de force, je serai franche; je n'hésiterai ni devant mes souvenirs les plus riants et les plus vertueux, ni devant mes actions les plus coupables et les plus criminelles.

Elle se tut.

Ses doigts, seuls, continuèrent à vivre pour elle.

Noël attendait.

Un moment elle abandonna son piano.

— Quelle délicieuse mélodie, que ce premier acte de *Lucia!* Cette chère musique me rappelle les premiers jours de mon adolescence. J'aimais tout et je n'aimais rien. Tantôt folle, tantôt rieuse : le matin, courant après les papillons, je cueillais les fleurs du printemps nouveau; dans la journée, à cheval sur un mustang fougueux, indompté, je parcourais à l'aventure les immenses domaines de ma famille. Un ou deux serviteurs de confiance me suivaient, et le plus souvent, quand ce n'était pas Marcos Praya, je les laissais bien loin en arrière.

Elle poussa un soupir de regret, plaqua quelques accords harmonieux d'une main distraite, puis, passant de sa fantaisie à une fantaisie nouvelle, elle reprit :

— J'avais quatorze ans. La vie ne me jetait devant les yeux que ses joies, ses douceurs, ses plaisirs. Chacun m'aimait, me choyait; mes moindres mots, mes gestes même étaient admirés, répétés partout. Quand ils me rencontraient, en pleine savane ou en forêt, emportée à pleine course, les monteros se découvraient et me saluaient en souriant, comme pour dire : elle est bien des nôtres, notre jeune maîtresse! Ma présence leur portait bonheur, pensaient-ils. Ah! le beau temps! le beau temps!

Et elle essuya une larme de souvenir.

Le capitaine Noël contemplait avec un étonnement nouveau ce singulier mélange de toutes les forces et de toutes les faiblesses, ce composé d'une délicatesse exquise et d'une brutalité révoltante, cette femme, enfin, qui représente bien toute la femme, avec ses sentiments et ses sensations, ses vices et ses vertus, ses héroïsmes et ses crimes.

— Un jour, continua-t-elle, j'errais sans but sur le rivage aux environs d'Espiritu-Santo... C'est bien l'endroit, n'est-ce pas? J'en ai gardé le souvenir comme si cela ne datait que d'hier. Marcos me suivait seul. Le temps était sombre, le ciel cuivré, la mer déferlait avec fureur sur la plage, où ses lames monstrueuses s'abattaient avec un bruit sinistre. Un ouragan épouvantable passait sur l'île. Vous souvenez-vous de cela, Noël?

— Oui, madame, je m'en souviens.

— Et votre cœur ne tressaille pas?

— J'attends, répondit-il froidement.

— Attendez, attendez! Je fais en ce moment comme des romanciers en renom. Je ménage mes effets, répliqua la créole; mais soyez tranquille, les événements vont surgir, l'intérêt croîtra et les péripéties ne tarderont pas à se presser.

— Je sais que vous avez toutes les habiletés, madame.

— Mille grâces! Il est au moins une qualité que vous ne me refuserez pas...

— Je vous les accorde toutes.

— Vous ne me demandez pas laquelle?

— Puisque vous le voulez... oui... cette qualité?

— C'est une mémoire sûre...

— Implacable, comtesse.

— Implacable, vous l'avez dit, Noël.

— Continuez, je vous prie.

— La tempête éclatait dans toute sa rage, reprit-elle. C'était horrible et superbe à la fois! Je regardais avec terreur les débris que la mer rejetait sur la plage : tristes et douloureuses épaves de ce qui, peu de temps auparavant, avait dû être un beau et fier navire. A une de ses extrémités, la côte fait un coude qui s'avance assez loin dans la mer et forme une baie peu profonde.

« Malgré les avis de Marcos, peut-être même à cause de ces avis, je m'obstinai à doubler ce cap dangereux. Le sable détrempé par l'eau de mer avait peu de solidité. Mon cheval y entrait jusqu'à mi-jambes. Il y avait réellement un danger à courir. Marcos Praya ne me quittait pas d'une encolure. Il m'eût suivie en pleine mer, tout en me criant : « Maîtresse, vous vous perdez. » Au moment où, comprenant que ma fantaisie nous avait entraînés dans un mauvais pas, je cherchais à m'en sortir saine et sauve, je m'arrêtai avec un tressaillement nerveux, et je poussai un cri d'effroi. Marcos se précipita à la tête de mon cheval et le retint sur place. Un spectacle affreux, qui venait de s'offrir à mes yeux épouvantés, me faisait oublier le soin de ma propre conservation ! Ai-je oublié quelque détail de cette journée, Noël ?

— Jusqu'ici, je ne le crois pas, comtesse.

— C'est étrange ! en vous racontant le premier épisode de notre vie commune, j'éprouve un tremblement, une émotion semblables à ceux que j'éprouvai alors...

— Et vous tenez à me remémorer, à ressusciter pour quelques instants un passé qui n'aurait jamais dû exister.

— J'y tiens... pour vous et pour moi.

— Je prendrai donc la liberté d'achever votre récit, afin seulement de ménager votre excessive sensibilité.

La belle créole le remercia du geste et du sourire.

Le capitaine Noël continua de la sorte.

V

LE TESTAMENT DU COMTE DE CASA-REAL

— A vingt pas de vous, au plus, comtesse, se trouvait une embarcation chavirée, la quille en l'air, à moitié enfouie dans le sable. Tout près de cette embarcation gisaient sans mouvement quatre hommes, revêtus de costumes de marins. N'écoutant que l'exquise générosité de votre jeune cœur, l'idée vous vint aussitôt de sauver ces malheureux naufragés.

« Hélas ! vos efforts ne parvinrent pas à les rappeler tous les quatre à la vie. L'un d'entre eux n'était plus. Pendant que vous prodiguiez les secours les plus intelligents à ces malheureux, votre... votre frère de lait, le sieur Marcos Praya, était allé chercher du monde à votre habitation. Peu après il revint avec une douzaine de monteros.

« Une fosse fut creusée.

« On y mit le mort.

« Quant aux trois survivants, placés sur des brancards improvisés, on les transporta au château de Casa-Real, où grâce à vos soins, à vos ordres, quelques jours après ils eurent complètement repris leurs forces et leur santé.

— Oui... oui... tout cela est vrai ! murmura Mme de Casa-Real, l'œil dans le vide, rêvant presque qu'elle voyait tout ce que racontait le marin. Hélas ! pourquoi ce récit ne se termine-t-il point là ? Pourquoi, au lieu d'être une histoire complète, n'est-ce qu'un prologue à peine ébauché ? Achevez ! achevez ! Je vous écoute, Noël, et quelles que soient vos expressions, ne craignez rien.

— Craindre ! moi ! fit le marin, je ne crains rien, me jugeant sans reproches.

— Sans reproches ! s'écria sardoniquement la créole.

— Oui, comtesse, sans remords.
— Prouvez-moi donc que vous n'avez point partagé ma faute, mes torts... et...
— Je ne prétends pas vous inculper pour me défendre, madame... mais la vérité est la vérité. Nous sommes seuls, vous ne courez aucun risque; je ne vois pas pourquoi je vous épargnerais dans cette évocation des souvenirs que je croyais bien éteints.

Hermosa fit un signe de dénégation.

Le capitaine ajouta :
— Mon histoire, en cette circonstance, fut celle de tous les jeunes gens sans expérience, au cœur reconnaissant, à l'âme droite.

Elle haussa les épaules avec une suprême impertinence.

— Osez dire, fit Noël, qui aperçut son geste méprisant, osez dire que je vous parlai d'amour le premier ! Était-ce moi qui vous suivais partout, qui faisais naître mille occasions de nous rencontrer ? Non... Au contraire, j'avais pour vous un respect profond, une reconnaissance sans bornes ; je me tenais à l'écart, je vous fuyais, j'avais peur de vous. Vos regards ardents me brûlaient, le son de votre voix si douce m'enivrait, la senteur qui s'exhalait de toute votre personne me donnait le frisson. Je ne me sentais plus maître de ma pensée auprès de vous. La fleur de votre parure tombée, traînant derrière vous, un de vos gants laissé sur une chaise, un bracelet de vos cheveux d'enfant, c'était tout ce que je voulais de vous. Jamais un mot ne vous apprit, ne vous dévoila ma folie innocente. J'étais jeune, ne riez pas, je pouvais être innocent. A vingt-deux ans, c'est à peine si je connaissais le premier raffinement de l'amour. N'ayant jamais vécu qu'au milieu de...

— Au milieu de ?... répéta la comtesse de Casa-Real.

— Au milieu de grossiers matelots et de leurs compagnes aux mœurs robustes et faciles, j'ignorais le parfum, le charme, l'idéalité de vos existences... délicates. Mais vous, Hermosa, à l'âge où les autres jeunes filles commencent à peine à comprendre, vous saviez, vous compreniez, vous viviez !

— Après ?

— Vous vous étiez juré que je vous aimerais.

— Eh bien, vous m'avez aimée !

— Était-ce un caprice, était-ce une passion de votre part ? Je suis encore à le deviner. Je devais tomber à vos pieds, j'y tombai ; devenir votre chose, votre esclave, je le devins.

Un éclair de triomphe illumina le regard de Mme de Casa-Real.

— Oh ! vraiment ! ce fut une bien grande victoire et vous avez bien raison d'en tirer vanité à tant d'années de distance ! dit Noël en riant amèrement. Permettez-moi de vous rappeler cette nuit terrible, et vous triompherez moins, sans doute.

— Noël ! s'écria la créole avec un effroi véritable, ne faites pas cela.

— Si, pardieu !

— Taisez-vous ! par grâce... Ne me rappelez pas une nuit qui trouble mon sommeil... bien souvent.

— Vous l'avez exigé, madame ! Vous m'écouterez... On ne réveille pas de pareils souvenirs sans y laisser un peu de son assurance, de son repos non mérité et de sa tranquillité dans le crime...

— Pas ce mot !

— Dans le crime ! madame, répéta Noël avec énergie. Cette nuit-là compterait dans l'histoire s'il s'agissait d'une de ces reines comme Marguerite de Bourgogne ou Jeanne de Naples... Elle ne comptera que dans votre vie et dans la mienne, parce que nous sommes deux atomes, infiniment petits, jetés sans but sur terre par la main, par la volonté de Celui qui peut tout. Cette nuit-là, votre père se mourait.

La créole, comprenant que le capitaine irait jusqu'au bout, se renferma dans un sombre silence.

Elle avait résolu de tout entendre, voulant à son tour tout demander.

— Votre père se mourait, continua Noël. J'arrivai pour partager votre douleur, pour essuyer vos larmes. Pensez donc... une fille unique près de son père mourant !... Qu'avais-je à redouter ? rien ! Je vous avais évitée jusque-là... la souffrance que je vous croyais au cœur devint mienne, j'accourus... Alors... Tenez, madame, ce fut un moment si terrible et si incroyable, une lutte si insensée et si ridicule entre l'homme qui venait en consolateur, en ami, et la jeune fille qui le recevait en amant, entre le scrupule et la passion, entre l'amour pur et le désir furieux, que moi, homme, matelot, habitué aujourd'hui aux colères des éléments, aux rudesses de ma vie errante, je n'ose vous faire ce récit en détail, à vous, la femme adultère, la jeune fille coupable... Quelle nuit ! quelle nuit ! A quelques pas de nous, dans une chambre mortuaire, votre père rendait le dernier soupir... Et vous, me forçant de vous suivre dans votre folie presque parricide, vous mêliez vos rugissements d'amour à ses râles d'agonie.

La créole leva les yeux sur Noël, puis, voyant son inflexible résolution peinte sur son visage, elle les referma sans l'interrompre.

Noël reprit :

— Vous avez été infâme, et vous m'avez fait infâme ! Mais je vous aimais ; je vous pardonnai la seule faute que vous ayez jamais commise... Cette faute, à tout prendre, c'était pour moi que vous l'aviez commise ! Oh ! je vous aimais bien, allez !

Un tressaillement fiévreux agita la créole.

Elle ne sortit pourtant pas de son mutisme.

— Mais un jour je m'aperçus que vous me trompiez, moi, comme vous aviez trompé votre père... Votre caprice, votre fantaisie étaient passés, et si vous ne me disiez pas : Noël, je vous ai appelé parce que vous me plaisiez, je vous renvoie parce qu'un autre me plaît plus que vous... c'était un reste de pudeur qui vous arrêtait.

« Aujourd'hui, je le jure bien, vous ne seriez plus aussi patiente, aussi naïve.

« Je vous surpris dans les bras d'un rival préféré qui vous partageait avec moi.

« Vous savez ce qui arriva.

« Nous nous battîmes au couteau.

« Je le tuai.

« Aujourd'hui, je vous le jure aussi, je ne tuerais personne.

Ici, malgré son immuable résolution, la créole ne put s'empêcher de pousser une exclamation de rage.

— Lâche! qui m'as perdue, s'écria-t-elle, et qui renies ton amour.

— Je le renie, oui, madame, comme on renie une religion fausse et mensongère. Nous sommes ici pour nous dire nos vérités en face. Ne cherchons pas à nous tromper. Nous nous connaissons trop bien pour cela. Ange déchu, vous cherchiez à vous relever pour mon amour... Vous vous mentiez à vous-même, comme vous me mentiez à moi. Voilà pourquoi je vous ai fui, voilà pourquoi six ou huit mois après, à Paris, où vous étiez venue me rejoindre, je vous enlevai votre fille au moment où vous deveniez mère. Je restai sourd à vos prières. Au mépris de vos offres, sans faire attention à vos larmes, je refusai votre main et votre fortune. Étais-je le père de ce chérubin blond et rose que vous n'avez jamais vu? Vous seule pouviez me l'assurer et je ne vous croyais plus.

— Noël! vous avez douté!

— Je doute encore.

— Moi! vous tromper, quand je n'aimais que vous au monde, plus que tout au monde, dans les premiers jours de notre amour!

— Vous m'avez bien trompé plus tard!

— S'il en est ainsi, pourquoi me voler ma fille?

— Parce que je ne veux pas, qu'elle m'appartienne ou non, que cette malheureuse enfant ressemble un jour à sa mère. Voilà pourquoi je vous l'ai enlevée et non volée, madame la comtesse.

— Ainsi, votre volonté bien formelle est de ne pas me rendre mon enfant?

— C'est ma volonté. Vous ne la reverrez jamais.

— Jamais, Noël?

— Jamais.

— Oh! Noël, reprit-elle après un moment de silence bien rempli par leur émotion contenue, si vous vouliez oublier mes torts, nous pourrions être heureux encore!

— Heureux... vous et moi! Taisez-vous, madame, votre mari pourrait vous entendre... parlez plus bas... ne reconnaissez-vous pas cette chambre?

— Cette chambre?

— Oui, vous avez même oublié cela, vous! C'est ici que pour la première fois vous m'avez amené à vous dire : Je vous aime! C'est là, tenez, ajouta-t-il en lui montrant la porte d'un vaste salon contigu, c'est là que votre père expirait pendant que vous me clouiez à vos genoux. Ah! comtesse, comtesse, si la fille sans cœur manque de mémoire, la maîtresse, fougueuse, ardente, irrésistible, devrait au moins se souvenir, elle!

— Noël, rugit la créole, vous...

— Plus bas! je vous le répète, votre mari vous entendra.

— Eh! que m'importe mon mari! fit-elle en s'abandonnant à une de ses plus violentes inspirations. Le comte se soucie bien de moi! Il ne m'aime pas plus que je ne l'aime... Nous avons associé nos deux existences, non nos deux cœurs. Il vit pour se soigner; je ne suis pas venue au monde pour être garde-malade, moi.

— Vous préféreriez être veuve? n'est-ce pas vrai, madame?

— Veuve?... pourquoi non ? Le comte est malade, gravement malade même. Malgré son sempiternel médecin, malgré les précautions qu'il prend, tout présage sa fin prochaine... Et vous l'avez dit... oui... Je puis devenir veuve... Alors peut-être réfléchirez-vous, et... vous, le seul homme que j'aie jamais aimé, et que j'aime encore...

— Le comte vous aime, madame... lui seul a le droit de...

— Le droit !... quel droit?... S'il m'aime, je le hais. C'est lui qui nous sépare l'un de l'autre.

— Vous vous trompez.

— Qui, alors?

— Ma volonté.

— Noël, ne dites pas cela !

— Ma volonté seule établit une barrière infranchissable entre nous. Nous nous revoyons pour la dernière fois.

La créole eut un mouvement de défi.

Le marin continua sans y donner attention :

— Grâce à Dieu, si j'ai succombé aux séductions de la jeune fille, je puis du moins serrer sans remords la main loyale du comte de Casa-Real; et, j'en fais ici le serment, qu'il vive ou qu'il meure, nous ne nous retrouverons pas face à face par le fait de ma volonté.

La comtesse allait répondre.

Une voix lente et sombre lui coupa la parole.

— Merci à vous, mon hôte, fit-elle.

Le capitaine Noël se retourna, ne pouvant dissimuler un mouvement de surprise.

Hermosa jeta un cri d'effroi.

Puis, machinalement, elle laissa tomber ses mains sur les touches blanches et noires, qui rendirent une plainte longue et sinistre.

Debout, sur le seuil du salon où ils se trouvaient, le comte de Casa-Real apparut, immobile, les sourcils froncés, les yeux dardant de fulgurants éclairs sur la comtesse à demi évanouie de terreur.

Il s'appuyait d'une main sur le chambranle de la porte, de l'autre il arrêta le capitaine, qui, tout en dédaignant la comtesse, voulut essayer de prendre sa défense.

Noël se souvenait qu'après tout cette femme avait été son premier amour.

Si elle se trouvait dans cette terrible situation, c'était encore à cause de lui.

Quelles que fussent sa sympathie pour le comte de Casa-Real, son antipathie pour la comtesse, il ne pouvait faire autrement que de se mettre entre eux.

Il obéit au geste impératif de son hôte, mais en se réservant le droit d'intervenir au moment opportun.

Elle avait placé sur le pupitre la première partition qui lui était tombée sous la main.

Le comte de Casa-Real resta quelques instants dans cette redoutable immobilité.

Enfin, cet homme, qui, depuis de longs mois, ne pouvait plus se soulever ni quitter son lit de douleur sans l'aide de deux serviteurs, se redressa par la force de son indomptable volonté, et d'un pas ferme, assuré, il s'avança jusqu'au milieu du salon.

Là, il s'arrêta.

Il croisa les bras sur sa poitrine, et relevant fièrement la tête :

— Merci encore pour ce que vous venez de dire, monsieur, reprit-il. Tout ce que vous avez raconté de la vie de Mme la comtesse de Casa-Real, je l'ai entendu.

Hermosa se retourna vers lui pour voir s'il ne tenait pas une arme vengeresse à la main.

Il sourit de pitié et continua, au grand étonnement de sa femme :

— Oui, j'étais là, derrière cette porte, et j'écoutais.

Elle baissa la tête sur sa poitrine et elle attendit, effrayée, stupéfaite de trouver encore une aussi grande dose d'énergie dans ce cadavre galvanisé soudainement d'une façon incompréhensible.

— Il sait tout! murmura-t-elle

— Oui, tout. Mais ne croyez pas que votre entretien m'ait appris rien de nouveau sur votre compte. Non. Je connaissais l'histoire de votre vie... depuis longtemps déjà... Ah! madame, on n'a pas impunément une suite nombreuse de passions, d'amours, de caprices sans que dans le nombre de ces soupirants, de ces victimes ou de ces amants, il s'en trouve un moins commode et moins discret que les autres... Cherchez bien, comtesse, cherchez dans vos souvenirs adultères, et vous trouverez le délateur ; cherchez dans vos souvenirs de pure jeune fille, et vous en trouverez un aussi. Tous les hommes ne sont pas loyaux, délicats, comme le capitaine Noël.

Il y avait bien une pointe d'ironie dans cette dernière phrase du comte, mais quelle que fût la franchise de sa position, le marin se trouvait tellement porté à plaindre ce noble et courageux gentilhomme, qu'il ne jugea point à propos de la relever.

La comtesse voulut protester contre les imputations de son mari.

— Vous doutez, madame!... vous vous récriez... Lisez ceci, dit-il froidement en lui tendant un papier froissé et jauni de vieille date.

— Mensonge! répondit Hermosa en jetant les yeux sur la lettre.

— Cette lettre dit vrai... comme vous disiez vrai vous-même tout à l'heure, quand vous ne me pensiez point à même d'entendre vos paroles.

— Une lettre anonyme ! s'écria-t-elle avec mépris... Vous ajoutez foi à de pareilles accusations, monsieur?

— Anonyme!... Que nenni ! Ce papier est signé.

— Signé!

— Oui, madame, et d'un nom qui vous fut cher!

— Lord William Killmore... lut Hermosa, en suivant du regard le doigt du comte de Casa-Real, qui lui indiquait la place où se trouvait en toutes lettres la signature accusatrice.

— Lord Killmore! Un ami à moi, qui, assassiné par vos ordres...

— Ce n'est pas vrai! hurla Mme de Casa-Real. Noël...

Le comte l'interrompit.

Il répéta :

— Qui, assassiné par vos ordres, dicta cette lettre à son lit de mort, n'eut que le temps de la signer. Ah! vos bravi, ou votre bravo, — je ne vois guère qu'un seul homme qui soit fasciné par votre beauté ou par vos vices, qui soit assez vil pour vous servir de poignard ou de poison, — votre bravo frappe juste et vite. Il a l'habitude de ces choses-là.

— Marcos Praya? demanda Noël presque avec un sentiment d'épouvante.

— Vous l'avez nommé, capitaine, fit M. de Casa-Real... Ce misérable seul est capable de se constituer l'exécuteur des basses œuvres, le complice de Mme la comtesse.

— Non! non! dit-elle au comble de la rage et de la terreur.

— Ne vous mentez pas à vous-même, répliqua l'hôte de Noël s'approchant d'elle et lui posant la main sur l'épaule.

Elle se recula comme si un fer rouge venait de la toucher.

Le comte lut la lettre à voix haute et lente.

Dans cette lettre, tout chargeait sa femme.

A son dernier moment, lord Killmore racontait que de retour d'un voyage aux Indes, où il était allé réaliser son immense fortune pour venir la déposer aux pieds de sa maîtresse adorée, il avait trouvé cette dernière mariée à M. de Casa-Real.

Fou de désespoir et d'amour, il avait eu l'imprudence de menacer Hermosa de tout apprendre à son mari si elle ne s'enfuyait pas avec lui, si elle ne quittait pas l'époux qu'elle venait de choisir.

Hermosa ne lui avait pas longtemps fait attendre sa réponse.

Le soir même, en rentrant chez lui, il avait été frappé en pleine poitrine de deux coups de stylet, qui le laissèrent pour mort.

Il prévenait le comte de Casa-Real de se bien garder.

— Vous voyez que je me suis bien gardé, ajouta le comte avec une amertume croissante. J'ai aimé cette femme comme l'ont adorée tous ceux qui l'approchent.

— Monsieur, par grâce... fit la comtesse, qui, même en présence de Noël, ne put s'empêcher de faire une tentative pour ressaisir son empire sur cet homme qui avouait l'avoir tant adorée autrefois.

— Ah! vous ne niez plus maintenant...

Elle éclata en sanglots.

Ses larmes avaient tant de pouvoir!

Noël y eût résisté avec peine.

Le comte ne fit qu'en rire.

— Non... vous ne niez plus rien... vous pleurez... de rage seulement. Croyez-vous me prendre à ces larmes menteuses?... Je vous connais trop bien aujourd'hui pour en essuyer une seule. En vérité, vous êtes une des créatures les plus méprisables qui soient sur la terre. Vous ne reculez devant aucune comédie, devant aucune lâcheté... Vous vous imaginez qu'on peut commettre tous les crimes à l'abri d'un grand nom et d'une grande fortune... Je suis femme, pensez-vous, mon sexe et ma faiblesse me protègent; je trouverai toujours grâce devant ceux qui se sont traînés à mes pieds, devant ceux dont j'ai été si longtemps l'idole... Eh bien! non, madame; vous serez sauvegardée de la honte... de l'échafaud peut-être, par l'homme dont vous portez le nom... mais la fille dénaturée, la femme adultère, ne trouvera pas grâce devant la justice de Dieu... Elle ne vivra pas dans une sécurité qui ferait honte à la nature, à la société !

Le comte de Casa-Real était arrivé à un paroxysme de colère tellement effrayant en prononçant ces derniers mots, que Noël trembla de nouveau pour la misérable créature qui se tenait presque agenouillée devant eux.

Il se demandait quel châtiment ce mari outragé dans son honneur, attaqué dans le bonheur de sa vie entière, voulait infliger à la femme coupable.

Le comte, qui faisait des efforts surhumains pour résister à sa faiblesse habituelle, reprit en s'adressant à lui, cette fois :

— Comprenez-vous, monsieur, tout ce que j'ai enduré de douleurs inouïes, de désespoirs inconnus, de souffrances mortelles, depuis le jour où cette fatale lettre me fut remise? Je cherchai à nier la lumière. Cette femme avait tellement l'air de m'aimer, elle me mettait si bien, si innocemment au-dessus de tout et de tous, que par moments je me disais : Cet homme, ce Killmore est un infâme ou un insensé. Elle lui aura résisté, et il se venge. C'est un coup de poignard sortant traîtreusement d'une tombe. Impossible de riposter !

« J'aurais donné la moitié de mes jours pour tenir l'accusateur entre mes mains, pour le forcer à avouer son mensonge et sa trahison.

« Jusqu'à ce jour, jamais je n'ai laissé soupçonner à cette femme que je savais tout.

« Elle me rendra la justice de reconnaître que je lui ai fait la vie douce et commode.

« Savez-vous de quelle façon elle m'a payé mes soins, mon amour, ma patience?

« Demandez-le-lui, et si, pour la première fois de sa vie, elle a le courage de ne pas mentir, son dernier crime, je vous le jure, dépassera tous les autres à vos yeux encore prévenus en sa faveur.

La créole s'était relevée.

Elle écoutait.

Ses yeux, démesurément ouverts, se fixaient malgré elle sur les lèvres du comte.

Elle se sentait perdue, condamnée.

C'était la fascination exercée par le serpent sur l'oiseau.

Un cercle de fer lui serrait les tempes.

Les mots s'arrêtaient dans son gosier.

Tous ses ressorts les plus habiles étaient mis à jour par une main justicière et impitoyable.

Son dernier crime! venait de spécifier le comte de Casa-Real.

Savait-il même celui-là?

Elle tremblait de fureur et de crainte, à la seule idée de ce que l'homme qui lui avait donné son nom allait dire devant l'étranger qui était son hôte.

Noël, voulant sortir de cette émotion intolérable, s'approcha vivement du comte et voulut l'entraîner hors de cette chambre funeste.

— Venez, venez, monsieur le comte, lui dit-il, vous vous tuez !

Le comte chancelait.

Noël se précipita pour le soutenir.

Son hôte le repoussa doucement en lui répondant :
— Ce n'est pas moi, c'est elle qui me tue !
La créole ne fit pas un mouvement.
Les paroles, l'accusation du comte de Casa-Real n'étaient pas lettre close pour elle.
Elle n'essaya même pas de se justifier.
Elle se trouvait foudroyée par une réalité irréfutable.
Noël recula avec un cri d'horreur.
— Écoutez-moi, monsieur, continua le comte... Le temps presse... Dans une heure peut-être sera-t-il trop tard...
— Trop tard !
— Je sens la mort qui me gagne. Mais avant de rendre mon âme à Dieu, je veux que vous sachiez tout. Je ne frapperai pas cette femme dans la seule chose à laquelle elle tienne, dans sa personne et dans sa vie. Seulement il ne faut pas qu'elle vive dans une sécurité qui lui paraîtrait un pardon.
— Parlez, monsieur le comte, repartit le marin, qui s'était éloigné instinctivement de Mme de Casa-Real.

C'était un étrange spectacle que celui de ces deux hommes, l'un le mari, l'autre l'amant, faisant cause commune contre cette femme, écrasée par l'épouvante et par un remords apparent.

Le comte ajouta, grâce à un miracle de volonté :
— Je vous ai entendus tout à l'heure. Pour moi, c'était l'épreuve suprême. Je doutais. On m'avait certifié que Killmore n'était pas un calomniateur ; on m'avait raconté ses amours avec... elle... Je doutais encore. Je vous ai tendu un piège, attiré dans cette habitation, afin d'éclairer ma conscience. Je vois clair, à présent, dans tout le passé de la femme qui porte mon nom. Vous, je le sais, vous êtes une intelligence d'élite, un homme de cœur. Trompé comme moi, avant moi, par elle, vous avez su fuir à temps. La passion avait mis un bandeau sur mes yeux. Je ne m'en prendrai qu'à moi-même des malheurs qui m'accablent. Voici ma main, monsieur, dépêchez-vous de la serrer entre les vôtres... Je vous pardonne l'outrage involontaire que vous m'avez fait. Pardonnez-moi mes injustes soupçons.

— Oh ! monsieur le comte !... s'écria Noël en lui obéissant... Vos pressentiments vous trompent... j'en suis certain !...

M. de Casa-Real secoua tristement la tête.

— Non, fit-il, regardez-la... regardez le démon qui guette les progrès de mon agonie. Devinez-vous ce qu'elle attend, ce qu'elle espère, dans cette attitude éplorée ? Ah ! elle joue bien toutes les comédies, l'hypocrite ! Elle calcule en ce moment combien de minutes il me reste encore à passer près de vous.

La créole ne sortit pas de son insensibilité de commande.

D'elle et de son mari on eût difficilement dit quel était celui qui allait mourir, tant la fureur de se voir démasquée décomposait ces traits qu'un Raphaël seul eût pu reproduire sur la toile.

— Cette femme me tue, ajouta sourdement le comte de Casa-Real, ou, pour dire plus vrai, cette femme m'a tué. L'Amérique est le pays des poisons. Elle en possède un, entre autres, dont les effets ne diffèrent en rien de l'*aqua tofana*, ce poison qu'on n'a jamais retrouvé depuis les Borgia. Il tue comme la foudre, ou mine, détruit, annihile peu à peu, au bout de quelques jours, de quelques semaines, de six mois ou d'un an, d'après la force et le volume des doses données à la victime.

— Et ce poison ? demanda Noël tremblant d'horreur.

— C'est le *leche de palo*.

— Oh ! monsieur le comte, que dites-vous ?

— La vérité, capitaine.

— C'est impossible !

— Voyez si Mme la comtesse de Casa-Real se donne la peine de prétendre que je me trompe.

La créole ressemblait à la statue du péché, du crime dévoré par le remords, poursuivi par l'épée flamboyante de l'ange exterminateur.

— Voyez ce flacon... et demandez-lui en possession de qui il se trouvait.

Noël interrogea la comtesse du regard.

Elle ne lui répondit rien.

— Par mon salut éternel, ajouta solennellement l'hôte de Noël, Mme la comtesse de Casa-Real est une empoisonneuse !

Hermosa ne se défendit pas.

Alors son mari, tendant à Noël pétrifié d'horreur une enveloppe en forme de testament, lui dit :

— Son silence est-il un aveu ?

Noël baissa silencieusement la tête en signe d'affirmation.

— Moi mort, jurez-vous d'obéir à ma dernière volonté ?

Et comme son hôte hésitait, le comte de Casa-Real continua :

— Ne craignez rien... Je suis gentilhomme et je ne vous demanderai rien d'indigne d'un galant homme. Jurez-vous, capitaine ?

— Je le jure !

— Merci. Prenez ce testament. Lisez-le ; lisez-le tout haut. Il faut que cette femme, à laquelle je fais grâce de sa méprisable vie, le connaisse depuis le premier jusqu'au dernier mot. C'est une arme terrible, mortelle, que je remets entre les mains d'un homme que j'estime ; une arme qui la met tout entière à votre merci.

La statue eut un tressaillement involontaire.

— Lisez ! répéta le comte.

Noël déplia le papier et lut ce qui suit :

« Moi, Fernando-Iriarte de Carvajal y Gusman, comte de Tordesillas y Casa-Real, prêt à paraître devant Dieu, déclare ceci sur l'honneur de mon nom et sur ma foi de gentilhomme :

« Je meurs empoisonné par ma femme doña Maria-Dolorès Hermosa de Casa-Real, qui, de sa propre main, à plusieurs reprises, m'a versé et fait prendre du *leche de palo*.

« Doña Hermosa de Casa-Real a commis ce crime dans le double but d'hériter de ma fortune et de reconquérir sa liberté.

« Ne voulant porter atteinte à l'honneur du nom des Casa-Real qu'à la dernière extrémité, et dans le but d'empêcher de nouveaux crimes, je remets ces dernières volontés entre les mains du capitaine Noël, que j'institue mon exécuteur testamentaire.

« Le jour où il le jugera convenable, il pourra les produire.

« Par suite de ces dernières volontés, doña Hermosa de Casa-Real est déshéritée de tous mes biens, meubles et immeubles, s'il lui prend fantaisie de se remarier.

« Je désire être sa dernière victime.

« Cela est mon testament.

« En foi de quoi je signe cette dénonciation entièrement écrite de ma main, pour valoir ce que de droit.

« Et j'y appose le sceau de mes armes.

« Fait à Casa-Real (île de Cuba), dans la nuit du 2 au 3 novembre 184..

« (Signé) Fernando-Iriarte de Carvajal y Gusman, comte de Tordesillas y Casa-Real. »

La lecture achevée, le comte demanda à Noël :
— Acceptez-vous mon mandat?
— Oui, comte.
— J'ai foi en vous, capitaine. Allez... maintenant... partez. Un cheval sellé vous attend.
— Vous laisser ainsi...
— Avec elle... n'est-ce pas ? Cela vous fait trembler pour moi... fit le comte en riant d'un rire qui n'avait plus rien de ce monde... Eh bien! partez rassuré. Elle ne peut plus rien sur moi. Adieu.

Il tomba.

Noël se précipita vers lui.

Son cœur ne battait plus.

La créole était veuve.

Noël s'élança hors de cette demeure maudite, serrant dans sa main fiévreuse le testament du comte de Casa-Real.

Ce testament devait lui coûter cher un jour !

La comtesse resta seule, en face du cadavre de l'homme qu'elle avait assassiné !

VI

LES PASSAGERS

Quinze jours s'étaient écoulés depuis la mort du comte de Casa-Real.

Cette mort n'avait surpris aucun de ses amis.

On lui fit de magnifiques obsèques.

La comtesse, sa veuve, prit le deuil. Le noir lui allait très bien.

Et tout fut dit aux yeux du monde.

Un seul fait digne de remarque, au point de vue de notre récit, mérite d'être signalé.

Le capitaine Noël était, un matin, descendu à terre avec Mortimer et la Cigale.

Ils y passèrent la journée pour s'occuper de différents achats concernant les besoins du bord.

Le soir, vers les sept heures, au moment où la nuit devient noire, Juan Romero, le montero de la comtesse de Casa-Real, se rencontra au coin d'une des rues les plus désertes de Matanzas avec le capitaine du brick mexicain *La Rédemption*.

Le capitaine Noël le reconnut immédiatement malgré l'obscurité.

— C'est vous, Juan Romero? Que me voulez-vous?

— Vous prier de lire ces deux mots.

— Encore ! De votre maîtresse?

— Oui, señor capitan.

— Donnez, je lirai plus tard.

— Non pas, tout de suite; c'est chose pressée.

— Entrons dans un café... On n'y voit goutte.

— Inutile, j'ai de la lumière.

Le montero démasqua une lanterne sourde qu'il tenait cachée sous son manteau.

— Voilà, ajouta-t-il. Voulez-vous prier vos amis de s'éloigner un peu? Il ne faut pas qu'ils entendent ce que vous me chargerez de répondre à la personne qui m'envoie vers vous.

— Que de précautions inutiles ! murmura Noël, tout en priant Mortimer et la Cigale de faire ce que venait de lui demander le montero.

Il déplia le papier.

Le papier était blanc.

— Mais il n'y a rien sur ce papier? dit-il en se tournant vers Juan Romero, qui le suivait attentivement de l'œil.

— Chauffez le papier à la flamme de cette lanterne, et l'écriture paraîtra.

— Bien.

Noël approcha le papier de la flamme.

Il attendait que l'envoi de la comtesse prît une forme et une signification.

Juan Romero attendait aussi.

Plus loin Mortimer et la Cigale avaient l'air de causer de la lune et du beau temps.

Tout cela dura près de deux minutes.

A la fin de la seconde minute, au moment où Juan Romero vit un signe d'impatience poindre sur la physionomie du capitaine, il éteignit sa lanterne sans prononcer un mot.

— Qu'est cela? Êtes-vous fou? demanda Noël.

— Non.

— Que faites-vous alors?

— Moi?

Tout près de cette embarcation gisaient quatre hommes sans mouvement.

— Oui.
— Je vous tue, voilà tout.

Et ce disant, le montero se précipitant à corps perdu sur l'homme auquel il tendait ce piège infâme, le frappa de deux coups de poignard dans la direction du cœur.

La pointe de l'arme rencontra deux fois un épais portefeuille garni de lettres et de papiers d'affaires.

Le portefeuille servit de cuirasse au marin.

Saisir le bras de l'assassin et crier :

— A moi, Mortimer! à moi, la Cigale! fut tout un pour le capitaine.

— Gringo du démon, tu mourras! hurlait Juan Romero, qui doué d'une vigueur remarquable, s'était débarrassé de l'étreinte du capitaine et levait de nouveau son couteau.

C'en était fait de Noël.

L'attaque du misérable l'avait tellement surpris, qu'il ne se rendait pas bien compte du danger qu'il venait de courir.

Tout ce qu'il put faire fut de parer machinalement le coup qui allait le frapper, en avançant le bras droit.

Ce mouvement le sauva.

Juan Romero hésita à le frapper.

Il cherchait une place sûre.

Mieux eût valu pour lui se décider plus vite.

Le cri de détresse de Noël avait été entendu par ses deux amis; Mortimer arma un pistolet et visa le montero à la tête.

La Cigale, de son côté, fit un bond, et se trouva derrière l'Espagnol à l'instant où il levait son arme pour la seconde fois.

— Ah! chien! grommela-t-il.

Et il le prit aux flancs, par derrière.

Juan Romero poussa un hurlement de douleur.

Les deux bras qui le tenaient lui écrasaient les côtes.

Il lâcha son couteau, et, se baissant par un effort désespéré, il mordit les deux mains qui l'enserraient comme deux crampons de fer.

Un moment il se crut sauvé.

L'un des bras se détendit.

Son adversaire venait de le prendre à la gorge de la main gauche.

De la droite, il lui asséna un coup de poing sur le crâne.

Le montero roula immobile sur le sol.

— Bon! fit Mortimer, qui s'approchait lentement de son pas mathématique, voilà une balle qui ne changera pas de domicile.

Il remit son pistolet dans sa poche et interrogea Noël pour savoir si le meurtrier ne l'avait pas blessé.

Noël n'avait rien.

Il remercia ses amis.

La Cigale avait pris un de ses airs les plus modestes.

On abandonna le cadavre de Juan Romero, qui avait le crâne fracassé, et on rentra à bord.

Noël avait sans doute compris que tant qu'il serait à portée des attaques de la comtesse de Casa-Real, cette femme, dont sa vie froissait les intérêts, l'amour et l'orgueil, ne lui laisserait pas un instant de repos ni de sûreté.

Le lendemain même de cette tentative d'assassinat, le brick mexicain largua ses amarres et s'en alla mouiller en grande rade.

Au large, la surveillance est toujours plus facile.

Depuis lors, on ne revit plus à terre ni le capitaine de la *Rédemption* ni aucun homme de son équipage.

Dix jours plus tard, un avis publié par les journaux du pays et affiché dans tous les lieux publics annonçait le départ du brick pour Marseille, avec escale à Cadix.

Nos lecteurs ne perdront pas de vue que le bâtiment qui avait amené le comte et la comtesse de Casa-Real s'appelait la *Rédemption*.

Le départ était fixé au 28 novembre, à la marée du soir.

Le navire prenait des passagers.

Ainsi que cela arrive souvent sur les côtes américaines, plusieurs hommes de l'équipage avaient débarqué, d'autres déserté.

Force était donc au capitaine d'engager d'autres matelots et de se faire un nouvel équipage.

On ramassa tous les individus sans emploi qui se rencontrèrent sur le port.

Le temps pressait.

Naturellement, ces engagements furent conclus à la diable, sans renseignements ni certificats.

Il fallait partir.

La veille du jour fixé pour le départ, vers cinq heures du soir, un canot, monté par trois personnes, accosta le brick.

Celle qui se tenait à l'arrière du canot demanda si l'on pouvait parler au capitaine.

On lui répondit que le capitaine se trouvait à terre.

La personne à laquelle on répondit cela fit un geste d'incrédulité, qu'elle s'empressa de dissimuler de son mieux.

— A défaut du capitaine, puis-je m'adresser au second du brick?

— De quoi s'agit-il?

— Simplement de traiter du prix du passage pour plusieurs personnes qui désirent se rendre à Cadix.

— Montez.

L'inconnu monta à bord.

Son interlocuteur, un officier, l'attendait à la coupée.

— Vous êtes le second, monsieur? demanda-t-il.

— Non, monsieur, répondit l'officier, je suis le lieutenant. Nous sommes en partance. Le capitaine et le second ont un grand nombre d'affaires à régler.

— Ne m'avez-vous pas dit qu'ils se trouvaient à terre?

— Oui.

— Bien. N'en parlons plus. Êtes-vous chargé de les représenter?

— En effet, si vous voulez bien me suivre dans le carrosse, nous serons plus à l'aise pour causer de ce qui vous amène.

L'inconnu suivit l'officier.

Lorsqu'ils furent entrés dans le carrosse, le lieutenant lui offrit un siège et en prit un lui-même.

— Je suis à vous, monsieur, fit-il poliment. De quoi s'agit-il?

— Monsieur, je vous l'ai déjà dit, repartit l'étranger ; deux de mes amis et moi nous désirons prendre passage à votre bord pour nous rendre à Cadix.
— Vous êtes chargé de traiter pour vos amis, monsieur?
— Oui, lieutenant.
— Ordinairement le passage se traite avec le consignataire du navire et non avec le capitaine... à moins d'urgence.
— Je sais cela.
— Eh bien?
— Eh bien! il y a urgence. Je suis passé, sur les quatre heures, chez le señor don Antonio Gallego, votre consignataire...
— Et?...
— Et je ne l'ai pas trouvé... voilà tout. Il venait de partir pour la Havane, où l'appelait une affaire imprévue.
— Sans nous prévenir?
— Il doit être de retour après-demain.
— Bien, monsieur; puisqu'il en est ainsi, je me mets à vos ordres.
— Pour traiter?
— Oui, monsieur. Vous êtes trois passagers?
— Négociants de Cadix et de Malaga. De graves intérêts exigent notre présence là-bas. Voilà pourquoi je me montre si pressant.
— Vous prenez des passages de chambre?
— De première classe, oui.
— Avez-vous des domestiques?
— Oui ; mais nos gens seront passagers d'entrepont.
— Combien sont-ils?
— Trois, comme les maîtres.
— Votre passage et celui de vos gens vous coûteront quinze cents piastres.
— Nourriture comprise?
— Non pas. Nourriture comprise, cela fera un compte rond de deux mille piastres...
— Va pour deux mille piastres. Comment paye-t-on le passage?
— Moitié comptant, moitié à l'arrivée.
— Bien.
— Cela vous convient ainsi?
— Parfaitement.
— Alors, monsieur, veuillez me donner vos noms et ceux de vos amis, dit le lieutenant, ouvrant le livre du bord. Vos passeports sont en règle?
— Les voici, lieutenant, répondit l'étranger en posant plusieurs papiers sur la table.

Le lieutenant les parcourut.
— Tout y est, fit-il. Vos noms, s'il vous plaît?
— Don José de la Torre, de Malaga.
— Après?
— Don Luis Ortega, de Cadix.
— Et le dernier?
— Don Francisco Aguirre, de Cadix.

— C'est fait! répondit le lieutenant, qui écrivait les noms au fur et à mesure qu'on les lui dictait.
— Voulez-vous aussi les noms de nos serviteurs?
— Inutile, monsieur. Vous en répondez. Ils sont inscrits sur vos passe-ports.
— Maintenant, il ne nous reste plus qu'à régler nos comptes.
— Vous ferez cela demain, en embarquant, monsieur.
— Pardonnez-moi, lieutenant, si vous n'y voyez pas d'inconvénient, je préfère terminer sur-le-champ.
— Comme il vous conviendra.
L'étranger tira de sa poche une longue bourse pleine d'or.
Il compta et mit sur la table quatre piles de dix onces chacune, deux piles de onze, et compléta la somme à l'aide d'une demi-once.
— Voici, monsieur, dit-il au lieutenant, soixante-deux onces et demie, qui, à seize piastres l'once, font mille piastres.
Le lieutenant prit la somme, la serra dans le tiroir d'un meuble dont il retira la clef; puis il en donna reçu.
— Est-ce tout ce que vous désirez? demanda-t-il à l'étranger, qui le remerciait.
— Une chose encore, si ce n'est pas abuser de votre complaisance.
— Laquelle, monsieur?
— Je voudrais tout simplement savoir où vous nous mettrez, mes amis et moi.
— Votre désir ne sera pas difficile à satisfaire. Vous êtes précisément dans le logement que vous occuperez.
— Ici?
— Ici même. Ce carrosse se compose de trois pièces, comme vous pouvez le voir.
Ce disant, le lieutenant se leva, ouvrit les portes de communication et montra la distribution intérieure du carrosse à son futur passager, qui ne se faisait pas faute de tout examiner en détail.
Cette distribution ne laissait rien à désirer.
Depuis que les derniers habitants du carrosse l'avaient abandonné, rien ou presque rien n'y avait été changé.
— Vous serez là, monsieur, aussi bien qu'on peut être à bord d'un navire marchand.
— En effet, répondit l'étranger.
— Les derniers hôtes de ce logement étaient le comte de Casa-Real...
— Celui qui vient de mourir si subitement? demanda froidement l'interlocuteur du lieutenant.
— Lui-même, et sa femme, Mme la comtesse de Casa-Real. Ils ont occupé le carrosse pendant toute leur traversée de Cadix à Matanzas, et ils n'ont, je vous le certifie, jamais eu à se plaindre de l'avoir occupé.
— Je le crois.
— Ce logement vous semble-t-il convenable?
— Très convenable.

— Alors, monsieur, c'est chose réglée.
— Oui, lieutenant. Il ne me reste plus qu'à vous prier de me pardonner...
— Quoi, monsieur ?
— L'ennui que je viens de vous causer, en vous forçant à remplir le rôle de consignataire...
— Enchanté, monsieur, de vous avoir été agréable.

Ils sortirent du carrosse.
— Encore une question, lieutenant ?
— Faites.
— A quelle heure devons-nous venir à bord, demain ?
— A cinq heures au plus tard.
— Vous partez à... ?
— A six heures précises.
— Mille remerciements, lieutenant.
— Votre serviteur, monsieur.

Ils échangèrent un dernier coup de chapeau.
L'étranger descendit dans son canot.
Sur son ordre, le canot poussa au large et se dirigea rapidement vers la terre.
En mettant le pied sur le quai, l'étranger jeta un regard soupçonneux autour de lui.
La nuit commençait à tomber.
Le quai était presque désert.
Cependant, en apercevant l'étranger, deux hommes, enveloppés d'épais manteaux, et les ailes de leurs sombreros rabattues sur les yeux, qui se tenaient assis devant la porte d'une *neveria*, jetèrent les cigares qu'ils avaient aux lèvres.
A ce signal, l'étranger s'avança vers eux sans hésitation.
On lui offrit une chaise.
Il accepta et s'assit.
— Eh bien ? demanda l'un de ces hommes.
— C'est fait, répondit-il.
— Sans difficulté ?
— Pas la moindre.
— Avez-vous vu le capitaine ?
— Non pas. Il était absent.
— Et le second ?
— Le second aussi.
— Voilà qui est singulier. Nous ne les avons pas aperçus à terre.
— C'est ainsi.
— Allons ! tant mieux, après tout. Vous ne les connaissez ni l'un ni l'autre, n'est-ce pas ?
— Ils ne m'ont jamais vu.
— C'est vrai. Pour quelle heure est-ce fixé ?
— Demain, à cinq heures de l'après-midi.

— Vive Dios ! nous n'y manquerons pas, s'écria le personnage qui, jusque-là, avait seul interrogé l'inconnu.

La voix de ce personnage avait des intonations qui la faisaient ressembler, à s'y méprendre, à la voix d'une femme.

Il ajouta vivement :

— Venez ; il ne nous faut pas perdre une minute, si nous voulons être en mesure.

Ils se levèrent tous les trois.

L'inconnu jeta une piastre sur la table.

— *Bendito sea Dios !* reprit son interlocuteur ; je tiens ma revanche, cette fois !

Les trois associés s'éloignèrent à grands pas de la neveria.

Ils disparurent bientôt aux yeux des rares passants du quai, après avoir tourné dans une rue latérale.

Le lendemain soir, à cinq heures sonnantes, trois passagers accompagnés de leurs trois domestiques montaient à bord du brick *La Rédemption*.

Ce fut le lieutenant qui, la veille, avait traité de leur passage, qui les reçut à la coupée.

Il les conduisit au carrosse, leur futur logement.

Comme la veille, le capitaine et le second ne se trouvaient pas sur le pont.

Ce hasard n'eut l'air de contrarier en quoi que ce fût aucun des trois passagers.

Tandis que leurs gens se hâtaient de monter leurs bagages et de les installer provisoirement près de la drome, ils entrèrent dans le carrosse et s'y enfermèrent, sous prétexte de s'y reposer.

A six heures, l'appareillage commença.

Quelque minutes plus tard, le brick *La Rédemption*, poussé par une bonne brise d'ouest-sud-ouest, sortait de la rade et mettait le cap au large.

A sept heures, il se trouvait en haute mer.

Peu après, la bordée de tribord prenait le grand quart de nuit.

Au coucher du soleil, on avait cru voir blanchir à l'horizon les voiles d'un grand navire.

Ce navire semblait suivre la même route que la *Rédemption*, mais il n'avait pas tardé à se fondre dans les ténèbres et à disparaître.

On n'y avait plus songé.

La brise se maintenait.

La mer était belle, la nuit claire et pleine d'étoiles.

Après avoir pris son ris de chasse, le brick filait neuf nœuds à l'heure, tribord amures, sous sa misaine, ses huniers, ses perroquets, sa brigantine et son foc.

En l'absence de leurs passagers, le capitaine, le second et les autres officiers du navire, après être allés et venus assez longtemps sur le pont, étaient redescendus dans leurs cabines.

La bordée de quart restait seule, parée à la manœuvre.

Cette bordée se composait de huit hommes.

Depuis l'heure de leur embarquement, les négociants espagnols étaient demeurés enfermés dans le carrosse.

Le mousse du capitaine, venant les avertir qu'on servait le souper et qu'on les attendait pour se mettre à table, ils se bornèrent à répondre qu'ils n'avaient besoin de rien.

Ils firent remercier le capitaine et refusèrent de descendre.

Ce refus ne surprit personne.

Les premières atteintes du mal de mer étaient une excuse suffisante et une raison péremptoire aux yeux du capitaine et de ses officiers.

Ils en supposèrent les trois passagers fortement indisposés.

Ils se mirent à table sans eux.

On avait bien laissé leurs places libres pour le cas où ils se seraient ravisés.

Mais il n'en fut rien.

Les passagers ne parurent pas.

— Nous ferons connaissance demain, dit le capitaine.

Le malheureux devait avoir affaire à eux plus tôt qu'il ne le pensait.

A dix heures du soir, tous les feux étaient éteints, excepté celui de l'habitacle.

Sauf les hommes de quart, tout le monde dormait à bord de la *Rédemption*.

Ce sommeil rapide et général s'explique facilement.

Le jour où l'on quitte le port pour une longue traversée, matelots et officiers sont sur les dents.

Ils ont fort à faire, soit pour embarquer les derniers colis de marchandises, compléter les provisions d'eau et de vivres, soit pour aller à terre et en revenir dans le but de mettre en ordre les livres et les papiers du bord, solder les comptes des fournisseurs, enfin pour terminer ces mille riens dont on ne s'occupe jamais qu'au dernier moment.

Aussi, le navire en route, les embarcations hissées, l'ancre à son poste, ceux dont le service est rempli se hâtent de profiter des quelques heures de répit qui leur sont accordées.

Ils se couchent et dorment au plus vite.

Le lieutenant avait pris le quart.

Après s'être promené une demi-heure environ de long en large, il s'enveloppa dans son caban et s'assit sur son banc de quart.

Le maître d'équipage en fit autant au pied de la drome.

Quant aux matelots, ils se reposaient, étendus çà et là sur le gaillard d'avant.

Seul, le timonier veillait à la roue du gouvernail, les yeux fixés sur l'habitacle.

Il se trouvait à deux pas à peine du carrosse, auprès du capot de la chambre.

Le timonier prit le cordon de la cloche et piqua deux coups doubles.

Cela signifiait :

— I! est dix heures.

Au bruit de la cloche, le lieutenant entr'ouvrit ses yeux appesantis par le sommeil et par les fatigues de la journée ; il releva la tête, et voyant tout en

Il avait été frappé en pleine poitrine de deux coups de stylet.

ordre et dans l'état accoutumé, il la laissa aussitôt retomber sur sa poitrine.

Peu après, la porte du carrosse s'entre-bâilla.

Une tête curieuse passa par l'entre-bâillement de cette porte.

Après la tête passa le corps.

Derrière ce corps, deux autres.

Les trois négociants espagnols se glissèrent comme des ombres sur le pont.

Un sifflement léger, modulé sur l'octave basse, et qui pouvait se confondre avec la chanson de la brise dans les cordages, se fit entendre.

Trois autres hommes parurent au capot du logement de l'équipage.

Quatre des matelots de quart se dressèrent sur leur séant.

Après s'être levés nonchalamment, ils quittèrent la place où ils se trouvaient étendus, et se dirigèrent vers l'arrière.

En comprenant le timonier, ces hommes étaient au nombre de onze.

— C'est l'heure, dit un des trois maîtres.

— Tout est prêt, répondit le timonier.

— Bien.

— Mais les armes manquent.

— En voici, lui fut-il répondu.

Aussitôt ces demandes et ces répliques échangées avec une grande rapidité et à voix basse, des armes furent remises aux matelots de quart.

L'un d'entre eux en porta aux trois hommes demeurés à l'entrée du capot du logement de l'équipage.

Cela fait, il revint.

Le silence le plus absolu régnait à bord.

Le lieutenant dormait toujours.

Le moindre bruit l'aurait réveillé.

Ce bruit, aucun des conspirateurs ne devait le faire.

— Maintenant, nous sommes bien en mesure, n'est-ce pas? reprit le personnage qui avait ordonné de remettre des armes aux matelots.

— Oui.

— Alors, chacun à son poste, et à l'œuvre !

VII

LE MASSACRE

Le ciel, d'un bleu profond, était semé d'une profusion d'étoiles brillantes comme de la poussière de diamant.

Pâle, blanche et froide, la lune se mirait dans la mer aux flots transparents.

La brise arrondissait les voiles et courait dans les cordages avec de mystérieux murmures.

Un double sillon phosphorescent, creusé par l'avant du navire, glissait sa double bande d'un blanc verdâtre le long de ses flancs pour la fondre et la réunir à l'arrière.

Le brick, légèrement penché sur bâbord, filait à travers les lames avec toute la mollesse d'une créole se balançant dans son hamac, au gré de son caprice, à l'heure paresseuse de la *siesta*.

La nature s'était complu dans la perfection de cette nuit.

Chaleur, parfums, clartés, rien n'y manquait.

C'était bien une de ces belles nuits des tropiques, claires comme les tristes jours de nos climats septentrionaux, une de ces nuits qui enlèvent votre âme sur l'aile radieuse des songes argentés, pour la transporter au riant pays de la rêverie et de l'idéal.

Tout, dans ces moments solennels, convie à la vertu, à la fraternité à l'amour.

Et ce serait si facile d'écouter les milles grandes voix de la création !

Si facile et si tentant !

Hélas ! notre rôle de fidèle conteur ne nous permet pas de nous appuyer plus longtemps sur un piédestal, sur un appui aussi doux, aussi poétique.

Il nous faut revenir à la réalité.

Au milieu de cette nature calme et reposée, sur le pont de ce navire agréablement bercé par la brise de nuit, par le souffle protecteur de la divinité, il se passa la scène qui suit.

Scène horrible, œuvre des ténèbres, desquelles Satan lui-même détourne la tête, une fois que sa malice infernale a aidé à les commettre.

Un second coup de sifflet, faiblement modulé, venait d'être donné par l'Espagnol.

Au même instant, avec un terrible ensemble, plusieurs coups sourds et rapidement appliqués retentirent à l'avant du brick.

C'était le bruit mat d'un battoir de blanchisseuse frappant du linge mouillé.

Plusieurs murmures, deux ou trois cris étouffés, une agitation soudainement éteinte !

Ce fut tout.

Trois corps soulevés dans l'ombre par des mains impitoyables, glissèrent en travers sur la lisse et s'engloutirent dans les flots, naguère encore si limpides.

Il y eut un bouillonnement.

L'eau prit une teinte rougeâtre.

Le navire embarda.

Puis tout disparut.

Si lestement qu'eût été exécuté ce triple meurtre, si faibles qu'eussent été les cris d'agonie des victimes, le bruit de la lutte qui avait suivi tira l'officier de quart de son assoupissement involontaire.

Il secoua sa fatigue et se leva.

Un instant lui suffit pour deviner le meurtre, pour comprendre la situation.

C'était un homme courageux.

Il n'avait pas d'armes.

Sa première idée fut de s'en faire une avec le premier morceau de bois ou de fer qui lui tomberait sous la main.

Une esparre en chêne de près de cinq pieds de long et de la grosseur du bras d'un enfant de douze à quinze ans gisait oubliée sur la drome.

Le lieutenant sauta sur elle.

Une fois cette arme, peu commode à manier, mais redoutable quand même, dans une main vigoureuse, au bout de son bras, il cria de toute la force de ses poumons :

— Au meurtre ! A l'assassin ! En haut, tout le monde ! A moi ! à moi !

Cette voix de stentor, ces cris d'appel glacèrent les meurtriers d'un effroi facile à comprendre.

Ils hésitèrent une seconde.

On se consulta.

Cette seconde suffit au brave officier pour s'élancer dans l'angle tribord du carrosse.

Là il se mit en défense, et se prépara à vendre chèrement sa vie.

Le lieutenant était un homme de trente à trente-cinq ans, d'une taille colossale et d'une vigueur rare.

Les chefs des conjurés ne le connaissaient pas.

Ils l'avaient à peine entrevu un instant, en montant à bord.

Le voyant enveloppé dans son caban, endormi, accablé par les fatigues de la journée, ils l'avaient négligé pour s'occuper de ses hommes, dont la fidélité et la force leur semblaient plus à craindre.

Ils se trompaient.

Ils le reconnurent à leurs dépens.

Les cris du lieutenant avaient porté leurs fruits.

On venait de l'entendre, à coup sûr.

Dans l'intérieur du navire les hommes se hâtaient, sautaient à bas de leurs hamacs, criant, jurant, se bousculant, prêts en un clin d'œil à monter sur le pont.

La situation devenait critique pour les conjurés.

De sûre qu'elle était, la partie se faisait douteuse et pleine de danger.

Il fallait en finir à tout prix.

Trois hommes se jetèrent sur le lieutenant, la hache et le sabre hauts.

Il fit tournoyer son esparre autour de sa tête.

L'esparre retomba.

Deux coups furent parés, un troisième reçu.

Seulement ce ne fut pas le lieutenant qui le reçut, mais bien un de ses assaillants.

Ce dernier tomba le crâne fracassé.

— Et d'un ! cria le lieutenant. A moi ! à moi ! répétait-il en faisant un moulinet de défense à l'aide de sa lourde et terrible massue.

— A mort ! hurlaient les assassins.

Mais ils se tenaient à forte distance, épiant le moment de se ruer à corps perdu sur leur adversaire, qui ne pouvait continuer longtemps ses parades désespérées.

Cependant plusieurs matelots arrivèrent sur le pont.

Ceux-là étaient fidèles à leur devoir et dévoués à leurs chefs.

Ils s'étaient armés à la hâte.

Il fallut leur faire face.

Ce secours donna un instant de répit au courageux officier.

La lutte devint générale.

Au bruit, aux cris, le capitaine du brick s'était réveillé.

Il sortit sans armes de sa cabine pour voir ce qui causait tout ce tumulte.

— A moi! criait toujours le lieutenant.

— Me voici, tenez ferme! lui répondit le capitaine apparaissant au capot de la chambre.

L'homme qui tenait la barre se pencha vers lui, et sans lui laisser le temps d'ajouter un mot, il lui brûla la cervelle.

Le pauvre marin tomba raide à la renverse aux pieds de son lieutenant, qui, poussant un cri de douleur et de rage, ne laissa pas longtemps sa mort sans vengeance.

D'un coup d'esparre il abattit le timonier agonisant sur le corps de sa victime.

D'un second coup, il lui défonça la poitrine.

En proie, alors, à une folie furieuse, le brave officier, ne songeant plus à son propre salut, dédaignant toute précaution qui eût pu prolonger sa défense et sa vie, se rua d'un bond au milieu des assassins.

Et il se passa un des épisodes les plus curieux de cette nuit sanglante.

Seul contre dix, le lieutenant de la *Rédemption* brisait tout, renversait tous les hommes qui se rencontraient sur son passage.

Pas de sabre, pas de pique d'abordage, pas de hachette qui résistât au choc de la terrible esparre.

Un moment il put croire qu'à lui seul il délivrerait le navire de l'engeance maudite qui l'infestait.

Mais, hélas! sa victoire ne dura qu'un éclair.

Les matelots du brick, à peine éveillés, mal armés, n'opposaient qu'une faible résistance à leurs agresseurs.

Ils tombèrent l'un après l'autre, victimes de leur devoir et de leur fidélité.

Seul, le cuisinier du bord, un nègre doué d'une force athlétique et d'un courage féroce, parvint à se ranger auprès de son lieutenant.

Il se nommait Scipion.

— Courage, Scipion! lui cria son chef, tout en maniant avec une adresse de bâtonniste son arme vengeresse, courage! Ces bandits-là ne savent qu'assassiner, ils ne savent pas combattre!

— C'est vrai, lieutenant! répondit le nègre, qui, armé seulement d'un long couteau de cuisine, faisait bonne contenance. Ils ne savent même pas mourir. Voyez!

Ce disant, il lui montrait un de leurs ennemis auquel il venait d'enfoncer son couteau dans le ventre.

Le misérable se tordait dans les convulsions de l'agonie, blasphémant, reniant Dieu et demandant grâce à Scipion, qui lui tenait le pied sur la poitrine.

Se défendant l'un l'autre, attaquant même à plusieurs reprises, ces deux hommes, forts de leur conscience et de leur bravoure à toute épreuve, tinrent pendant près de cinq minutes leurs ennemis en respect.

Il fallait en finir.

L'alarme avait été donnée.

Les matelots fidèles au capitaine étaient massacrés ou hors de combat.
On n'avait plus de ménagement à garder.
Les assaillants s'écartèrent du lieutenant et du nègre, évitant de la sorte les rudes atteintes de l'esparre et la pointe mortelle du couteau du cuisinier.

— Plus d'armes blanches! cria la voix aux inflexions presque féminines.
Plusieurs coups de feu furent tirés sur les deux hommes.
Le nègre fut touché.
Il poussa un rugissement de désespoir, lâcha son arme, et dans un dernier spasme de dévouement, il vint tomber devant son chef auquel il cherchait à faire un rempart de son corps.
Il était mort.
Mais sa chute avait coûté cher à ses adversaires.
Deux d'entre eux avaient reçu jusqu'au manche la lame de son couteau en pleine poitrine.
Le lieutenant restait bien seul cette fois
Plus de secours à attendre.
Rien que la ressource de mourir bravement après avoir immolé le plus d'ennemis possible aux mânes de ses amis, à sa propre mémoire.
Au moment où le lieutenant se tenait ce langage digne d'un homme de cœur, son arme se brisa dans ses mains.
Un coup de hache, adroitement donné, lui coupa l'esparre en deux, juste à deux doigts de son poignet.
Un cri de triomphe retentit du côté des assaillants.
Se baisser, ramasser le long couteau du nègre Scipion, se le visser à la main fut l'affaire d'un instant pour le lieutenant aux abois.
Voyant qu'il ne se rendait pas, les hommes commandés par les trois négociants espagnols se jetèrent tous à la fois sur ce cerf qui sentait l'hallali, semblables à une meute de chiens ardents et âpres à la curée.
Seulement le cerf leur tint tête à cette dernière reprise.
Plus d'un, parmi les chiens, bondit et rebondit éventré, se retirant piteusement de la bagarre, le ventre ouvert ou la tête fendue.
Ils s'étaient attachés, suspendus, rivés à lui.
L'officier traînant cette grappe humaine, à chaque pas, la secouant à droite et à gauche, faisait des efforts prodigieux pour reconquérir la liberté de ses mouvements.
Le sang s'échappait de plusieurs blessures qu'il avait reçues depuis le commencement de la bagarre.
Il luttait.
Il sentait le râle de l'agonie lui monter aux lèvres.
Il ne demandait ni grâce ni merci; il n'en appelait qu'à sa propre force.
Il luttait encore.
Il combattait toujours.
C'était superbe!
Mais, comme toutes les belles choses de ce bas monde, sa défense eut une fin,

Pendant que l'intrépide lieutenant de la *Rédemption* annihilait les efforts et les attaques de ses nombreux et lâches ennemis, celui des trois Espagnols qui paraissait le chef de cette hideuse révolte prit un revolver, s'avança lentement vers le groupe formé par lui et par les siens, et, visant à hauteur du front, il attendit.

Dès la première éclaircie qui lui permit d'entrevoir la noble et courageuse tête de l'officier, il fit feu.

Les bras de ce dernier laissèrent échapper les deux adversaires qu'il serrait à la gorge.

L'Espagnol tira un second coup de revolver.

Le lieutenant tomba, entraînant dans sa chute trois ou quatre matelots acharnés sur son corps.

L'Espagnol vint à lui, approcha du cœur de son terrible ennemi le canon de son arme et le coup partit.

Les matelots se relevèrent.

Le lieutenant demeura sans mouvement sur le pont, baigné dans une mare de sang.

— A la mer! dit froidement le négociant espagnol.

— A la mer! à la mer! hurlèrent en chœur les révoltés, qui, humant le carnage et la destruction à pleines narines, ne possédaient plus rien d'humain.

L'officier fut saisi par les pieds et par la tête.

On le porta à la coupée.

Un instant après, il était lancé par-dessus le bord, aux acclamations triomphantes de ces cannibales.

Cette dernière exécution faite, les misérables respirèrent.

La lutte avait été chaude.

Tous les marins de l'équipage de la *Rédemption* qui ne faisaient point partie de la conspiration avaient été massacrés sans miséricorde.

De ce nombre, se trouvaient le capitaine du brick, le second, qu'on avait assassiné dans son lit; le cuisinier du bord, et l'intrépide lieutenant, qui avait si longtemps tenu les assassins en échec.

Cinq matelots les avaient suivis ou précédés dans leur unique et vaste tombe.

Seulement les révoltés payaient cher ce qu'ils osaient appeler leur victoire.

Un des trois négociants avait été tué par le lieutenant.

Le timonier aussi.

Trois hommes, dont deux domestiques, et l'un des matelots qui avaient tourné casaque.

En tout cinq.

Demeurés maîtres du navire, les conjurés se mirent à chercher s'il ne restait pas encore sur ou sous le pont quelque victime à jeter à la mer.

Tout ce qui ne faisait point partie de leur bande était contre eux.

Ils ne voulaient laisser vivre aucun témoin qui aurait pu devenir gênant par ses dénonciations ultérieures.

En dehors de ces précautions cruelles, sanguinaires, mais rationnelles, vue prise de leur abominable crime, ils avaient un autre but, une seconde raison de se conduire avec tant de barbarie.

Nos lecteurs le verront dans peu.

Durant le combat, le bâtiment, abandonné à sa propre impulsion, était venu en travers et il avait complètement masqué par suite de la mort du timonier.

Le maître d'équipage, l'un des principaux révoltés, plaça un matelot à la barre et lui fit exécuter les manœuvres nécessaires pour remettre la *Rédemption* en bonne route.

Ce matelot se contenta donc d'assister, témoin inactif, au massacre que nous venons de raconter.

Il n'avait même point participé à la première tuerie.

On l'avait gardé pour remplir les fonctions qui venaient de lui incomber.

Heureusement pour ces misérables, la mer était belle et la brise faible

Autrement, le brick, abandonné à lui-même, ayant masqué en grand, courait le risque d'être démâté.

Peut-être pouvait-il lui arriver pis encore.

On a vu des navires se perdre par une mer tranquille comme un lac d'huile.

La manœuvre exécutée, des fanaux furent allumés, et l'on commença la reconnaissance des morts, absents ou présents.

Pendant qu'on procédait à ce funèbre examen, le second maître, qui venait de prendre le quart d'officier, se tenait auprès des porte-haubans du grand mât.

Tout à coup il jeta un cri affreux.

Cri de terreur et d'angoisse indicible.

Puis, se rejetant vivement en arrière, il appela à l'aide, de tout ce qui lui restait de force.

Les révoltés se retournèrent en même temps du côté d'où partaient ces appels désespérés.

Ce qu'ils aperçurent les rendit immobiles de stupeur et d'épouvante.

En effet, le spectacle qui vint frapper leurs regards était bien fait pour frapper de terreur et d'horreur le cœur le plus endurci, le plus insensible.

La main de Dieu était là qui se manifestait dans toute sa puissance.

Un spectre, ruisselant d'eau et de sang, les traits livides, horriblement contractés par la douleur et par la haine, venait subitement d'apparaître dans les porte-haubans du grand mât.

Ce spectre, dont les rayons blafards de la lune doublaient l'apparence fantastique, jeta un rugissement de bête fauve et s'élança en avant, la tête la première, les bras tendus, cherchant une proie.

Cette proie ne lui fit pas faute.

Elle ne se sentit pas la force de lui échapper.

Elle l'attendit en tremblant.

Le spectre tomba sur le second maître, qu'il renversa sous lui et dont il étreignit le cou entre ses mains puissantes et crispées, avec des ricanements, des rauquements de tigre dévorant un cadavre encore pantelant.

Le misérable matelot se défendit de son mieux, toujours en implorant l'aide et le secours de ses camarades.

Il déplia le papier. Le papier était blanc.

Vains efforts !

L'étau humain se resserrait de plus en plus autour de sa gorge.

En moins de temps qu'il ne nous en faut pour raconter le fait, ses cris, ses appels se changèrent en un râle convulsif.

L'agonie venait.

La mort n'était pas loin.

Un suprême et dernier cri de secours, poussé par le second maître, tira les révoltés de leur stupeur et de leur inaction.

D'un commun accord, ils s'élancèrent au secours de leur compagnon.

Les sentant venir, le spectre se releva.

Avec lui, il redressa d'une secousse brève et sèche le corps du matelot, qu'il étreignait toujours à la gorge, et, sans prononcer un mot, il laissa les autres approcher.

Les matelots se jetèrent sur lui.

Ils le saisirent.

Il se laissa faire.

Seulement, il tenait si fermement serrée la gorge du second maître, qu'en l'enlevant entre leurs bras au-dessus de leurs têtes effarées, les matelots étaient obligés de soulever en même temps leur misérable compagnon, qui ne respirait presque plus.

Ce fut une lutte sans nom, une mêlée indescriptible, qui dura plus de deux minutes.

Le second maître ne râlait plus.

Le spectre n'avait pas voulu le rendre.

Un coup de hache lui fendit le crâne et le lui ouvrit jusqu'à la mâchoire.

L'étau ne se desserra pas.

Ce fut si horrible à voir que les révoltés reculèrent consternés. Ils ne voulaient pas jeter le second maître à la mer.

Puis, jeter le spectre à la mer, c'était peine perdue, puisqu'il revenait, puisqu'il remontait à bord, comme si de rien n'étaient les terribles blessures qui lui hachaient les mains, les bras, la poitrine et le visage.

Puisque le spectre n'était autre que le lieutenant de la *Rédemption !*

Le lieutenant, leur indomptable ennemi, que la mort n'osait pas essayer de mater.

Le lieutenant, qui, la tête fendue, portant toujours sa victime étouffée, étranglée, entre ses bras, monta sur le rebord du navire, s'y tint debout et, prêt à se lancer dans les flots, leur cria d'une voix qui n'appartenait plus à ce monde :

— Lâches! traîtres! soyez maudits! maudits!... et pendus! oui, pendus!

Cela dit, il se jeta à la mer, les mains toujours plongées dans la gorge de sa victime, qui avait été l'un de ses assassins.

Comment cet homme de fer était-il parvenu à s'accrocher au navire ?

Comment avait-il pu remonter sur le pont, malgré ses nombreuses blessures et le sang qui en coulait à flots ?

Nul ne le comprit.

Mais le fait est là, patent, irréfutable ; nous le racontons tel qu'il s'est passé.

Le retour du lieutenant portait le nombre des morts à six, du côté des révoltés.

Il ne restait à bord du brick que neuf hommes vivants.

Encore, dans ce nombre, fallait-il compter le mousse du capitaine, pauvre enfant d'une dizaine d'années qui s'était laissé entraîner par les menaces des conjurés.

Depuis que la révolte avait commencé, ce mousse ne faisait plus que pleurer et se lamentait en tremblant de tous ses membres.

Les meurtres si atroces, si cruellement accomplis sous ses yeux, lui avaient presque donné envie de se révolter contre les révoltés.

Mais la peur de la mort l'emporta sur ses instincts généreux.

Elle le retint.

On se remit enfin à débarrasser le pont des cadavres qui l'encombraient.

VIII

L'ABANDON

Les deux Espagnols qui survivaient, portant chacun un fanal, examinaient avec le plus grand soin tous les cadavres les uns après les autres.

Cet examen passé, des matelots les saisissaient, les enlevaient et les jetaient à la mer.

A mesure que ses recherches tiraient à leur fin, le plus jeune des deux négociants devenait de plus en plus nerveux.

— Voilà qui est étrange, Marcos !

— Parlez, señor, répondit celui-ci avec une nuance de respect, quoiqu'il eût l'ordre de traiter ostensiblement d'égal à égal avec la personne qui lui adressait la parole.

L'autre se contenta d'éponger, avec un mouchoir de batiste brodée, la sueur froide qui perlait sur son front.

Il reprit ensuite :

— Je ne reconnais aucun de ces hommes.

— Ni moi.

— Comment cela se peut-il faire ?

— Je l'ignore ; à moins que...

— Quoi ?

— A moins que ceux que nous cherchons ne se trouvent parmi les premiers matelots qu'on a jetés à la mer.

— Non, ils ne s'y trouvaient pas.

— Vous les avez regardés, señor ?

— Oui.

— Alors, je m'y perds.

— Sa bonne étoile l'a encore protégé contre moi ! répliqua le plus jeune des deux hommes avec une rage difficilement contenue.

— Peut-être sont-ils cachés dans quelque coin ou recoin du navire ?

— Non, on les aurait découverts... depuis le temps qu'on fait des recherches... et d'ailleurs, il ne se cache pas, lui. Quand il y a danger pour les siens, il est toujours au premier rang.

— C'est vrai. Si c'était le capitaine auquel le timonier a fait sauter la cervelle?... la balle l'a tellement défiguré, que nous ne pouvons pas le reconnaître.

— Es-tu fou, Marcos? ce capitaine-là a la tête de moins...

Marcos, tout sérieux qu'il fût, laissa échapper un léger sourire motivé par le jeu de mots féroce, mais involontaire, de son compagnon.

L'autre comprit, haussa les épaules et continua :

— Que signifie cela? Nous échapperait-il encore?

— Cependant, señor, ce bâtiment s'appelle bien la *Rédemption* ?

— Oui.

— La *Rédemption* n'est-il pas le nom du brick commandé par lui?

— C'est bien ce nom-là.

— Le carrosse habité par nous n'est-il pas le logement occupé dernièrement par M. le comte et Mme la comtesse de Casa-Real?

— Sans contredit.

Ils parlaient en marchant.

Ils arrivèrent à l'endroit où se trouvait le cadavre du capitaine soutenant encore le corps du timonier.

Marcos le retourna.

Son compagnon s'agenouilla, et il approcha le fanal de ce qui restait du visage de l'officier de marine.

— Ce n'est pas lui! tu le vois.

— Non, ce n'est pas lui.

— Nous sommes joués! fit l'autre en se relevant. Qui donc m'a trahie?

— Madame la comtesse... Señor... murmura Marcos Praya, qui, quelque innocent qu'il fût, ne put soutenir l'éclat du regard que sa maîtresse jetait sur lui.

— Silence!... il ne vous manquerait plus que de trahir mon incognito devant ces misérables bandits... Maladroit! ajouta-t-elle avec colère.

Le majordome retrouva vite son calme et son impassibilité.

— Cet homme est bien fin, répondit-il en hochant la tête. Personne ne vous a trahie. Vous seule et moi possédions votre secret, votre projet.

— Alors?

— Réfléchissez... señor... Deux fois vous avez tenté de vous délivrer de cet homme. Deux fois vos tentatives ont avorté.

— C'est vrai!

— Il ne s'abuse pas sur la haine que vous lui portez.

— Il fait bien!

— Tout cela lui aura donné l'éveil.

— Mille démons! fit-elle en cachant sa tête dans ses mains. Je me trouverai donc toujours à sa disposition, en son pouvoir!

— Toujours? non... mais ce sera long.

— Tant de sang inutilement versé! reprit la créole en frissonnant malgré elle. Tant de sang!

— C'est un malheur, señor! Mais comme à ce mal je ne vois pas de remède, mieux vaut en prendre son parti et ne plus y songer.

— Je ne m'en consolerai pas de longtemps. Des précautions si bien prises... une trame si bien ourdie!... Tu en prends facilement ton parti, Marcos!

— J'ai pour habitude de ne jamais discuter les faits accomplis. Manche perdue...

— Manche perdue... à ajouter à celles que nous avons perdues déjà.

— On recommencera... On comptera, et l'on paiera le tout ensemble.

— Non, Marcos, non. Quand on n'a pas gagné une partie comme celle que nous venons de jouer, il est impossible de sortir vainqueur de la lutte.

— S'il vous plaît d'y renoncer?

— Y renoncer! riposta violemment la comtesse de Casa-Real. Que dis-tu donc là, Marcos?

— Je dis ce que signifient vos paroles, maîtresse.

— Mes paroles expriment le découragement du moment, elles ne rendent pas la haine qui germe, pousse et va toujours grandissant au fond de mon cœur. Renoncer à la lutte! jamais! dussé-je y périr moi-même!

— Bien, maîtresse. Marcos Praya préfère vous entendre parler ainsi. Quoi qu'il vous convienne d'entreprendre, vous le savez, votre esclave vous est dévoué jusqu'à son dernier soupir.

— Je le sais.

— Et vous le trouverez toujours entre le danger et votre chère personne.

— Bien, Marcos, assez, fit la créole, qui ne laissait jamais le métis lui ouvrir son âme tout entière. Je compte sur toi.

— Merci, señora.

— Oh! tout n'est pas fini encore. Je le poursuivrai toujours et partout.

— Ceci réglé, dit Marcos avec un rire sinistre, que vous poursuivrez votre vengeance, bien légitime, du reste, occupons-nous du plus pressé. Le dernier cadavre vient d'être jeté par-dessus le bord. A quoi nous arrêtons-nous?

— A ce qui a été convenu.

— Rien n'est changé?

— Rien.

— Vous ne préférez pas retourner à Cuba, dont nous sommes peu éloignés?

— Non.

— Il nous sera très facile d'atterrir dans une anse perdue de la côte.

— Et si l'on nous aperçoit?

— Je réponds de votre incognito, señora.

— A quoi bon retourner à Cuba? dit la créole après avoir réfléchi quelques instants.

— A détourner les soupçons, en nous y montrant au plus tôt. Un alibi ne peut nous être inutile, en cas de recherches.

— Qui en fera? répondit-elle ironiquement, le vent ou la lune? Non, celui que je poursuis n'a pas été assez niais pour rester à terre.

— Qui sait?

— Non, non, Marcos! Il est parti.

— Après nous, alors?
— Avant nous, j'en ai la conviction. Sa contremine une fois établie, il ne s'est pas donné la peine et le désavantage de nous attendre.
— C'est possible, señora.
— Il nous précède; c'est en Europe qu'il nous faut aller. Là, seulement, je le rencontrerai.
— En Europe?
— Oui.
— L'Europe est grande, señora.
— L'Europe pour lui, en ce moment, c'est la France... et la France, c'est Paris. Voilà où nous le retrouverons, Marcos, à Paris.
— La France n'est pas un pays, Paris n'est pas une ville où une vengeance se suive sans encombre.
— Crois-tu? fit-elle avec ironie.
— Si c'était en Espagne, encore, je ne...
— Aveugle! tu oublies la clef qui ouvre toutes les portes et ferme toutes les consciences.
— La clef d'or?
— Oui.
— Pour peu que cela convienne à cet homme, il deviendra aussi riche que vous, señora.
— Je te comprends... le testament du comte, n'est-ce pas? C'est du testament que tu veux parler, Marcos?
— Sans doute.
— Oh! je le lui arracherai. Non pas pour cette fortune, que je méprise autant que lui peut-être... mais pour cette accusation qui pèse sur ma tête comme une hache empoisonnée. D'ailleurs, ma fortune personnelle est plus que raisonnable.
— Vous ne la connaissez pas vous-même.
— J'arriverai à mes fins, dussé-je la semer dans tous les ruisseaux, dans tous les antres, dans tous les bas-fonds de la ville vénale qui se croit la capitale du monde civilisé.
— J'ai peur que ce ne soit pas aussi facile que vous le pensez, señora.
— Crois-moi, mon bon Marcos, en France, comme partout ailleurs, quand on atteint un certain chiffre de fortune, on est au-dessus des hommes et des choses. Au temps où nous vivons, tout est à vendre, donc tout est à acheter. Il ne s'agit que d'y mettre le prix. Eh bien! ce prix, je le mettrai.
— Ainsi soit-il, señora. Vous devez mieux connaître ces détails que moi. Si je me permets la moindre observation, ce n'est pas moi, c'est mon dévouement qui parle.
— Ne t'inquiète de rien, Marcos. Laisse-moi agir. Contente-toi d'exécuter mes ordres sans les discuter.
— Les discuter, moi, señora, jamais! Je n'essayerai même pas de les comprendre pour peu que ce soit votre désir.
— Bien.
— Ainsi, rien n'est changé?

— Absolument rien.

Le métis s'inclina respectueusement devant sa maîtresse, et, tirant un sifflet en argent de sa poche, il siffla.

Les sept hommes, seuls survivants de l'équipage, s'approchèrent.

La comtesse de Casa-Real, reprenant son rôle de commerçant espagnol, se retira à l'écart.

Le majordome, s'adressant aux sept matelots qui l'entouraient, leur dit :

— Mes enfants, tout va bien. Jusqu'à présent nous avons parfaitement manœuvré. La réussite est complète. Aussi, je le reconnais, vous avez loyalement gagné votre argent.

Un hourra de l'équipage lui répondit.

Seul, l'homme placé à la barre ne quitta pas son poste.

Seul il ne s'était pas mêlé, comme partie active, au massacre, et il ne se mêla point non plus, comme partie prenante, à l'enthousiasme de ses compagnons, de ses complices, si on le préfère.

Marcos Praya fit bien la même remarque que nous, mais réfléchissant qu'après tout ce pilote, ce timonier ne devait pas quitter la barre du gouvernail, il continua :

— Une dernière précaution nous reste à prendre.

— Laquelle ? demanda-t-on.

— Mes garçons, reprit-il sans accorder une attention immédiate à leur interruption, mes garçons, vous ne vous souciez sans doute pas d'être pris par un croiseur et pendus comme des pirates ?

— Pendus !

— Dame ! ce bon lieutenant vous l'a prédit, et en cas de mauvaise rencontre, sa prédiction ne manquerait pas de devenir une réalité. La chose est facile à comprendre. Elle est d'une simplicité biblique.

Les bandits ne furent pas longs à reconnaître que le métis n'inventait rien. Après l'ivresse de la lutte, après la réalisation d'un attentat qui les conduisait à la fortune, ils sentirent la peur d'un avenir douteux les dégriser.

Ils courbèrent la tête.

— Que faire ? demanda le maître d'équipage parlant au nom de ses hommes.

— Pas autre chose que ce que je vais vous dire, répondit Marcos Praya.

— Quoi donc ?

— Mettre la chaloupe à la mer, la remplir de vivres, de provisions, d'eau, enfin de tous les objets nécessaires à une navigation de quelques jours.

Comme les matelots se précipitaient pour exécuter ces ordres, il les retint et ajouta :

— Attendez ! attendez ! Comme vous y allez, camarades ! on voit bien que la corde n'est pas la cravate qui vous convient le plus.

— Ensuite ? fit le maître d'équipage.

— Ensuite, vous saborderez le navire.

— Bon !

— Cela fait, nous le surveillerons à distance, jusqu'à ce qu'il ait disparu au fin fond de la mer.

— Compris.

— Cette besogne accomplie, nous ne sommes pas des pirates, mais des naufragés, de malheureux et intéressants naufragés. Toutes les sympathies nous sont naturellement acquises. Le premier navire qui nous aperçoit — et nous en rencontrerons un avant que vingt-quatre heures ne s'écoulent — nous prend à son bord. On nous entoure, on nous interroge, nous racontons que notre brick a pris feu. Notre sûreté nous répond de notre discrétion et de notre silence réciproque. On nous soigne, on s'apitoie sur nos infortunes, et comme nos ceintures sont bien garnies, qu'elles le seront doublement, notre expédition entièrement terminée, nous oublions tous nos malheurs en touchant terre. Adieu et merci à nos sauveurs ! Plaisirs et bombance dans un avenir prochain. Voilà tout ce qui vous attend si vous m'obéissez et si vous savez vous taire. Est-ce ce que vous demandez? Et mon plan vous convient-il, mes garçons?

— Oui ! oui ! répondit-on en chœur.

— Il ne vous reste plus qu'à mettre la main à l'ouvrage, et cela, le plus vite possible.

— Ce ne sera pas long ! fit le maître d'équipage.

Quand des hommes d'action comme ceux qui survivaient à la tuerie décrite plus haut par nous, sentent que leur salut dépend de leur promptitude, ils vont vite en besogne.

Aucun d'entre eux ne resta inactif.

Le moyen proposé, tout scabreux et difficile qu'il parût de prime abord, était en réalité le seul qu'ils pussent employer pour dérouter la justice humaine, pour échapper au châtiment de leurs crimes.

Vers trois heures du matin, le plan de Marcos Praya se trouvait en pleine exécution.

Le brick *La Rédemption*, auquel on avait mis le feu par surcroît de précaution, coulait, s'enfonçait majestueusement dans les flots, qui le recouvrirent de leur humide manteau.

La flamme éteinte, la fumée disparue, évanouie, la chaloupe, contenant tout ce qui survivait de l'équipage de la *Rédemption*, s'éloigna lentement du théâtre du sinistre.

IX]

DANS LA CHALOUPE

Le soleil se levait.

Il sortait du sein de l'Océan dans des nuages d'un rouge sanguinolent.

La brise était presque entièrement tombée.

Se balançant lourdement sur les eaux de l'Atlantique endormi, la chaloupe qui contenait les révoltés de la *Rédemption* restait presque stationnaire.

Aussi loin que la vue pouvait s'étendre, l'horizon était vide et libre.

Aucune voile blanche, nul panache de fumée ne tranchait sur ses bandes bleuâtres.

L'intrépide lieutenant annihilait les efforts et les attaques de ses nombreux et lâches ennemis.

Les deux faux négociants espagnols, Marcos Praya et sa maîtresse, doña Hermosa de Casa-Real, toujours vêtue de ses habits masculins, se tenaient assis dans la chambre d'arrière de la chaloupe.

Le second timonier du bord dirigeait la marche.

On nageait doucement.

Les matelots ramaient, non pas en hommes qui cherchent à gagner une rade ou un port quelconque, mais en gens qui attendent.

Ils se maintenaient le plus possible dans les eaux qui recouvraient à jamais le brick incendié et coulé bas.

En somme, la chaloupe et son équipage croisaient sur le passage des navires allant d'Europe en Amérique ou d'Amérique en Europe.

Les bandits au service des deux Espagnols avaient pris toutes leurs précautions pour que nul soupçon ne vînt les entacher.

Ils avaient changé de vêtements avant d'abandonner le pont de la *Rédemption*.

Des ablutions nombreuses avaient effacé toute trace du sang versé par eux.

Ceux qui, blessés dans la lutte précédente, n'étaient point parvenus à cacher leurs blessures, leur donnaient un caractère honnête en réparant le désordre de leur toilette.

Ils comptaient dire qu'ils avaient été blessés en cherchant à éteindre l'incendie, en luttant contre le progrès des flammes.

Leur prudence alla jusqu'à jeter par-dessus le bord toutes les armes offensives.

A force de soins et d'adresse, ils s'étaient bien donné tous les dehors de pauvres malheureux naufragés.

Vers huit heures du matin, après une nuit de calme plat, Marcos Praya fit une distribution de vivres.

Chaque homme reçut une galette de biscuit, un morceau de lard salé mais cru, et un *boujarron* d'eau-de-vie.

Maigre pitance pour des estomacs affamés.

Mais la prudence exigeait qu'il en fût ainsi.

Les révoltés, ou plutôt les prétendus naufragés pouvaient rester plusieurs jours sans qu'un navire vînt les recueillir.

Bronzés par leur vie d'aventures contre les remords de leur dernier attentat, les matelots reçurent gaiement leur portion de vivres et la firent disparaître de bon appétit.

Seul, le petit mousse ne toucha pas à ce qu'on mit devant lui.

On pensa que la fatigue était la cause naturelle de son abstinence.

Il était pâle, triste, pensif.

Parfois une larme coulait sur ses joues amaigries.

Mais personne n'y faisait attention.

En se souvenant de toutes les horreurs qui venaient de se passer sous ses yeux, l'enfant ne se sentait ni le courage ni la force de manger.

Pour ne pas faire crier l'équipage, la comtesse de Casa-Real et son majordome prirent exactement la même nourriture que les matelots.

Seulement, la créole remplaça le *boujarron* d'eau-de-vie par un verre d'eau pure, et elle se contenta de sa galette de biscuit.

Ce repas frugal, mais suffisant pour soutenir leurs forces, achevé, le majordome de la comtesse de Casa-Real pria ses compagnons de tuerie de l'écouter avec la plus scrupuleuse attention.

— Mes agneaux, leur dit-il de ce ton froid et péremptoire qui ne l'abandonnait pas plus dans les petites que dans les grandes circonstances de la vie, nous allons maintenant convenir en détail de nos faits et gestes, afin de ne pas commettre de bévues, l'heure des explications une fois arrivée.

— Allons, señor, nous vous écoutons religieusement, répondit le maître d'équipage, qui armait le premier aviron de l'arrière.

— Vous le savez, je suis pour les moyens les plus simples et les plus expéditifs.

— C'est connu! fit l'autre en riant.

— Les raisons les plus courtes sont les meilleures. Elles sautent aux yeux, n'éveillent aucun soupçon et sont comprises tout de suite. Voici ce que j'ai imaginé.

— Voyons ça! dit le maître d'équipage enjoignant à ses hommes de se reposer.

Et pour prêcher d'exemple, il se mit à tordre délicatement une cigarette entre ses doigts brunis par le hâle et pleins de callosités.

Les nageurs se reposèrent sur leurs avirons assujettis sous le plat-bord, afin d'écouter à leur aise.

Rien ne les pressait.

Ils prenaient leur temps.

Le majordome reprit entre dix nuages de fumée :

— Qu'on ne perde pas une seule de mes paroles. Si quelqu'un ne me comprend pas, qu'il le dise; je recommencerai mon explication, afin de ne pas nous *couper* les uns les autres.

On redoubla d'attention.

— Nous sommes, continua-t-il, l'équipage d'un brick-goélette mexicain nommé *Le Santiago*.

— Le *Santiago*, qui fait le grand cabotage entre la Vera-Cruz et les Antilles françaises, anglaises et espagnoles? demanda le maître d'équipage.

— Lui-même.

— Bon. On n'en a donc pas de nouvelles, de ce brick-goélette, señor?

— Non. Parti de la Martinique il y a trois semaines, pour Matanzas, ce navire n'a pas paru dans le port. Jusqu'ici, on a supposé qu'il s'était perdu corps et biens, ce qui doit être, par parenthèse...

— C'est évident. D'autres bateaux qui ont appareillé après lui de la Martinique viennent d'arriver à Cuba ces jours derniers.

— Vous saisissez la situation à merveille, mon garçon; je continue. Trois jours après notre départ de la Martinique, le gros temps nous a brusquement jetés hors de notre route. Après une heure de manœuvres, nous avons perdu notre gouvernail... Vous m'entendez bien?

— Parfaitement.

— Pendant un assez long temps, nous nous sommes vus les jouets de la tempête, des vents et des flots réunis contre nous.

— Après?

— Un gouvernail de fortune est mis en place par nous. Le navire reprend sa marche. Mais avant-hier, on ne sait pas comment, le feu se déclare à fond de cale vers les sept heures du soir.

— Vers sept heures. Qu'on se le dise, répéta le maître d'équipage à ses hommes, cherchant à retenir depuis le premier jusqu'au dernier mot du récit inventé par Marcos Praya.

— Notre chargement consistant en spiritueux, toiles et coton de fabrique anglaise, tous nos efforts sont vains pour éteindre le feu. L'incendie fait de rapides progrès. A minuit, tout espoir de sauver notre cher navire est perdu.

— A minuit, camarades, répéta le maître d'équipage pour bien leur inculquer les heures dans la cervelle.

— Le capitaine nous fait mettre la chaloupe à la mer. Il s'embarque dans le canot avec quatre hommes et une dame passagère.

— Quatre hommes et une passagère, c'est convenu. Retenez bien ça, vous autres. Après, señor?

— Le reste de l'équipage descend dans la chaloupe, et le *Santiago* reste abandonné à son triste sort. Comprenez-vous bien tout cela? faut-il que je vous le répète?

— Inutile, répliqua le maître d'équipage. Nos hommes vont vous répéter la chose à tour de rôle. Comme ça, nous serons bien sûrs que rien ne leur a échappé dans le coulage et dans l'incendie de ce bon *Santiago*.

Ce qu'il venait de dire fut fait.

Chaque révolté, chaque bandit répéta, avec une exactitude et une mémoire dignes d'un meilleur emploi, la fable inventée par le métis.

Seul le mousse se tut quand vint son tour.

— Parle, petit, dit le maître d'équipage.

— Je ne peux pas, répondit l'enfant.

— Comment! tu ne peux pas? pourquoi ça?

— Parce que je ne sais pas.

— On a répété la chanson sept fois devant toi, marmaille du diable, et tu ne peux pas la chanter comme les autres? Attends, attends, je vas te donner de la voix, moi.

Et le brutal matelot allongea au mousse qui ne s'y attendait pas, une bourrade assez forte pour l'envoyer rouler à l'autre extrémité de la chaloupe.

L'enfant se releva.

Il s'essuya le visage et épongea silencieusement le sang qui en coulait.

Mais il ne répondit rien.

Le maître d'équipage allait se précipiter sur lui pour renouveler la correction et l'amener à résipiscence.

Marcos Praya l'arrêta et s'entremit entre le mousse et le reste des matelots, qui, à l'exemple du maître d'équipage, lui lançaient des regards menaçants.

— Laissez cet enfant, dont je fais mon affaire, et écoutez ce qui me reste à vous apprendre.

— Dites, señor.

— Notre capitaine se nommait don Pedro Sallazar.

— Pedro Sallazar. Allez.

— Le brave et digne homme, reprit Marcos, ne pouvait se décider à quitter son navire. Nous n'avons pu l'empêcher d'y rester jusqu'au dernier moment. Malheureusement, en prenant sa distance pour sauter dans le canot, il se trompa de quelques pieds. Il tomba à l'eau. Le canot, se trouvant pris dans le remous, chavira avec tous ceux qui le montaient. Tout le monde y passa excepté cette dame.

— Quelle dame? demanda sournoisement le maître d'équipage.
— Le négociant qui m'accompagne.
— Bon! Vous nous rendrez la justice de reconnaître que jusqu'à présent nous avons respecté son incognito.
— Oui, mon brave. Seulement dès maintenant vous voudrez bien la traiter selon son rang et son sexe.
— Quand on paye comme elle, señor, on n'a besoin ni de sexe ni de rang pour se faire respecter, répondit le bandit.
— Bien, voilà, mes agneaux, toute l'histoire du naufrage et de l'encendie du *Santiago*. Ne sortez pas de là, et du diable si cette affaire vous cause jamais l'ombre d'un désagrément.
— On s'arrangera pour que tout le monde ici dise la même chose, repartit le maître d'équipage en lançant un regard féroce du côté du mousse.

L'enfant demeura immobile et recueilli.

Tous ces crimes, tous ces mensonges entassés les uns sur les autres répugnaient à sa jeune nature.

Il était fils d'une catholique fervente.

On lui avait appris à ne jamais trahir la vérité.

Or, ne point mentir n'était pas chose facile dans la circonstance présente.

Il se demandait, dans son for intérieur, comment il allait se tirer de cette situation périlleuse.

Trahir ceux qui l'avaient épargné, sauvé même, ne lui semblait pas possible.

D'autre part, répéter le conte inventé par Marcos Praya, il ne le voulait pas.

Toutes ses appréhensions, ses hésitations se lisaient sur son jeune visage.

Après s'être concerté avec ses matelots, le maître d'équipage se pencha vers Marcos Praya, qui s'occupait de sa maîtresse, et il lui dit de façon à ce qu'elle l'entendît sans être forcée de paraître l'écouter :

— Señor, toutes vos instructions seront suivies de point en point.
— Tant mieux pour tout le monde, répondit le métis.
— Rien de plus simple et de plus croyable, comme vous nous l'aviez annoncé.
— Nous serons crus sur parole, j'en jurerais, et l'on n'ira pas aux preuves.
— Certes... si nous disions tous de même.
— Nous le dirons.

Le marin hocha la tête.

— Non.
— Comment! non?
— Le mousse nous vendra.
— Le mousse?
— Oui. Regardez-le.

Marcos Praya jeta les yeux sur l'enfant.

C'était le moment où celui-ci, toujours plongé dans ses réflexions, se demandait ce qu'il lui fallait dire et faire.

— C'est vrai! murmura le métis. Comment nous y prendre?

— Dame! j'ai essayé de la douceur, répliqua le matelot avec un sourire narquois. Vous venez de voir que ça ne m'a guère réussi. Il faudrait chercher autre chose.

Marcos ne disait rien.

Tuer un enfant répugnait à sa vigoureuse nature.

Le maître d'équipage répéta sa demande.

Voyant que le métis ne se décidait pas, il se tourna vers la comtesse de Casa-Real.

Doña Hermosa, penchée sur le bord de la chaloupe, trempa machinalement sa main dans l'eau et l'y laissa quelques instants.

— La mer est bien profonde loin des côtes, murmura-t-elle.

Ce fut tout.

Le maître d'équipage n'eut pas l'air d'avoir entendu, et il se retira sur son banc.

Marcos avait frissonné à cet ordre indirect.

Mais l'affaire ne le regardant pas personnellement, il chassa la pensée qui venait de l'assiéger, et, s'approchant de la créole, il lui dit :

— Vous paraissez fatiguée, señora.

— Je le suis, en effet. Le sommeil m'écrase.

L'Espagnol étendit des voiles et des couvertures dans le fond du bateau.

— Essayez de vous reposer. Je vais recommander qu'on fasse en sorte de ne pas troubler votre sommeil.

La créole sourit à l'idée de l'étrange tranquillité qu'elle prévoyait, et elle s'étendit sur ce lit improvisé par son serviteur.

Le majordome jeta un châle sur elle pour la garantir des rayons du soleil qui déjà avaient acquis une certaine intensité.

Les matelots reprirent la nage.

Rien encore à l'horizon.

Une demi-heure s'écoula sans qu'une parole fût prononcée à bord de la chaloupe.

Ce fut le maître d'équipage qui rompit ce silence de commande.

— La señora dort.

— Comme un enfant, répondit Marcos Praya. Les fatigues de cette nuit l'ont accablée; on se reposerait à moins, mon camarade.

— C'est une vraie femme, fit le grossier matelot en jetant sur elle un regard de convoitise.

— Par tous les saints! regarde-la une seconde fois comme tu viens de le faire, et je te plante ce couteau dans le cœur.

Le maître d'équipage se retourna, ne sachant à qui le métis en avait, mais ne voyant personne autre que lui-même, et considérant avec stupeur la rage qui se peignait dans les traits de Marcos Praya, il se recula prudemment en grommelant :

— Par tous les diables ! comme vous y allez, señor ! Vous n'avez qu'à parler, on se tiendra pour averti.

Marcos se repentait déjà de son emportement.

Il revint le premier, et tendit la main au marin, qui se laissa faire.

— Voyons, laissons cela. J'ai été un peu vif.

— Un peu, oui.

— Que me vouliez-vous ?

— Dame ! Je venais pour... répondit l'autre avec une légère hésitation.

— Pour quoi ?

— Eh bien !... n'est-ce pas le moment ?

— Quel moment !

— Vous savez...

— Non.

— Le mousse...

— Eh bien ?

— Il nous trahira.

— Pourquoi nous trahirait-il ? C'est une brave et naïve créature. Faisons-lui jurer sur la sainte Vierge qu'il n'ouvrira jamais la bouche sur ce qui s'est passé cette nuit. Il ne parlera pas plus contre nous qu'il n'a voulu s'engager à parler comme nous.

— Hum ! fit le maître d'équipage... vous vous contenteriez de sa promesse ?

— Oui.

— Ma foi ! moi, non. Il nous vendra, sans le vouloir... Mais le mal n'en sera pas moins grand, et nous n'en serons pas moins pendus.

— C'est une dure alternative, murmura Marcos Praya.

— Vous avez l'âme tendre, ce matin, señor, ricana le bandit. Décidez-vous. Vous avez entendu la señora, elle l'a dit : la mer est profonde. Ajoutons qu'elle est muette, et nous ne tromperons ni elle ni nous.

— Un enfant !

— Lui ou nous ! reprit nettement le marin. C'est une question de vie ou de mort.

— Pauvre petit diable !

— Pauvre ! oui ; petit ! oui encore ; mais diable aussi. Or, il est un proverbe qui prétend que tuer le diable est préférable à se faire tuer par lui.

— Faites ; mais je ne me mêle de rien.

— À votre aise.

— Je m'en lave les mains.

— Vous vous les lavez avant, señor, moi je me les laverai après le coup, et tout ira le mieux du monde. Ce mousse tient la vie de huit personnes au bout de sa langue ; laissez-moi arranger ça.

— Il le faut bien !

— Voyez... que risquons-nous ? Aucun navire n'est en vue.

— Tant pis !

— Partout le ciel et l'eau.

— L'eau engloutira l'enfant et cachera sa mort, mais le ciel nous verra, lui, fit le métis avec un frémissement intime.

— *Amen*, dit le bandit.

Il s'éloigna de Marcos Praya.

Celui-ci baissa la tête et ferma les yeux.

Il tremblait, pour la première fois de sa vie.

Ne voulant pas assister à cette épouvantable exécution, il se tourna vers le matelot qui tenait la barre du gouvernail.

La figure de ce matelot lui parut singulière.

Il la regarda attentivement.

Elle était d'une pâleur menaçante.

— Je dois être aussi pâle que lui, pensa-t-il. Voici un homme qui, sur un mot de moi, se ferait tuer, j'en suis sûr, plutôt que de laisser commettre ce crime horrible, ce crime utile.

Il hésita.

Mais l'ordre de la comtesse de Casa-Real, tout détourné qu'il fût, était exprès, indiscutable.

Il se voila le visage et attendit.

Depuis quelque temps déjà les matelots chuchotaient entre eux, tout en nageant.

Ils jetaient à la dérobée des regards de menace au pauvre mousse, qui, lui, tout à sa tristesse et à ses scrupules, ne s'apercevait de rien.

Il avait confiance en ces hommes dont il partageait les fatigues, les travaux et les dangers.

La brutalité du maître d'équipage ne lui semblait ni nouvelle ni redoutable.

Il était habitué à ces manières-là.

Son capitaine lui-même, qui le traitait plus doucement que les hommes de son bord, ne se gênait nullement pour lui allonger un soufflet ou un coup de pied, afin d'activer son service.

A force de recevoir des horions, l'enfant s'était endurci au point de ne presque plus les sentir.

On le battait.

Il battrait à son tour.

C'était la loi du plus fort.

Il l'acceptait sans murmure.

A force de penser, de réfléchir, le mousse venait de s'assoupir.

Le maître d'équipage s'aperçut de cette circonstance favorable à son noir dessein.

Il fit un geste.

Le mousse fut saisi à l'improviste par deux robustes matelots.

Avant qu'il jetât un cri, avant même qu'il s'éveillât, il était enlevé de son banc, précipité à la mer, englouti au fond des flots, sans conscience de ce qui lui arrivait.

On le crut noyé.

Pas un de ses bourreaux ne jeta un cri, ne dit un mot.

Mais la fraîcheur de l'eau réveilla l'enfant.

— Pitié ! pitié ! s'écria-t-il en sanglotant, ne me laissez pas mourir ainsi... arrêtez-vous... je vais couler.

L'instinct de la conservation prit le dessus sur le trouble occasionné par un premier étouffement.

Le mousse nageait comme un poisson.

Le maître d'équipage avait oublié cela.

L'enfant donna deux vigoureux coups de pied et reparut, à quelques brasses sur l'eau.

Il respira et se mit à nager à la poursuite de la chaloupe.

— Tonnerre ! jura le maître d'équipage, j'avais oublié ça. Il peut se tenir deux heures sur l'eau. J'aurais dû...

Mais avant qu'il eût achevé sa pensée et sa phrase, on entendit la voix de l'enfant qui criait :

— A moi ! au secours ! Hé ! de la chaloupe !

Le pauvre petit pensait être tombé par hasard à l'eau.

Il ne se doutait pas qu'on venait de l'y jeter, et que ceux qu'il appelait à son aide étaient ses seuls, ses plus cruels ennemis.

Cependant, il s'aperçut que les matelots faisaient force de rames pour s'éloigner de lui.

— On ne m'entend pas... pensa-t-il.

Alors, redoublant d'efforts, maintenant sa distance par un miracle d'agilité, il recommença à crier :

— Camarades ! à l'aide ! ne me laissez pas mourir !... Que vous ai-je fait ?

Une pensée lui traversa l'esprit.

Il comprit tout.

Il se sentit perdu.

La peur de la mort lui fit trouver les protestations les plus touchantes, les serments les plus solennels :

— Au nom du ciel, arrêtez-vous ! disait-il en nageant vigoureusement... Je vous le promets... Je vous le jure... je dirai tout ce que vous voudrez... je répéterai tout... mais... attendez-moi... sauvez-moi... ayez pitié de moi !...

Personne ne lui répondait.

Il se remit à *tirer sa coupe* de plus belle, se tenant toujours dans les eaux de la chaloupe.

Ses cris devinrent de plus en plus déchirants.

— Je vous en prie... attendez !... Je ne veux pas mourir... Vous ne me laisserez pas tout seul... Je ne peux pas nager longtemps... voyons... puisque je vous promets d'obéir... Sauvez-moi... au nom de tous les saints... au nom de Jésus-Christ... Ah ! je n'en puis plus... à moi... à moi... Au nom de votre mère, que vous aimez... comme j'aime la mienne... sauvez-moi...

Il nageait toujours, et la fièvre de la dernière heure lui donnait des forces telles qu'il gagnait sur les rameurs.

Marcos se bouchait les oreilles pour ne pas entendre ses cris.

Cet homme de fer sentait des larmes brûlantes couler le long de ses joues.

Le timonier, qui n'était plus maître de son émotion, s'arrangea, par une habile manœuvre, pour ramener le bateau du côté de l'enfant.

— Animal ! cria le maître d'équipage.

Mais le mousse, profitant de ce secours inespéré, toucha la proue de la chaloupe en quelques brassées.

— Pitié ! pitié ! s'écria-t-il en sanglotant ; ne me laissez pas mourir ainsi... sans la revoir... je veux revoir ma mère... arrêtez-vous... je vais couler...

Il s'accrocha à un cordage qui pendait et traînait dans l'eau.

— Ma mère ! ma mère ! répétait-il de telle façon que, malgré eux, ces misérables se sentirent frémir d'émotion.

— Sacré moutard! fit le maître d'équipage, a-t-il la vie dure!
Et il se leva.
L'enfant, affolé par le désespoir, appelait toujours sa mère.
La pauvre créature, à cet instant suprême, instant d'hallucination touchant à la folie, cherchait un dernier refuge dans le souvenir de celle qui l'avait si longtemps bercé de ses caresses.
— Allons! viens, petit! dit le maître d'équipage. Approche un peu que je te hale à bord.
Le mousse, auquel la corde pourrie était restée dans les mains, fit un effort prodigieux pour se rapprocher.
L'homme qui tenait la barre l'aida.
L'enfant mit la main sur le plat-bord du bateau, répétant avec joie :
— Merci!... vous êtes bons!... Je reverrai ma m...
Il n'acheva pas.
A l'instant où il s'élançait pour sauter dans la chaloupe, le bandit qui venait de l'appeler et de lui promettre aide et secours leva son aviron et lui fracassa le crâne.
Le mousse poussa un seul cri, adieu terrible, malédiction suprême, et disparut.
La mer le recouvrit de son funeste linceul.
Une tache sanglante indiqua seule, pendant quelques instants, la place où il venait de s'engloutir; puis, tout s'effaça.

X

LE BRICK

La chose était faite! comme dit le Macbeth de Shakspeare.
Le maître d'équipage reprit sa place sur son banc et se remit à nager.
La mort du malheureux enfant ne lui pesait pas plus sur la conscience que celle d'une mouche ou d'une fourmi.
Le misérable avait-il une conscience?
Toujours est-il que, s'il en possédait une, elle était sourde et muette.
Voyant qu'aucun des siens n'avait applaudi du geste ni approuvé de la voix l'horrible action qu'il venait de commettre, il haussa les épaules avec dédain et insouciance.
Après tout, que lui importait l'opinion de ce tas de bandits et de va-nu-pieds?
Il ne voyait que sa sûreté personnelle sauvegardée et son cou mis à l'abri de la terrible cravate de chanvre que le lieutenant de la *Rédemption* lui avait annoncée dans ses dernières malédictions.
Aussi fut-ce la raillerie et un sourire brutal aux lèvres qu'il interpella Marcos Praya :

— Hé! señor, lui cria-t-il à plusieurs reprises pour le faire sortir de sa torpeur.

L'autre ne l'entendit qu'au troisième appel.

— Señor, vous pouvez relever la tête maintenant et vous déboucher les oreilles.

Marcos fixa sur lui un œil atone.

— Tout est fini!

— Ah! l'enfant?

— Il a bu à la grande tasse. Vous le voyez... ce n'est pas plus difficile que ça.

Et le monstre fit claquer deux de ses doigts l'un contre l'autre.

— Le crime que vous venez de commettre est affreux, répondit le métis d'une voix creuse.

— Ah! bast!

— Il nous portera malheur.

— Faudra voir.

— Dieu vous punira.

— De celui-là et pas des autres? riposta le bandit en rendant coup pour coup; alors, franchement, c'est que la justice ne se fait pas bien là-haut.

Marcos Praya se tut.

Le maître d'équipage avait raison.

De quel droit, lui qui venait de commander le massacre de tant de créatures humaines qui ne lui avaient porté aucun préjudice, lui reprochait-il la mort d'un enfant qui pouvait les perdre tous?

Il se contenta de répéter :

— Oui, Dieu nous punira.

— Tous!... à la bonne heure... Mais moi tout seul, vrai, là... je n'aurais pas bien compris la nuance, ni le coup de temps. Les affaires sont les affaires... Et tous ceux qui profitent d'un coup d'aviron comme celui que je viens d'allonger au petit, quand ils pouvaient s'y opposer et qu'ils ne l'ont pas fait, sont justiciables du même tribunal, de la même cour martiale.

— C'est vrai! se dit le métis.

A ce moment, un des matelots cria :

— Navire!

— Eh bien! il était temps... Qu'en pensez-vous, señor? Un quart d'heure plus tôt, nous étions *pincés*.

— Navire! répétèrent plusieurs voix joyeuses.

On oublia le mousse et sa mort tragique.

Tous les regards s'étaient dirigés vers le point de l'horizon où le navire venait d'être signalé.

A l'extrême limite des flots apparaissait un point blanc, grand à peine comme l'aile d'une mouette.

L'œil exercé d'un vieux marin pouvait seul le reconnaître et le prendre pour un navire.

La chaloupe mit immédiatement le cap sur le bâtiment inconnu, qui grossissait à vue d'œil, tant il était poussé par un vent propice.

Les bandits ne se sentaient pas de joie.

Ils riaient. Ils chantaient. Ils se réjouissaient à la vue de ce bâtiment.

C'était un sauveur qui leur arrivait.

Seul, l'homme qui se tenait à la barre ne se départit point de son impassible froideur.

Un léger sourire, empreint d'une amère ironie, voltigea sur ses lèvres.

Il le réprima de son mieux.

Tenait-il à ne pas troubler la joie de ses compagnons?

L'arrivée de ce navire avait-elle pour lui une autre signification?

C'est ce que nous apprendrons tout à l'heure.

Toujours est-il que le mousse et sa récente infortune se voyaient totalement mis de côté.

La créole venait de se réveiller.

Elle avait repris sa place à l'arrière.

Son majordome jugea prudent de répéter ses instructions aux matelots.

Peine inutile! Ces gens-là tenaient trop à leur peau pour ne pas faire preuve d'une mémoire merveilleuse, propre surtout à l'homme de mer.

— Que tout marche ainsi, mes agneaux, dit Marcos Praya aux matelots, et je vous en réponds, personne ne mettra le nez dans vos affaires. Cette histoire coule de source; on la croira comme nous la raconterons... carrément... et on l'acceptera comme parole d'Évangile.

Cependant le navire inconnu se rapprochait rapidement.

La brise s'était levée.

Le navire marchait toutes ses voiles dehors.

Il arrivait, le cap droit sur la chaloupe qu'il venait d'apercevoir.

Les révoltés, de leur côté, avaient dressé un mât le long duquel ils venaient de hisser et d'orienter une voile.

La distance diminuait de plus en plus entre la chaloupe et le bâtiment.

Ce dernier commençait à se découvrir.

C'était un grand brick, ras sur l'eau, à la haute mâture.

Il paraissait entièrement peint en noir, sauf une étroite ligne rouge, qui traçait un sillon sanglant autour de ses préceintes.

Fin voilier, il volait sur l'eau comme une dorade.

Matelots et passagers survivants de la *Rédemption* admiraient en connaisseurs les fières allures de ce beau bâtiment taillé pour la course.

Vers deux heures de l'après-dîner, le brick se trouva par le travers de la chaloupe.

Il arriva sur elle, la mit dans ses eaux, cargua sa grand'voile et masqua son grand hunier.

La chaloupe se tenait maintenant à demi-portée de pistolet du brick, sur l'avant duquel on distinguait plusieurs hommes armés de longues-vues.

Ces longues-vues, opiniâtrément braquées sur l'embarcation, ne la quittaient pas une seconde.

— Attention, dit le métis à ses compagnons. Voici le moment de jouer serré. Laissez-moi faire.

Il se leva.

Puis, après avoir salué respectueusement, il rapprocha ses deux mains réunies en forme de conque pour s'en constituer un porte-voix.

Il allait lancer sa première supplique.

Mais avant qu'il eût eu le temps de prononcer une parole, une voix railleuse l'interpella du pont du navire.

C'était le capitaine qui parlait.

— Señor Marcos Praya! cria-t-il à travers son porte-voix, charmé de vous rencontrer!

Qu'on juge de la stupéfaction du métis qui allait se faire passer pour un riche négociant de Malaga!

Le capitaine continua sur le même rythme sardonique :

— Pourquoi votre belle et noble maîtresse vous laisse-t-elle parler à sa place? Priez-la de s'adresser à nous directement. Nous n'avons que faire de votre intermission.

A l'audition de cette voix, doña Hermosa tressaillit et se souleva.

Poussée comme par un ressort, elle se leva toute droite, pâle de colère, tremblante d'émotion.

Elle venait de reconnaître le capitaine.

— Lui! fit-elle avec désespoir. Lui! toujours!

— *Con mil rayos!* hurla le métis, c'est ne pas avoir de chance!

— Je te l'avais bien dit, Marcos, que ce ne pouvait être une créature humaine.

— Ma foi, señora, je commence à le croire.

— Que désirez-vous? reprit le capitaine du brick.

— Monter à votre bord.

— Pourquoi faire?

— Pour vous demander l'hospitalité.

— Ah! ah! vous êtes donc naufragés, mes pauvres amis?

— Vous le voyez.

— Parfaitement.

— Laissez arriver... nous monterons à bord sans échelle.

— Désolé, mais vous me demandez là la seule chose qu'il me soit impossible de vous accorder.

— Comment?

— J'ai une peur affreuse de faire naufrage. Et comme vous êtes coutumiers du fait, vous m'apporteriez vents et tempêtes.

Un éclat de rire funèbre accompagna ce refus déguisé en superstition.

Il vint résonner aux oreilles des bandits comme un glas de funérailles.

— Seulement, ne vous désespérez pas, mes bons amis, continua-t-il. Voici derrière nous un second navire. Celui-ci, j'en suis certain, ne refusera pas de vous prendre à son bord.

Ceux de la chaloupe regardèrent le navire.

Il avait l'air d'un vaisseau de guerre.

Le capitaine reprit :

— Je pourrais bien mettre quelques bâtons dans vos roues, mais vous avez une belle et noble dame parmi vous, cela vous sauve.

— Maudit! fit la créole avec un geste de menace furieuse. Nous nous reverrons.

— J'en ai l'espoir, señora. Seulement, ne l'oubliez pas... j'ai certain papier qui pourrait devenir gênant pour certaine comtesse de votre connaissance... Dites-le-lui... La première fois qu'elle emploiera la trahison pour se débarrasser de son serviteur, j'userai de mes armes.

— Oh! je te tiendrai un jour!

— Ce ne sera gai que pour vous, alors, répondit le capitaine en riant.

— Au revoir, traître et lâche! s'écria-t-elle, dans le paroxysme de la rage.

C'était elle qui venait de commettre la plus insigne trahison!

Elle qui avait eu la lâcheté de faire égorger tout un équipage endormi.

Et elle osait appeler lâche et traître son ennemi généreux qui, la tenant entre ses mains, elle, ainsi que tous les meurtriers de la *Rédemption*, se contentait de les avertir et de les laisser aller à leur bonne ou à leur mauvaise fortune.

La passion poussait doña Hermosa de Casa-Real à ce degré de folie.

— Traître et lâche! au revoir! répéta-t-elle.

— Ainsi soit-il! répondit le capitaine. Au revoir, madame la comtesse.

On se demandera comment cet homme qui venait d'échapper à deux tentatives d'assassinat, qui avait involontairement causé la mort de tant de braves marins inoffensifs, prenant sa mortelle ennemie sur le fait, n'en finissait point avec elle.

A cela nous aurons deux réponses à faire.

La première, qu'un homme qui a été l'amant aimé d'une femme pardonne bien des torts, bien des fautes, bien des crimes à cette femme; en second lieu, que le capitaine Noël pouvait croire à un vrai naufrage et non à l'épouvantable tuerie qui venait d'avoir lieu à bord du brick *La Rédemption*.

Sur les derniers mots du capitaine, un de ses officiers donna un ordre.

Deux sabords furent démasqués sur le pont du brick, et deux canons de vingt-quatre montrèrent leurs gueules menaçantes braquées sur les naufragés entassés dans la chaloupe.

Seuls, la créole, Marcos Praya et l'homme qui tenait la barre, restèrent debout, face aux canons.

Le maître d'équipage et ses hommes se couchèrent à plat ventre au fond de l'embarcation.

Ils se crurent perdus.

Quelques-uns d'entre eux se signèrent même, tant les habitudes de l'enfance conservent de force sur les âmes les plus gangrenées.

— Rentrez les avirons! cria le capitaine aux marins de la chaloupe.

On obéit.

— Si vous faites un mouvement sans mon ordre pour vous échapper, je vous coule!

La chaloupe resta en panne.

Les matelots, voyant que le démasquement de ces sabords n'était qu'une menace, respirèrent et reprirent leurs places aux bancs des rameurs.

Ils se demandaient ce que pouvait vouloir le capitaine du navire qu'ils avaient sous les yeux.

Tout à coup, celui-ci s'écria :

— Hé! San-Lucar!

— Capitaine! répondit l'homme qui tenait la barre à bord de la chaloupe.

— A bord, et lestement!

— Me voici!

Et sans attendre que les matelots de la chaloupe sortissent de leur étonnement, San-Lucar plongea résolument dans la mer.

Bien lui en prit de mettre une certaine rapidité dans ses mouvements.

Au moment où ses pieds quittaient le bord, un stylet de quinze pouces de long venait se planter, à la place qu'il occupait, dans la barre du gouvernail.

C'était Marcos Praya, qui, sur un signe de la comtesse de Casa-Real, avait lancé cette arme avec son adresse redoutable.

Une seconde de plus, et San-Lucar était mort.

La voix du capitaine retentit terrible :

— Par le ciel! qu'un d'entre vous bouge... et je vous coule tous!

Malgré la rage du métis, au mépris des promesses de sa maîtresse, aucun des matelots de la chaloupe n'osa se précipiter à la poursuite de San-Lucar.

Ils se sentaient maintenant tout à fait à la merci de leurs ennemis.

San-Lucar avait tout vu!

San-Lucar avait assisté au massacre de l'équipage, à l'incendie du navire, au meurtre du pauvre petit mousse.

C'était le plus rude coup qu'ils pussent recevoir.

Avec quoi le parer?

Il ne leur restait plus que la soumission et l'obéissance la plus entière aux ordres du capitaine inconnu.

La lutte n'était pas possible.

Ils s'inclinèrent en se croyant perdus.

Cependant, San-Lucar nageait vigoureusement vers le brick; il l'atteignit en une vingtaine de brassées.

Bientôt on le vit saisir une amarre qu'on venait de lui jeter, et grimper sur le pont du navire, tout ruisselant d'eau.

On vit aussi le capitaine lui ouvrir les bras, sans crainte de mouiller son uniforme.

San-Lucar se contenta de lui serrer la main avec effusion.

— Ah! ce sont de rudes hommes! murmurait Marcos Praya à l'oreille de la comtesse de Casa-Real. Le mieux serait de vous en rapporter à leur générosité, señora.

— Non. Jamais! fit-elle, en proie à un commencement de fièvre furieuse. Je me vengerai... Je le... je le...

Elle ne put en dire davantage.

Brisée par la colère et la rage, trompée dans tous ses espoirs de vengeance, elle tomba presque entre les bras de son serviteur, en proie à un horrible délire, à des mouvements de sang si furieux, qu'ils faisaient de ce visage si

On vit le capitaine lui ouvrir les bras, sans crainte de mouiller son uniforme...

parfait l'image la plus complète de la haine, de la folie et de toutes les mauvaises passions.

Le brick orientait ses voiles.

Il vira de bord et s'éloigna.

Au bout d'une heure, il n'apparaissait plus que comme un point à l'horizon.

Les révoltés de la *Rédemption* étaient demeurés à la même place.

Le résultat de cette rencontre étrange les avait pour ainsi dire foudroyés.

Sans force, sans courage, n'ayant même plus pour les guider la volonté nerveuse de la comtesse de Casa-Real qui absorbait tous les soins et toutes les facultés de Marcos Praya, ils se laissaient aller au gré des flots, attendant du hasard leur salut ou leur perte.

L'idée qu'ils avaient gardé si longtemps au milieu d'eux un homme qui venait de les fuir, emportant leurs secrets, la connaissance entière de leurs crimes, les écrasait.

Mourir noyés ou mourir pendus, telle était la seule alternative qui leur restât.

Ils commençaient à vider les barils d'eau-de-vie qui se trouvaient dans leur chaloupe, appelant l'ivresse à leur secours.

Le maître d'équipage lui-même les excitait à cette dernière orgie.

Il se sentait plus compromis que les autres.

Il tenait à en finir plus que les autres, vite et gaiement.

Du reste, le misérable avait un but qu'il ne voulait même plus dissimuler à ses hommes.

Quelque souffrante que fût la créole, c'était une belle proie pour des appétits grossiers comme les leurs.

Tuer Marcos qui les gênait, et s'emparer de la comtesse de Casa-Real, tel était le conseil que le bandit leur donnait.

C'en était fait du métis et de la créole.

La grâce que le capitaine Noël venait de leur accorder devait porter de redoutables fruits.

Un quart d'heure, quelques minutes seulement peut-être encore, et leur effroyable attentat, juste châtiment des crimes de doña Hermosa de Casa-Real, était consommé.

Ce fut dans cette situation que le navire annoncé par le capitaine du brick disparu, les trouva.

On les recueillit à bord de ce navire.

La comtesse de Casa-Real échappait, par miracle, au plus épouvantable péril qu'elle eût couru de sa vie.

Ni elle, ni Marcos Praya ne s'en doutèrent jamais.

. . . .
. . . .

Ces événements, qui se lient si intimement à notre histoire, ainsi que le lecteur le reconnaîtra bientôt, se passaient cinq mois jour pour jour avant cette nuit du dimanche gras pendant laquelle a commencé notre récit.

PASSE-PARTOUT

I

LA FIDÉLITÉ GAÉLIQUE

Maintenant nous demanderons au lecteur la permission d'abandonner nos personnages en pleine mer, à quinze cents lieues des côtes de France, à plus de dix-sept cents lieues de ce Paris où ils ont vu quelques-uns d'entre eux à l'œuvre dans la première partie de notre histoire.

Nous reprendrons notre récit au point où nous l'avons interrompu en terminant notre précédent volume, c'est-à-dire le matin du dimanche gras 1847, presque à la même heure où Passe-Partout faisait une si étrange visite à M. Jules dans son cabinet de la rue des Noyers.

Transportons-nous donc rue d'Astorg où nous retrouverons des personnages que les nécessités de notre drame nous ont forcé à abandonner trop longtemps.

La rue d'Astorg est une rue neuve.

Son histoire ne se compose que d'un nom et d'une date.

Cette rue n'a point de passé ; grâce aux embellissements de la métropole, peut-être aura-t-elle un avenir.

Percée de 1776 à 1780 sur des terrains vagues, propriétés du lieutenant général d'Astorg, elle a conservé le nom de son ancien propriétaire.

Tirée au cordeau, large et bordée de maisons élégantes, mais sans aucun débouché commercial, cette rue était alors une des plus désertes, et par conséquent une des plus tranquilles de Paris.

L'herbe poussait, comme dans un pré, entre ses pavés disjoints.

Quelques rares passants, qui auraient pu se croire égarés, la traversaient de temps à autre.

Si, par hasard, une voiture s'y hasardait, la chose ne passait pas sous silence; on en parlait dans le quartier, et toutes les portières, douairières ou non, commentaient, bavardaient, cherchaient à qui mieux mieux la raison pour laquelle cette voiture s'était permis ce détour inutile.

Ces magnifiques demeures, construites sous le règne de Louis XVI, servaient de retraite à de petits rentiers, à des artistes ou à des grisettes.

Il y avait encore des grisettes.

C'était le bon temps.

Il n'y en a plus, hélas ! disent nos pères.

Il n'en reste plus !... quelle chance ! disent nos fils.

Toujours est-il que les propriétaires de ces demeures lambrissées d'or, préférant les louer à bas prix, plutôt que de ne pas les louer du tout, se trouvaient ravis d'avoir pour locataires ces Raphaëls, ces Mozarts au petit pied et ces Mimis Pinsons si blondes et si peu vêtues.

Tout ce petit monde vivait, allait, venait, grouillait modestement.

Dans ce milieu, on se serait cru à cent lieues de la grande ville, au fond d'un vieux trou de province, dont la population se fond petit à petit, au lieu de croître et de multiplier.

On se figure tout cela difficilement, aujourd'hui que le quartier de la Madeleine devient l'un de nos plus beaux quartiers ; aujourd'hui que la rue d'Astorg, refaite de pignon en pignon, appropriée au luxe actuel, n'abrite plus que des millionnaires.

Au deux tiers à peu près de la rue, non loin de la place de Laborde, dans la partie nommée, jusqu'en 1840, rue de la Maison-Neuve, partie que le percement du boulevard Malesherbes a fait disparaître, se trouvait une vieille maison portant le n° 35.

Ses six étages, sordidement écrasés les uns par les autres, son aspect délabré tranchaient rudement sur les riches demeures qui l'entouraient.

Ils tranchaient d'autant plus, que l'œil d'un artiste eût promptement reconnu la superposition, l'ajoût de ces étages au corps de logis primitif. Cette maison était, selon toute apparence, une des premières de la rue. On en avait tant bien que mal effacé la façade seigneuriale pour la remplacer par une pépinière à locations.

D'une ruine majestueuse, la main sacrilège mais habile d'un architecte ou d'un entrepreneur de bâtisses avait fait une de ces misérables tours de Babel bourgeoises, incommodes, insalubres, et pourtant combles de la cave jusqu'au grenier.

Quel qu'il fût, ce bâtiment mi-parti Louis XVI, mi-parti moderne, contenait deux corps de logis, séparés par une vaste cour.

A l'intérieur, deux escaliers et des portes de communication, percées dans les ailes de droite et de gauche, reliaient ces corps de logis.

Une large porte cochère, cintrée à son fronton, donnait accès dans un vaste corridor, attenant à la cour.

A droite de ce corridor, la loge du concierge, composée de deux grandes pièces, bien éclairées, larges, aérées, luxe inouï à cette époque où les *concierges* n'étaient encore que des *portiers*.

A gauche, une porte vitrée battante, s'ouvrait sur un escalier aux dalles de marbre, surmonté d'une rampe en fer forgé et travaillé de main de maître.

Seulement le temps avait passé par là.

Le fer était tordu et rouillé.

Au fond de la cour un double perron de cinq ou six marches conduisait aux appartements du second corps de logis.

Toutes les fenêtres de ces appartements demeuraient hermétiquement fermées.

Selon toute apparence, personne, depuis longtemps, ne les habitait.

Pourtant, certains locataires assuraient que parfois, la nuit, ils avaient aperçu des lueurs sinistres filtrer à travers ses volets toujours clos.

A leurs premières questions, le concierge se contentait toujours de répondre en haussant les épaules.

S'ils insistaient, il disait :

— Vous avez vu, parce que vous avez bu.

S'ils revenaient à la charge, ils recevaient, au terme suivant, un congé parfaitement rédigé sur papier timbré.

Ce congé leur était signifié par un M. Karl Schinner, propriétaire de l'immeuble en question.

Il ne leur était pas fait grâce de vingt-quatre heures.

Soit que les locataires nouveaux fussent plus prudents, soit qu'ils fussent moins curieux et moins bavards que les précédents, nul ne s'occupa plus de ce sombre bâtiment.

Les vieilles murailles, rongées par l'humidité, demeurèrent muettes.

Le concierge ne fit plus donner congé.

Et tout alla comme dans la maison la plus ordinaire et la moins mystérieuse.

Dans la cour, à droite, un escalier étroit, assez raide et mal éclairé, conduisait à des appartements, ou plutôt à des logements de garçons, d'ouvrières, d'employés et à des ateliers de peintres.

L'aile gauche de la maison communiquait avec le principal corps de logis par un escalier de service.

Le bas en était occupé par les écuries et les remises du vicomte René de Luz, qui habitait le premier étage donnant sur la rue.

C'était dans cette maison que le colonel Martial Renaud avait fait transporter la jeune Lucie Gauthier et son enfant.

On y avait retenu pour elle un appartement situé au troisième étage.

Le second étage était occupé par sir Mortimer, gentilhomme écossais, dont les écuries et la remise étaient voisines de celles de René de Luz.

Entre ces deux gentlemen il ne paraissait y avoir que des relations de simple politesse.

Malgré le danger commun que nous leur avons vu courir, côte à côte, lors du double duel de M. de Mauclerc; malgré leur accord tacite et l'assistance qu'ils s'étaient montrés prêts à se donner l'un à l'autre, dans leur vie de chaque jour, ils s'évitaient, se parlaient peu et ne prêtaient jamais assez le flanc pour qu'un curieux pût se dire : — Voilà deux bons compagnons, deux amis dévoués et sincères.

Au quatrième demeurait un vieil officier en retraite qui passait la moitié de son année à la campagne, et, le reste du temps, sortait tôt, rentrait tard, vivait comme un loup, ne se mêlant pas des affaires de ses voisins et faisant la grimace quand les voisins se mêlaient des siennes.

Les hautes régions du cinquième et du sixième étage étaient dévolues à de petits employés, entre autres à un sous-chef de bureau du ministère des Affaires étrangères, marié, sans enfants, et vivant là fort retiré avec sa femme, provinciale dépaysée, et aux domestiques du vicomte de Luz ou de sir Mortimer.

Voilà pour l'aile gauche de cet immense caravansérail.

Voici pour l'aile droite :

Au premier, communiquant avec les appartements du vicomte de Luz, ceux de la vicomtesse sa mère, et de Mlles Laure et Angèle de Luz, les sœurs de René.

Laure, adorable brune de dix-huit ans, offrait un contraste frappant avec Angèle, blonde figure de keepsake, qui venait à peine d'atteindre sa quinzième année.

Mais laissons, pour le moment, de côté les dames de Luz.

Nous aurons avant peu à nous en occuper plus spécialement et dans de plus grands détails.

Les trois étages ascendants renfermaient une foule de petits ménages de commis de magasin et d'employés, tous plus insignifiants les uns que les autres.

Sautons-les et arrivons de plain-pied au palier du cinquième.

Sur ce palier, espèce de long corridor, s'ouvraient quatre portes se faisant vis-à-vis, deux par deux, et une cinquième tenant la tête du couloir, au fond.

Les deux premières appartenaient à deux jeunes filles.

Les deux secondes, leur faisant face, à deux étudiants.

Chacun de ces petits logements se composait d'une chambre et d'un cabinet.

Seul, le logement du fond possédait trois pièces et une antichambre.

Une carte de visite, soigneusement clouée sur la porte d'entrée au moyen de quatre pointes à tête dorée, apprenait aux voisins et aux visiteurs que M. Charles Lenoir en était l'heureux locataire.

Ce M. Lenoir était, disait-on, commis-voyageur d'une grande maison d'exportation ; ses affaires le forçaient à être constamment par voies et par chemins.

Durant ses courts séjours à Paris, il sortait régulièrement le matin à sept heures précises, pour ne rentrer que très avant dans la nuit.

Jeune encore, d'une physionomie avenante, il recevait peu de visites ; et, parmi ses visiteurs, nul ne pouvait se vanter d'avoir dépassé la première pièce, sorte de salon, servant au besoin de salle à manger.

Excellent voisin, du reste, M. Charles Lenoir avait conquis les sympathies de tout son entourage.

Comment s'y prit-il ? Nul ne le devina, mais il parvint à obtenir du farouche concierge de la maison que celui-ci daignât faire son ménage.

Exception remarquable et remarquée par tous les autres locataires, devant lesquels cet important personnage ne parlait jamais de M. Lenoir que son bonnet de police à la main.

Au sixième, dans un taudis loué trente-cinq francs par an, demeurait notre vieille connaissance la Cigale.

Le débardeur s'entendait à merveille avec ledit concierge, dont parfois il gardait la loge.

Quelques mots maintenant sur ce concierge, qui n'est pas le moindre de nos personnages, et dont la vie, si modeste en apparence, cache un passé plein d'héroïsme et un présent sublime de dévouement et de fidélité.

Le lecteur nous saura gré, nous l'espérons, de le ramener à une époque où ces expressions : *héroïsme, dévouement, fidélité* étaient autre chose que des termes de rhétorique.

La noblesse bretonne est la plus ancienne noblesse de France.

Or, parmi les plus puissantes familles de la Bretagne figurait, vers la fin du xviiie siècle, la famille des Kérouartz, ducs de Dinan et comtes de Lestang.

Son blason portait : de gueules à quatre fusées d'hermine, posées en fasce et accompagnées de six besans du même, trois en chef et trois en pointe.

Un Rivallon de Dinan, comte de Lestang et Kérouartz, se croisa avec Alain Fergent, duc de Bretagne, et suivit Godefroy de Bouillon en l'année 1096.

Après la première croisade, les comtes de Lestang et Kérouartz s'allièrent à deux maisons souveraines.

La révolution de 1789 éclata.

Le chef de la maison de Lestang fit partie du très petit nombre de gentilshommes bretons qui, dès le principe, acceptèrent, à cœur ouvert, les réformes proposées par l'Assemblée nationale.

Mais, quelques années plus tard, pour des motifs qui demeurèrent secrets, soit que sa conscience criât contre ses convictions nouvelles, soit que son premier pas dans la voie antimonarchique lui eût semblé un faux pas, le comte tourna bride et reprit de plus belle les opinions aristocratiques de sa race.

Il se montra le plus exalté parmi les plus exaltés promoteurs du soulèvement général de la Bretagne.

De ce soulèvement formidable, la réquisition de trois cent mille hommes ordonnée par la Convention fut le prétexte; la raison véritable s'en trouve dans la condamnation et dans l'exécution du roi Louis XVI.

Le comte de Lestang avait un frère de lait, Hervé Kergraz.

Depuis des siècles, les Kergraz, féaux serviteurs des comtes de Dinan, faisaient, pour ainsi dire, partie de leur famille.

De générations en générations, les seconds en étaient venus à considérer les premiers non plus comme des vassaux, mais comme des amis.

Cet Hervé de Kergraz avait trois fils.

L'aîné de ces fils, Yvon Kergraz, était marié déjà et père de deux enfants jumeaux encore au berceau.

Les deux autres, Alain et Huon, âgés celui-ci de seize ans, l'autre de dix-sept, deux vrais gars bretons, hardis, résolus et bien découplés, n'avaient pas leurs pareils à dix lieues à la ronde pour la course, la lutte et la chasse au sanglier.

En 1792, avec l'autorisation du comte, ils partirent comme volontaires dans les armées de la République.

On les perdit peu à peu de vue.

A cette époque-là, on savait bien d'où l'on partait, on ignorait toujours où l'on allait et quand on reviendrait.

Mais, comme nous l'avons constaté plus haut, le comte de Lestang rentra dans les rangs des Vendéens, et ne fut point en mesure de rappeler les deux jeunes Kergraz.

Les deux gars avaient, disait-on, passé la frontière et guerroyaient au loin.

De sorte que, par l'ordre et par la faute de leur ancien seigneur, ils se trouvaient bel et bien servir parmi ses ennemis.

La veille du jour où Cathelineau résolut la marche de l'armée vendéenne sur Nantes, le comte eut avec Hervé un entretien secret.

A la suite de cet entretien, celui-ci quitta son frère de lait et se retira au château de Kérouartz, près de Dinan, que la comtesse de Lestang habitait avec son fils Raoul, âgé de deux ans à peine, et sa fille Jeanne, encore au berceau.

On le sait, les Vendéens furent repoussés et poursuivis l'épée et la baïonnette dans les reins, à la suite de leur attaque contre Nantes.

Cathelineau resta sur le champ de bataille ; un grand nombre de ses officiers le suivit dans la mort.

Parmi ces officiers figura le comte de Lestang. Nous disons : *figura le comte*, car il ne reparut pas après le combat.

On chercha vainement son cadavre.

Il fut impossible de le retrouver.

Le comte de Lestang vivait-il encore ? avait-il succombé ?

Toutes les démarches tentées plus tard par Hervé Kergraz demeurèrent sans résultat.

Voici, comme derniers renseignements, tout ce qu'il fut possible de recueillir : au moment où l'action était le plus vive, le comte de Lestang chargea vigoureusement les bleus à la tête de ses paysans. Entourés par un gros de cavalerie qui les prit à dos, les Vendéens se défendirent comme de beaux diables ; mais peu d'entre eux parvinrent à se faire jour, et ceux qui revinrent, revinrent sans leur chef.

On ne fit pas de prisonniers ce jour-là.

Les bleus piquaient les chouans.

Les chouans hachaient les bleus.

Et pourtant le corps du comte de Lestang, qu'on avait vu se jeter au plus fort de la mêlée, le sabre et le pistolet au poing, ne se retrouva pas.

Cette disparition, en plein soleil, demeura toujours un fait inexpliqué, inexplicable, une énigme dont les morts de ce jour-là gardèrent la clef.

On en parla longtemps.

Puis on l'oublia, comme tout s'oublie.

Deux ans passèrent.

Une nuit, le château de Kérouartz fut surpris et incendié par une colonne infernale que commandait et dirigeait un ancien paysan des domaines du comte, le colonel Macé.

Ce Macé s'était mis avec les bleus, non pour défendre ou servir son pays, mais par ambition, par cupidité.

Le jour où il put piller, voler et massacrer ses anciens maîtres fut un beau jour pour ce misérable.

Ainsi que cela arrive toujours en pareille circonstance, voulant faire preuve de patriotisme, ce renégat alla plus loin que les vrais patriotes.

Ces deux volumes, notre homme devait les savoir par cœur.

Il se montrait d'une telle férocité envers ses frères et ses amis d'autrefois, qu'on l'avait surnommé le *Boucher*.

Le colonel Macé le Boucher, car le nom lui resta, chercha, avec un acharnement extrême, à s'emparer de la duchesse Diana et de ses enfants.

C'était une capture qui lui eût fait honneur et profit.

Mais il avait compté sans le dévouement d'Hervé Kergraz.

Hervé, prévenu à temps, réussit à arracher aux flammes et aux baïonnettes des bleus la femme de son frère de lait et ses deux jeunes enfants.

Le Boucher se vengea de cette déconvenue en égorgeant les derniers serviteurs des ducs de Dinan, en pillant le château de Kérouartz et en le détruisant de fond en comble.

La République tira à sa fin.

L'Empire vint.

Napoléon tomba.

Louis XVIII rentra en France.

Depuis longtemps déjà aucun de nos personnages n'avait reparu.

Le colonel Macé, lui-même, avait été tué en Espagne, à la bataille de Sommo-Sierra, au dire de ses compagnons d'armes.

Après les Cent-Jours, à la seconde Restauration, parmi les gentilshommes et les courtisans qui entouraient le roi Louis XVIII le jour de sa rentrée au Tuileries, se pavanait un beau seigneur auquel on donnait le titre de duc de Dinan, de Kérouartz de Lestang.

C'était un homme de cinquante ans, à l'abord raide et froid, au regard inquiet et sombre.

Le hasard fit qu'une nuit, à la sortie d'un bal de la cour, deux officiers de l'escorte du roi, un capitaine et un chef de bataillon, entendirent appeler : *Les gens de Son Excellence le duc de Dinan.*

Ils s'arrêtèrent d'un commun accord.

Le duc passa devant eux.

Alors le chef de bataillon dit au capitaine à haute et intelligible voix :

— Frère, cet homme est un imposteur, ce n'est pas le duc de Dinan.

Et le capitaine lui répondit lentement et de façon à se faire entendre par tous les invités :

— Oui, frère, tu as raison, cet homme n'est pas le duc de Dinan, de Kérouartz de Lestang !

Ce fut un scandale énorme.

Le propos ne manqua pas d'être répété et d'arriver aux oreilles du roi.

Sa Majesté Louis, dix-huitième du nom, manda le duc.

Celui-ci ne daigna même pas se défendre.

Il intenta un procès aux deux officiers.

Le procès eut un retentissement très grand et tint pendant plus de trois mois la curiosité publique en éveil.

Le duc gagna.

Les officiers, convaincus de diffamation, faute de preuves authentiques accusés d'avoir voulu substituer un vagabond aux noms, titres et armes du duc de Dinan, se virent dégradés, condamnés à la déportation et envoyés à la Guyane.

Peu de temps après, les gazettes rapportaient la mort de deux déportés, qui avaient essayé de s'évader de la colonie.

Ces deux déportés se nommaient : Alain Kergraz et Yvon Kergraz.

C'étaient le chef de bataillon et le capitaine en question.

Quant au vagabond qu'ils avaient tenté de mettre à la place du duc, il s'était échappé de la prison où il attendait son jugement, et la cour de Paris venait de le condamner à mort, par contumace, sous le nom d'Étienne Loriot.

Le concierge de la maison de la rue d'Astorg n'était autre que Hervé Kergraz, le frère de lait du comte et le père des deux officiers dégradés.

Le château de Kérouartz mis à feu et à sang, Hervé, après avoir caché la comtesse et ses enfants en lieu sûr, n'avait rien trouvé de mieux, pour échapper à ses ennemis, que d'entrer dans les armées de la République.

Outre sa propre sûreté, l'espoir de rencontrer ses deux fils lui avait conseillé ce parti extrême. Faisant son devoir avec une rigidité bretonne, brave comme le plus brave, Hervé devint sergent dans la garde impériale.

Ses camarades de régiment l'avaient surnommé, par antiphrase, le père Pinson, à cause de son caractère taciturne.

Le sergent s'était tellement accoutumé à ce nom-là, qu'il semblait avoir oublié le sien.

En 1815, il se retira du service.

Au lieu de retourner dans ses genêts, où il lui eût été facile de vivre avec sa retraite et la pension de sa croix, — Hervé avait été décoré, à Smolensk, de la main de l'empereur, — il préféra rester à Paris.

Un noble étranger, le major Karl Schinner, qui s'intéressait à lui, lui proposa une loge de concierge. Hervé accepta.

Pendant la longue période des guerres de l'Empire, par un hasard singulier, il ne se rencontra pas une fois avec ses fils, qui servaient dans d'autres corps d'armée que le sien.

Les trois Kergraz ne se retrouvèrent que sous la Restauration.

Lors de l'affaire du duc de Dinan, ce fut le sergent qui poussa le capitaine et le chef de bataillon à ouvrir le feu et à soutenir ce procès désastreux.

Les fils obéirent ; ce fut leur perte.

Mais le père ne leur dit que ces mots :

— Kergraz a fait son devoir!

Et il assista, impassible, à la dégradation des deux officiers.

On lui accorda la permission de les embrasser une dernière fois dans leur prison.

Il y alla, eut une longue conversation avec eux, les bénit en deux baisers, et il les vit d'un œil sec partir pour un exil qui devait être éternel.

C'était bien là le véritable type du Breton têtu et dévoué par delà le tombeau.

Grand, maigre, sec, solidement charpenté, le sergent Hervé, ou le père Pinson, comme on l'appelait le plus souvent, avait un large front où sa loyauté se lisait en lettres majuscules. Son nez, recourbé sur de longues moustaches grisonnantes, lui donnait une vague ressemblance avec un oiseau de proie. Calme et silencieux, il ne marchait jamais sans une pipe noire au tuyau microscopique, rivée au coin de sa bouche.

Tous ses locataires l'aimaient et le respectaient.

Il vivait seul dans sa loge.

Jamais personne ne l'entendit parler ni de ses enfants ni de la famille de Lestang.

A part de rares absences, pendant lesquelles la Cigale le remplaçait, il se tenait toujours assis dans un vieux fauteuil en cuir, devant une table supportant deux volumes usés, fripés, mais religieusement remis dans leurs étuis dès qu'il avait fini de les lire.

Ces deux volumes, notre homme devait les savoir par cœur.

L'un était une collection des Bulletins de la grande armée.

L'autre, la chronique des familles de Dinan, de Kérouartz, de Lestang, écrite à la fin du dix-huitième siècle, par dom Nicolas, moine Prémontré, dernier aumônier du château de Kérouartz.

Parfois, dans le courant d'une longue soirée d'hiver, les habitants de la rue d'Astorg étaient tout étonnés d'entendre chanter le père Pinson.

Les plus curieux descendaient, écoutaient, cherchaient à comprendre le sens de sa chanson ; mais nenni ! le plus habile y perdait son latin.

Hervé se récitait, en langue gaélique, une vieille ballade intitulée : *La Prédiction de Gwenc'hlan*. Et, singulière manie, le vieux soldat ne disait jamais qu'un couplet, toujours le même, avec un accent railleur et sauvage qui faisait froid au cœur de ses auditeurs, bien qu'ils n'en comprissent pas les paroles.

Voici le sens de ce couplet :

> Quand le soleil se couche,
> Quand la mer s'enfle,
> Je chante sur le seuil de ma porte.
> Quand j'étais jeune, je chantais ;
> Devenu vieux, je chante encore.
> Je chante la nuit, je chante le jour,
> Et je suis chagrin pourtant !
> Si j'ai la tête baissée,
> Si je suis chagrin,
> Ce n'est pas sans motif.
> Ce n'est pas que j'aie peur,
> Je n'ai pas peur d'être tué.
> Ce n'est pas que j'aie peur,
> Assez longtemps j'aie vécu.
> Quand on ne me cherchera pas,
> On me trouvera ;
> Et quand on me cherchera,
> On ne me trouvera pas.
> Peu importe ce qui arrivera,
> Ce qui doit être sera.
> Il faut que tous meurent trois fois,
> Avant de se reposer enfin[1] !

---

1. Ce chant, fort ancien, est composé dans le dialecte de Cornouailles. Il commence ainsi :

> Pa Guz ann heol pa goenvaz mor
> Me oaz kana war Dreuz ma dor, etc., etc., etc.

La traduction que nous donnons, dans toute son exactitude, est de M. Th. Hersart de la Villemarqué.

Quelle signification mystérieuse pouvaient avoir ces paroles, que le vieillard répétait de loin en loin sans en omettre une seule ?

Nul ne la devinait.

Et pourtant elles en avaient sans doute une bien touchante pour lui, car toutes les fois que le dernier vers de son couplet expirait entre ses lèvres tremblantes d'émotion, ses dernières notes prenaient les proportions d'un sanglot et ses yeux se remplissaient de larmes.

II

DEUX PROFILS DE GRISETTES.

Le dimanche gras, vers six heures et demie du matin, le concierge de la maison portant le numéro 35, dans la rue d'Astorg, se tenait, les bras croisés, fumant son éternelle pipe noire, devant sa porte cochère.

Un fiacre tourna la rue de la Pépinière.

Il entra dans la rue d'Astorg et vint s'arrêter juste à deux pas de notre fumeur matinal.

Le cocher descendit de son siège et ouvrit la portière.

Trois personnes sortirent du fiacre, une femme et deux hommes.

Ces trois personnes portaient des déguisements sous leurs paletots.

La femme était le débardeur qu'on appelait la Pomme, dans un des cabinets de la rôtisseuse Basset.

Les hommes, Arthur Blancas et Adolphe Rével, déguisés en Chicard et en Malin, étaient les deux étudiants du cinquième étage.

Ils avaient supporté gaillardement, tous trois, les fatigues et les plaisirs de la nuit.

Leur jeunesse leur servait d'égide contre ce premier jour si funeste aux noctambules des deux sexes.

Seul, le jeune Arthur titubait sur ses jambes ; mais, tout titubant qu'il fût son visage frais et rond n'avait jamais pu prétendre à la blancheur poétique du lis ou de la poudre de riz.

Quant à ses compagnons de peine, ils avaient aussi bien l'air de partir pour le bal que d'en revenir.

— Allons, beau troubadour, dit Adolphe en riant, une dernière fois la main à la poche et payez ce brave homme qui ne demande pas mieux que de s'aller coucher.

— Encore ! grommela le jeune homme.

— Comment ! encore ? fit le cocher.

— Je vous ai déjà payé plus de dix fois cette nuit.

— Plaît-il, bourgeois ? Vous m'avez payé, moi ?

— Si ce n'est toi, c'est donc ton frère.

— Je n'en ai pas.

— Ou bien quelqu'un des tiens, fit Adolphe en riant et en payant l'automédon, qui ne prenait pas la chose en plaisantant.

— Merci bien, monsieur, répondit celui-ci en empochant un large pourboire ; j'aime mieux votre première tournée que la onzième de votre camarade.

Et, remontant sur son siège, il fouetta ses chevaux en homme qui sent le besoin de dormir.

Son véhicule, qui était arrivé à l'amble, partit au galop.

— Voilà ce que c'est, murmura le plus plein des deux jeunes hommes, on ne paye pas le cocher, ses chevaux vont comme le vent.

— Assez, Arthur, lui cria la Pomme dans l'oreille, on va vous entendre et cela pourait nuire à votre avenir.

Puis, se tournant vers le concierge, qui laissait dire et faire sans donner marque de grande émotion :

— Bonjour, père Pinson, ajouta-t-elle gaîment. Et cette vieille santé ?

— Ça va tout de même, mademoiselle Rosette.

La *Pomme* n'était que le surnom de Rosette.

— Vous avez passé une nuit tranquille ?

— Les nuits sont quelquefois bonnes, c'est les jours qui sont mauvais, répondit sentencieusement le vieux sergent.

— Sapristi ! sergent, dit à son tour le Malin, vous ne vous plaindrez pas que nous ayons fait commencer trop tôt votre journée.

Le concierge allait répondre, mais le brillant Arthur ne lui en laissa pas le temps, et s'approchant de lui, il s'écria du même ton et avec le même accent philosophique :

— Les journées... ah ! papa Pinson... les journées sont quelquefois bonnes, mais c'est les nuits qui...

Une forte bourrade, que la petite main de la Pomme lui administra, l'interrompit au beau milieu de sa phrase, pleine d'harmonie imitative.

— On se moque donc de la vieille garde ? dit la jeune fille.

— Farceur ! grommela le père Pinson... vous oubliez que vous pourriez être mon fils.

— Sergent ! vous insultez ma mère ! vociféra le jeune Arthur, que ses compagnons furent obligés de retenir.

— Imbécile !

— Animal ! firent en même temps Rosette et Adolphe, qui parvinrent à grand peine à le calmer et à lui faire comprendre que le brave concierge n'avait eu que l'intention de lui parler de ses cheveux gris.

Cependant, à ce mot de *fils*, qui avait tellement exaspéré le malheureux étudiant, le vieillard s'était arrêté dans sa phrase, ses sourcils s'étaient froncés et un pli soucieux s'était formé au milieu de son front.

Il venait d'oublier en un instant hommes et choses.

Sa pensée, suivant les dernières vibrations de sa parole, l'avait emporté bien loin de là, et lançant coup sur coup trois ou quatre vigoureuses bouffées de tabac, il sembla étranger à ce qui se passait entre les trois jeunes gens.

— Il ne faut pas en vouloir à Arthur, voyez-vous, père Pinson; c'est si jeune... ça ne sait pas ce que ça dit... lança la Pomme au concierge, qui leur barrait le passage involontairement.

— Bah! répondit celui-ci machinalement. La jeunesse n'a qu'un temps... Vous avez bien raison d'en profiter, mes enfants... Maladroit qui trouverait à redire à vos plaisirs!

— Arthur, demandez pardon à la vieille garde.

Arthur s'approcha et tout en murmurant :

— Je veux bien, moi, dès qu'on n'a pas insulté ma mère...

Il lui tendit les bras.

Le concierge n'eut garde de s'y jeter, mais il sourit, et s'adressant à l'autre étudiant :

— Il en a tout son content, fit-il ; une, deux... par le flanc gauche... montez-le chez lui et couchez-le, monsieur Adolphe, il embrassera son oreiller tout à son aise.

Adolphe offrit son bras à Arthur.

Celui-ci le prit, et, s'en servant comme d'un point d'appui, il se dirigea vers le père Pinson, et lui parlant presque sous le nez :

— Vous n'avez pas insulté?...

— Assez! cria la Pomme.

— Embrassez-moi.

— Merci! fit le vieux sergent.

— Embrassez-moi, ou je fais un malheur.

Pinson l'embrassa, aux éclats de rire de la Pomme et d'Adolphe.

Puis, s'essuyant les lèvres du revers de sa main :

— Tu auras de la chance, toi, si je ne te fais pas donner congé le terme prochain! murmura-t-il.

— Vous ne ferez pas cela, dit la Pomme en riant toujours.

— Non, je me gênerai.

— Je vous ferai gronder par ma sœur.

— Par Mlle Pâques-Fleuries?

— Oui.

— Ah! non, ce n'est pas de jeu, repartit vivement le vieillard.

— Alors, laissez tranquille ce pauvre Arthur.

— Bon. On verra.

— A propos de ma sœur, est-elle descendue acheter son lait?

— Je n'ai pas encore eu l'honneur de voir Mlle Pâques-Fleuries ce matin.

— Tant mieux! Je profiterai de ce qu'elle fait la grasse matinée pour grimper jusqu'à ma chambre sans qu'elle s'en aperçoive.

— Pincée, la Pomme! cria Arthur.

La Pomme se retourna.

Une grande jeune fille, pâle comme un jour d'automne, blonde comme un rayon de soleil, venait d'apparaître dans la cour.

Une simple robe de laine grise, une capeline rouge et un pauvre petit caraco de la même couleur que sa robe formaient toute sa toilette.

Mais une auréole de candeur et de pureté donnait à tout son être un relief que la parure la plus brillante n'aurait pu remplacer.

Dans ses grands yeux bleus, fendus en amande, se lisait une expression de sereine bonté, d'intime contentement, qu'ont seules les âmes exemptes de tout remords et de tout reproche.

Sa taille souple s'accommodait aussi bien de cette laine grise qu'elle se serait pliée aux caprices voluptueux de la soie la plus chère ou du velours le plus précieux.

C'était Pâques-Fleuries, l'amie, la sœur de Rosette.

Elle tenait à la main un de ces pots en fer-blanc, à poignée mobile, vulgairement appelés boîtes au lait.

— Je n'ai pas de chance, fit gaiement la Pomme, c'est ce singe d'Arthur qui me porte malheur.

Et elle s'élança vers sa sœur, qu'elle embrassa vivement sur les deux joues.

Mais Pâques-Fleuries ne fut pas dupe de ces caresses précipitées, et menaçant sa sœur du doigt :

— Oui! oui! voilà des baisers qui voudraient bien me fermer la bouche, méchante Rose que vous êtes!... Mais il n'en sera rien... Si vous croyez que je vais passer votre escapade sous silence, vous vous trompez... Est-il possible d'être sur pied à cette heure-ci?

— Tu y es bien, toi, fit l'autre en la câlinant.

— Moi, je sors de mon lit.

— Et moi, je vais m'y mettre.

— Tu te tueras à ce jeu-là, ma sœur, dit sérieusement Pâques-Fleuries.

— Je ne le ferai plus, répondit la Pomme en prenant sa voix d'enfant.

— Mauvaise tête, rentre vite!

— Je t'attendrai.

— Alors, je vais acheter mes provisions, et je remonte dans cinq minutes.

— Encore une voiture! dit le concierge.

— Ça devient de la folie, ajouta Arthur, qui avait repris une contenance convenable dès l'arrivée de la jeune fille.

Effectivement, un second fiacre tournait en ce moment la rue de la Pépinière.

Pâques-Fleuries profita de l'attention que sa sœur et ses amis prêtaient à ce nouveau véhicule, pour sortir et s'éloigner.

Le second fiacre s'arrêta devant la porte.

— Tiens, monsieur Lenoir! s'écrièrent les jeunes gens avec une surprise joyeuse.

Le concierge salua, lui, en portant révérencieusement la main gauche à son bonnet de police.

— Ma foi! oui! c'est moi! Il serait difficile de nier mon identité, répondit le nouveau venu, qui sauta légèrement à terre, bien qu'emmitouflé dans une ample fourrure de petit-gris et dans de grosses bottes de voyage lui montant jusqu'au genou.

— Vous avez fait un bon voyage, monsieur Lenoir?

— Toujours bon, père Pinson, toujours bon; sans cela je ne recommencerais pas.

Trois personnes sortirent du fiacre : une femme et deux hommes.

— C'est juste, dit gravement Arthur.

Cette voix, avinée comme la pratique d'un Polichinelle et profonde à l'instar de celle de M. Prud'homme, fit retourner M. Lenoir.

— Ah! ah! il paraît qu'on n'engendre pas la mélancolie, rue d'Astorg, dit-il gaiement.

— Ou qu'on l'a engendrée.

— Ce qui fait qu'on en est débarrassé.
— Parfait! parfait! parfait! continua Arthur sur le même mode.
— Assez, Arthur, lui cria la Pomme en se bâtissant un porte-voix à l'aide de ses deux petites mains.
— Sergent, voulez-vous vous charger de payer le cocher et de monter ma malle? demanda M. Lenoir au concierge.
— Avec plaisir, répondit ce dernier. Montez vite chez vous, vous devez être gelé après une nuit passée en voiture.
— Une nuit! vous voulez dire quatre nuits!
— Quatre nuits!
Et le père Pinson regarda M. Lenoir, qui, tout en clignant de l'œil et en lui adressant un signe d'intelligence impossible à comprendre pour les autres, se dirigeait vers le perron conduisant à son escalier.
— Saperlotte! monsieur Lenoir revient de Cayenne, grommela le jeune Arthur.
— Pas tout à fait... mais vous brûlez, répliqua le nouvel arrivé.
— Je retiens des graines de poivrier, lui cria la Pomme.
— Moqueuse! vous en aurez... si vous venez me les demander chez moi.
— Quand cela?
— Tout de suite.
— Pas toute seule.
— Pour qui me prenez-vous? Avec ces messieurs, qui me feront l'honneur de déjeuner avec moi, sans façon; je meurs de faim.
— Et nous aussi! chantèrent en chœur les trois noctambules.
— Cela se trouve bien. Suivez-moi.
— Par le flanc gauche! comme dit le père Pinson, hurla Arthur, et suivant M. Lenoir, il continua toujours en hurlant : une! deux! une! deux! emboîtons! emboîtez! j'emboîte.
— Sergent? fit l'amphitryon au moment de monter la première marche de l'escalier.
— Monsieur, me voici. Je paye le cocher.
— Ne vous pressez pas. Vous voudrez bien nous monter à déjeuner.
— Dans un instant. Combien de couverts?
— Six, répondit le commis voyageur.
— Mettez-en huit, pendant que vous y êtes! cria Arthur.
— Je grimpe votre malle, et après...
— Ne vous donnez pas cette peine, fit la Pomme, ces messieurs s'en chargeront.
— Hein? dit Arthur.
— Empoigne, lui souffla Adolphe dans l'oreille, et plus un mot.
— Mais...
— Je ne souffrirai pas... voulut dire M. Lenoir.
Mais, quoi qu'il en eût, Adolphe saisit une des poignées de la malle, la Pomme força Arthur à prendre l'autre, et s'écriant de sa plus belle voix de commandement :
— Enlevé! c'est pesé!

Elle marcha devant eux en battant une charge imaginaire.

— Joli métier que nous faisons là! murmurait Arthur.

— Bast! fit M. Lenoir, qui semblait en avoir pris son parti sans trop de peine, entre voisins! Je vous ferai boire d'un petit *xérès* qui vous forcera à oublier mes cinq étages.

Et la caravane joyeuse s'engouffra dans l'escalier, aux ébattements des cochers qui venaient d'ouvrir leurs remises et de sortir leurs voitures dans la cour.

C'était l'heure du lavage.

La journée des uns finissait. Celle des autres commençait. Quand Jean se lève, Paul se couche. Gavarni l'a dit en deux traits de crayon.

Toute la vie parisienne se trouve expliquée dans ces deux coups de crayon.

Arrivé sur le palier du cinquième étage, M. Lenoir remercia ses voisins.

— Ne soyez pas trop longtemps à votre toilette, leur dit-il.

— Une demi-heure, est-ce trop? fit la Pomme.

— Trop pour ces messieurs, pas assez pour vous.

— Merci! répondit la jeune fille en riant; mais je crois que vous vous trompez, mon bon monsieur Lenoir. C'est encore moi qui serai prête la première.

— Avez-vous besoin d'une femme de chambre?

— Qu'est-ce que c'est? repartit la Pomme, j'ai ma vertu pour femme de chambre. Mes dix doigts remplacent bien des domestiques, allez!

Et elle rentra chez elle avec la dignité d'une princesse du sang.

Les trois hommes suivirent son exemple.

Moins d'une demi-heure après, le vieux sergent ouvrait la porte de M. Lenoir aux deux jeunes gens et à la jeune fille.

Adolphe et Arthur, ce dernier un peu dégrisé, venaient de quitter leurs oripeaux de carnaval.

Ils y gagnaient tous les deux.

La Pomme, de son côté, en robe noire toute simple, bien serrée à la taille, en petit col blanc et en manchettes bien blanches, paraissait toute différente de ce qu'elle était en débardeur.

La témérité du costume qu'elle venait de quitter donnait à son joli visage une expression d'audace et de résolution que sa toilette de ville lui enlevait, heureusement pour elle.

Cette jeune fille était un singulier assemblage de toutes les étourderies et de toutes les qualités.

A sa façon de se tenir avec ses voisins, on eût dit une de ces amoureuses du plaisir qui faisaient les beaux jours de la Chaumière et du Prado. Mais pour peu qu'un de ces deux jeunes gens se permît un mot léger ou l'ombre d'un geste équivoque, on la voyait devenir sérieuse, se pincer les lèvres, et rentrer chez elle, d'où elle ne sortait plus de longtemps.

Son silence et la retraite étaient sa seule punition qu'elle leur infligeait.

A la fin, ils en étaient arrivés à la considérer comme un bon camarade de rire et de danse, mais rien de plus.

Quant à Pâques-Fleuries, inutile d'ajouter que, dans la maison, personne ne s'était avisé de lui manquer de respect. Mais un soir, la jeune fille revenant, sur les huit heures, de son magasin, un rustre lui avait pris la taille. Pousser un cri, se retourner et le souffleter, fut pour elle l'affaire d'un instant.

Cela fait, elle se trouva mal et on la rapporta rue d'Astorg.

Depuis ce jour, la Pomme ne lui permit plus de retourner à son magasin. Elles se mirent à travailler en chambre.

Rentrons chez M. Lenoir.

Le couvert était mis dans la salle à manger, sur une table en noyer.

Malgré les représentations du commis-voyageur, le digne concierge s'était obstiné à le servir.

Pour cela faire, le père Pinson ferma tranquillement sa loge, et mit la clef dans sa poche, et, se dirigeant vers une superbe niche qui ornait un des angles de la cour, il détacha une admirable bête qui dormait à la chaîne.

Détail que nous avions passé sous silence : le vieux sergent avait un chien.

Ce chien, pur Mont-Saint-Bernard, gros comme un ânon et de force à lutter contre un ours, adorait son maître.

Sur un signe de lui, il aurait étranglé n'importe qui, homme ou bête féroce.

D'une blancheur de neige, avec une grande tache noire au beau milieu du front faisant d'autant mieux ressortir la susdite blancheur, ses longs poils soyeux lui formaient une splendide fourrure, à travers laquelle apparaissaient ses dents acérées et ses yeux tout chargés d'éclairs intelligents.

Doux et obéissant, le bel animal était connu, aimé et admiré dans tout le quartier.

Le sergent avait parié, un jour, qu'on aurait beau faire, que personne n'empêcherait son chien, perdu à cinq ou six lieues de Paris, de revenir rue d'Astorg, à son chenil.

Le pari fut tenu.

On mena le pauvre animal dans les bois de Viroflay, on le promena la moitié de la journée ; puis, une fois la piste de son maître perdue, on l'attacha dans la cour d'une petite maison de campagne éloignée de la grande route.

Le lendemain matin, la corde était rongée, le chien avait disparu, et le parieur recevait un mot du concierge, qui lui écrivait :

« Ne cherchez pas Hurrah, — c'était le nom du fugitif, — il est de retour dans sa niche. »

Des voleurs, flairant une bonne aubaine dans la maison de la rue d'Astorg, avaient essayé de l'empoisonner.

Ils en furent quittes pour voir leurs boulettes et leurs avances dédaignées, et pour se retirer l'un avec trois doigts de moins, l'autre avec ses vêtements en lambeaux.

Il avait un rude flair, ce brave Mont-Saint-Bernard !

D'ailleurs, son maître l'avait accoutumé à ne manger que du pain. Et encore fallait-il que ce pain coupé, haché en imperceptibles parcelles, fût offert par sa propre main.

Sinon, il détournait le museau, se couchait en rond et s'endormait.

Viandes, sauces, os, friandises et chatteries, rien n'avait de prise sur lui.

Doué d'un instinct merveilleux, Hurrah reconnaissait des personnes qu'il n'avait pas revues depuis longues années, bien que ces personnes lui fussent parfaitement indifférentes.

Le chien d'Ulysse, si célèbre dans les temps anciens, ne reconnaissait que son maître !

Hurrah, lui, distinguait une bonne d'une mauvaise nature.

Aussi voyait-on rarement parler le père Pinson à une personne qui, de prime abord, avait fait rentrer dans sa niche son chien tout grondant, le poil hérissé et l'œil menaçant.

Chacun se demandait la raison de l'entente parfaite qu'il y avait entre le concierge et son chien.

Cette raison était bien simple.

Hurrah ne comprenait pas un mot de français ; élevé dans le fin fond de la Bretagne, il ne comprenait que le gaélique, seule langue que lui parlât son maître.

Étrange ! impossible ! nous dira-t-on.

Nous avons bien vu des chevaux n'obéissant à leurs palefreniers qu'à la condition que ceux-ci leur parlassent allemand.

De toutes façons, Hurrah passait pour un animal extraordinaire.

Un Anglais *canophile* était allé jusqu'à en offrir trois mille francs.

Somme énorme pour un pauvre diable de concierge !

Le vieux sergent avait simplement tourné le dos à l'insulaire, pour toute réponse.

L'Anglais insista.

L'autre haussa les épaules en silence, et lui montra la porte de sa loge.

Furieux, le fils d'Albion essaya de voler le chien.

Mal lui en prit.

Sans l'arrivée du sergent, qui accourut en toute hâte en entendant les hurlements de rage de son chien et les cris de détresse des ravisseurs, lord Ryde, l'Anglais en question, et deux de ses domestiques étaient étranglés tout net.

De honte et de désespoir, lord Ryde partit pour le mont Saint-Bernard, espérant avoir meilleur marché des bons religieux que du silencieux concierge et de son compagnon.

Depuis lors, il n'avait pas reparu.

Là s'arrêtèrent définitivement les tentatives de détournement et les attentats commis contre l'intelligent animal.

Chacun essaya de s'en faire un ami.

Le chien se laissait faire, mais ne répondait qu'à son maître.

Personne ne chercha plus à le séduire, à l'empoisonner ou à s'en emparer.

On avait reconnu que ces trois choses-là étaient tout bonnement impossibles.

Tous les locataires de la maison se vantaient d'être les bons amis du brave Hurrah.

Mais, en réalité, après son maître, Hurrah n'affectionnait et ne reconnaissait ouvertement que trois personnes : le capitaine, M. Lenoir et la Cigale ; affection qui, chez une bête aussi pleine de sa valeur physique et morale, se traduisait par l'action de leur poser sa bonne grosse tête sur les épaules, ou de leur lécher les mains avec de petits cris pleins de satisfaction.

D'où venait cette préférence pour ces trois messieurs ; préférence dont le vieux sergent, si jaloux de son chien, semblait heureux ?

Nul n'y comprenait rien, d'autant plus que de ces trois personnes, hors la Cigale, la belle bête ne voyait souvent ni le capitaine, ni M. Lenoir.

Mais le père Pinson expliquait le mystère de cet air gouailleur qui donnait un cachet tout particulier à sa rude et martiale physionomie :

— Les bêtes, disait-il, c'est comme les femmes. Ça vous a des caprices. Faut pas leur en vouloir.

Les curieux, désappointés et le bec dans l'eau, se voyaient bien obligés d'accepter cette explication, qui n'en était pas une.

Pour rien au monde, le vieux concierge n'eût changé une syllabe à sa réponse, chaque fois qu'on l'interrogeait à ce sujet.

Donc, le père Pinson était allé chercher, caresser et détacher Hurrah, pour lui confier la garde de sa loge.

La brave bête savait ce qu'elle avait à faire en cas de besoin.

Elle attendait, plantée et assise, comme un sphinx, sur ses pattes de derrière.

Cela fait, le père Pinson monta chez M. Lenoir, suivi d'un garçon de restaurant, qu'il était allé chercher de son pied léger et qui apportait le déjeuner commandé à la hâte par lui.

Sans être des plus aristocratiques, ce déjeuner était assez confortable.

Un vaste pâté de foie gras occupait le milieu de la table.

Douze douzaines d'huîtres béantes attendaient le bon plaisir de ces messieurs et de ces dames.

Sur un buffet, en noyer comme la table, un jambonneau, du beurre, des radis, des sardines et un délicat roquefort, présentaient un front de bandière respectable.

Un fort parfum de côtelettes s'échappant d'une toute petite cuisine complétait un ensemble que certaine chanson de beurre fondu, présage certain d'une omelette aux fines herbes, ne déparait en aucune façon.

Par terre, une quinzaine de bouteilles d'un vin de Chablis modeste mais vieillot, rangées en ordre de bataille, auprès d'une cave à liqueurs toute grande ouverte, se tenaient prêtes à soutenir, à un moment donné, le gros de l'armée précitée.

— Maugrebleu ! messeigneurs, fit Adolphe en riant, dès le premier coup d'œil qu'il jeta sur ce spectacle réjouissant, c'est un vrai balthazar ! M. Lenoir a mis les petits plats dans les grands !

— Ou les grands dans les petits, ajouta Arthur, qui voulut donner par ce mot, plein d'à-propos, une preuve de sa profonde lucidité.

Le couvert était mis pour six personnes.

L'amphitryon fit son entrée presque en même temps que ses hôtes.

Il s'était débarrassé de ses fourrures de voyage.

Une petite veste-jaquette en molleton et un pantalon à pied se terminant par des pantoufles en grosse tapisserie, composaient tout son vêtement de cérémonie.

En homme d'esprit qu'il était, M. Lenoir n'avait pas hésité une minute à revêtir cette tenue sans-gêne; il savait bien que le premier moment de surprise passé, c'était le seul moyen de forcer ses hôtes à se regarder comme chez eux.

De taille élevée, un peu gros, le commis-voyageur portait sa barbe longue ; de fines lunettes, dont les verres, couleur de *fumée de Londres*, amortissaient la vivacité de son regard perçant, étaient soudées à ses deux oreilles.

Une toque en velours noir couvrait son front, atteint d'une calvitie précoce.

En somme, M. Lenoir, malgré ses lunettes, sa longue barbe et son toquet de velours, peut-être bien à cause de tout cela, avait une vraie tête de bon enfant.

Aussi son entrée fit-elle sensation.

La Pomme lui tira sa plus belle révérence.

Les deux étudiants le saluèrent avec la déférence de deux appétits peu satisfaits jusque-là, mais reconnaissants par avance.

— A table ! s'écria-t-il tout d'abord, en invitant du geste les trois jeunes gens à prendre des sièges ; à table ! c'est presque une crémaillère que nous allons pendre aujourd'hui.

— Une crémaillère ? demanda la Pomme, étonnée d'entendre parler ainsi un homme qui habitait la maison depuis longtemps déjà.

— Oui, ma chère enfant. Vous êtes les premiers bipèdes qui mettiez le pied dans mes pénates.

— Qu'est-ce que c'est ça, que des pénates, Arthur ?

— Mazette! il en a plusieurs? A moi, un seul me suffit.

— Tenez-vous-y, petite Rosette ; le vôtre est le seul bon, répondit en riant M. Lenoir. Il a détrôné tous ses prédécesseurs, et personne ne s'en plaint.

— T'en plains-tu ? murmura Arthur à l'oreille d'Adolphe.

— Moi ! pas du tout.

— Eh bien ! ni moi non plus.

— Allons ! allons ! assez de plaisanteries sur ce sujet-là, continua M. Lenoir, ou je vous dis cinq fois le *Benedicite*, avant d'entamer ces malheureuses ostendes.

Un silence respectueux se fit comme par miracle, au dernier mot de ce *quos ego*.

— A la bonne heure. Mademoiselle Rosette, à ma droite.

— Non pas, fit la brune fille, la place d'honneur à Pâques-Fleuries.

— Comme il vous plaira. Ces messieurs se placeront à leur guise. Je ne m'occupe jamais des hommes, dit M. Lenoir en riant. Mais où est donc Mlle Pâques-Fleuries ? ajouta-t-il en voyant rester vide la chaise qui se trouvait placée à sa droite. Nous ferait-elle faux bond ?

— Ce n'est pas possible, répondit Rosette.
— Faites excuse, monsieur Lenoir, murmura le vieux sergent à l'oreille du maitre de la maison.
— De quoi faut-il t'excuser, mon brave?
— Mlle Pâques-Fleuries m'a chargé de vous remercier pour elle, mais elle ne viendra pas.
— Hein? quoi? que dit-il? ce n'est pas vrai.

Ces quatre exclamations retentirent à la fois en réponse à l'assertion imprudente, inattendue, du père Pinson.

Mais celui-ci impassible, la main à son bonnet de police, attendait que M. Lenoir l'interrogeât.

La Pomme n'en laissa pas le temps à ce dernier.

Rejetant vivement sur la table la serviette qu'elle avait déjà placée sur ses genoux, elle se leva, et se dirigeant vers la porte, elle l'ouvrit en s'écriant:
— Elle se tuera! le dimanche gras! C'est aussi par trop fort!
— Qu'y a-t-il? demanda M. Lenoir.
— Il y a que, sous prétexte d'un travail pressé, ma sœur ne viendra pas, et que je n'entends pas cela. D'abord, je ne mangerai pas seulement la queue d'un radis avant qu'elle ne soit venue nous rejoindre.
— Ni moi.
— Ni moi.

Firent les deux jeunes gens.

M. Lenoir, souriant dans sa barbe, se leva, et prenant la main de la Pomme, qu'il mit sous son bras :
— Venez avec moi, mademoiselle Rosette, lui dit-il, donnez-moi le bras, ce sera bien le diable si, à nous deux, nous ne lui faisons pas changer de résolution.
— C'est cela. Allons la chercher.
— Tous en chœur? demandèrent les jeunes gens.
— Non pas; mon voisin et moi nous suffirons.
— Allons, allons, fit M. Lenoir.

Et ils sortirent tous deux, pendant que le vieux sergent murmurait à part lui:
— Par le flanc droite! arche!... mais sacrebleu ! on ferait mieux de la laisser tranquille dans son nid, c'te pauvre jeunesse.

La chambre habitée par Pâques-Fleuries était petite et modestement meublée en bois peint.

Mais les quatre chaises, le buffet et la table à ouvrage qui en composaient l'ameublement, reluisaient comme un miroir, et portaient l'empreinte d'une inaltérable propreté.

A la fenêtre, dans une cage garnie d'eau, de mouron et de chènevis, chantaient deux jolis pinsons.

C'était le vieux concierge qui les avait apportés à la jeune fille le premier jour où elle l'avait nommé : Mon père Pinson.

Pâques-Fleuries s'était arrangée une chambre à coucher dans son petit salon.

De la sorte, sa première chambre, donnant sur le carré, formait salon t cabinet de travail à la fois.

Le souffleter, fut pour elle l'affaire d'un instant.

Sur sa table à ouvrage se trouvaient pêle-mêle des feuilles, des graines en verre, des pistils, des corolles, des rouleaux de fils de fer, des godets contenant de la gomme.

Dans des boîtes, posées sur une de ses chaises, elle avait disposé adroitement des fleurs travaillées avec l'adresse et les doigts d'une fée.

Tous ces objets semblaient avoir gardé le parfum, un vague souvenir de

celle qui les faisait mouvoir, vivre, s'agiter; mais la Pomme eut beau heurter à la porte de la petite chambre à coucher, personne ne lui répondit.
La chambre était vide.

— Bon! s'écria Rosette, en frappant ses mains l'une contre l'autre, avec un geste de comique désespoir, j'en étais sûre!

— Sûre de quoi, ma chère enfant?

— Mais, cette fois, par exemple, je ne lui pardonnerai pas! elle va me payer ça plus cher qu'au bureau.

M. Lenoir ne comprenait rien à la colère, à la violente indignation de sa brune voisine.

— En vérité, Rosette, vous m'effrayez pour votre amie, pour votre sœur! Que peut-il y avoir? demanda-t-il avec toutes les marques d'un vif intérêt.

— Ce qu'il y a, mon bon monsieur Lenoir, ce qu'il y a! Pardine, ce n'est pas bien malin à deviner. Il y a que je suis furieuse!

— Furieuse! Pour quel motif?

— Aussi, suis-je bête! Moi qui n'ai rien vu!... Et je me disais en me déshabillant et en me rhabillant tout à l'heure : C'est drôle! il me semble que mon ouvrage n'était pas si avancé que cela.

— Comment? c'est cela qui cause votre colère?

— Trouvez-vous qu'il n'y ait pas de quoi rager, vous? Une méchante sœur qui se tue la santé pour une ingrate, une paresseuse comme moi!

— Chère enfant!

— Venez, venez chez moi! et vous allez voir pourquoi je suis en fureur.

— Je comprends, je comprends, répondit M. Lenoir attendri.

— Oui... Eh bien! ne faites pas de bruit, et nous la surprendrons, nous la pincerons la main dans le sac. Il n'y aura pas moyen de dire ma belle amie!

Le commis-voyageur sentit quelque chose qui coulait sur sa joue gauche. C'était une larme qui venait du cœur.

Il la laissa tomber et suivit la jeune fille.

La Pomme marchait sur la pointe de ses petits pieds, à pas de loup; elle se dirigea vers son propre logement, poussa la porte sans faire le moindre bruit, et, entrant vivement suivie de M. Lenoir, elle s'écria en lui montrant sa sœur :

— Là! ne vous l'avais-je pas dit?

Pâques-Fleuries, assise devant une petite table ronde, travaillait avec ardeur à un bouquet de fleurs artificielles à peine commencé.

Rosette et Pâques-Fleuries étaient fleuristes toutes les deux. Seulement, Rosette en prenait à son aise.

Elle s'était mise au mieux avec la maîtresse du magasin pour lequel elle travaillait.

Aussi n'y allait-elle qu'à ses heures, et le plus souvent que pour lui porter l'ouvrage de sa sœur.

Au cri poussé par la Pomme, Pâques-Fleuries tressaillit et se retourna machinalement.

Apercevant M. Lenoir et sa sœur, qui se tenaient immobiles sur le seuil de la porte entre-bâillée, elle devint rouge comme un coquelicot; mais, reprenant vite son sang-froid, elle dit en souriant à cette dernière de sa voix douce et mélodieuse :

— Ah! c'est toi, Rosette... tu m'as fait peur.

Pâques-Fleuries avait une de ces adorables têtes mythologiques, comme seul en a rêvé et reproduit le Corrège.

Ses traits se distinguaient par une délicatesse infinie.

Ses grands yeux bleus, d'une mansuétude angélique, brillaient dans l'ovale de son pâle visage comme deux étoiles égarées et solitaires dans un firmament d'été. Une masse de cheveux, blond vif, l'encadraient délicieusement.

Grande et bien prise dans sa taille de reine, la perfection de ses formes en dissimulait la maigreur extrême.

Par malheur, une toux sèche, qui venait de temps à autre soulever sa poitrine et lui faire subir des spasmes douloureux, entourait la tête de cette enfant si frêle, si pâle et si vaillante, d'une auréole douloureuse et poétique.

De prime-abord Pâques-Fleuries imposait l'admiration ; au second regard, elle inspirait la pitié et la sympathie.

Il était facile de comprendre que dans le fond de ce jeune cœur couvait une douleur secrète et se retiraient comme dans un sanctuaire des souffrances noblement supportées.

La chambre de la Pomme, dans laquelle se trouvaient réunis nos trois personnages, différait de celle de Pâques-Fleuries.

Autant la première était simple et chaste dans sa nudité, autant celle-ci affichait un certain luxe coquet, qui aurait tourné volontiers au luxe de mauvais aloi sans la main cachée d'une fée bienfaisante.

Quoique par-ci par-là on vît traîner sur une chaise ou sur une table un bonnet, un ruban, ou un mantelet, tout y était soigneusement épousseté, nettoyé.

C'était un nid d'oiseau, quand même.

Nid de linotte soigné par une fauvette.

Pâques-Fleuries se chargeait du ménage de Rosette.

Les deux jeunes filles s'adoraient.

Elles vivaient littéralement l'une pour l'autre et l'une par l'autre.

— Vous le voyez, monsieur Lenoir, reprit Rosette de son air le plus mutin, non contente de faire son ouvrage, mademoiselle se permet de faire le mien.

— Oh! un petit bout de feuillage seulement! murmura Pâques-Fleuries en baissant la tête.

— Que pensez-vous de cela? hein?

— C'est affreux! répondit le commis-voyageur de sa plus grosse voix.

— N'est-ce pas?

— Certes, et cela mérite un châtiment exemplaire.

— Vous riez! voisin.

— Dame!

— Vous osez rire!

— J'ai bien osé pleurer tout à l'heure! fit M. Lenoir en s'approchant de Pâques-Fleuries et en la forçant doucement à quitter et à cesser son travail.

— Pleurer!... vous avez pleuré, monsieur! dit Pâques-Fleuries en le regardant avec surprise. Vous est-il arrivé un...?

— Oh! ne craignez rien, chère enfant... Ç'a été une surprise... Je suis plus dur que cela, ordinairement. Mais que diantre voulez-vous qu'on fasse? Comment ne pas s'attendrir quand on se trouve devant un caractère aussi grand et un dévouement aussi simple que le vôtre?

— Vous vous moquez!

— Non! que je meure! chère demoiselle, vous venez de me faire passer un des plus doux moments de ma vie... et je le soutiendrai, en présence de tous les habitués les plus endurcis du boulevard de Gand. Fi du cœur de pierre qui ne se sentirait pas touché de votre conduite et de votre affection! Sur ce, venez déjeuner, le père Pinson va finir par s'impatienter.

— Mais... repartit timidement Pâques-Fleuries... nous avons promis de livrer ces fleurs aujourd'hui même...

— Aujourd'hui, dimanche gras!... s'écria la Pomme, le plus souvent!

— Rosette, fit Pâques-Fleuries avec reproche, tu t'y es engagée!... C'est pour un bal qu'on donne ce soir, et...

— Au fait, oui!... Je l'avais oublié, moi... Ma foi, tant pis...

Et sur un geste de sa sœur:

— Non, non, pas tant pis, continua l'étourdie. Je m'y mettrai après déjeuner, et j'en abattrai pour quatre, de cette besogne.

— Oh! je le sais, tu travailles vite et bien, quand tu le veux.

— Oui, mais je ne le veux pas souvent. Tu peux l'ajouter, petite sœur.

— Je ne dis pas cela.

— Oh! tu peux le dire encore aujourd'hui, mais pour la dernière fois. A partir de ce moment, je n'entends plus que tu te charges de mon ouvrage. Tu ne passeras plus les nuits pour une sans-cœur, une coureuse de bal masqué.

— Ma sœur!

— Je ne l'entends pas ainsi, continua la Pomme avec un redoublement d'énergie; cela va changer, cela ne peut plus marcher comme ça.

Et, tout en parlant ainsi, la folle tête embrassait Pâques-Fleuries sur les joues et sur les yeux.

— A la bonne heure! faisait à part lui M. Lenoir. J'étais bien sûr que c'étaient deux bons petits cœurs.

Et, témoin muet de cette scène de sentiment intime, il essuyait à la dérobée les verres de ses lunettes, qui se ternissaient de nouveau.

— Voyons, sœurette, dit Pâques-Fleuries, qui prit le dessus sur son émotion, je ne comprends rien à tes paroles. Travailler m'amuse.

— Je le sais. Après?

— Toi, tu préfères t'amuser...

— Sans travailler. C'était vrai pour hier, ce sera faux pour demain.

— Chacun prend son plaisir où il le trouve, mes gentilles voisines, conclut en riant le commis-voyageur.

— Certes, fit Pâques-Fleuries.

— Vous reprendrez cet entretien-là dans une heure. Venez-vous déjeuner?

— Nous voici, répondit la Pomme.

Et passant son bras autour de la taille flexible de sa sœur, elle la força à se lever.

— Mon Dieu! mon voisin, dit Pâques-Fleuries en essayant une dernière résistance, vous êtes bien aimable, mais je suis souffrante, un peu triste...
— Triste! pourquoi?
— Je ne sais... mais je craindrais d'être un trouble-fête.
— Est-ce un compliment que vous demandez? répondit M. Lenoir. Il ne sera pas difficile à trouver.
— Oh! non... ce n'est pas cela.
— Alors, venez, chère enfant... ne vous faites pas prier davantage...
— C'est déjà gentil comme ça, ajouta la Pomme avec une ironie amicale; mademoiselle veut qu'on se mette à ses genoux?... Eh bien! m'y voici.
Elle allait s'y mettre.
Pâques-Fleuries la retint.
— Vous êtes tous deux mille fois trop bons.
— Alors, viens.
— Nous tâcherons de vous distraire, ajouta M. Lenoir. D'ailleurs, si vous vous sentez fatiguée, vous serez libre de vous retirer.
— Et personne ne retiendra mademoiselle! fit la Pomme d'un air digne et piqué.
— Monsieur, je vous remercie.
— Acceptez, c'est le seul remercîment que je vous demande.
— J'accepte, pour ne pas vous retenir plus longtemps.
— Coquette! cria la Pomme.
Et embrassant une dernière fois sa sœur, elle l'entraîna hors de sa chambre.
M. Lenoir suivit les deux jeunes filles, moitié souriant, moitié attendri.

III

CHEZ M. LENOIR

Tous les convives de M. Lenoir étaient à table.
Un siège seul restait inoccupé.
Les quatre jeunes gens se demandaient quel pouvait être le retardataire.
A ce moment, le vieux concierge entra.
Il apportait une omelette, dorée sur toutes les coutures.
Une fois l'omelette servie :
— Sergent, dit M. Lenoir en montrant du doigt la chaise vide qui se trouvait de l'autre côté de la table, juste en face de lui, sergent, asseyez-vous là.
Le vieillard le regarda sans comprendre.
— Prenez cette chaise, répéta le maître du logis, et déjeunez avec nous.
— Qui ça, moi, monsieur Lenoir? demanda-t-il timidement.
— Oui, vous, mon brave.

Voyant que le bonhomme hésitait et ne savait plus quelle contenance garder, à cette invitation inattendue, la Pomme se leva, battant des mains et criant :

— Bravo ! vive monsieur Lenoir ! vive le père Pinson ! A table, à table, le père Pinson !

Tous firent chorus.

Et le jeune Arthur ajouta de sa voix la plus grave :

— A table ou sur la table, avant d'aller sous la table !

Quand le tumulte fut un peu calmé, le vieux sergent refusa poliment sous le prétexte de son service, et des côtelettes qu'il lui fallait surveiller.

— On s'en charge, dit la Pomme. Venez vous asseoir.

— Je vous en prie, sergent, reprit le commis-voyageur.

Et d'un clignement d'œil significatif qu'il lui lança par-dessus ses lunettes, il lui fit comprendre que sa prière pouvait bien équivaloir à un ordre.

— Par obéissance, fit le vieux soldat.

Et il prit place entre la Pomme et Pâques-Fleuries.

— Est-ce que nous vous faisons peur ? lui dit doucement cette dernière.

— Oh ! mademoiselle !...

— Peur ! à un ancien de son poil..., répondit Arthur.

— Quel âne vous faites ! s'écria la Pomme en interrompant Arthur, qui avala de travers et s'étrangla. Ne l'écoutez pas, mon petit père..., c'est bête, mais ce n'est pas méchant... Il ne faut pas le juger au parler... ce n'est pas sa faute... c'est un défaut de naissance.

— La Pomme ! hurla l'étudiant piqué au vif.

— Je vous ai défendu de m'appeler comme ça, d'abord.

— Rosette, vous... Et il se remit à tousser.

— Je..., quoi?... après?... regardez le plafond... Cela va-t-il mieux ? Non. Attendez.

Tout en parlant, elle lui appliqua de sa petite main fermée un coup de poing à ne pas déshonorer un apprenti boxeur.

Arthur se trouva guéri instantanément de son étouffement, mais il poussa un cri de douleur causé par la violence du coup.

— Ah ! vous n'êtes jamais content, fit la Pomme en riant de ses trente-deux petites quenottes.

Le jeune homme, qui s'était levé machinalement, se rassit au milieu des rires de l'assemblée.

Mais il grommelait entre ses dents de sourdes menaces à l'adresse de son adversaire féminin et lançait des regards furibonds au vieux soldat, qui mangeait avec la plus grande tranquillité.

— Patience ! j'aurai mon tour... murmura-t-il à l'oreille de son voisin.

Ce voisin était M. Lenoir, qui rit silencieusement.

On venait de finir les huîtres.

On attaqua le vin blanc et la fameuse omelette.

Pendant que les fourchettes causaient gaiement avec les assiettes, qu'elles picotaient, Arthur, sur les lèvres de qui s'esquissa un sourire sournois, se leva, et s'adressant au vieux concierge, cause de sa mésaventure :

— Mon brave, lui dit-il, voulez-vous me permettre de vous verser un verre de ce chablis première ?

Le père Pinson tendit son verre.

Arthur l'emplit, puis remplissant le sien, il le choqua contre celui du vieux soldat.

Une mauvaise charge allait sortir de ce choc de verres.

Chacun s'y attendait.

C'était, sans aucun doute, la revanche que s'était promis de prendre l'étudiant.

— A votre santé... jeune homme ! dit le père Pinson.

— Merci.

— A celle de ces dames et de notre hôte !

— Parfait.

Le vieillard allait s'asseoir.

Arthur le retint du geste.

— Maintenant, à mon tour.

— Écoutons... fit la Pomme. L'oracle va parler.

Arthur se raffermit sur ses jambes, puis regardant le vieux soldat de l'Empire bien en face :

— A la santé, cria-t-il d'une voix retentissante, à la santé de ce pauvre Hudson Lowe, si méchamment contraint à vivre sur le rocher de Sainte-Hélène par ce tyran détrôné qui...

Un silence de glace s'était fait.

Le vieillard ne comprit pas tout d'abord.

Mais le commis-voyageur, l'amphitryon bourgeois, M. Lenoir, enfin, avait saisi la misérable plaisanterie du jeune homme.

Ce fut un curieux spectacle. La colère le prit à la gorge, il se leva aussi, et empoignant le mauvais plaisant par le bras :

— Sacré gamin ! lui lança-t-il au visage d'une voix qui n'avait rien d'humain, sortez... Vous êtes heureux d'être mon hôte, sans cela !

— Hein ? quoi ? ce n'est pas pour vous que... c'est pour le concierge...

On arracha Arthur des mains de M. Lenoir.

Le père Pinson se chargea de sa conduite jusque sur le palier.

Une fois arrivé là, il le regarda bien dans le *blanc des yeux* et sans un mot, il lui lança en pleine face le contenu de son verre encore plein.

L'étudiant rugit et voulut sauter sur lui.

Mais lui, l'écartant et le tenant en respect avec une force de géant :

— Quand vous voudrez, je serai à vos ordres, blanc-bec.

— Un concierge ! hurla Arthur.

— Un chevalier de la Légion d'honneur ! fit le vieux soldat, en écartant sa veste et en montrant sa croix attachée au revers de son gilet.

Et il rentra.

Le repas continua.

M. Lenoir avait retrouvé son beau sang-froid.

Après avoir assujetti ses lunettes sur ses yeux, il fit en sorte que cet incident fût oublié promptement.

On enleva la chaise d'Arthur.
On s'écarta un peu.
Tout fut dit.
Plusieurs fois le concierge essaya de se lever pour faire le service de la table.
Chaque fois, Rosette et Pâques-Fleuries le prévinrent.
— Ne vous occupez pas de ces détails-là, disait l'une.
— C'est nous que cela regarde, père Pinson, disait l'autre.
Il fallut bien en prendre son parti.
De son côté, M. Lenoir n'oubliait pas que le devoir de tout commis-voyageur de première classe est d'animer, d'égayer, au besoin même de créer la conversation.
Il se surpassa.
Il mit sur le tapis, avec une verve sans pareille, les péripéties plus ou moins gaies de sept ou huit cents voyages sur mer et sur terre.
Pâques-Fleuries et Adolphe écoutaient.
La Pomme lui donnait la réplique.
Le vieux sergent buvait, mangeait et approuvait du bonnet, c'est-à-dire du sommet de son occiput.
Entre autres questions faites par la Pomme :
— Le bon pâté de foie gras! Ce n'est pas à Paris que vous l'avez acheté?
— On ne peut rien avoir de meilleur, répondit M. Lenoir.
— Il vient? demanda-t-elle.
— De Strasbourg, en droite ligne.
— Ça coûte?
— Dix-huit cents francs de bénéfice.
— J'en achèterais bien un millier à ce prix-là, fit-elle en riant... Comment vous y êtes-vous pris?
— Oh! mon Dieu! bien naïvement, répondit M. Lenoir. Je l'ai racheté, en lui donnant cinq francs de plus que le prix d'achat, à un vétérinaire alsacien qui faisait route avec moi.
— Bon! cela ne m'explique pas les 18...
— Non, mais voici qui va vous faire comprendre la chose. De fil en aiguille ou de pâté de foie gras en cigares de la Havane, je suis parvenu à *coller* à mon dit vétérinaire une commande de jambes de bois assez forte pour me faire gagner ladite somme, plus les cinq francs de mon foie gras.
Il n'est pas de bonne compagnie qu'il ne faille quitter.
De récit en récit, de conte en histoire, de calembour en coq-à-l'âne, les convives de M. Lenoir arrivèrent au dessert sans trop se rappeler qu'on avait expulsé, avec tous les déshonneurs de la guerre, un pauvre diable de mauvais plaisant nommé Arthur Blancas.
Adolphe Revel, son camarade en Ducaurroy et Duranton, osa seul avancer une proposition craintive en sa faveur.
L'écho se tut.
Il fit comme l'écho.
Le père Pinson servit le café et les liqueurs.

Pâques-Fleuries assise devant une petite table travaillait à un bouquet de fleurs.

On eut beau faire, rien ne put l'empêcher d'être l'échanson de ces toniques jaunes, verts, noirs et blancs.

Crème de moka, noyau, fine champagne, chartreuse jaune et chartreuse verte, tout fut lestement dégusté par les lèvres deux fois purpurines de la brune Rosette.

Pâques-Fleuries trempa à peine les siennes dans une demi-tasse de café.

Et comme M. Lenoir la menaçait du doigt, en lui disant :
— Oui ! oui ! je les vois poindre, vos intentions laborieuses. Mais nous ne vous laisserons pas faire aujourd'hui.

Elle répondit en montrant la Pomme, qui ne refusait aucun petit verre et tenait tête aux trois hommes :
— Ne faut-il pas que l'une de nous conserve de la raison pour deux?

La Pomme, entendant ces mots, remit sur la table l'anisette qu'elle approchait de sa bouche.
— C'est fini de rire... murmura-t-elle à travers une moue à fossettes, rendue plus gracieuse qu'à l'ordinaire par l'animation de son teint. Je croyais pourtant qu'au dessert il était permis de mettre les coudes sur la table.
— A la condition de ne plus les lever, ajouta l'amphitryon en souriant.
— Vous, vous êtes un faux frère, repartit la jeune fille, vous vous mettez du côté de sœur Bougon. Vous me revaudrez ça, un jour ou l'autre.
— Pourvu que ce ne soit pas l'autre.
— Tout de suite, alors.
— J'y consens.

Elle se leva, et lui tendant la joue :
— Embrassez-moi, fit-elle simplement.
— Mademoiselle Pâques-Fleuries, le permettez-vous ? demanda M. Lenoir.
— Ah ! par exemple, voilà qui est trop fort. Ah çà ! je n'ai donc pas mon libre arbitre, s'écria la Pomme, avant que sa sœur, un peu interloquée, eût trouvé sa réponse. On me prend donc pour le pendant du jeune et bel Arthur ?

Nul des trois hommes n'eut l'air de faire attention au nom qu'elle venait de prononcer.

Ils ne l'auraient point pris avec tant de sérieux et de gravité s'ils s'étaient doutés qu'en ce même moment le malheureux étudiant, que la Pomme mettait si malencontreusement sur la sellette, dormait du sommeil de l'injuste, à poings fermés et à narines ronflantes.
— Voyons, vilaine rabat-joie, autorises-tu l'honorable M. Lenoir à déposer son hommage respectueux sur ma joue gauche? continua-t-elle gaiement.
— Oui, répondit sa sœur, à une condition.
— Laquelle? demanda la Pomme.
— Acceptée d'avance, fit M. Lenoir, qui se tenait prêt à consommer le sacrifice.
— Vous m'embrasserez aussi, moi.

De joyeux hourras s'échappèrent de toutes les bouches.

M. Lenoir ne se fit pas prier.

Les deux sœurs n'eurent rien à se reprocher l'une à l'autre.

Adolphe demanda timidement sa tournée.

On la lui refusa avec enthousiasme.

Mais, comme l'avait dit Rosette, c'était bien le moment de mettre les coudes sur la table et d'écouter les mieux disants.

Aussi tous les convives de M. Lenoir se mirent-ils à parler à qui mieux mieux.

Le sergent lui-même, malgré sa taciturnité ordinaire, ne put s'empêcher de se laisser entraîner par la verve endiablée de la Pomme, et par les rares éclats de rire de Pâques-Fleuries.

Pâques-Fleuries riait peu.

Mais quand elle mettait de côté la tristesse silencieuse qui faisait le fond de son caractère, quand de sa bouche gracieuse s'échappaient les fusées cristallines de son rire, quand, obéissant aux élans trop souvent contenus de sa jeunesse, elle ne retenait pas les notes argentines de sa gaieté, rien n'égalait son charme et son entraînement. Le père Pinson, plus que tout autre, subissait ce charme.

Choisissant une éclaircie, où le calme s'était à peu près rétabli, et pendant laquelle on pouvait entendre son voisin, la blonde jeune fille se pencha vers M. Lenoir et lui adressa une question presque à l'oreille.

Celui-ci la regarda avec étonnement, mais il ne lui répondit pas tout d'abord.

Pâques-Fleuries répéta sa question.

Il lui répondit :

— Je n'y crois pas.

— Je ne vous demande pas si vous y croyez, je vous demande si vous en avez vu.

— Oui et non.

— Expliquez-vous.

— J'en ai vu qui se trompaient ou qui mentaient.

— Oui, mais...

— Mais j'en ai rencontré aussi qui voyaient juste, une fois par hasard.

— Pourquoi, par hasard?

— Parce que, dans toute question, il y a l'affirmative et la négative. Vous avez toujours une chance sur deux pour tomber juste. Le tout est d'avoir cette chance. Pour vous expliquer ma pensée, je laisserai de côté les sorciers, qui ne sont pas autre chose que les martingaleurs de l'avenir, et je vais vous citer un fait arrivé dans une maison de jeu.

— Voyons.

On se pressa et on écouta, comme si le fait qu'allait raconter M. Lenoir traitait une question de haute futaie.

M. Lenoir sourit, en pensant à part lui que toutes les fois qu'il s'agira de jeu, de hasard, de surnaturel, tous les membres d'une réunion quelconque, raout ou cénacle, mettront de côté leurs affaires et leurs idées, et prêteront toute leur attention au dernier des narrateurs, au moins amusant des conteurs.

— Je me souviens qu'en 1838... — c'était, comme vous le voyez, il y a quelque dix années de cela, — j'assistais à une splendide partie de trente et quarante.

— Qu'est-ce que c'est que ça, le trente et quarante? demanda la Pomme, sans s'apercevoir qu'elle interrompait l'orateur à son début.

— Faut-il le lui expliquer? demanda M. Lenoir en riant.

— Non, répondit laconiquement le vieux sergent.

— Ah! ah! Mlle Rosette a déjà assez de vices dans son sac. Point n'est besoin d'ajouter celui du jeu à sa collection. C'est votre idée, sergent?
— Oui.
— Hou! le vilain! grommela la Pomme en faisant sa moue la plus gracieuse à son voisin.
— Figurez-vous donc que le *trente* c'est *pile*, et le *quarante : face*.
— Ce n'est pas difficile à comprendre.
— Imaginez-vous encore des monceaux de billets de banque, des centaines de rouleaux entassés les uns sur les autres, des sébiles pleines de louis et d'écus de cinq francs.
— Après?
— Un ou plusieurs banquiers, auxquels les pontes ou joueurs donnent un nom moins élégant...
— Lequel?
— Des croupiers faisant le jeu, prenant les enjeux des joueurs malheureux, doublant, triplant, décuplant à la longue les mises des pontes auxquels la la veine souriait.
— Je vois tout cela... nous jouons souvent au loto, dit sérieusement la Pomme.
— Bien. C'est à peu près la même chose. Voyez la joie des vainqueurs, la rage des vaincus, la considération et l'envie de la galerie pour le joueur qui fait sauter la banque, le dédain et l'éloignement qu'inspirent les décavés. Voyez toutes ces passions hideuses, la cupidité aux mains crochues, l'ambition aux espérances livides, l'âcre plaisir ressenti pendant que la bille tourne, l'amère jouissance qui vous envahit tout entier durant les trente secondes que le croupier agite les cartes. Voyez tout cela, dans une atmosphère élégante, aux mille bougies allumées, aux murs chargés de glaces reflétant dans leurs perspectives lointaines et multipliées ces vices dorés, ces existences forcenées, ces fortunes et ces ruines fantastiques. Voyez tout cela, et vous comprendrez facilement que moi, qui mettais pour la première fois le pied dans un de ces antres de perdition, je ne vis au premier moment que richesses, lumières et éblouissements.
— Oui! oui! après? Vous vous mîtes à jouer... dit la Pomme, dont l'exubérante nature se suspendait aux lèvres du conteur.
— Je n'avais pas un sou sur moi, et je n'ai jamais touché une carte de ma vie, répondit M. Lenoir.
— Ah! tant pis.
— Pourquoi?
— Parce que, si vous n'avez pas joué jadis, vous jouerez plus tard.
— Elle parle comme une petite sibylle! continua-t-il en souriant. Je ne jouais donc pas. Et c'est précisément parce que je ne jouais pas, qu'il me fut possible... — Ici le conteur tira son foulard.
— De... de quoi?... allez donc!... s'écria la Pomme furieuse de voir que ce foulard allait encore couper son histoire.
M. Lenoir se moucha, remit le foulard dans sa poche et continua, de son plus beau sang froid :

— C'est pour cela qu'il me fut possible de faire attention à ce que je vais vous conter.
— Enfin !
— Au coin du tapis se tenaient deux individus. L'un, jeune, beau, riche, ayant devant lui une centaine de billets de mille francs qu'il voyait enlever par les râteaux des croupiers, ou doubler à tour de rôle, sans seulement faire un geste d'impatience ou de satisfaction.
— Son nom ! dit la Pomme.
— Gourmande !... Près de lui, un vieillard au crâne dénudé de tout ornement, au linge douteux, aux mains douteuses comme son linge, écrivait, notait, pointait, à l'aide d'un crayon, tous les coups qui sortaient, sur des cartes à marquer et des papiers *ad hoc*, disposés devant lui. Vous ne me demandez pas le nom de celui-là, miss Rosa?...
— Merci bien.
— Vous aimez mieux l'autre?
— Les yeux fermés.
— Je continue. C'étaient évidemment là les deux types les plus curieux de la soirée.
— Eh bien ! et vous ! vous vous oubliez... railla doucement Rosette.
— Mademoiselle, si vous m'interrogez encore une fois, je retarde d'un an la fin de mon récit.
La Pomme se mit ses deux petites mains sur les lèvres, en guise de bâillon.
M. Lenoir reprit :
— Trois fois dans la soirée le vieillard dit au jeune homme : *Allez*. Et trois fois le jeune homme poussa sur une des couleurs la masse de billets de banque qu'il avait devant lui, en disant : *Le maximum aux billets !* Les trois fois, il perdit. Le coup perdu, le vieillard se replongeait dans ses calculs. Après la troisième perte du troisième maximum, le jeune homme se retourna en souriant vers son voisin. Il trouva la place vide. Le vieillard, le voisin, le professeur de langue verte, n'avait même pas attendu les reproches ou les compliments de condoléance de sa victime. Il venait de filer sans tambour ni trompette.
— Et le jeune homme?
— Insensible à la perte comme au gain, il se leva, ramassa le reste de ses billets et de ses rouleaux de louis, et se dirigea vers la porte.
— Vous le suivites?
— Naturellement, et je l'entendis qui disait à un de ses amis avec un léger accent anglais : — Mon cher vicomte, je suis enchanté de ma soirée. J'avais pris M. Dominique pour un adroit filou, c'est tout bonnement un imbécile ! — En attendant, lui répondit l'autre, que le jeune homme nommait vicomte, en attendant, vous lui avez donné une dizaine de mille francs. — C'est vrai, mais il les a reperdus dans notre dernière séance. Je me doutais de la chose et je l'avais forcé à s'associer.
— Eh bien ! demandaient les deux jeunes femmes, que concluez-vous?
— Toujours pressées ! continua le commis-voyageur. Je cherchais, comme

vous, le mot de l'énigme ; un des croupiers me l'expliqua. Le professeur de martingale avait fait croire ou prétendu faire croire à son pigeon qu'il était d'intelligence avec l'employé chargé de tourner les cartes.

— Bien, fit la Pomme.

— Ils ne jouaient que trois gros coups dans une séance. Chaque fois que le joueur gagnait, le professeur prélevait une prime.

— Ah ! j'y suis ! s'écria Adolphe, qui commençait à voir où M. Lenoir voulait en venir.

— Chaque fois que le joueur perdait, le professeur rapportait. Le hasard protégea ses conseils sept ou huit jours de suite ; le neuvième, où le vieillard s'était dit : je doublerai mon capital, la chance tourna et...

— Et tout fut perdu ? dit la Pomme.

— Oui, mais il y autre chose.

— Quoi ?

— Le lendemain, au deuxième arbre de l'allée de la Muette, on trouva le sorcier...

— Quel sorcier ?

— Le sorcier du trente et quarante... le vieux pointeur pendu haut et court à l'aide de sa cravate. Il ne lui était pas resté de quoi s'acheter une corde.

— Ce n'est pas drôle, votre histoire ! fit Rosette.

Pâques-Fleuries ne disait rien, elle.

— A quoi pense mademoiselle Pâques-Fleuries ? dit M. Lenoir.

— Je réfléchis et je crois que, comme le disait fort bien le héros de votre récit...

— Mon jeune homme ! s'écria gaiement la Pomme.

— Oui, je crois que votre vieillard n'était qu'un imbécile.

— Soit... mais c'est ce que je voulais vous prouver.

— Vous ne me prouverez pas que tous les sorciers sont des idiots qui se pendront.

— Si leurs prédictions ne se vérifient pas, continua le commis-voyageur. Certes... mais si elles se réalisent, ils vous crieront sur tous les tons, de l'air le plus triomphant : Hein ! je vous l'avais prédit. Tandis que s'il arrive tout le contraire, ils en seront quittes pour prendre la clé des champs.

— Ainsi, dit Pâques-Fleuries, vous pensez que Rosette ferait mal en allant consulter...

— Un sorcier ?

— Non, une sorcière.

— C'est la même chose.

— Pas du tout, fit la Pomme. La personne chez qui Adolphe doit me conduire...

Ici M. Lenoir et le jeune étudiant échangèrent un coup d'œil qui ne fut surpris que par le vieux concierge.

— Eh bien ! cette personne.

— Est tout simplement une tireuse de cartes... une brave femme qui se mêle de...

— Dire la bonne aventure.

— Aux clients qui lui sont particulièrement recommandés.

— Ah! il faut une recommandation! dit le commis-voyageur en ne pouvant s'empêcher de sourire avec une légère ironie.

Oui, monsieur, répondit la Pomme d'un air de défi... Si vous en désirez une, on vous la donnera.

— Il ne faut pas jurer : Fontaine, je ne boirai pas de ton eau! dit M. le Lenoir en s'inclinant devant la mauvaise humeur naissante de la jeune grisette; puis, s'adressant à l'étudiant : Vous vous êtes donc fait tirer les cartes, monsieur Rével?

— Je l'ai osé.

— Et l'on vous a annoncé?...

— Des choses étonnantes.

— Voyez un peu comme c'est malheureux! dit M. Lenoir sans sourciller. Si ces choses étonnantes arrivent, — ce dont je ne me permets pas même de douter, — si ces choses étonnantes arrivent, elles ne vous étonneront pas. Donc...

— Si vous aviez fait l'esprit fort, comme vous le faites maintenant, au commencement du déjeuner, je ne serais pas restée à table, près de vous... murmura la Pomme avec aigreur.

— Ah! si votre magicienne vous prédit que vous aurez un jour le caractère facile...

— Êtes-vous taquin! riposta la jeune fille, qui allait se mettre en colère, mais qui, voyant le sourire amical de M. Lenoir, se contenta de frapper de son petit poing sur la table, et de le montrer ensuite, menaçant, à son antagoniste.

— Voyons, y allons-nous tous chez votre Mme Lenormand? fit celui-ci.

— Non pas, je veux y aller toute seule d'abord.

— Avec moi, dit tout bas Adolphe.

— C'est convenu, vous m'y conduirez.

— Et ce pauvre Arthur? dit Pâques-Fleuries en souriant avec douceur.

Oh! il ne sait pas assez se tenir dans le monde. Je ne lui accorderai la faveur de lui donner le bras que lorsqu'il aura fait de sérieuses excuses au père Pinson.

— Ah! il peut bien les garder! dit ce dernier. Je me soucie de lui et de ses excuses autant que de ses sottises. Dans tout ça, je ne regrette qu'une seule chose.

— Quoi donc?

— Le verre de chablis qui lui a débarbouillé le museau.

Et cependant, dans sa mansarde solitaire et désordonnée, le pauvre Arthur dormait et ronflait de plus belle.

— Seulement, continua le vieux sergent, si j'ai un conseil à vous donner, mes petits enfants...

— Donnez-le, père Pinson!

— Avec la permission de M. Lenoir.

— Parlez, mon ami.

— Voyez-vous, monsieur, voyez-vous, jeunes filles, il ne faut pas plaisanter avec la seconde vue.
— Vraiment! dit M. Lenoir.
— Mais nous n'avons pas envie de rire à ce sujet, s'écria la Pomme en même temps que lui.
— Je sais bien, je sais bien, repartit le concierge, aussi ce n'est pas pour vous... c'est pour les incrédules, quoi... que je parle.
— Allez, allez... ne vous gênez pas, fit le commis-voyageur, qui garda difficilement son sérieux, voyant que le vieillard brûlait du désir de parler, tout en souhaitant de ne rien dire qui fût blessant pour son hôte.
— Donc!... c'est pour vous obéir... Pendant la campagne en Russie... il s'agit de cette satanée chienne d'année où non seulement la neige, mais la glace elle-même s'était prise de froid et de gelée.
— En 1812? dit Adolphe.
— Oui, — fit le vieux soldat, — je me suis juré de ne jamais prononcer ce fichu numéro matricule de l'almanach général... Nous campions... Quand je dis : nous campions... c'est nous décampions de Wilna, que je devrais dire ! Enfin ! c'est fait, c'est fini !... On aura peut-être bien un jour sa revanche du froid et du feu...
— Au fait, au fait ! dit M. Lenoir.
— Ah ! bon ! c'était à Wilna... nous ne restions que trente-quatre hommes de notre beau régiment de gros bonnets à poil !... Cré... enfin !... nous nous chauffions, comme nous pouvions, autour d'un de ces sales manches à balai mouillés que les Cosaques appellent des arbres, chez eux.
— Vous mouriez de froid ! pauvres gens ! fit Pâques-Fleuries.
— Dix ou quinze fois par jour.
Ces souvenirs héroïques et douloureux sont toujours si puissants sur les gens de cœur, que pendant les sept ou huit minutes que dura le récit du vieux sergent, aucun des assistants ne songea une seconde à sourire de sa singulière phraséologie?
— Après ? fit la Pomme.
— On se chauffait... on fumait, comme on pouvait... savoir, quand on avait du tabac... Vers les sept heures de nuit... — il faisait noir à ne pas voir la lune... — je me sentis cogner sur l'épaule... je saute sur ma clarinette... je me retourne... Ah ! ouiche, c'était bien la peine de me gendarmer!
— C'était un camarade?
— Ah ! ouiche !... je vous le donne en quatre mille huit cent quarante-cinq. C'était une pauvre fille de Bohême, une gypsie qui restait seule de sa tribu, tuée, égorgée à moitié par les Kalmoucks, à moitié détruite par le climat.
— Une jeune fille?
— Presque une enfant... Après ça, dans ces bandes de pauvres diables, on ne sait jamais ni d'où ils viennent, ni quand ils sont arrivés... Enfin, passons, ajouta-t-il en voyant l'air embarrassé, attristé même des deux sœurs.
— Oui, passez, fit vivement M. Lenoir.
— La bohémienne me demanda du pain. Je lui donnai le dernier morceau de biscuit qui me restât. Ce ne fut pas long à disparaître. Je lui tendis ma

Le père Pinson se chargea de sa conduite jusquesur le palier.

gourde, elle but quelques gorgées d'eau-de-vie et me la remit en me disant un : *Le Seigneur vous le rende!* dont je me souviens encore, puis elle s'endormit près du feu.

— Brave homme! murmura Rosette.

— Oh! ce n'est pas pour me vanter de la chose, mademoiselle Rosette... Non... C'est pour arriver à l'affaire de la seconde vue.

— Allez! allez!

— Quand la gypsie se réveilla, il faisait presque jour. Leur faux soleil avait comme qui dirait une envie de montrer le bout de son nez. On entoura la pauvre fille, et on lui demanda de chanter, de danser, de rompre l'ennui du moment, quoi.

— Elle chanta?

— Non, pas plus qu'elle ne dansa. Elle nous dit : Vous m'avez sauvé de la faim et du froid, je voudrais bien vous être utile à mon tour. Où est le chef? — Un lieutenant qui remplissait les fonctions de chef de bataillon, par la force des boulets et de la mort, se présenta. — Votre main. — La voici. — L'enfant la prit, en examina soigneusement les lignes, pâlit ,et passa sans souffler mot. Nous nous étions tous levés, et, sans commandement aucun, nous nous étions alignés. La petite nous passa tous en revue.

Ses yeux noirs flamboyaient, comme ceux d'un chat sauvage, ses cheveux se dressaient sur sa tête, elle ne vivait plus que dans les mains de ces hommes, qui, après avoir bravé tempêtes et mitraille, suivaient d'un regard ému les émotions de leur singulière diseuse de bonne aventure. J'étais le dernier. Elle prit ma main. Je sentis la sienne trembler.

— Enfin! dit la Pomme, qui écoutait, haletante.

— L'inspection finie, elle s'arrêta et se tut, elle rêva cinq minutes. Nous nous gardions bien de troubler son recueillement. Il nous semblait que de ses paroles notre sort dépendait. — Elle parla.

— Et que dit-elle?

— « Mes amis, vous êtes trente-quatre qui m'écoutez. Ceux d'entre vous dans la vie desquels le nombre trente-quatre joue un rôle reverront leur patrie. Les autres, que Dieu les prenne en sa garde! »

Puis, se voilant la face de sa cape, elle partit presque en courant et sans retourner la tête.

— Vous ne la revîtes plus? demanda Adolphe.
— Jamais.
— Et combien d'entre vous revirent la France?
— Moi seul!
— Eh bien! en quoi la prédiction de la gypsie se rattache-t-elle à votre salut et à la perte de vos compagnons d'armes?

— En quoi? attendez. J'avais trente-quatre ans à cette époque-là. Dans ma famille, nous comptions trente-quatre membres, depuis les grands parents jusqu'aux petits-neveux. Quand je mis le pied en France, je rentrai par Strasbourg; la première maison où je dormis mon premier sommeil, à mon retour portait le numéro trente-quatre.

— Il ne vous manque plus que de nous ajouter que vous aviez trente-quatre sous dans votre poche, dit le commis-voyageur en riant.

— J'avais trente-quatre francs dans ma ceinture... je les avais, monsieur Lenoir, dit gravement le vieux sergent, mais je ne voulais pas vous le raconter, de peur que vous ne vous moquiez...

— Me suis-je jamais permis de douter de vos paroles, mon ami?

— Non, monsieur!... mais voyez-vous, il ne faut pas plaisanter avec la seconde vue... il ne faut pas railler avec les sorciers... ces gens-là savent bien des choses... je vous en réponds.

— Je le veux bien, mon ami, répondit M. Lenoir, qui, s'adressant à la Pomme, ajouta : — Ah ! çà, mademoiselle Rosette, vous êtes bien décidée à vous rendre chez...

— Chez la Pacline.

— Ah ! votre tireuse de cartes s'appelle la Pacline.

— Oui.

— Où demeure-t-elle ?

— Rue de la Calandre.

— Et vous n'aurez pas peur ?

— Celui ou celle qui doit me faire peur n'est pas encore venu et mis au monde, répondit fièrement la jeune fille.

— Ma sœur! fit doucement Pâques-Fleuries.

— Que me veux-tu ?

— Tu renonceras à ce projet.

— Laisse donc, il faut bien rire un peu.

— Rire avec ton avenir !

— D'ailleurs, dit M. Lenoir, à quoi bon vous bourrer la tête de fausses idées, de chimères, nuisibles précisément à cet avenir dont vous vous préoccupez ?

— Ce n'est pas l'avenir qui me préoccupe, répondit la Pomme, devenue pensive, mais le passé...

— Le passé !

— Oui, le passé. J'ai à peine dix-huit ans... et pourtant ma vie est enveloppée de ténèbres, de souffrances et de...

Rosette ne prononça pas le dernier mot, qu'elle avait sur le bout de la langue, car ce mot l'eût fait rougir ; elle le retint ; mais à l'idée de ce mot, son visage avait pâli et ses sourcils s'étaient froncés involontairement.

— Oui, répondit-elle d'une voix sourde, ce sont mes premières années que je veux connaître.

— Rosette, je t'en prie, lui dit Pâques-Fleuries en lui prenant les mains et les serrant dans les siennes, ne va pas chez cette femme ou laisse-moi t'accompagner.

— J'irai seule avec M. Adolphe, fit la Pomme, en secouant sa tête mutine, Je l'ai résolu et cela sera.

— Mais...

— Oh ! il n'y a pas de mais...

— Si cependant je tiens à me faire prédire mon avenir ?

— Nous y retournerons ensemble, un autre jour.

— Entêtée !

— Curieuse !

— Laissez faire l'enfant, dit le vieux soldat d'une voix profonde ; et il ajouta entre ses dents ces vers de la prophétie qu'il avait coutume de chanter dans ses heures de solitude et de contemplation :

> Na vern petra a c'hoarvezo ;
> Pez ai zo dleet a vezo.

— Ce qui signifie ? s'écrièrent-ils en riant.
— Cela signifie, répondit le vieillard avec solennité :

> Peu importe ce qui adviendra,
> Ce qui doit être sera.

En ce moment, un hurlement lugubre monta de la cour jusqu'aux oreilles des convives de M. Lenoir.
Ils tressaillirent tous et se regardèrent avec une surprise mêlée d'effroi.
Seul, le père Pinson se versa un petit verre de kirsch et le but sans donner la moindre marque d'inquiétude.
Cela fait, il se remit à chantonner son refrain bas-breton :

> Peu importe ce qui adviendra,
> Ce qui doit être sera.

VI

OU ROSETTE COMMENCE SON HISTOIRE

Un second hurlement, semblable à une plainte prolongée, plus fort et plus lugubre que le premier, se fit entendre dans la cour de l'hôtel.
Pour le coup, Pâques-Fleuries n'y tint plus, et, se levant, elle se précipita du côté de la fenêtre. Rosette la suivit.
— Qu'est cela ? s'écria M. Lenoir.
— On assassine quelqu'un ici ! dit l'étudiant.
— Mon Dieu ! que se passe-t-il donc ? murmura à l'oreille de sa sœur, qui faisait bon visage à ce danger inconnu, Pâques-Fleuries, plus pâle encore que de coutume.
— Ne vous inquiétez pas de ces hurlements, mesdemoiselles ; je sais ce que c'est, fit le sergent en hochant tristement la tête.
— Qu'est-ce ?
— C'est Hurrah !
— Votre chien ?
— Lui-même.
— C'est vrai, dit Rosette. Si c'est vous qu'il appelle ainsi, vous devriez bien lui donner un autre mot d'ordre. J'en ai encore le frisson.
— Vous n'y êtes pas, répondit le père Pinson. Hurrah ne m'appelle pas, il...

Le concierge allait achever sa phrase, un troisième cri de détresse de son chien vint la lui couper.

Ce cri, ce hululement funèbre, avait une signification tellement précise que M. Lenoir, se levant aussi de son siège, dit :

— Sergent, votre chien *hurle à la mort.*

— Allons donc ! répondit celui-ci, j'étais bien sûr que vous ne vous tromperiez pas, vous.

— Avons-nous donc un malade dans la maison ? fit l'étudiant.

— Oui.

— Un mourant ?

— Oui.

— Qui cela ? demanda Rosette.

— Parlez ! parlez ! ajouta vivement Pâques-Fleuries.

— Ah ! voilà ! je n'ai pas voulu en parler plus tôt pour ne pas attrister la gaieté de ces jeunesses et pour ne pas mettre un crêpe sur la nappe de M. Lenoir.

— Vous avez eu tort, père Pinson, fit Pâques-Fleuries ; nous nous en voudrons toujours d'avoir ri, de nous être amusées, dans la même maison... à la même heure où un malheureux...

— De quoi s'agit-il ? demanda impérieusement Rosette.

— De M. le vicomte René de Luz.

— M. de Luz ! murmura Pâques-Fleuries.

— On l'a rapporté dans la nuit, avec deux coups d'épée dans le corps.

— Un assassinat ! fit la jeune femme.

— Non, un duel.

— Pauvre jeune homme !

— Connaît-on son adversaire ? demanda le commis-voyageur.

— Pas moi. Les personnes qui ont rapporté M. le vicomte ne m'ont rien dit, et ma foi, sur le moment, je n'ai pas songé à leur faire la moindre question.

— Connaissez-vous au moins ces personnes-là ?

Le vieux sergent allait répondre affirmativement, mais sur un geste, sur un regard rapide comme l'éclair que lui lança M. Lenoir, il se contenta de dire :

— Je suppose bien que c'étaient deux de ses amis. Ils faisaient tous leurs efforts pour se retenir, se raidir contre la douleur, les larmes leur coulaient dru le long des joues.

— Et vous n'avez pas appelé un médecin ?

— Non, je me suis gêné ! fit brusquement le concierge. Vers quatre heures du matin, le docteur Martel est arrivé.

— Ah ! à la bonne heure ! s'écrièrent en même temps les deux jeunes filles, qui ne quittaient pas des yeux les lèvres du vieux sergent.

— Il s'est installé au chevet du blessé, près de qui se trouvaient déjà la vicomtesse sa mère et ses sœurs.

— Pauvres femmes !

— Oui ! pauvres femmes ! ce n'était pas gai, allez, de voir ça. La mère, pâle comme un spectre, soutenait de ses bras tremblants la tête encore plus pâle du blessé. Les deux sœurs, Mlle Laure et Mlle Angèle, agenouillées de chaque côté du lit, tenaient chacune une des mains inertes de leur frère. Et c'étaient des soupirs et des sanglots à fendre l'âme. Mme la vicomtesse seule ne pleurait pas, ses yeux restaient secs, mais on sentait bien que ses larmes lui retombaient comme une pluie de plomb fondu sur le cœur.

Pâques-Fleuries et Rosette eurent beau faire, malgré leurs efforts, leurs yeux se baignèrent de larmes comme si la chose les eût regardées elles-mêmes.

Voyant que le vieux soldat s'arrêtait, la dernière lui dit d'une voix étouffée :
— Continuez; nous voulons tout savoir.

Il reprit :
— J'avais aidé à remonter M. le vicomte; je restai là. On pouvait avoir besoin de mes services.
— Après? après?
— Le docteur parvint, en débridant les blessures, à en faire jaillir le sang. Le pauvre jeune homme poussa un long soupir et ouvrit les yeux.
— Enfin? fit Rosette.
— Il reconnut sa mère, qui se penchait haletante sur son visage; il essaya de sourire, le brave cœur, il voulut parler... Mais Mme la vicomtesse lui ferma la bouche de sa main tremblante, en lui disant : Pas un mot, mon fils, pas un geste! il y va de ta vie!
— Et le docteur?
— M. Martel? Pendant ce temps-là, il murmurait, il grommelait entre ses dents : — Tonnerre! c'est raide! c'est grave, et je ne sais pas si...
— Ah! mon Dieu! s'écria Pâques-Fleuries.
— C'est justement ce que je pensais, mademoiselle, dans mon à part ; car seul j'entendis l'arrêt du docteur... et vous comprenez si je me suis mis devant lui, pour que ces fatales paroles n'arrivassent pas jusqu'à la malheureuse mère...
— Si jeune! fit M. Lenoir.
— Si riche! continua la Pomme.
— Et si aimé! dit Pâques-Fleuries en retenant ses sanglots.
— Et le docteur a quitté le vicomte?
— Après l'avoir pansé et endormi, oui.
— Et quelles ont été ses dernières impressions?
— Mauvaises! très mauvaises!
— Ne vous a-t-il rien recommandé?
— Si fait... de le prévenir, de l'aller chercher s'il survenait n'importe quel accident. Je l'ai reconduit jusqu'à sa voiture. Ses hochements de tête n'auguraient rien de bon. Ah! tenez, monsieur Lenoir, il ne faut pas croire que parce que je ne disais rien de tout ça, je n'en pensais pas plus, moi!
— Je ne crois pas cela de vous, mon ami, repartit M. Lenoir en lui serrant la main. Je comprends toute votre émotion.
— J'ai été soldat. La mort et moi, nous sommes deux vieilles connaissances; si nous ne nous sommes pas serré la main, comme vous me la serrez en ce moment, c'est tout au plus. J'ai vu la boucherie d'Eylau, la débâcle de

la Bérésina, où les hommes étaient devenus plus féroces et plus brutes que les bêtes sauvages ; je me suis trouvé dans les derniers carrés de la garde, à Waterloo, et là, franchement, foi d'homme et de Breton, le pouls ne me battait pas plus la charge qu'en cette minute présente.

— Brave père Finsoir! fit la Pomme. Vive l'Empereur !

— Oui, vive l'Empereur ! c'était notre cri de victoire ! Ce fut le dernier cri de la Grande Armée expirante ! Blessé, laissé pour mort sur un tas de cadavres ou de mitraillés, bien près de passer de vie à trépas, je n'eus pas une larme au bord de la paupière. Je ne suis pas tendre, allez !... Eh bien ! cette nuit, en contemplant ce pâle et beau jeune homme, que je venais, deux heures auparavant, de voir passer si gai, si riant, si plein d'avenir, en me trouvant en face de ces trois femmes agenouillées, priant et se faisant un triple manteau de leur triple désespoir, j'ai senti leur douleur me gagner, je me suis agenouillé comme elles, j'ai prié et pleuré... C'était drôle, c'est vrai, et vous auriez ri, si vous étiez entrés dans cette chambre-là.

— Arthur est parti! s'écria l'étudiant en médecine, d'un ton de reproche.

— Pourquoi nous traitez-vous ainsi? dit doucement Pâques-Fleuries.

La Pomme se contenta d'embrasser le vieillard, en lui faisant une de ses plus jolies petites mines et en ajoutant :

— Voilà votre récompense, amour de vieille garde que vous êtes.

Quant à M. Lenoir, il coupa court à toutes ces démonstrations attendrissantes, en disant vivement :

— Sergent, quand le docteur Martel a-t-il promis de revenir?

— Vers les quatre heures de relevée.

— Bien. Voilà qui me rassure.

— Pourquoi?

— S'il avait été aussi inquiet que vous nous le dites, il serait revenu plus tôt.

— Au fait, c'est juste, murmura le concierge.

— Oh! cher monsieur Lenoir! fit Pâques-Fleuries.

— Monsieur, interrompit l'étudiant en s'adressant à son amphitryon, pensez-vous que je serais indiscret en offrant mes services, soit à ces dames de Luz, soit au docteur Martel?

— Indiscret! Non pas, répondit celui-ci. Vous ne pouvez être qu'utile.

— Oh! oui, monsieur Adolphe, s'écria Pâques-Fleuries, faites cela... Secourez ce pauvre blessé... Voilà une bonne pensée.

— Attendez l'arrivée du docteur, à moins d'un cas pressant... Vos études sont terminées, n'est-ce pas?

— Oui, monsieur, je vais passer ma thèse.

— Bon. Le sergent vous préviendra au moment opportun.

— Vous pouvez être tranquille, monsieur Lenoir, fit ce dernier.

Un nouveau hurlement de chien se fit entendre.

— Décidément, il se passe quelque chose d'extraordinaire, dit le vieux sergent en se levant.

— Vous nous quittez?

— Vous m'excuserez, mesdemoiselles et messieurs, mais il faut que je descende à ma loge. Hurrah n'est pas un gaillard à abuser sans cause de ses signaux de rappel.

— Revenez-nous vite, dit la Pomme.

— Je remonterai pour remettre tout en ordre ici.

— Oh! si ce n'est que pour ça, répondit-elle, ne vous donnez pas cette peine.

— Mais si.

— Nous nous chargeons de ce soin, Pâques-Fleuries et moi.

— Vous, mesdemoiselles, fit M. Lenoir en souriant, vous feriez mon ménage?

— Nous-mêmes, à moins que cela ne vous contrarie.

— Ou que cela ne vous gêne, ajouta la sœur de Rosette.

— Me contrarier ou me gêner! vous! Adieu, sergent; ne remontez que si le cœur vous en dit... mais dispensez-vous de porter un doigt sur un seul des objets qui se trouvent dans cette salle à manger... c'est l'affaire de ces deux belles demoiselles.

Le vieux soldat salua et sortit.

Il y eut un instant de silence qui, en se prolongeant, pouvait devenir pénible. Adolphe le comprit.

— Avec tout cela, vous nous devez une histoire, miss Rosette... dit-il dans le but évident de donner un autre tour à la conversation.

— Et nous ne vous en tenons pas quitte. Vous l'avez dit : au dessert, on met les coudes sur la table, et l'on cause. Or, nous sommes déjà loin du dessert.

— Je raconterai l'histoire, répondit la grisette en regardant l'étudiant de ses yeux les plus mutins, si vous me tenez la parole que vous m'avez donnée.

— Quelle parole!

— Notre visite à la sorcière.

— Chose promise, chose due.

— Nous irons ce soir?

— Ce soir même.

— Bien vrai? dit joyeusement la Pomme, qui, grâce à son caractère enfantin, venait d'oublier toutes ses émotions récentes.

— Sur quoi faut-il vous le jurer?

— Ne jurez pas, je déteste les serments. Il n'y a que les menteurs qui se croient obligés de donner leur parole d'honneur à tout bout de champ.

— Oui, tout cela est bel et bon, fit observer le commis-voyageur; mais comment vous y prendrez-vous pour soigner à la fois le vicomte de Luz et pour conduire Mlle Rosette chez la mère Pacline?

— Tiens! vous avez retenu le nom? fit la Pomme tout étonnée.

— J'ai très bonne mémoire, répliqua M. Lenoir en se mordant les lèvres; et se tournant une seconde fois vers le jeune homme, il répéta sa question pour rompre les chiens.

— Je trouverai bien moyen de m'échapper une heure ou deux.

— A la bonne heure, dit la jeune fille.

— Nous attendons.

La bohémienne me demanda du pain, je lui donnai le dernier biscuit qui me restât.

— Quoi?
— Votre histoire.
— Mon histoire... Vous dites bien, sans vous en douter, car c'est justement l'histoire de ma vie que je vais vous raconter.
— Rosette! s'écria Pâques-Fleuries.
— Laisse-moi parler, toi... ce que je vais raconter ne te fera pas de tort dans l'opinion de ces messieurs.

— C'est que vraiment...
— Vraiment, tu me permettras d'avoir une volonté, une fois par hasard.
— Laissez-la dire, chère enfant, ajouta M. Lenoir avec son fin sourire. Nous ne prendrons de son récit que ce qu'il faudra pour ne pas vous embarrasser.
— Elle va mentir... dit Pâques-Fleuries en baissant la tête.
— Croyez-vous?
La jeune fille rougit et se tut.
Sa sœur vida son verre, que M. Lenoir venait de remplir, et frappant sur la table avec un petit air de commandement qui lui allait à merveille, elle s'écria :
— Attention! Je commence.
— Nous y sommes.
Et l'on se rapprocha d'elle.
— Je dois tout d'abord vous avertir, messieurs, ajouta-t-elle d'une voix légèrement nerveuse, que si vous vous attendez à une histoire pleine d'éclats de rire, vous ne ferez pas vos frais.
— Rosette! répéta Pâques-Fleuries.
— Ah! si on épilogue mes phrases et mes périphrases, fit la grisette en secouant ses boucles brunes, je m'arrête avant de partir.
— Silence! mademoiselle Pâques-Fleuries, crièrent les deux hommes à la fois.
— Mademoiselle Rosette me permet-elle une simple question? demanda le commis-voyageur.
— Allez. J'écoute.
— Toutes nos sympathies lui étant acquises, et elle le sachant, pourquoi prendre cette précaution oratoire?
— Injurieuse pour tout l'auditoire! continua l'étudiant en médecine.
La Pomme sourit, laissa passer le reproche que lui adressaient ses auditeurs, puis, lissant ses cheveux d'un mouvement machinal, elle regarda une dernière fois sa sœur.
Celle-ci se tenait immobile à sa place.
Sombre et pensive, elle remontait le cours de sa vie, et la voix de ceux qui l'entouraient n'arrivait plus jusqu'à elle.
La Pomme reprit :
— Vous n'avez pas encore oublié la prophétie du vieux père Pinson?
— Non, certes.
— Eh bien! cette prophétie, qui prétend que *tout ce qui doit être sera*, a raison, j'en suis convaincue. Nul n'est ce qu'il paraît. Vous croyez me connaître, et vous ne me connaissez pas.
— Que voulez-vous dire, chère enfant? lui demanda M. Lenoir.
— La vérité. Comment me connaîtriez-vous? je ne me connais pas moi-même.
Le commis-voyageur et l'étudiant en médecine échangèrent un sourire.
— Vous croyez, continua la Pomme, que Pâques-Fleuries est née de la même mère ou du même père que moi. Il n'en est rien, et pourtant, quoiqu'elle

ne soit pas ma sœur, elle sait que je l'aime plus peut-être que si elle l'était. N'est-ce pas, ma sœur?

— Oui, je le sais, fit la jeune fille blonde, que la brune grisette venait de tirer par force de son isolement et de sa réflexion.

— Un voile épais enveloppe mes premières années.

« Pourtant de ces ténèbres, de temps en temps, au milieu d'une rêverie solitaire, surgissent quelques lueurs confuses qui, un jour, je l'espère, deviendront une claire et brillante lumière.

« Un mot suffira peut-être pour me faire retrouver les premiers êtres, les premières choses qui ont frappé mes regards.

« Le fait le plus lointain que je me rappelle est celui-ci :

« C'était la nuit; j'étais toute petite, je n'avais certainement pas encore cinq ans. Deux personnes voyageaient en voiture avec moi : un homme et une femme.

« La femme était jeune et belle, l'homme vieux et laid.

« Depuis plusieurs jours, cette voiture marchait rapidement.

« D'où venions-nous?

« Où allions-nous?

« Je l'ignore. Je ne reconnaîtrais même pas les pays que nous traversions, si je les revoyais.

« Je m'amusais à regarder par la portière les arbres qui filaient, filaient derrière moi, et les maisons éparses que nous dépassions dans notre course précipitée.

« Pour une enfant de mon âge, tous les arbres et toutes les maisons se ressemblaient.

« La femme dont je vous ai parlé m'embrassait souvent. Je me laissais faire machinalement sans comprendre plus à ses baisers qu'à sa tristesse; car elle paraissait triste et soupirait presque aussi souvent qu'elle m'embrassait.

« A la tombée de la nuit, je m'endormis dans ses bras.

« La voiture marchait toujours.

« Un cahot violent me réveilla.

« Mes deux guides causaient vivement et à voix basse.

« Nous montions une côte très raide, en pleine forêt, les chevaux marchaient au petit pas.

« Je ne sais pourquoi, je continuai à faire semblant de dormir, et j'écoutai.

« — J'en suis désespéré, madame, disait l'homme d'une voix respectueuse mais décidée, il le faut!

« La femme essaya de changer la résolution de son interlocuteur, ce fut en vain, et je l'entendis, au milieu des baisers dont elle couvrait mon visage et des pleurs qui mouillaient le sien, murmurer :

« — Pauvre chère enfant! pauvre enfant!

« Je ne bougeai pas.

« Je ne comprenais rien à ce qui se passait, mais je voulais savoir.

« Je n'eus pas longtemps à attendre.

« La chaise de poste reprit son mouvement de galop; le postillon fit claquer son fouet et se mit à chanter à tue-tête.

« J'eus envie de crier : — Arrêtez !

« La peur ou un sentiment de curiosité indéfinissable me cloua la langue.

« En haut de la montée, la chaise de poste s'arrêta.

« L'homme ouvrit la portière, et descendit le premier :

« — Venez, madame, fit-il.

« Nous descendîmes aussi.

« La femme me tenait par la main.

« Nous fîmes un détour, et la chaise de poste disparut à mes yeux.

« Au bout de quelques minutes de marche, l'homme s'arrêta et dit :

« — Nous sommes arrivés.

« — Dieu vous punira, répondit la femme.

« — Dieu est le maître. J'accomplis une mission sacrée : faites comme moi, obéissez sans murmure.

« — Quoi ! la vue de cette mignonne créature ne vous touche pas ?

« — Je fais mon devoir.

« — Que va-t-elle devenir ?

« — Ce Dieu dont vous me parliez la protégera, j'ai juré, je tiens mon serment.

« Ce disant, l'homme s'éloigna.

« Je demeurai seule avec sa compagne.

« De tout cela il me reste un souvenir clair, net, précis. Ces événements se seraient passés hier que je ne les aurais pas plus présents à la pensée.

« — Mon enfant, me dit la femme dès qu'elle se vit seule avec moi, mon enfant, écoute-moi bien.

« Je la vois encore me parler, j'entends sa voix. Si elle parlait aujourd'hui devant moi, je la reconnaîtrais, à coup sûr.

« — Nous allons nous séparer, ajouta-t-elle avec une animation fébrile, peut-être ne nous reverrons-nous jamais. Prends ce chapelet.

« Et elle me passa autour du cou un chapelet à grains d'ambre gris, qu'elle retira de son corsage.

« — Ne le quitte jamais. Quoi qu'il advienne, garde-le toujours et précieusement. Il m'est impossible d'empêcher ce qui arrive. Il me faut obéir à des gens puissants, très puissants. Ils me tiennent moi-même dans leurs mains. Mais toi, tu es déjà une grande fillette, tu es intelligente et tu as de la mémoire.

« — Oui, lui répondis-je.

« J'ouvris mes yeux bien grands, et j'écoutai de toutes mes forces.

« — Tu vas voyager, tu verras bien des pays, tu entendras parler bien des langues différentes. Si, un jour, plus tard, beaucoup plus tard, beaucoup plus tard, quand tu seras une femme, quelqu'un prononce devant toi le mot que voici en te prenant la main droite...

Ici la jeune fille hésita.

M. Lenoir n'eut pas l'air de remarquer son hésitation et demanda tout naturellement :

— Eh bien ! ce mot ?

— Rosette ne peut vous l'apprendre, monsieur, lui répondit doucement mais avec fermeté Pâques-Fleuries.

— Elle se défie de nous ?
— Elle a promis de ne le prononcer devant âme qui vive, et elle a tenu sa promesse, puisque je ne le connais pas moi-même.

Continuez, mademoiselle Rosette, dit M. Lenoir en s'inclinant.

— La dame me dit donc, reprit Rosette : A la personne qui te donnera ce mot de reconnaissance, tu montreras ton chapelet. Jusque-là, nul ne doit le voir. Me comprends-tu ?

« — Oui.

« — Répète-moi le mot.

« — Je le lui répétai.

« — N'oublie pas ton chapelet, surtout.

« — Chaque soir, en faisant ma prière, je tiendrai mon chapelet entre mes mains jointes et je répéterai le mot.

« — Bien cela ! et à la fin de ta prière, tu ajouteras cette phrase : *Ma mère, les morts sont vivants !*

« — Ma mère, les morts sont vivants.

« — Tu es sûre de ne pas les oublier ?

« — J'en suis sûre.

« Et en effet, depuis ce soir-là, je ne me suis pas endormie une fois sans faire ma prière, le chapelet à la main, et sans me répéter mentalement le mot et la phrase qu'elle m'avait enseignés. Je lui ai tenu ma promesse.

— Cette femme était peut-être votre mère, dit Adolphe.

— Oh ! non, fit la Pomme, en secouant ses boucles brunes. Une mère n'a pas tant de sang-froid au moment de se séparer de sa fille, peut-être pour toujours. Ce n'était pas ma mère, je vous en réponds, quelque chose me le dit là.

Et elle se frappa le cœur en achevant ces derniers mots.

— La dame allait me donner encore d'autres conseils, reprit-elle, mais l'homme revint.

« Un quart d'heure s'était à peine écoulé depuis son départ.

« — Le postillon est loin, dit-il.

« Et tirant une clef de sa poche, il siffla à plusieurs reprises.

« — Je ne veux pas que ces misérables me voient, s'écria-t-elle avec vivacité. Moi-même je n'aurais pas le courage de me trouver en leur présence.

« — Soit, madame.

« Et tendant les bras vers moi, il ajouta :

« — Viens, petite.

« — Va, mon enfant, murmura la dame en m'embrassant une dernière fois.

« Je sentis qu'elle tremblait.

« J'eus peur, j'allais me mettre à crier :

« — Je ne veux pas aller avec ce vilain homme, je veux rester avec vous !

« Mais elle me serra le bras pour me faire taire, et ajouta vite, de façon à ce que l'autre ne l'entendît pas :

« — Souviens-toi !

« — Eh bien ! petite, viens donc !... reprit l'homme.

« J'obéis.

« Je le suivis, tout en tournant la tête vers la pauvre femme, qui était tombée assise, presque anéantie, sur un tronc d'arbre.

« Mon conducteur venait de mettre un masque sur son visage.

« Au moment où nous allions la perdre de vue, la femme cria :

« — N'oubliez pas les ordres que nous avons reçus, qu'on les suive à la lettre.

« Ces mots furent les derniers que je lui entendis prononcer.

« Mais je vous le répète, sa voix m'est tellement restée dans les oreilles qu'aujourd'hui encore, après tant d'années, après tant d'événements et de vicissitudes, je la reconnaîtrais entre mille.

« — Je n'oublierai rien, répondit l'homme masqué.

« — Puis, me prenant dans ses bras, il m'emporta.

« Je ne remuais pas. C'est à peine si j'osais respirer.

« La terreur m'avait si fortement saisie, que je me sentais paralysée.

« Il me semblait que nous marchions comme dans un rêve.

« Parvenu à la lisière de la forêt, l'homme s'arrêta.

« Il me mit pied à terre, et me prit par la main.

« A un second signal qu'il fit, plusieurs individus surgirent tout à coup de derrière les arbres qui les entouraient.

« La peur me quitta.

« Ces hommes, à l'aspect étrange, aux vêtements sordides, faits de pièces et de morceaux, mais bariolés et pittoresques, me rassurèrent malgré leurs traits farouches et leurs regards sauvages.

« Je n'étais plus seule avec le guide pour lequel je ressentais une si forte antipathie.

« Ils se tenaient immobiles, à quelques pas de nous.

« L'un d'eux, sur un signe de l'homme masqué, s'avança vers nous.

« — Êtes-vous prêts? demanda celui-ci.

« — Toujours, répondit le sombre personnage.

« — *Silence et nuit.*

« — *La nuit partera et le soleil luira dans l'ombre.*

« — *Quand?*

« — *Demain.*

« Ces paroles, ainsi qu'on me l'apprit plus tard, étaient un mot d'ordre, sans lequel rien n'aurait été fait entre ces hommes qui disposaient de ma petite personne.

« — Lequel d'entre vous se nomme Jean Vadrouille?

« — Moi, dit l'individu qui seul avait parlé.

« — L'affaire tient-elle?

« — Elle tient.

« — Bien. J'apporte tout.

« — Où est l'or?

« — Le voici.

« Et mon guide masqué remit une lourde bourse à Jean Vadrouille.

« — *Candela!* fit l'autre, dans une langue que je sus plus tard être de l'italien.

« Un de ses compagnons répondit dans la même langue :

« — *Ecco*.

« Et il démasqua une lanterne sourde.

« Jean Vadrouille vida la bourse et en vérifia le contenu.

« — Bon, fit-il, au bout d'un instant.

« — Est-ce le compte ?

« — Oui. Les cent louis y sont.

« — Cent louis ! s'écria M. Lenoir avec surprise.

« — Oui, répondit la Pomme en souriant, c'est le prix de ma pension qu'on payait là.

Puis, continuant son récit, elle ajouta :

« — Où est l'enfant ? dit Jean Vadrouille.

« — La voici.

« — Comment ? la voici ! C'est donc une fille ?

« — Oui.

« — Mille diables ! moi qui comptais sur un garçon.

« — Vous comptiez sans... votre nouvelle élève, fit l'homme masqué avec un mauvais sourire.

« — Enfin ! il faudra bien en passer par là.

« — Oui, ou vous rendrez l'argent.

« — Je garde les deux.

« — Je n'en ai pas douté une minute, répliqua mon guide, qui ne m'avait pas encore lâché la main. Vous n'avez rien oublié, n'est-ce pas, de tout ce dont nous sommes convenus ?

« — Je n'oublie rien

« — Quoi que vous fassiez, dans quelque lieu que vous vous trouviez, songez-y bien, on aura l'œil sur vous.

« — Bon !

« — L'enfant ne doit être maltraitée par personne, ni d'aucune façon.

« — Nous prenez-vous pour des brutes ? répondit Jean Vadrouille en affectant une pose indignée qui faisait honneur à sa susceptibilité.

« — Qu'elle oublie ses premières années, sa première existence, voilà tout, répondit l'autre sans écouter ce que son interlocuteur se donnait la peine de lui expliquer.

« — Elle oubliera.

« — Quelle se croie une des vôtres.

« — Ce sera avant peu, ou elle dira pourquoi. Notre tribu a l'âme assez généreuse pour adopter un enfant de plus. Cela ne peut gêner personne.

« — Bien. Tenez vos promesses, nous tiendrons les nôtres.

« — Oh ! je suis tranquille.

« — Vous savez que nous sommes tout-puissants.

« — On me l'a assuré.

« — Vous vous en apercevrez en temps et lieu, que vous exécutiez ou non nos conventions.

« — Si je ne les exécute pas ?

« — Vous pouvez vous attendre à tous les malheurs, à toutes les persécutions.

« — Et si je les exécute ?

« Dans dix ans, à pareil jour, dans quelque pays que vous soyez, vous recevrez le double de la somme que je vous ai remise aujourd'hui...

« — Deux cents louis ! s'écria Jean Vadrouille avec une joie cupide.

« — Oui.

« — Cette enfant vaut son pesant d'or. On la soignera en conséquence.

« — La voici je vous la livre, c'est-à-dire je vous la confie, ajouta-t-il en se reprenant.

« Et l'homme masqué me poussa du côté de Jean Vadrouille.

« Je me laissai faire.

« — Comment se nomme la *chica* ? demanda mon nouveau maître.

« — Hein ? quoi ?

« — La petite ?

« — Elle n'a pas de nom.

« — Bon ! c'est près d'un églantier sauvage que vous me la remettez. Elle portera le nom de la Rose-des-Bois. Approche, Rosette, et n'aie pas peur. Il n'y a pour toi que des amis ici.

« J'obéis.

« Pourtant j'avais un autre nom, un nom que je me rappelle encore, quoi qu'on ait tenté pour me forcer à l'oublier.

« — Et ce nom ? demanda l'étudiant.

« — Je ne peux le dire, le temps n'est pas venu, répondit la Pomme.

« D'ailleurs ce n'est qu'un nom de baptême.

L'étudiant et M. Lenoir se mirent à l'écouter avec la plus scrupuleuse attention.

Elle continua :

— L'homme masqué partit en disant : « Dans dix ans ».

« Jean Vadrouille me prit dans ses bras comme l'autre venait de le faire, après lui avoir répondu : Dans dix ans.

« Je me laissai prendre par lui sans la moindre résistance.

« Il me sentit frissonner de froid.

« Se dépouillant de son manteau, il m'en enveloppa chaudement.

« Ses hommes le suivirent.

« On m'emporta dans la forêt.

« Au bout de quelques minutes, j'entendis des claquements de fouet et le bruit sourd des roues de la chaise de poste, qui s'éloignait à fond de train.

« J'éclatai en sanglots.

« — Ne pleure pas, petiote, me dit Jean Vadrouille, en adoucissant sa rude voix ; tu ne t'ennuieras pas avec nous. Tu verras.

« Et tirant du sucre d'une de ses larges poches, il m'en donna quelques morceaux.

« Ma douleur s'apaisa comme par enchantement.

« Je me mis à grignoter mon sucre, [et j'attendis, quoi ? je n'aurais su le dire.

C'étaient des soupirs, des sanglots à fendre l'âme.

VII

VIE DE BOHÈME DE ROSETTE

Rosette continua ainsi :

— On venait de me remettre, ou pour mieux dire de me confier à une troupe de bohémiens, dont Jean Vadrouille était le chef, le maître absolu, le roi.

« Cette troupe se composait d'une trentaine de membres, hommes et femmes, et d'une quinzaine d'enfants, tous ne dépassant pas dix ans.

« Je fis une remarque.

« Les hommes et les femmes avaient le teint bronzé, les cheveux noirs et plats.

« Ils parlaient entre eux un langage inintelligible pour moi, à ce moment-là, car il ne me fallut pas longtemps pour le comprendre et le parler aussi facilement qu'eux.

« Les enfants, blancs, frais et roses, n'appartenaient en rien à leur race et à leur famille.

— Si, par hasard, vous vous trouviez face à face avec l'homme masqué qui vous a livrée à ces bohémiens, pensez-vous qu'il vous serait possible de le reconnaître? demanda l'étudiant.

— Oui, dit Rosette sans hésiter, pourvu que j'entende sa voix.

— Vous l'avez revu?

— Il est à Paris. J'en suis sûre.

— Comment cela ?

— Un matin, il y a environ deux mois, je passais rue Saint-Martin. On venait d'arrêter un voleur, pris la main dans le sac. Une foule considérable était là... Je m'approchai du rassemblement, tout en continuant mon chemin. Une voix frappa mon oreille. Je me sentis chanceler. Cette voix...

— C'était la sienne?

— Oui. Je m'élançai, je voulus traverser la foule, me mettre au premier rang pour voir qui avait parlé. Il y avait trop de monde. Cela me fut impossible. Quand j'arrivai au premier rang, l'homme, la voix, le voleur, tout était parti.

— C'est étrange !... murmura M. Lenoir.

Rosette continua :

— La troupe était campée dans une clairière de la forêt.

« Les uns avaient allumé de grands feux et se chauffaient.

« Les autres dormaient.

« On m'entortilla dans deux couvertures de laine qui n'en étaient pas à leur première campagne, et malgré le crève-cœur que je ressentais à me voir ainsi abandonnée au milieu de ces êtres sauvages et inconnus de moi, je fis comme eux, je m'endormis d'un sommeil profond.

« Le lendemain quand je m'éveillai, ou plutôt quand mes petit compagnons de bohème et d'infortune vinrent m'éveiller, il était grand jour.

« La tribu était sur pied.

« On n'attendait plus que moi pour se mettre en marche.

« Pour la première fois de ma vie, ma toilette fut faite en moins d'une demi-minute, le temps d'ouvrir les yeux, de secouer les flocons de laine qui s'étaient attachés à ma chevelure et de sauter sur mes jambes.

« On se mit en route.

« Au fond, Jean Vadrouille pouvait passer pour un bon homme. Il existait un cœur sous son épaisse enveloppe. La preuve en était dans la compagne qu'il s'était choisie, et que, sauf dans ses moments d'ivresse, où il devenait terrible, il respectait et faisait respecter de tous.

« Cette compagne, sa femme, la *Mignonne*, énorme créature pesant plus de cent kilos, remplissait les rôles de géante ou de femme à barbe dans les foires où la troupe pouvait étaler ses splendeurs et ses merveilles aux yeux d'un public idolâtre.

« La Mignonne n'avait qu'un œil ; son visage, couturé par d'affreuses brûlures, inspirait l'effroi de prime abord, et pourtant ce colosse femelle possédait une âme sensible et dévouée.

« Elle jouissait, en outre, d'un avantage incontestable sur toutes les autres femmes de la troupe et de la tribu : elle était muette de naissance.

« Quant à l'œil qu'elle avait perdu et aux brûlures qui la constituaient un objet de terreur pour les petits enfants, c'était le plus doux et le plus glorieux souvenir de sa vie.

« Aussi le plus grand plaisir qu'on pût causer à cette misérable créature, c'était de lui faire raconter, dans sa mimique expressive, la nuit terrible où, au péril de sa vie, elle avait arraché aux flammes Jean Vaudrouille et sa vieille mère paralytique.

« A la suite de ce dévouement et de cet acte de courage qui coûtaient si cher à la Mignonne, le bohémien reconnaissant l'épousa et en fit la reine de sa tribu.

« Pour trouver de ces dévouements et de ces reconnaissances, il faut lire les contes de Berquin ou voyager en pleine bohème.

« A tout prendre, Jean Vadrouille n'avait pas fait une si mauvaise affaire.

« Il avait acheté, moyennant une cruche cassée et une promesse de fidélité qui n'était pas un article de foi, l'être le plus affectueux, le plus sincèrement attaché à sa royauté qu'il soit au monde, l'obéissance d'un esclave et la gratitude d'un chien.

« En dehors de ses occupations artistiques, le roi des bohémiens avait un singulier métier.

« Il était marchand d'enfants.

« Tous ceux qu'il volait ou qu'il achetait, il les revendait après leur avoir donné une éducation consciencieuse et suffisante.

« Cette éducation consistait dans l'étude de la *Danse des œufs*, de la *Danse de corde*, du *Saut de carpe*, dans l'art d'avaler des couteaux ou des sabres, de rendre du feu par les narines et par les oreilles.

« Quand il voulait perfectionner un de ces élèves, — et il fallait que celui-là fût un de ses favoris, — il daignait lui inculquer lui-même les principes de la chiromancie et de la cartomancie.

« Des correspondants, que sa royauté possédait dans chaque contrée de l'Europe, se chargeaient de revendre ses produits de chair humaine aux saltimbanques patentés, aux directeurs de cirques ambulants, voire aux directeurs de cirques exerçant dans les grands centres, dans les capitales de l'Europe.

« Son commerce allait bien.

« La guerre venait de ruiner les campagnes.

« Dans beaucoup d'endroits, dans maints villages, les paysans pleuraient misère, et les parents trop chargés de famille faisaient comme le père et la mère du Petit-Poucet, les bûcherons de la fable : ils venaient lui apporter leur progéniture affamée.

« Dans ces cas-là, et ils s'offraient souvent, Jean Vadrouille se montrait digne de la confiance que les bohémiens ses administrés lui témoignaient depuis de longues années.

« Il affectait d'être plus difficile qu'un maquignon en marché pour acheter un percheron ou un normand de Basse-Normandie.

« La marchandise n'était admise au droit de grouiller sous sa tente que bien examinée.

« Et ne croyez pas qu'il achetât indifféremment tous les enfants qu'on lui apportait.

« Les petits malheureux dont la constitution ne lui semblait pas apte au *travail* se voyaient impitoyablement refusés, au désespoir des cupides parents, ou des misérables procureurs, qui les ramenaient au logis en les injuriant, en les invectivant à qui mieux mieux, en les frappant même, sans pitié pour leur âge et pour leur faiblesse.

« Lorsque ces cas de refus se présentaient, et ils n'étaient pas rares, notre maître ne manquait jamais de nous faire assister aux mauvais traitements dont on usait envers ces malheureux petits êtres.

« Puis il ajoutait d'une voix paterne :

« — Hein ! mes bijoux, qu'en pensez-vous ? Êtes-vous assez heureux de vivre parmi nous, d'avoir été admis dans notre famille ! Voyez comme vous l'avez échappé belle. Règle générale, tous les parents sont méchants et brutaux comme ceux que vous voyez là.

« Beaucoup d'entre nous le croyaient.

« Mais son éloquence et son habileté n'étaient point arrivées à me convaincre aussi facilement que les autres de ma profonde félicité.

« Par moments, j'étais bien triste, malgré les caresses de la Mignonne, à la figure de qui j'avais fini par m'accoutumer.

« On avait beau me laisser plus de liberté qu'à mes compagnes, ne pas forcer mon travail, me donner les meilleurs morceaux à l'heure des repas, je pleurais en dedans et de temps à autre j'appelais :

« — Maman ! maman !

« A cette époque-là, le souvenir et le visage de ma mère n'étaient pas encore une vision disparue pour moi, hélas !

« Les trois quarts du temps nous ne restions pas plus de deux jours dans le même endroit.

« On juchait les enfants sur des ânes, dans des paniers.

« Les malades s'abritaient dans la charrette, recouverte de toile, que conduisait la Mignonne, et qui contenait tout ce qu'en termes de théâtre on appelle des *accessoires*, c'est-à-dire les maillots, les paillettes, les gobelets, les anneaux, les costumes de pitre, les instruments de toutes sortes, etc.

« Les hommes et les femmes suivaient à pied.

« Ce n'était pas le plus ennuyeux de notre existence.

« Quand la troupe arrivait dans un village, les bohémiennes disaient la bonne aventure, les bohémiens faisaient des tours de force ou d'escamotage.

« Mais le vol était leur principal gagne-pain.

« Jean Vadrouille campait toujours hors les villes et les cités, soit dans les forêts, soit dans les champs.

« Il évitait toute accointance avec les milieux trop soigneusement surveillés.

« Vous comprenez facilement pourquoi.

« Je m'habituai vite à ma nouvelle famille.

« Parmi les enfants, mes camarades, qui tous étaient de petits êtres aussi pervertis que sales, dépourvus de morale et d'intelligence, ressemblant plutôt à des animaux qu'à des êtres humains, je n'en trouvai pas un seul qui ne choquât point mes instincts aristocratiques.

« Je ne me liai avec aucun d'eux.

« La société de la Mignonne me suffisait.

« Aussi ne me mêlais-je à leurs jeux ou à leurs exercices que pour leur éviter une réprimande brutale ou un châtiment manuel trop violent.

« Cela posé, ils avaient pour moi une déférence qu'ils n'avaient pour personne autre.

« On m'avait surnommée la *Petite Princesse*, — jusqu'au jour où je perdis ce surnom honorifique, et où je le vis remplacer par celui que vous m'avez gardé, vous et elle, dit Rosette en regardant les deux hommes et Pâques-Fleuries.

« — La Pomme ? fit M. Lenoir.

« — Précisément. Voici comment je le méritai.

« Un jour, ou plutôt un matin, on déjeunait, comme toujours, en plein air, sur la grande route.

« Nous mangions du pain de seigle et des pommes que ces messieurs et ces dames ne s'étaient pas gênés pour arracher aux nombreux pommiers bordant le chemin.

« Dans le nombre, dans le tas, il s'en trouvait une si grosse, si belle, aux couleurs tellement appétissantes, que je la demandai à la Mignonne, ma protectrice.

« La Mignonne me la donna, au grand regret de mes petits compagnons.

« S'il n'y avait eu qu'eux à la convoiter, je serais demeurée à tout jamais la Petite Princesse ; mais il n'en fut pas ainsi.

« Jean Vadrouille avait vidé plus d'un carafon d'eau-de-vie ce matin-là, aussi se mit-il à crier de sa voix la plus rogomeuse :

« — Je la veux !... Pourquoi donc cette marmotte-là aurait-elle cette pomme plutôt que les autres ?

« Ces idées d'impartialité ne lui surgissaient jamais au cerveau que lorsqu'il était ivre peu ou prou.

« La Mignonne haussa les épaules.

« Moi, je cachai ma pomme sous mon tablier.

« Il se leva furieux.

« — Passe-la-moi, me dit-il, ou je...

« La Mignonne se mit entre lui et moi au moment où je lui répondais :

« — Non. Tu ne l'auras pas. Je la garde.

« Jean l'écarta violemment et se précipita sur moi pour me l'arracher.

« J'avais déjà huit ans passés.

« J'étais agile et nerveuse.

« Je me mis à courir. Il me poursuivit tout en titubant.

« Je faisais des détours, comme quand on joue aux barres ou au chat-perché.

« Il jurait comme un charretier.

« La Mignonne riait de sa maladresse ou plutôt de ma légèreté.

« Tous les enfants, qui s'intéressaient à la poursuite, l'excitaient de leurs cris et de leurs huées :

« — Il l'aura ! il ne l'aura pas !

« Certes, Jean Vadrouille, à moitié ivre, n'aurait jamais fini par m'atteindre ce matin-là, mais mon mauvais sort voulut qu'au moment où je tournais la tête pour voir s'il était sur mes talons, je buttai contre une racine d'arbre cachée à fleur de terre, et je tombai sur mes mains.

« En un clin d'œil il fut sur moi.

« Me prenant d'une main, il me souleva, et me menaçant de l'autre :

« — La pomme ! fit-il.

« — Non.

« — La pomme ! Donne, ou je te casse.

« — Non ! répondis-je une seconde fois.

« Alors, ce furieux, hors de lui, bafoué par sa marmaille, qui venait de former un cercle autour de nous, me prit à deux mains et m'allait briser contre le sol, si la Mignonne n'était venue à mon secours.

« Elle m'arracha de ses mains et m'emporta, pâle, toute tremblante de colère et de frayeur, mais triomphante.

« J'avais gardé ma pomme.

« Le lendemain, quand Jean Vadrouille fut revenu à la raison ainsi qu'à de meilleurs sentiments, la première chose qu'il demanda fut la pomme.

« Seulement ce n'était pas le fruit, c'était l'enfant qu'il voulait embrasser.

« J'accourus.

« Il me combla de caresses et me dit :

« — A partir d'aujourd'hui, on ne t'appellera plus que la Pomme. Qui sait, ça m'empêchera peut-être de m'enivrer à l'avenir.

« Jean ne jura pas qu'il ne boirait plus.

« En cela, il fit bien. Serment d'ivrogne, serment de joueur.

« Mais depuis lors, je ne me souviens pas de l'avoir revu dans un de ces états où l'homme ressemble tant à la brute.

« Comme vous le voyez, je m'habituai vite au genre de vie mené par les bohémiens.

« J'atteignis ma dixième année, insouciante, heureuse.

« A cet âge, le passé n'existe plus, l'avenir n'est qu'un mot vague; on ne voit que le présent.

« Je faisais pourtant régulièrement ma prière, que je terminais toujours par : *Ma mère, les morts sont vivants.*

« Et chaque soir, mon chapelet à la main, je me répétais le mot de reconnaissance que la femme de la voiture m'avait recommandé de ne pas oublier.

« Nous parcourions l'Europe, du nord au midi ; revenant sur nos pas, nous allions de l'est à l'ouest, sans jamais nous arrêter longtemps nulle part.

« Grâce à une facilité naturelle extraordinaire, j'étais arrivée à parler avec une rare perfection les langues de tous les pays que nous avions parcourus.

« Encore aujourd'hui, quoique je rencontre peu d'occasions d'exercer ma mémoire, je parle couramment l'espagnol, l'italien, l'allemand, le russe et l'anglais.

« J'aimais cette vie indépendante qui ne se soucie de rien, cette vie nomade et décousue qui ne tient à rien.

« Il ne me manquait, pour être tout à fait contente de mon sort, qu'une amie, une confidente, une sœur.

« La Mignonne me témoignait bien toute la grossière affection dont elle était capable, mais cela ne suffisait pas au besoin d'aimer et d'être aimée que je sentais grandir en moi de jour en jour.

« Cette amitié que je rêvais, que j'appelais de toutes les forces de mon jeune cœur, me tomba du ciel, dans la personne de ma chère Pâques-Fleuries.

Celle-ci se leva, s'approcha d'elle, l'embrassa et lui dit :

— Continue, ma sœurette.

Rosette obéit.

— Nous longions un petit bois, à l'entrée du duché de Luxembourg, marchant un peu à la débandade, selon notre habitude.

« Les autres allaient en avant.

« J'avais aperçu, de l'autre côté d'un fossé qui bordait le chemin, des *vergiss-mein-nicht*, ces adorables petites fleurs blanches et bleues que j'aimais et que j'aime encore à la folie.

— Souvenez-vous-en ! messieurs, ajouta-t-elle avec un éclat de rire joyeux, qui montra ses deux rangées de perles blanches.

« Je laissai filer le gros de la troupe.

« Puis je sautai dans le fossé et je me mis à cueillir une botte de mes fleurs préférées.

« De plates-bandes en plates-bandes j'arrivai au pied d'un arbre qui servait de limite entre deux champs.

« Je m'assis pour attacher mon bouquet.

« Tout à coup je me relevai vivement.

« Un soupir, faible comme la vibration lointaine d'une harpe éolienne, venait d'arriver jusqu'à mon oreille.

« Je jetai un coup d'œil rapide autour de moi.

« Un cri de surprise s'échappa de ma bouche.

« Derrière l'arbre au pied duquel j'étais venue m'asseoir, gisait une petite fille à peu près de mon âge, dormant, sa blonde tête appuyée sur ses deux bras.

« La malheureuse enfant était d'une maigreur effrayante, si pâle que, sans le soupir que je venais d'entendre, je l'aurais crue morte.

« Mon cri la réveilla.

« Se relevant à demi et fixant sur moi ses grands yeux bleus, qui sont restés aussi grands et aussi bleus, ajouta-t-elle en montrant Pâques-Fleuries, elle me dit avec une expression de prière et de souffrance impossibles à rendre :

« — J'ai faim... Avez-vous un morceau de pain?

« — Du pain! lui répondis-je, ah! mon Dieu! je n'en ai pas... Mais attendez, et vous allez en avoir.

« Je jetai mes chères fleurs à terre pour courir plus vite, et en moins de cinq minutes j'eus rejoint les traînards de la tribu.

« Jean Vadrouille se trouvait parmi eux.

« Il surveillait l'arrière-garde.

« — D'où vient cette petite diablesse? fit-il en me regardant avec ses plus gros yeux.

« — Du pain! du pain! lui demandai-je toute haletante.

« — Pour qui? pour toi?

« — Non. Venez et vous verrez.

« Le maître me regarda; puis, après un moment d'hésitation, il se chargea d'un bissac où se trouvaient une partie des vivres de la tribu, et il me suivit.

« Sans lui dire gare, je pris un pain entier et je le devançai de toute ma vitesse.

« — Qu'est-ce que ça? me cria-t-il du plus loin qu'il aperçut la pauvre enfant qui dévorait sa maigre pitance.

« Il me parlait dans le langage de sa tribu.

« Je lui répondis en me servant de son argot :

« — Ça, c'est mon amie... une petite fille comme moi... Elle avait faim, et je lui ai donné du pain... voilà!

« — Pardi! je vois bien tout cela... Mais que diantre fait-elle là toute seule?

« — Ah! je ne sais pas, mais ça m'est égal.

« Et j'allai chercher une grande écuelle d'eau au ruisseau voisin, pour l'apporter à ma protégée.

« Pendant ce temps-là, Jean Vadrouille l'interrogea.

« L'histoire de la pauvre petite *trouvée* était aussi courte que triste.

« L'avant-veille, presque à la même heure, elle avait perdu son père et sa mère, deux malheureux sabotiers.

« Personne ne s'était occupé d'elle.

« Un méchant oncle qui lui restait avait trouvé un moyen tout simple de se délivrer des embarras d'une éducation et d'une tutelle trop lourdes pour lui.

« Il l'avait abandonnée à la garde de Dieu, en pleine campagne, après l'avoir conduite à quelques lieues du village où l'on venait d'enterrer ses parents.

« Depuis vingt-quatre heures, l'infortunée petite créature vivait de ce que le hasard lui avait mis sous la main.

« Elle serait morte de faim et de froid, si le ciel n'eût mis des *vergiss-mein-nicht* au bord du fossé qui bordait notre route.

Me prenant dans ses bras, il m'emporta, c'est à peine si j'osais respirer.

« J'étais enchantée de ma trouvaille.

« Le roi des bohémiens ne partageait ni mon extase ni mon ravissement.

« — Mauvaise marchandise, murmura-t-il entre ses dents, après un mûr examen. Qu'est-ce que je pourrai bien faire de ce paquet-là ? Ça n'a plus que le souffle.

« Mais la petite blondinette était si gentille !

« Je le suppliai tant, tant, de ne pas abandonner *ma sœur*, car tout d'abord je lui donnai ce nom-là, — un peu plus, je l'appelais *ma fille*, — qu'il se laissa attendrir et consentit à l'emmener avec nous.

« Au fond, je vous l'ai déjà dit, Jean Vadrouille n'était pas un mauvais cœur.

« Ce fut l'époque la plus heureuse de ma jeunesse, de mon enfance, si vous voulez.

« J'étais choyée, libre de satisfaire tous mes caprices de chèvre sauvage; je chantais comme une oiselle du matin au soir, imprévoyante et sans souci; j'étais parvenue au comble de mes souhaits.

« J'avais une amie, une sœur qui me chérissait autant que je la chérissais, que je la chéris moi-même aujourd'hui.

« Oh! oui! mon bonheur était complet! bien complet! fit-elle avec un soupir de regret, un soupir étouffé.

Rosette s'interrompit un instant; elle se passa la main sur les yeux comme pour chasser un mirage séduisant.

— Bast! reprit-elle au bout d'un instant, à quoi bon regretter ce qui n'est plus? Le passé est passé. N'y pensons plus.

« Deux ou trois ans s'écoulèrent sans que je m'en aperçusse.

« Mon amitié pour Pâques-Fleuries augmentait de jour en jour.

« Nous l'avions nommée ainsi, parce que c'était le dimanche des Rameaux que notre rencontre avait eu lieu.

« Elle ne connaissait que moi dans notre nombreuse caravane.

« Aussi je ne la quittais pas plus que son ombre.

« Je lui apprenais tous les tours de passe-passe qui formaient le fond de mon répertoire.

« Elle me payait mes leçons en m'enseignant ce que ni Jean Vadrouille ni la Mignonne ne s'étaient donné la peine de me montrer, la lecture et l'écriture.

« Du reste, les braves gens avaient une excellente raison à donner de leur négligence à cet égard : ni l'un ni l'autre ne savaient lire dans un autre livre que le livre de la nature. Là, rien ne leur était lettre close.

« Aussi, à mon âge, pouvais-je en remontrer à l'agriculteur le mieux assermenté.

« Pâques-Fleuries savait me prendre adroitement.

« Bien que je ne me sentisse pas un goût bien déclaré pour l'étude et que je préférasse jouer et courir après les papillons, j'apprenais pour lui faire plaisir.

« Elle grondait bien de temps en temps; mais après une séance tant soit peu orageuse, je lui sautais au cou, et tout se terminait au mieux pour elle et pour moi.

« Ce fut aussi cette chère sœur qui m'inculqua mes premières notions religieuses. Jusque-là je parlais de Dieu sans me douter que ce mot contenait l'humanité et l'éternité tout entières.

« Pâques-Fleuries me révéla tous les mystères de la foi.

« Jusque-là je ne m'étais pas donné la peine d'y réfléchir une seule minute.

« Nos bohémiens exerçaient une foule de pratiques superstitieuses; mais une religion, jamais.

« Païens dans toute la force du terme, ils m'avaient élevée et faite païenne comme eux.

« Les parents défunts de Pâques-Fleuries, honnêtes ouvriers, simples de cœur, foncièrement religieux, avaient veillé attentivement sur leur fille et l'avaient élevée dans la foi et dans les principes solides dont maintenant je profitais.

« Un jour, Jean Vadrouille annonça à ses sujets, à ses administrés, que nous allions passer la frontière et rentrer en France.

« Je ne savais pourquoi, mais mon cœur se serra à cette nouvelle.

« Cependant, à tort ou à raison, je me croyais Française.

« Tout me fait supposer que je ne me trompais pas.

« Avec notre chef, sitôt pris, sitôt pendu.

« Son projet fut immédiatement mis à exécution.

« Le soir même, notre troupe entrait en Alsace.

« Pendant un mois ou deux, tout marcha comme sur des roulettes.

« Nous vivions dans un vrai pays de cocagne, exploitant le paysan, si exploiteur lui-même quand l'occasion s'en présente, vendant des remèdes aussi inoffensifs pour les bêtes que nuisibles aux gens, disant la bonne aventure et dévalisant les guérets et les basses-cours.

« La nature du pays nous servait merveilleusement.

« L'Alsace est une bonne et brave terre.

« Les habitants en sont doux et confiants pour la plupart.

« Le succès nous encouragea.

« Nous tombions sur les villages comme une nuée de sauterelles, faisant main-basse sur tout ce qui se trouvait à notre convenance.

« Il nous semblait que ce mode d'existence, si agréable pour les membres de notre tribu, ne devait être désagréable à personne.

« Jugez de notre désarroi et de notre stupéfaction !

« Par un lever de soleil splendide, au moment où, saturés de rapines et gorgés des fruits de nos excursions à travers les champs de tout le monde, nous nous préparions à lever notre campement, nous nous vîmes cernés de toutes parts par plusieurs détachements de gendarmerie.

« L'officier commandant nous déclara, sans le moindre ménagement, que nous étions ses prisonniers.

« Toute résistance était impossible.

« Il fallut le suivre.

« Deux heures plus tard, nous faisions une entrée fort peu triomphale entre deux haies de ces Strasbourgeois si doux et si crédules.

« Seulement leur douceur s'était changée en rage et leur crédulité en mépris, qu'ils nous jetaient à la tête entremêlé de pierres et de boue.

« C'était la première fois que je mettais le pied dans cette grande ville que l'on nomme Strasbourg. Y retournerai-je ? Je l'ignore.

« Toujours est-il que j'en ai conservé un triste et doux souvenir.

« On nous mit en prison, pêle-mêle.

« Le lendemain, un inspecteur entra dans la salle où nous avions passé une nuit pleine de puces et d'appréhensions, et il donna l'ordre que les enfants fussent mis à part.

« On nous sépara.

« Ce que sont devenus Jean Vadrouille, la Mignonne et le reste de la tribu, je ne l'ai jamais su, n'ayant jamais entendu parler d'eux depuis cette nuit néfaste.

« Je suppose seulement que, pour débarrasser le pays de ces hôtes incommodes, contre lesquels on n'avait, après tout, aucune accusation flagrante à porter, on leur aura fait repasser la frontière, en les reconduisant de brigade en brigade.

« Outre Pâques-Fleuries et moi, on avait emprisonné une dizaine de petits bohémiens.

« Ceux-là étaient bien les fils et les filles des sujets et féaux serviteurs de Son Altesse Jean Vadrouille, premier du nom.

« Il est probable qu'on les rendit à leurs augustes parents.

« Mais, ma sœur et moi, nous n'étions les enfants de personne.

« Personne ne nous réclama.

« Ce fut ce qui nous sauva.

« Nous restâmes internées dans la prison l'espace de sept ou huit mois.

« Et ce ne fut pas encore là le temps le plus malheureux de notre vie.

« La femme du geôlier s'intéressa à nous.

« Elle venait de perdre une enfant de notre âge, à laquelle Pâques-Fleuries ressemblait.

« Cette ressemblance fut une chance pour toutes deux.

« D'abord, à l'insu de son mari, puis, après lui avoir tout avoué, avec son assentiment, elle nous traita aussi bien que les règlements sévères de la maison le permettaient.

« Aux heures où les surveillants ne pouvaient nous surprendre, elle nous emmenait dans son logis et nous enseignait à faire des fleurs.

« Avant son mariage, elle avait été fleuriste.

« Ce travail-là ne m'amusait guère.

« J'aurais préféré courir dans le préau et m'ébattre au grand soleil; mais Pâques-Fleuries me grondait gentiment, comme elle sait gronder.

« — Apprenons, ma sœur, me répétait-elle sans cesse. Qui sait si ce métier, ce travail, qui te paraît ennuyeux et inutile, ne sera pas plus tard une ressource dans nos mauvais jours?

« Je suivis son conseil.

« Elle me rendra la justice de convenir que je suis toujours ses conseils.

« — Menteuse! fit Pâques-Fleuries en la menaçant du doigt.

« — Nous fîmes de rapides progrès, continua Rosette. Bientôt, même, ils devinrent tels, que nous en pouvions remontrer à notre maîtresse.

« Au bout de six mois peu d'ouvrières eussent pu lutter d'habileté et de vitesse avec nous deux.

« La digne femme était enchantée; elle se montrait fière de nous, et avec raison.

« Le geôlier, son mari, prit à cœur de terminer ce que sa femme avait si bien commencé.

« Il nous procura de l'ouvrage en ville, et chaque samedi il nous remettait intégralement l'argent que nous avions gagné dans la semaine.

« Pâques-Fleuries serrait précieusement le prix de notre travail.

« A la longue, cela finit par faire une petite somme.

« Cependant, quoi que fissent ces braves gens, malgré tous leurs efforts, le régime de la prison ne nous était pas nécessaire.

« Le travail ne donne pas la santé.

« Et sans la santé, la gaieté s'en va.

« Habituées au grand air, accoutumées à ne nous prêter à nulle espèce de joug, l'ennui nous gagna. La nostalgie de la liberté nous minait.

« Pâques-Fleuries dépérissait à vue d'œil.

« Moi, je perdais mes grosses couleurs.

« La bonne geôlière s'aperçut de notre tristesse et du changement qui s'opérait en nous.

« Elle en devina la cause.

« Sans nous donner un espoir qui aurait pu être déçu, sans nous souffler un mot, elle fit si bien que plusieurs familles pieuses, le curé de la paroisse, le maire de Strasbourg s'intéressèrent à notre sort.

« Il ne fut pas difficile à ces diverses influences d'obtenir l'ordre de notre élargissement.

« Un beau matin, la geôlière vint nous annoncer, le sourire aux lèvres et des pleurs dans les yeux, que nous allions être rendues à la liberté.

« Nous ne voulûmes pas la quitter aussi subitement.

« Nous restâmes deux jours avec elle, exprès pour elle.

« Tous les soins et les bontés qu'elle avait eus pour nous valaient bien ce petit sacrifice.

« Vous ne sauriez croire combien elle et son mari en furent touchés !

« Donc, deux jours plus tard, nous sortions de cette triste maison et nous montions en diligence pour nous rendre à Paris.

« Nous ne partions pas sans viatique.

« On nous avait comblées de cadeaux et de conseils.

« Nous étions chargées d'un petit trousseau ; les lettres de recommandation ne nous manquaient pas.

« Quant à l'argent, nous en avions plus qu'il ne nous en fallait pour le voyage et pour notre installation.

« Nous nous croyions satisfaites.

« Il y avait près de cinq cents francs dans la longue bourse de coton rouge que notre protectrice avait tricotée à notre intention.

« Cette somme provenait de notre travail et d'une collecte que des personnes charitables avaient faite en notre faveur.

« C'était à notre bonne geôlière que nous devions tout cela.

« Qui sait si, parmi ces pièces d'or et d'argent, fruit de ses leçons et de la charité, elle n'avait pas glissé, l'excellente créature, une partie de ses économies de ménage ?

VIII

OU L'HONNÊTE MACHURÉ REVIENT SUR L'EAU

Rosette continua son récit.
— Nous avions deux places de rotonde.
« C'étaient les moins chères ; les banquettes n'étaient même pas rembourrées en noyaux de pêches.
« Mais peu nous importait.
« Pâques-Fleuries et moi, nous nous sentions rendues à nous-mêmes. L'avenir nous apparaissait couleur de rose.
« L'argent que nous emportions nous donnait le temps de nous retourner, et, industrieuses comme nous l'étions, nous ne doutions pas qu'avant peu les alouettes ne tombassent toutes rôties dans nos assiettes.
« La femme du geôlier nous avait recommandées au conducteur, qui, à chaque relais, venait s'informer si tout marchait à nos souhaits.
« Au départ nous nous trouvâmes seules dans la rotonde.
« Le conducteur sonna la trompette du départ. Le cocher enleva ses vigoureuses bêtes en les enveloppant d'un coup de fouet, et la diligence partit au triple galop.
« Nous étions libres !
« Tout nous semblait charmant.
« Les arbres, les prés, les champs, faisaient miroiter à nos yeux éblouis toutes les beautés de la nature.
« Notre premier mouvement fut de nous jeter dans les bras l'une de l'autre et de remercier le Seigneur, qui nous permettait de recommencer la vie ensemble.
« Cette joie passée, chacune de nous se recueillit dans son coin, Pâques-Fleuries pensant à ses morts chéris ; moi, je me souvenais que toute petite je m'étais déjà vue emporter ainsi par des chevaux dévorant une grande route.
« Je me disais à part moi :
« — Qui sait ? chacun de ces tours de roue te rapproche peut-être d'une mère ou d'un père qu'une nécessité a contraints à se séparer de toi !
« Ah ! j'avais oublié de vous dire, ajouta Rosette, qu'au terme fixé par l'homme masqué à Jean Vadrouille, ce dernier reçut exactement les deux cents louis, prix de ses soins et de mon entretien.
« Ce second payement me fut une preuve qu'on ne me perdait pas de vue, et tout me porte à croire que, jusque dans notre prison, une main puissante avait veillé sur moi.
« La lourde voiture s'arrêta au premier relais.
« On changea les chevaux.
« Puis on se remit en route.
« Je vous passe sous silence les mille détails d'un voyage en diligence ; il

n'est pas un de vous, messieurs, qui ne les connaisse depuis *Pater* jusqu'à *Amen*.

« Tout marcha comme d'ordinaire.

« Au relais de Saverne, la fatigue nous prit ; Pâques-Fleuries s'endormit.

« Je voulus résister au sommeil, qui m'envahissait aussi.

« Mais, vous le savez, rien de contagieux comme un bon ou un mauvais exemple, dans un étroit espace comme celui-là, et le repos le plus absolu succédant aux secousses du voyage.

« Au lieu de descendre pour manger à la même table d'hôte que les autres voyageurs, nous avions un petit panier de provisions ; je ne pris même pas la peine de l'ouvrir, et, fermant les yeux comme ma sœur, comme elle je m'endormis.

« A notre départ de Saverne, le bruit des roues et le trot des chevaux nous réveillèrent.

« Nous n'étions plus seules.

« Une troisième personne venait de monter dans la rotonde. Cette troisième personne était un voyageur d'une quarantaine d'années, à l'aspect bourgeois, honnête et tranquille.

« Nous lui laissâmes la banquette de droite.

« Pâques-Fleuries vint s'asseoir près de moi.

« Jusqu'à Lutzelbourg, ce nouveau venu se tint dans le mutisme le plus complet ; puis, s'ennuyant sans doute, il nous adressa la parole, nous questionna, et comme nous n'avions rien à lui cacher, il apprit facilement tout ce qui nous concernait.

« Il eut l'air de s'intéresser à nous.

« Comme, jusqu'à ce moment, nous n'avions eu qu'à nous louer de tous les gens qui s'étaient occupés de nous et de nos affaires, nous donnâmes tête baissée dans la curiosité de cet homme au visage bonasse, auquel on aurait accordé le bon Dieu sans confession.

« Mal nous en advint plus tard.

« Arrivés à Sarrebourg, cet homme nous dit :

« — Mes chères enfants, vous avez bien du bonheur de m'avoir rencontré. Voici mon adresse à Paris. Venez me voir. Je serai à Paris, chez moi, dans trois semaines au plus tard. Je vous aiderai à éviter tous les dangers, tous les mauvais pas qui se trouvent à chaque coin de rue sous les petits pieds de deux jeunesses comme vous.

« Il nous donna son adresse, qu'il écrivit sur un morceau de papier graisseux contenu dans un volumineux portefeuille.

« — Vous irez rue de la Cité, numéro 22 ; vous demanderez M. Charbonneau, et vous verrez que vous n'aurez pas à vous en repentir. Je suis forcé de m'arrêter à Sarrebourg ; vous m'en voyez désolé.

« Il descendit.

« Nous le remerciions du mieux qu'il nous était possible ; alors, faisant semblant de revenir sur ses pas :

« — Que je suis étourdi ! s'écria-t-il. J'oublie que vous ne serez guère libres de votre temps, si, comme vous en avez l'intention, vous entrez dans un magasin de fleuriste. Dites-moi à quelle adresse vous descendrez, et soyez tranquilles, c'est moi qui, le premier, irai chercher de vos nouvelles.

« Nous entrions dans la vie, nous ne savions rien, nous ne nous méfiions de personne, nous lui donnâmes le renseignement et l'adresse qu'il nous demandait, heureuses d'avoir acquis un protecteur, un ami de plus.

« Le reste du voyage s'effectua sans que nul accident, nulle rencontre vint en troubler la monotonie.

« Enfin, nous nous trouvions à Paris.

« La femme du geôlier nous avait remis une lettre à l'adresse d'un commerçant du faubourg Saint-Martin, qui travaillait pour l'exportation.

« Il occupait plus de trente ouvrières.

« Il nous mit toutes les deux dans le même atelier, et nous donna trente sous par jour, à chacune.

« Avec ce que nous possédions déjà, c'était plus qu'il ne fallait pour que nous puissions installer notre petit ménage.

« A cette époque-là, nous ne faisions pas les fières, et au lieu d'avoir chacune un appartement complet, dit Rosette en riant, nous nous contentions de la même mansarde et du même lit.

« Tout alla bien pendant près d'une année.

« Nous avions eu, un mois après notre arrivée à Paris, la visite de notre compagnon de voyage; nous le reçûmes aussi gracieusement que possible mais comme, tous comptes faits, Pâques-Fleuries ne se souciait pas plus que moi de cultiver sa connaissance, il en fut pour ses premiers frais d'amabilité et de protection.

« Au magasin, on nous avait appris déjà à nous méfier des vieillards qui s'intéressent subitement aux jeunes filles de quinze et seize ans.

— Est-ce pour moi que vous parlez? interrompit en riant M. Lenoir.

— Non; vous n'êtes pas vieux, d'abord, — et puis nous n'avons plus quinze ans, répondit Rosette. Aujourd'hui ce ne serait plus si facile de nous mettre dedans. Cinq années de Paris, mon bon monsieur Lenoir, mûrissent joliment le cerveau. On peut bien avoir peur de nous, mais, ma sœur et moi nous ne craignons personne.

« Tout en n'acceptant pas les propositions honnêtes de M. Charbonneau qui, en dehors de ses politesses du dimanche, toujours refusées, nous offrait des places plus lucratives, peu à peu il nous fut impossible de ne pas reconnaître que ce brave homme ne voulait que notre bien.

« Aussi nous départîmes-nous à la longue de notre sévérité. Un samedi soir, il nous attendit à la sortie du magasin.

« Il tombait de l'eau à torrents.

« Nous étions sans parapluie.

« Une voiture passait. M. Charbonneau nous força d'y monter.

« Un refus eût été ridicule.

« Nous n'avions vraiment pas une seule raison à lui opposer.

« C'était la veille du terme, le 7 avril.

« Une fois dans la voiture :

« — Où faut-il vous conduire? demanda-t-il.

Un cri de surprise s'échappa de ma bouche : derrière l'arbre gisait une petite fille.

« — Chez nous.
« — Avez-vous dîné?
« — Non, nous mangeons en rentrant.
« — Comme cela se trouve bien !
« Et ouvrant la fenêtre de la portière, il cria au cocher : — Rue du Marché-aux-Chevaux, numéro 33.

« — Comment? qu'est-ce que cela veut dire? s'écria Pâques-Fleuries, Cocher, arrêtez... Je veux descendre.

« Mais la pluie redoublait, le cocher fouetta ses rosses, qui filèrent le moins lentement possible.

« — Où nous conduisez-vous? dis-je à M. Charbonneau.

« Celui-ci, riant aux éclats, nous répondit :

« — Hé! là! mes chères enfants. Qu'avez-vous? Que craignez-vous? J'ai promis à une excellente dame de mes amies de vous amener un jour chez elle. Je suis invité à dîner aujourd'hui même. Vous êtes à jeun, en costume de travail, ce qui est la plus belle parure pour deux jeunes filles comme vous je vous conduis chez elle, vous faites connaissance, et tout va pour le mieux. Soyez sûres que vous n'aurez pas sujet de vous repentir de votre visite.

« — Nous ne pouvons, nous ne voulons pas y aller, fit Pâques-Fleuries.

« Mais j'eus l'imprudence d'ajouter :

« — Quelle est cette dame?

« Et le Charbonneau, saisissant la balle au bond, ne fit pas attention à la sage réponse de ma sœur, et me dit :

« — Mme Machuré est la meilleure personne que je connaisse. Elle est dame de charité de sa paroisse. Toute sa vie se passe en bonnes œuvres. Elle m'a entendu parler de vous dans des termes tels qu'il m'est impossible de l'empêcher d'aller chez vous, si vous ne venez pas chez elle. Tout son désir est de vous être utile, de vous établir pour votre propre compte, enfin de...

« La voiture roulait toujours, et il pleuvait de plus belle.

« Je regardai Pâques-Fleuries, et j'allais lui dire timidement :

« — Au fait, que risquons-nous ?

« Mais, sans répondre un mot, elle était parvenue à ouvrir la portière de gauche, elle sautait dans la rue.

« Agile comme une couleuvre, je me dégageai des mains de M. Charbonneau, qui essayait de me retenir en criant :

« — Votre sœur est folle! Restez... je vais vous reconduire chez vous.. Dites-lui de remonter... vous allez attraper une fluxion de poitrine!

« Et en deux bonds j'eus rattrapé Pâques-Fleuries, qui, sans se soucier de la pluie, et sûre que je l'aurais rejointe avant peu, m'attendait, plantée immobile sur le trottoir.

« Sans écouter les supplications de M. Charbonneau, qui nous jurait ses grands dieux qu'il n'avait pas de mauvaises intentions, nous retournâmes sur nos pas, et, trempées des pieds à la tête, nous rentrâmes chez nous.

« Pressées de nous changer de vêtements, il ne nous fallut pas une demi-minute pour grimper à notre sixième étage.

« Pâques-Fleuries tira sa clef.

« Elle la mit dans la serrure.

« La porte ne s'ouvrit pas.

« En même temps, à travers l'interstice du sol et du bas de la porte, je vis briller une lumière.

« Au bruit que fit Pâques-Fleuries en cherchant à introduire sa clef, la lumière disparut.

« Tout cela fut l'affaire d'un instant.
« Je ne m'en rendis compte que plus tard.
« — Maladroite! dis-je à ma sœur, donne-moi la clef.
« J'essayai d'ouvrir à mon tour.
« Le pène tint bon.
« Il y avait un clou dans la serrure.
« Je fis une pesée sur la porte.
« Celle de notre mansarde n'était pas autrement solide, elle ne résista que pour la forme.
« Nous entrâmes.
« Ce qui frappa tout d'abord nos regards fut l'ouverture de notre fenêtre à tabatière que nous avions pris le soin de fermer le matin, avant de partir pour notre travail.
« L'eau entrait dans la chambre tout comme si elle en avait eu l'habitude.
« Pendant que Pâques-Fleuries se pressait et se dépêchait de fermer la fenêtre, j'allumai une allumette et je me dirigeai vers la cheminée, où se trouvait notre bougeoir.
« La chandelle que ce bougeoir contenait fumait encore.
« On venait d'en éteindre la mèche.
« Tout s'expliquait.
« Nous étions dévalisées, et le voleur, surpris par notre retour inattendu, venait de se sauver par la fenêtre qui donnait sur les toits.
« — L'affreux homme que nous quittons est le complice de ce vol, me dit Pâques-Fleuries.
« Je le croyais comme elle.
« Mais aucune preuve n'existait contre lui.
« Que faire?
« On nous avait tout pris, le peu d'argent qui nous restait, nos vêtements, notre linge.
« Nous étions plus pauvres que le jour de notre arrivée à Strasbourg.
« Il nous restait notre place pour toute ressource, et le lendemain c'était le jour du terme.
« Pour comble de misère, quand, le lendemain, nous arrivâmes au magasin avec la résolution de tout raconter à notre patron, dont la générosité ne pouvait nous faire défaut, le chef d'atelier nous barra le passage et nous conduisit à la caisse.
« On nous paya notre semaine et on nous pria de ne plus revenir à l'atelier; autrement dit, on nous chassa.
« La veille, le patron nous avait vues montant en voiture avec M. Charbonneau, et une lettre anonyme qu'il avait reçue le matin même |lui donnait les plus détestables explications sur l'emploi de notre soirée.
« Or notre patron était un homme très normal.
« Et puis, il faut bien l'ajouter aussi, de temps à autre il avait essayé, avec perte, de prendre quelques légères privautés avec Pâques-Fleuries, qui l'avait remis à sa place le plus doucement du monde.

« L'honnête commerçant n'avait plus recommencé.

« Il avait même profité de cela pour faire des compliments à ma sœur sur sa tenue et sur sa réserve.

« Mais il attendait l'heure de sa revanche, et cette heure ayant sonné, il s'empressa de nous payer le capital et les intérêts de sa rancune tout à la fois.

« Notre terme payé péniblement, il ne nous restait pas un centime.

« Force fut de chercher de l'ouvrage.

« Pendant huit jours, nous fîmes tous les magasins, tous les ateliers du quartier.

« Partout on nous demanda d'où nous sortions.

« Sur notre réponse, on allait aux renseignements, et notre ancien patron les donnant plus que médiocres, on nous éconduisait comme des coureuses ou des filles de mauvaise vie.

« Ce fut dur, allez!

« Un matin, que nous mangions pour deux sous de pain et un sou de lait, la moitié de notre avoir, on frappa à la porte de notre mansarde.

« J'ouvris, continua Rosette.

« Entra le concierge, qui montait une lettre.

« Nos trois sous, notre dîner du soir, y passèrent.

« Mais en ouvrant cette lettre et en lisant, Pâques-Fleuries poussa un cri de joie.

« C'était de l'ouvrage qu'on nous proposait.

« — Qui cela? demandai-je.

« — Une madame Machuré.

« — La dame dont nous a parlé M. Charbonneau.

« — Oui! me répondit tristement Pâques-Fleuries, qui avait oublié ce détail.

« — Qu'importe?

« — Oh! je n'irai pas, me dit-elle en tressaillant.

« — J'irai, moi, lui répondis-je. Il ne peut rien nous arriver de pis que de mourir de faim, et d'ailleurs, qui sait? nous nous sommes peut-être abusées sur les intentions de cet homme.

« — Tu cherches à me tromper... tu te trompes toi-même, chère sœur, fit Pâques-Fleuries... Nous n'avons pas d'illusions à nous faire... Tout ce qui vient de cet homme ne peut être que nuisible ou déshonorant... Tu n'iras pas chez cette femme.

« — Si.

« — Tu es bien décidée?

« — Je suis décidée à ne pas te voir souffrir plus longtemps de la misère et de la faim.

« — Soit; alors, nous irons toutes les deux.

« Une heure après nous étions chez Mme Machuré, rue du Marché-aux-Chevaux, n° 33.

« La prétendue dame de charité de M. Charbonneau n'était pas autre chose qu'une marchande, revendeuse à la toilette

« Mais, à tout bien considérer, cela nous importait peu.

« Pourvu qu'elle nous donnât de l'ouvrage, nous n'avions pas à nous gendarmer.

« Elle n'y manqua pas.

« Pendant un certain temps, le travail qu'elle nous donnait à faire et qu'elle rétribuait le plus faiblement possible, nous porta à croire qu'elle n'avait aucune idée sur nous, en dehors des fleurs à monter et des dentelles à raccommoder.

« Pâques-Fleuries brode comme un ange; elle s'occupait des dentelles; moi, je montais les fleurs.

« Je ne sais faire que cela.

« Nous gagnions juste de quoi vivre.

« Pâques-Fleuries tomba malade.

« Ce fut le dernier coup.

« En soignant ma sœur, je mis les morceaux doubles, et je fis des fleurs vingt-deux heures sur vingt-quatre.

« Tu as beau dire, fit Rosette en se tournant vers Pâques-Fleuries, le travail ne console pas de tout. J'étais joliment inquiète, tout en montant des fleurs gaies comme les roses, les bluets et les coquelicots.

« Le médecin venait deux fois par jour.

« Cette chère bête-là avait attrapé une affreuse fluxion de poitrine.

« — Il faut la conduire à l'hôpital, me conseilla le médecin.

« — Jamais, lui répondis-je, tant que je serai debout.

« — Oui, mais vous ne serez pas longtemps sur pied, s'il vous faut continuer à la fois et votre métier d'ouvrière et celui de garde-malade.

« Je sentais que le médecin avait raison.

« Un matin que Pâques-Fleuries dormait profondément, je courus chez Mme Machuré.

« Comme nous ne travaillions que pour elle, je ne pouvais guère m'adresser qu'à elle.

« Je la trouvai dans son arrière-boutique, en tête-à-tête avec son ami Charbonneau.

« Je lui racontai tout en lui livrant son ouvrage.

« Celui-ci fit mine de s'intéresser à notre malheur; il me reprocha de ne pas avoir songé à lui, il mit sa bourse à ma disposition.

« J'allais accepter.

« Mais je réfléchis que ma chère malade ne me l'aurait pas pardonné.

« Je refusai.

« Alors il fit un signe à Mme Machuré.

« Ce signe ne m'échappa point, je l'aperçus dans un petit miroir, mais je pensai que le Charbonneau, ne pouvant me faire accepter directement ses secours, saisissait ce moyen détourné de me venir en aide.

« Franchement, je ne me sentais pas en droit de résister plus longtemps.

« J'écoutai la revendeuse.

« Elle m'offrit quarante francs d'avance.

« Quarante francs ! c'était la santé pour Pâques-Fleuries, la vie pour elle et pour moi.

« — Que faut-il faire pour m'acquitter ?

« — Voici un cachemire à rassortir, me répondit-elle, et reborder. Êtes-vous capable de le faire ?

« — Oui.

« Elle m'aurait demandé de faire une paire de bottes à l'écuyère que je lui aurais tout aussi bien répondu : oui. Le plus clair de mon histoire était que je n'en connaissais pas le premier point.

« — Quand faudra-t-il vous le rapporter ?

« — Dans huit jours.

« — Vous l'aurez.

« J'allais me retirer en la remerciant, en la bénissant presque, l'horrible mégère, quand, sans avoir l'air d'attacher la moindre importance à ses paroles, faisant semblant d'obéir à une idée qui lui poussait instantanément, elle ajouta :

« — Ah ! mais, au fait, ma petite, vous demeurez loin d'ici, vous ?

« — Assez loin, mais...

« — Eh bien ! c'est aujourd'hui lundi, n'est-ce pas ?

« — Lundi, oui, madame.

« — Vous aurez fini ça lundi prochain ?

« — Certainement, soyez tranquille.

« — Oh ! je sais... vous êtes exacte. Lundi en huit rapportez ça, non pas à ma boutique, mais chez la dame à laquelle le châle appartient.

« — Le nom de cette dame ?

« — La baronne de Marck.

« — Son adresse ?

« — Rue Moncey, n° 3.

« — C'est convenu.

« Et je partis, après l'avoir remerciée de nouveau, et après avoir salué M. Charbonneau, sur les lèvres duquel apparaissait un sourire béat.

« L'amitié me fit accomplir un prodige.

« En huit jours, avec les conseils de ma sœur, qui se leva et entra en convalescence, je réparai le cachemire.

« Aussi, vous ne pouvez vous imaginer de quel cœur satisfait je portai mon travail au n° 3 de la rue Moncey.

« Je sonnai à une porte cochère donnant sur une vaste cour.

« Le concierge m'ouvrit. Je demandai la baronne de Marck. On me répondit qu'elle était sortie.

« Après avoir laissé le châle, je me retirai.

« Le soir même, nous recevions un mot dans lequel Mme la baronne m'engageait à passer chez elle sans retard, pour une commande très pressée.

« Elle était enchantée de mon travail, et désirait me faire, m'écrivait son secrétaire, une proposition des plus avantageuses.

« Pâques-Fleuries, qui sortait déjà depuis deux jours, voulut m'accompagner.

« A huit heures, nous étions introduites dans un petit salon très élégant de l'hôtel de la rue Moncey.

« Cet hôtel, situé entre cour et jardin, se trouvait loin de toute habitation.

« Pour une femme seule, une veuve, ainsi que me l'avait raconté Mme Machuré, c'était une singulière demeure.

« Enfin nous attendions.

« Au bout de cinq minutes, une porte s'ouvrit et une femme parut.

« Nous nous levâmes, croyant que c'était la maîtresse du logis.

« Point.

« C'était la Machuré.

« — Tiens! vous êtes venues deux, mes petites chattes! fut sa première phrase.

« — Oui, madame, répondit ma sœur. Le soir, nous ne sortons jamais seules.

« — Il n'y a pas de mal. Et au fait, je crois que vous avez eu raison d'arriver deux. La baronne a justement avec elle un ami.

« — Un... m'écriai-je étonnée.

« — Une amie, ajouta-t-elle en se reprenant... Une amie qui ne sera peut-être pas fâchée de se trouver de la partie.

« — De la partie?... de quelle partie? dit Pâques-Fleuries.

« — Ah! çà, mes bonnes petites, vous êtes donc aveugles comme des taupes et naïves comme les champs? Quoi! vous roulez Paris et ses faubourgs depuis plus de quatre à cinq ans, vous n'avez pas compris que je vous voulais du bien et que, sous aucun prétexte, je ne vous laisserais croupir dans votre mansarde et dans votre misère? Allons! mes chères biches, plantez-moi là vos souliers à deux francs cinquante et vos caracos rapiécés, crachez sur les correspondances d'omnibus et sur les chandelles des six; voici l'heure des bottines de satin et des mantelets de velours, je vous offre un huit-ressorts de chez Binder et des bougies de toutes les couleurs.

« Et comme nous demeurions stupides d'étonnement et presque d'effroi, elle continua :

« — J'aurais pu prendre des mitaines et vous préparer peu à peu à vos salons dorés et à vos loges des premières, mais, bast! la vie est courte et vous n'êtes pas des buses. Il n'y a pas plus de baronne de Marck que dans mon œil. Dites un mot, faites un geste, deux femmes de chambre vont vous débarbouiller, vous décrasser en un tour de main, et de deux malpropres grisettes que vous êtes, elles feront les deux femmes les plus élégantes de tout Paris. Allons, voyons, pas de grimaces, pas de manières, et ma baronne, qui est un vrai baron de la plus belle venue, vous offrira un dîner soupatoire, comme on n'en a encore servi que dans les contes des *Mille et une Nuits*.

« Nous nous regardions, ma sœur et moi, comme si nous sortions toutes les deux du même mauvais rêve.

« La foudre fût tombée à nos pieds, en ce moment, qu'elle ne nous eût pas tirées de notre stupéfaction.

La hideuse vieille nous examinait en riant, sûre de son affaire, peu étonnée de nos hésitations, convaincue de notre consentement.

« — Allons-nous-en ! me dit Pâques-Fleuries.

« Elle se leva et se dirigea vers la porte par laquelle nous avions pénétré dans ce salon.

« Je la suivis.

« La Machuré souriait de plus en plus.

« — Bon ! murmurait-elle entre ses deux gencives dépourvues de dents, je les croyais plus fortes ! Enfin ! cela viendra ! cela viendra !

« Au moment où Pâques-Fleuries mettait la main sur le bouton de la porte, on tira un verrou au dehors.

« Nous étions prisonnières.

« — Ah ! c'est un piège ! m'écriai-je, tout en cherchant autour de moi une issue, une chance de nous échapper.

« Derrière la jeune fille, il y a la bohémienne, en moi.

« Or, l'émotion de la jeune fille une fois surmontée, la volonté, la ruse de la bohémienne prennent le dessus.

« Vous verrez que dans la circonstance actuelle l'énergie ne me manqua pas.

« En entendant le bruit du verrou qu'on tirait, Pâques-Fleuries se rapprocha de moi, et m'entourant la taille d'un de ses bras, elle étendit l'autre vers la Machuré.

« — Ordonnez qu'on nous ouvre cette porte ! fit-elle avec un geste de reine.

« — Celle-là, non, répondit la mégère; celle-ci, oui !

« Et, frappant des mains, elle cria :

« — Entrez, baron !

IX

COMMENT ROSETTE FINIT SON HISTOIRE

« Un homme entra.

« Cet homme était le baron de Kirschmarck.

« Il se croyait tellement sûr de l'impunité, grâce à son immense fortune, il avait la conviction tellement intime de ne pas rencontrer une cruelle, parmi toutes les malheureuses ou misérables amenées par la Machuré dans sa petite maison de la rue Moncey, qu'une fois le masque jeté, il ne se donna même pas la peine de cacher son nom.

« Vous connaissez ce vieux débauché, tout au moins de réputation, si vous ne le connaissez pas de vue.

— Vous n'avez pas besoin de me faire son portrait, chère enfant, fit M. Lenoir; je me suis souvent trouvé avec lui en relations d'affaires.

— Tant mieux, répondit la Pomme, j'aurai moins long à vous en raconter sur lui.

« Une fois entré dans le petit salon où nous nous trouvions, Pâques-

Il tombait de l'eau à torrents et nous étions sans parapluie.

Fleuries et moi d'un côté, debout, indignées autant qu'épouvantées, d'autre part la Machuré assise sur un divan circulaire et se tordant presque de rire, le baron s'arrêta un moment, et faisant un geste de satisfaction :

« — Charmantes ! fit-il en se tournant vers la mégère. Sur ton honneur, ma bonne Machuré, je ne sais laquelle de ces deux perles j'enchâsserai ce soir dans une couronne de baronne.

« La Machuré lui répondit par un geste qui signifiait :
« — Vous êtes bien libre de faire ce qu'il vous plaira. Elles sont toutes deux à votre disposition.
« Pâques-Fleuries était blanche comme un suaire.
« Tout au contraire, la colère me faisait monter le sang au visage.
« A travers la double portière que cet homme avait soulevée pour nous rejoindre, je vis dans un second salon brillamment éclairé une table toute prête à nous recevoir.
« En un clin d'œil mon plan se trouva bâti.
« Me penchant vers Pâques-Fleuries, qui se soutenait à peine, je lui murmurai à l'oreille :
« — Je réponds de tout.
« Et j'attendis le baron de pied ferme.
« Nous passerons, si vous le voulez bien, par-dessus les galanteries de ce vieux roquentin, sur ses propositions pleines de diamants, et sur la présentation d'un ami à lui qui était venu faire le quatrième dans ce petit souper renouvelé de la Régence.
« Cet ami n'était ni moins laid, ni moins décrépit, ni moins allemand que notre peu honorable amphitryon.
Une fois son office rempli, et notre feint consentement accordé, la Machuré s'était retirée.
« A toutes les offres du baron et de son digne acolyte, nous avions répondu que nous acceptions, à la seule condition que ce soir-là nous conserverions encore nos robes de laine et notre costume d'ouvrières.
« L'honnête vieillard résista d'abord, puis il se rendit, en ajoutant, avec son accent germanique le plus galant :
« — Si tus fulez, che m'habillerai en borteur t'eau, et le tuc, mon ami, embrundera les fêtements te mon concierche. Ce sera trôle !
« Nous ne nous montrâmes pas si exigeantes.
« On passa dans le salon qui servait de salle à manger.
« Il y avait là deux grandes bêtes de domestiques en livrée, la serviette sous le bras, accoutumés très probablement à ces fêtes délicates, car pas un d'eux ne sourcilla en nous voyant entrer, nous, pauvres et simples grisettes, donnant le bras à leur maître et à son ami.
« Avant de nous asseoir, je priai le baron, qui me servit de cavalier, de renvoyer ses deux laquais. Il prit un air fat et me répondit que, le premier service et le champagne une fois servis, ces gens savaient les belles manières et se retireraient sans tambour ni trompette.
« Mais en face de l'intention bien formelle où j'étais de ne me mettre à table que la livrée partie, il fit signe aux laquais, qui achevèrent de couvrir la nappe de viandes froides et de vins fins, et qui se retirèrent sur-le-champ.
« — Vous voyez, ma belle enfant, que vous êtes reine et maîtresse en ces lieux ; vous n'avez qu'à parler, à témoigner le moindre de vos désirs, et vous êtes obéie.
« Quand il ne s'observait pas, le vieux monstre ne parlait plus son affreux charabias.

« Je fis signe à Pâques-Fleuries, à laquelle l'hôte du baron offrait une chaise dorée sur tranche, comme toute cette singulière maison.

« Pâques-Fleuries me lança un coup d'œil par lequel elle me répondait :

« — J'écoute, je regarde et je suis prête.

« Ce qui suivit se passa en moins de temps qu'il m'en faudra pour vous le raconter.

« En mettant le pied dans ce repaire, mon premier soin avait été d'examiner les tenants et les aboutissants, les armes et les issues que le hasard me fournirait.

« Un couteau à découper d'une longueur et d'une largeur plus que respectables se trouvait sur la table, à ma portée.

« Au moment où le folâtre baron me tendait la main pour me forcer gracieusement à m'asseoir auprès de lui, je laissai tomber mon mouchoir.

« Pâques-Fleuries comprit et vint se placer derrière moi.

« Pendant que son ami regardait cette stratégie d'un air hébété, mon baron se baissa pour ramasser mon mouchoir.

« Me souvenir de mon ancienne agilité de saltimbanque, saisir le couteau de la main droite, empoigner le misérable à la nuque, par sa cravate, lui tenir malgré ses cris, le corps courbé en deux et lui appuyer la pointe de ce terrible couteau à découper entre les deux épaules, fut pour moi l'affaire d'une seconde.

« Aux cris du baron, l'autre, très ému, excessivement pâle, fit mine de quitter son siège.

« Pâques-Fleuries m'aidait à maîtriser le baron de Kirschmarck, qui du reste n'était pas difficile à contenir, sentant comme il la sentait la pointe menaçante qui effleurait son épiderme.

« Je me tournai vers l'ami du baron et de ma voix la plus calme, je lui dis :

« — Si vous bougez, j'enfonce jusqu'au manche ce couteau dans les reins de M. le baron.

« — Ne bougez pas, mon ami ! cria ce dernier avec une angoisse facile à comprendre. Elle le ferait comme elle le dit.

« — Aussi vrai que nous sommes d'honnêtes filles et que vous, vous êtes deux affreux gueux.

« — Gueux ! un homme qui vous offre cinquante mille livres de rentes si vous voulez l'écouter ?

« Il ne désespérait pas de me séduire, même en se voyant terrassé comme un bœuf à l'abattoir.

« — Tais-toi, imbécile ! lui répondis-je. **Es-tu chrétien ?**

« — Non.

« — Es-tu juif ?

« — Je ne sais pas... Oui, oui ! fit-il en se reprenant et dans le plus grand trouble.

« — Cela devait être. Y a-t-il un serment qui vous soit sacré dans votre religion ?

« — Il y en a quatre ou cinq.

« — Bien. C'est tout ce que je voulais savoir. Il n'y en a pas. Tu sens que j'ai un poignet d'homme?
« — Un poignet d'acier. J'offre soixante mille francs par an.
« — Tu vas te relever, marcher devant moi.
« — Oui, oui! s'écria-t-il joyeusement.
« — Attends! je te tiendrai toujours. Nous te suivrons pas à pas, ma sœur et moi.
« — Je le veux bien.
« — Tu ne le voudrais pas que ce serait absolument la même chose. Si tu nous fais ouvrir la porte et si nous sommes libres de nous retirer sans être inquiétées par les misérables de ta suite, je t'épargne. Sinon, prie Moïse, Aaron et tous les prophètes; ta vie ne vaut pas mieux que celle de ce poulet qui se trouve devant ton assiette. Je frappe et je te tue.
« — C'est convenu.
« Je le laissai se relever.
« Il marcha.
« Je le suivis, le tenant au collet, par derrière, et le menaçant de la pointe de mon arme.
« Pâques-Fleuries se tenait prête à me porter aide et secours.
« L'ami fit un mouvement.
« Le baron lui cria une seconde fois :
« — Par grâce, restez assis!
« Nous sortîmes dans le jardin.
« Cinq minutes après, nous passâmes, toujours dans le même ordre, devant la loge du concierge.
« — Crie qu'on nous ouvre, lui dis-je tout bas.
« — Baptiste, le cordon! fit-il de sa plus belle voix.
« La porte s'ouvrit.
« Pâques-Fleuries sortit la première.
« — Un dernier mot avant de nous quitter, ajouta le baron.
« — Parlez.
« — J'offre cent mille francs par an, si vous voulez me donner le droit de vous tutoyer comme vous me tutoyiez tout à l'heure.
« — Le couteau à la main? répliquai-je en riant.
« — Non, plus à mon aise.
« — Vous m'aimez donc?
« — Je suis fou de vous, parole d'honneur!
« — Vrai?
« — Foi de banquier.
« — Eh bien!... lui dis-je après un temps qui lui permit d'espérer une réponse favorable, je suis bien heureuse de vous inspirer ce sentiment, quel qu'il soit. Vous serez convaincu que votre or et les millions entassés dans vos caves ne sont pas tout dans la vie. Vous m'aimez, tant mieux; moi je me moque de vous et je préférerais un garçon épicier, honnête homme et gentil garçon qui m'épousera, entendez-vous, baron de Kirschmarck, lâche suborneur de filles timides! Ah! vous m'aimez et vous m'offrez votre fortune

et votre cœur ; je n'accepte de toi que ceci, — et le laissant libre, je lui montrai son couteau, — mais sur votre Dieu et sur le mien, je ne vous engage pas à venir le réclamer chez moi ; vous savez quelle gaine je donnerais à ce couteau à découper. Adieu, pot à or.

« Et refermant la porte sur le nez de ce hideux vieillard, je rejoignis à toutes jambes Pâques-Fleuries, qui guettait si personne ne passait, pour appeler en cas de besoin.

« Nous ne fûmes pas longues, je vous en réponds, à gagner la rue de Clichy.

« Une fois hors de la rue Moncey, nous nous vîmes en sûreté.

« Toute l'énergie et la volonté qui m'avaient soutenue au moment critique m'abandonnèrent.

« Il y avait réaction.

« Je fus obligée d'entrer chez un pharmacien.

« La malade n'était plus Pâques-Fleuries, c'était moi.

« Le lendemain nous nous trouvâmes dans notre pauvre mansarde, plus malheureuses, plus isolées, avec un ennemi terrible sur les bras.

« Vous devinez ce qui advint de nous.

« Mises à l'index dans tous les magasins, chassées de chaque maison où nous allions proposer nos services, dénoncées à la police, qui nous surveilla pour savoir à quoi s'en tenir sur les rapports faits sur notre compte, nous parvînmes au dernier degré de la misère et du désespoir.

« Nous n'avions pas besoin de chercher de quelle main partaient les coups qui nous accablaient.

« Chaque matin un laquais galonné frappait à notre porte.

« Chaque matin il apportait une lettre, et dans cette lettre il y avait textuellement ceci :

« Adorable Rosette, un *oui* — et votre ennemi, qui vous aime à en perdre
« la tête, deviendra votre protecteur et votre ami le plus dévoué. Je ne signe
« pas cette lettre, qui n'a aucune valeur sur la place, mais, où et quand il vous
« conviendra, je vous signerai un bon de la Banque de France qui variera à
« votre choix entre quinze cent mille francs et deux millions. — Qui vous savez
« et qui ne vous en veut que de vos rigueurs. »

— Vous avez refusé quinze cent mille francs ! fit l'étudiant en médecine, qui jusque-là n'avait soufflé mot.

Rosette haussa les épaules sans répondre.

Pâques-Fleuries regarda le jeune homme avec étonnement et lui repartit :

— Certainement, elle a refusé. Et après ?

— Après, continua la Pomme, quand on est honnête, qu'on n'a pas de quoi vivre, il faut bien se résoudre à mourir.

« Nous n'étions pourtant bien vieilles ni l'une ni l'autre et nous ne demandions pas mieux que de respirer tranquilles dans notre petit coin.

« Ah ! ouiche ! Mme Machuré, M. Charbonneau, et l'aimable céladon qui répondait au nom de Kirschmarck, avaient mis dans leur tête que nous ne vivrions pas honnêtes.

« Pour les faire mentir, un beau soir, nous allâmes acheter, à crédit, deux boisseaux de charbon, et nous fîmes notre testament par lequel nous laissions une robe à la petite charbonnière, pour lui payer ce petit service qu'elle nous rendait, bien à son insu, la pauvre femme.

« Après avoir prié, nous mîmes nos vêtements les plus propres, et, dans les bras l'une de l'autre, étroitement serrées pour ne pas permettre à la mort de prendre Pâques-Fleuries avant Rosette, ou d'emporter Rosette avant Pâques-Fleuries, nous nous endormîmes d'un sommeil que nous pensions bien devoir être éternel.

« Dieu, qui jusque-là avait semblé nous abandonner, ne permit pas l'accomplissement de notre funeste projet.

« A la suite d'un long évanouissement, nous nous réveillâmes presque en même temps, ma sœur et moi.

« Nous n'étions plus dans notre chambrette.

« Une vieille dame à cheveux blancs, qu'une sœur de charité appelait Mme Dubreuil...

Ici M. Lenoir fit un geste qu'il réprima.

Rosette s'en aperçut et lui demanda :

— La connaîtriez-vous ?

— Non, achevez.

La Pomme continua son récit de la façon suivante :

— Mme Dubreuil, dans une tournée de charité, — celle-là n'était pas comme la Machuré, elle représentait bien la Divinité sur la terre, — avait eu vent de notre misérable situation. La Providence l'amena chez nous à la fin de sa journée.

« Vous devinez le reste.

« Arrivée juste à temps pour nous retirer de la mort, elle nous fit transporter dans cette maison, rue d'Astorg.

« Soignées comme ses propres filles, nous ne mîmes pas longtemps à nous guérir du malaise, suite de notre tentative de suicide, et de notre envie de mourir.

« Depuis ce jour, grâce à la protection maternelle de cette bonne dame, nous ne manquons de rien, nous travaillons, c'est-à-dire Pâques-Fleuries travaille toujours et moi je l'aide souvent.

« Toujours est-il que la vie nous est douce.

— Ce qui fait que vous voulez en changer? dit M. Lenoir, en raillant doucement la jeune fille.

— M'en blâmez-vous? demanda la Pomme.

— Je ne blâme ni ne conseille. Je fais mes observations, voilà tout, répondit le commis-voyageur.

— Rosette n'en finira jamais, interrompit Pâques-Fleuries, qui voyait la conversation tourner à l'aigre entre sa sœur et leur amphitryon ; je vais me charger de ce soin. Qu'elle éprouve le désir de se connaître mieux qu'elle ne se connaît, cela la regarde ; mais toujours est-il que nous devons tout à cette chère Mme Dubreuil, et que nous lui gardons une reconnaissance infinie. Nous sommes pleinement heureuses ; nous gagnons plus qu'il ne nous faut pour vivre. Je mets de l'argent à la caisse d'épargne.

— Seulement, ajouta Rosette, qui n'aimait pas laisser trop longtemps parler les autres, seulement, depuis le jour où nos affaires se sont remontées sur un bon pied, ni-ni, fini, plus de Mme Dubreuil.

— Elle ne reviendra que si nous avons encore besoin d'elle, dit Pâques Fleuries avec un soupir.

— Oh! mais je la retrouverai, continua la Pomme en s'adressant à l'étudiant, qui la regardait d'un air pensif... et qui sait? peut-être par elle apprendrai-je?...

Puis, s'interrompant, elle ajouta de son ton le plus câlin :

— N'est-ce pas, monsieur Adolphe, que vous me conduirez ce soir même chez la sorcière?

— Vous avez ma promesse. Comptez-y.

M. Lenoir allait encore placer une observation qui n'eût pas été du goût de Mlle Rosette, quand la porte s'ouvrit sans qu'on eût pris la précaution de frapper, et le vieux concierge parut sur le seuil.

Il avait monté très vite les nombreuses marches qui amenaient chez M. Lenoir; était-ce la rapidité de son ascension ou l'émotion qu'il cherchait à dissimuler qui le faisait haleter ainsi?

Le commis-voyageur se leva effrayé et lui demanda ce qu'il désirait.

— Monsieur Adolphe.

— Moi! fit le jeune homme. Me voici.

— Qu'y a-t-il?

— Venez vite, répondit le sergent... M. le vicomte de Luz se meurt. Il a des étouffements terribles. On ne sait que lui faire.

— Ah! mon Dieu! s'écrièrent les deux jeunes filles.

Le jeune homme ne fit qu'un bond de l'appartement de M. Lenoir à sa chambre.

Il y prit sa trousse et il descendit l'escalier quatre à quatre.

Le sergent le suivit de son mieux.

Au moment où Pâques-Fleuries et sa sœur prenaient congé de M. Lenoir, celui-ci les retint sur le seuil de la porte et leur dit :

— Mesdemoiselles, j'ai une prière à vous adresser.

— Parlez.

— Vous avez bien voulu avoir confiance en moi, quoiqu'en somme je ne fusse qu'un étranger pour vous. Vous avez bien agi. Il existe une sympathie entre les honnêtes gens, et nous sommes honnêtes tous les trois. Je vous remercie toutefois de cette confiance, et je vous supplie de ne pas oublier les paroles que voici : Si jamais, ce qu'à Dieu ne plaise, vous avez besoin de quoi ou de qui que ce soit, qu'on me croie dans mon appartement ou qu'on ne m'y croie pas, appuyez de cette façon le doigt sur la tête de ce clou presque imperceptible, et vous aurez aussitôt de mes nouvelles.

Tout en leur parlant ainsi, le commis-voyageur leur désignait une tête de clou placée dans un des chambranles de la porte.

— Vous le voyez, ajouta-t-il, confiance pour confiance. Surtout, pas un mot de ce que je viens de vous dire à âme qui vive.

« Il y va de vos intérêts les plus chers autant que des miens propres.

Et posant un doigt sur ses lèvres, il salua les jeunes filles, qui, stupéfaites, le virent rentrer dans son logement et en fermer la porte de la façon la plus simple et la plus naturelle du monde.

X

LE PETIT LEVER DU COMTE DE WARRENS

Ainsi qu'il en avait reçu l'ordre du major Karl Schinner, le valet de chambre du comte de Warrens entra dans la chambre à coucher de son maître à midi sonnant.

Il tenait à la main un plat en argent plein de lettres et de journaux.

Ce valet de chambre, un nègre de belle taille, élancé, vigoureux, âgé d'une quarantaine d'années, était le plus ancien serviteur du comte.

Sa physionomie, impassible d'ordinaire, prenait, dans les situations violentes de la vie, une expression d'énergie indomptable, et ses yeux noirs, d'où jaillissaient des éclairs, le rictus féroce de sa bouche aux dents blanches comme l'ivoire, en faisaient un objet de terreur pour tous ses camarades.

Du reste, il frayait peu avec les autres gens de l'hôtel.

Le comte de Warrens et le major Schinner seuls avaient le droit de lui donner des ordres. Il ne relevait que de leur autorité.

Son service lui laissant quelques moments de liberté et de répit, il s'enveloppait dans le large burnous blanc à capuchon qui, avec des culottes de laine blanche bouffantes, composait tout son costume, puis il rêvait.

Hiver comme été, ses bras et ses jambes étaient nus.

Une toque rouge et des sandales de même couleur complétaient son équipement.

A sa ceinture était attaché un long poignard à lame recourbée.

On n'avait jamais pu lui faire comprendre qu'en France, avec les sergents de ville et les gardes municipaux, cette arme asiatique n'est pas indispensable.

Sa conversation, plus brève et plus accentuée que celle du major Schinner, ne fatiguait personne.

Aussi était-ce chose curieuse que d'assister aux entretiens monosyllabiques de l'intendant et du valet de chambre.

On parlait vaguement de sa grande naissance, de malheurs terribles ayant détruit sa race, sa famille : parfois, dans son sommeil, il prononçait des mots sans suite dans une langue inconnue des autres valets du comte de Warrens.

Chose étrange! il ne pouvait regarder un enfant sans retomber dans ses humeurs les plus sombres.

Un cocher, quelque peu clerc, l'appela *monsieur Saturne!*

Cela par raillerie.

Pâques-Fleuries tomba malade, ce fut le dernier coup.

Saturne, le premier grand dieu mythologique, n'aimait-il pas ses enfants à la folie, lui qui les dévorait sans le moindre scrupule!

M. Saturne prit parfaitement cette plaisanterie.

D'autre part, le comte ne tenant pas apparemment à donner à son nègre ses vrais noms et ses vrais titres, écouta et suivit la voix du peuple.

Le valet de chambre jouissait du reste, auprès de son maître, d'une grande privauté.

Constatons-le, en manière d'acquit :

Les gens formant la maison du comte de Warrens, Allemands ou Alsaciens pour la plupart, se seraient tous fait hacher pour leur maître, au rebours de ce qui se voit aujourd'hui.

La vieille domesticité se meurt!

La vieille domesticité est morte!

Le plus nouveau d'entre eux était déjà un vieux serviteur.

Malheur qui témoigne de la parcimonie de notre époque.

Chacun savait son service à une virgule près.

La maison se composait de M. Saturne, déjà nommé ;

De quatre huissiers ;

D'un majordome, le sieur Peters Patt ;

De six valets de pied ;

De quatre cochers ;

De huit palefreniers ;

De deux chefs de cuisine, l'un pour la table, l'autre pour la pâtisserie ;

D'un maître d'hôtel, Frantz Keller ;

De deux cuisiniers ayant six aides-marmitons.

D'une lingère faisant travailler quatre ouvrières ;

D'un valet de chambre attaché spécialement au service du major ;

D'un jardinier et de ses trois garçons.

En tout, quarante-cinq personnes.

Nous ne mettons pas au nombre des domestiques l'intendant, qui, par sa valeur et l'attachement inaltérable qu'il avait pour le comte de Warrens, était considéré par celui-ci comme son *alter ego*.

Excepté M. Saturne, le majordome Peters Patt et les quatre huissiers, tous les gens de l'hôtel portaient la livrée bleu et argent.

Le comte portait dans ses armes, *d'azur trois accouples d'argent, posées en pal les liens de gueule tournés en fasces*, avec sa fière devise latine : *Varia ense*.

M. Saturne venait donc de pénétrer dans la chambre à coucher du comte de Warrens.

Après avoir déposé le plat contenant les lettres et les journaux sur une table avoisinant le lit de son maître, il se mit en devoir de tirer les rideaux et d'ouvrir les fenêtres de sa chambre.

— Est-ce toi, Saturne? demanda le comte.

— Oui, maître.

— Il est midi?

— Midi.

— Déjà! Allons! fit le comte en s'étirant et en souriant malgré lui, à l'idée qu'il venait à peine de dormir trois heures, allons! je me fais vieux, je ne peux plus veiller, mon pauvre Saturne.

Le nègre ne répondait rien, mais il regardait avec attention les fortes chaussures que son maître avait mises le matin.

— Que regardes-tu là?

— Bottes.

— Oui, j'ai fait un tour dans le parc avant de me coucher.

— Non.
— Comment non ?
— Boue de la rue.
— Impossible de te tromper. Tu dis vrai, mon prince d'ébène. Je suis sorti ce matin.
— Sans moi, fit Saturne avec reproche.
— J'aurai besoin de toi, ce soir.
— Bien.
— Habille-moi, dit le comte en sautant à bas de son lit.
Saturne obéit.

Cinq minutes après, le comte, en pantalon à pieds, en robe de chambre et en pantoufles, était installé dans un fauteuil, au coin d'une de ces cheminées gothiques où des chênes fondraient en moins de vingt-quatre heures.

Encore un des progrès de notre civilisation.

On se chauffe économiquement, dans de petits foyers plein d'économie, au moyen de bûches économiques.

Saturne avança un guéridon, y posa le plat en argent contenant lettres et gazettes, puis il attendit.

Pendant que le maître décachetait rapidement son courrier, et le parcourait en homme habitué à cette besogne matinale, l'esclave, — M. Saturne, tout valet de chambre qu'on le croyait, n'était pas autre chose que cela pour le comte, — l'esclave, impassible, recueilli, immobile, suivait avec anxiété les impressions fugitives de sa physionomie.

Son silence témoignait de son respect.

Affection ou crainte, toujours paraissait-il certain que, sur un geste du comte, M. Saturne se fût jeté dans un gouffre ou dans une fournaise ardente.

Le noir serviteur devait descendre de ces sectaires dévoués, de ces séides du *Vieux de la Montagne*, bras terribles, exécuteurs d'une volonté et d'une justice plus terribles encore.

Toutes ses lettres lues, le comte dit sans se tourner vers lui :
— Je sors à deux heures.
— Voiture ? répliqua Saturne.
— Non.
— Quels chevaux ?
— *Fleur-de-Lis*, pour moi ; *Simoun*, pour un ami.
— Je suivrai ?
— Non pas. Corneille Pulk m'accompagnera.
— Ah! fit le nègre avec chagrin ; promis !
— Je t'ai promis en effet de t'employer aujourd'hui, mon bon Saturne, répondit le comte, mais aujourd'hui est long.
— Comprends.
— C'est heureux! Je laisserai des ordres écrits. Le major t'en donnera connaissance. Tu les exécuteras de point en point.
— La nuit?
— Oui. Laisse-moi.

Saturne s'inclina, et fit un mouvement vers la porte.

— A propos, il ne m'est venu personne, ce matin ? demanda M. de Warrens.
— Deux.
— Deux amis?
— Ami et homme d'argent.
— Ils attendent? fit le comte en souriant de la distinction établie si brièvement et si clairement par son valet de chambre.
— Salon bleu.
— Le colonel Renaud, sans doute?
— Colonel, répondit Saturne en faisant un geste affirmatif.
— Et l'autre?
— Notaire.
— M. Dubuisson?
— Oui. Rendez-vous.
— Au fait, c'est vrai, dit le comte, je lui avais donné rendez-vous pour midi et demi.
— Sont là.
— Fais entrer.
— Qui, premier?
— Tous deux ensemble.

M. Saturne sortit.

Son maître profita du court intervalle de temps qui s'écoula entre sa sortie et l'entrée des deux personnages annoncés, pour s'assurer que rien dans sa chambre ne dénonçait ses marches et contre-marches de la nuit passée.

Saturne rouvrit la porte de communication, il introduisit le colonel Renaud et maître Dubuisson, leur donna des sièges et se retira.

— Soyez les bienvenus, messieurs, fit M. de Warrens en se levant pour recevoir les visiteurs, prenez place, et veuillez bien, je vous prie, excuser le sans-façon de ma réception. Je me suis couché un peu tard, à cinq heures du matin, et j'ai fait le paresseux.

— Contre votre habitude, monsieur le comte, repartit le notaire de son air le plus gracieux.

— Vous me pardonnerez si je vous reçois en pantoufles. Vous attendiez déjà depuis longtemps, j'ai voulu vous épargner un plus long ennui.

Tout en s'excusant d'une façon qui, à la rigueur, eût pu signifier : Ma foi, mes bons amis, je suis encore bon prince de vous recevoir à mon petit lever, le comte s'adressait simultanément à M. Dubuisson et au colonel. Chacun d'entre eux pouvait prendre pour son propre compte ces politesses et ces demi-reproches d'indiscrétion.

Le notaire, qui avait déjà payé sa bienvenue par une phrase aimable, se sentait l'âme tranquille.

L'officier ne fit pas preuve de grande susceptibilité; il se contenta de dire :
— Mon cher comte, j'ai à vous parler. Si rien ne s'y oppose, gardez-moi. Si je vous gêne, chassez-moi. Ce sera pour une autre fois.

M. Dubuisson, qui se rengorgeait fort de son bon droit et de son rendez-vous, jetait sur lui un regard narquois.

Sans avoir l'air de s'en apercevoir, M. de Warrens poussa la table couverte de journaux du côté de son hôte, et lui tendant un porte-cigares :
— Tenez, colonel, il y a sur cette table des feuilles de toutes les langues et de toutes les couleurs, lisez-les. Voici d'excellents cigares, que je vous garantis pur régalias de la *Costa-Abajo*, fumez-les.
— Je lirai et je fumerai, répondit Martial Renaud.
— Ne vous gênez pas et vous ne nous gênerez pas non plus. Maître Dubuisson ne se laissera pas intimider par votre présence.
— Pourtant, monsieur le comte... objecta ce dernier...
— Je sais ce que vous voulez dire, mon cher tabellion... vous craignez que notre dialogue ne porte sur les nerfs du colonel... vous ne le connaissez guère... C'est un homme tout d'une pièce; une fois dans sa lecture et dans sa fumée, rien ne l'en tirera... vous verrez... et nos affaires réglées, j'aurai du mal à le faire sortir de son isolement.
— Heureuse nature ! murmura maître Dubuisson, sur une tonalité qu'Henry Monnier lui eût enviée.
En effet, le colonel Renaud, après avoir allumé un cigare de huit pouces, venait de déplier le *Times*, et s'était plongé corps et âme dans la lecture d'un *premier London* de trois pieds anglais.
— A nous deux ! reprit M. de Warrens, en se tournant vers le notaire. Où en sont nos affaires ?
— Monsieur le comte veut dire ses affaires, répliqua l'homme de loi, avec un sourire tout confit de condescendance.
— Oh ! ne me chicanez pas sur les mots, fit le comte en rendant sourire pour sourire ; ou je vous ferai perdre le plus beau de votre temps.
Maître Dubuisson s'inclina et comprit que son meilleur client ne tenait pas à le garder longtemps.
— La situation est-elle bonne ? demanda celui-ci.
— Excellente, on ne peut meilleure.
— Vous avez apporté le relevé du bordereau de janvier ?
— Je l'ai sur moi, ainsi que le compte courant de février.
— A merveille. Voyons un peu.
— Plaît-il à monsieur le comte de lire lui-même le bordereau ?
— Non, merci. Lisez, je vous écoute. Sera-ce long ?
— Long ? que non pas... mais magnifique.
— Vous avez, cher monsieur Dubuisson, des adjectifs qui, quoi qu'on en ait, sonnent agréablement à l'oreille. Allez ! allez !
Le notaire commença d'un ton doctoral :
— Dernier semestre de 1846, tant pour les intérêts des fonds placés chez MM. de Rothschild que pour ceux placés chez Jacob de Kirschmarck et Van Buttel et Cie, banquiers à Paris, vos rentrées se montent à la somme de deux millions cinq cent soixante-douze mille quatre cent vingt-neuf francs quarante-cinq centimes.
— Ci, 2,572,429 fr. 45 c.
— C'est cela même.

— Tenez-vous beaucoup aux centimes, cher monsieur Dubuisson ? fit le comte avec un grand sérieux.

— J'y tiens autant qu'aux deux millions, riposta majestueusement le notaire.

— Superbe ! et bien répondu. Vous êtes bien l'homme d'affaires de mes rêves.

— Vous me rendez confus, monsieur le comte. Je continue.

— Un moment..., Combien avons-nous dans la maison Jacob de Kirschmarck ?

— Deux millions six cent cinquante mille francs.

— Que cela ?

— C'est un beau denier.

— Le baron de Kirschmarck en parle-t-il comme nous ? ajouta le comte d'un ton insouciant.

— Certes.

— Alors, ce n'est pas un placement sûr.

— Très sûr, monsieur le comte.

— Vous croyez ? Bien... Continuez... Nous reviendrons sur ce sujet-là tout à l'heure.

M. Dubuisson reprit sa lecture :

— Intérêts et dividendes de vos actions de chemins de fer, hauts fourneaux, loyers d'appartements, baux d'immeubles, vente de bois, coupes de...

— Passez, passez, je vous prie, fit M. de Warrens prenant en pitié le colonel Renaud, plongé de plus en plus dans l'étude de son journal d'outre-Manche.

— Un million neuf cent cinquante-cinq mille six cent soixante et onze francs...

— Encore des centimes !

— Trente-cinq centimes.

— Ci : 1,955,671 fr. 35. Ce qui nous donne ensemble ?

— La somme ronde de quatre millions cinq cent vingt-huit mille cent francs...

— Quatre-vingts centimes, acheva le comte.

— Juste comme de l'or.

— Vous permettez, cher maître ?

— Faites, monsieur le comte.

Et M. de Warrens prit un carré de papier, sur lequel il écrivit négligemment à l'aide d'un crayon :

— Ci : 4,528,100 fr. 80 — là, — voyez-vous, malgré toute ma bonne volonté, je me perdrais dans ce fatras de chiffres. — Je vous écoute.

Le notaire allait poursuivre.

Un léger bruit le fit se retourner, et sa stupéfaction ne fut pas petite en apercevant le colonel Renaud, qui, la tête baissée sur la poitrine, son *Times* à ses pieds, les yeux fermés et le souffle un peu bruyant, dormait à pleins poumons.

Le comte de Warrens partit d'un grand éclat de rire qui ne réveilla pas le dormeur.

M. Dubuisson était scandalisé.

Le comte lui fit signe de baisser la voix ; le notaire poursuivit :

— D'après vos ordres, j'ai remis deux millions au major Schinner, votre intendant. Je tiens la quittance à votre disposition.

— Après ?

— J'ai payé huit cent quarante mille francs, sur bons signés par vous. Voici les noms des personnes qui...

— Je sais... je sais...

— Le reste de la somme...

— C'est-à-dire un million six cent quatre-vingt mille cent francs quatre-vingts...

— Centimes, acheva maître Dubuisson... Je l'ai sur moi...

— Bien. Est-ce tout ?

— Non, monsieur le comte.

— Qu'avez-vous encore à annoncer ?

— L'arrivée au Havre du *Brave*...

— Venant de l'Inde ? interrogea M. de Warrens.

— Précisément... et l'arrivée du *Cacique*.

— D'où vient-il, celui-là ?

— Des mers du Sud. M. le comte est bien heureux de ne pas savoir où s'arrête sa fortune et d'où lui tombent ses galions.

— Je ne suis pas aussi heureux que vous le croyez, cher monsieur Dubuisson. Quand ces navires sont-ils entrés dans le port du Havre ?

— Le *Brave*, le 10 de ce mois ; le *Cacique*, le 14.

— C'est bien cela. L'avis que j'ai reçu de mon correspondant havrais est juste, fit distraitement le comte.

— Si M. le comte fait contrôler mes renseignements... interrompit le notaire, piqué au vif.

— Je vous prierai, mon maître, de remarquer que c'est vous qui me servez de contrôleur, répliqua M. de Warrens. J'ai la plus profonde confiance dans votre honneur et dans votre exactitude, vous le savez.

Maître Dubuisson remercia, et continua de sa voix officielle :

— Le premier de ces bâtiments apporte deux cent cinquante mille livres sterling.

— Six millions deux cent cinquante mille francs, écrivit le comte sur un petit bout de papier.

— Le second, juste le double.

— Ensemble dix-huit millions sept cent cinquante mille francs.

— Exact. Cet argent est déposé à la Banque de France, au nom de M. le comte de Warrens.

— M'avez-vous conservé l'appoint, comme d'habitude ?

— Oui.

Ce disant, maître Dubuisson ouvrit le large portefeuille que, depuis son arrivée, il avait gardé sous son bras.

Le silence qui suivit, pendant une demi-minute, fit changer de position au colonel Martial Renaud, mais ne le réveilla pas.

Une fois son portefeuille ouvert et ses billets de banque mis à jour, le notaire les passa par liasses de cent billets de mille francs au comte, qui les vérifiait en homme ayant grande habitude de la chose.

L'opération fut courte.

Le portefeuille vidé, maître Dubuisson compléta le versement en prenant dans son porte-monnaie cinq louis, une pièce de cinquante centimes, et six sous en monnaie de billon.

Le comte de Warrens posa gravement toute cette menue monnaie sur la montagne de billets de banque qui se trouvait devant lui et dit :

— Le compte est exact, à un centime près : Deux millions quatre cent trente mille cent francs quatre-vingts. C'est plaisir d'avoir affaire à vous, monsieur Dubuisson.

— De plus, ajouta celui-ci en tirant un dernier papier de sa poche, voici le reçu de la Banque.

— Avez-vous préparé votre décharge ?

— Elle est prête.

M. de Warrens signa.

— Monsieur le comte n'a plus rien à m'ordonner ? demanda le notaire en se préparant à prendre congé.

— Pardon, cher monsieur, je vous prierai de m'acheter une propriété dont j'ai besoin.

— C'est facile.

— Pas tant que vous le pensez ; il faut que cette propriété se trouve située entre Rouen, Dieppe et le Havre, à peu près à égale distance de ces trois villes.

— Bien, monsieur le comte.

— Je la voudrais vaste, très boisée, isolée, avec des eaux vives.

— J'entends.

— Vous la choisirez meublée et prête à être habitée.

— Jusqu'à quel prix irai-je ?

— Ne parlons pas de prix, cher monsieur, vous ferez pour le mieux.

— Dans combien de temps monsieur le comte veut-il que j'acquière cet immeuble ?

— Vous avez quarante-huit heures.

— C'est peu.

— Le major Schinner ne m'en demanderait que vingt-quatre.

— Monsieur le comte sera obéi.

— Vous prendrez, pour solder le prix de cette acquisition, les sommes déposées à la maison Jacob de Kirschmark.

— Bien.

— Si elles ne suffisaient pas... et je vous le répète, vous ne reculerez devant aucune exigence de propriétaire, si elles ne suffisaient pas, vous useriez de ce crédit de cinq millions que je vous ouvre sur la Banque de France.

— Cinq millions ! fit M. Dubuisson avec étonnement.

— Je vous ai dit que je voulais une des plus belles propriétés de la Normandie.

— Si vous bougez, j'enfonce ce couteau jusqu'au manche.

— Vous aurez la plus belle, monsieur le comte.
— Bien... Ah! monsieur Dubuisson, une prière... Pas un mot de ma fortune au baron de Kirschmark...
— Ce que j'en connais...
— N'est pas grand'chose, répliqua le comte avec un sourire ; vous m'obligerez même, au besoin, en colorant cette demande, ce retrait de fonds, à l'aide du prétexte d'une gêne momentanée.

Liv. 46. F. ROY. édit. — Reproduction interdite.

— Je n'y manquerai pas... quoique à vrai dire je commette là un gros mensonge, dit le notaire.

— Discrétion n'est pas mensonge, cher maître. En deux mots, je désire ne plus me trouver en relations d'affaires avec la maison Kirschmarck.

— La maison est solide, honorable, pourtant.

— Soit. Va pour la maison; mais le chef, le baron, le Kirschmark, tout solide qu'il vous paraisse, le croyez-vous honorable?

Ici la respiration du dormeur devint plus bruyante.

Le notaire prit congé de son riche client et se retira.

Resté seul avec son second visiteur, ce dernier s'approcha de lui, et lui frappant doucement sur l'épaule :

— Assez dormi, ma belle! s'écria-t-il gaiement.

L'autre ouvrit les yeux et lui tendit la main.

— Bonjour, frère.

Ils s'embrassèrent.

— Faut-il que j'aie le sommeil rebelle! dit en riant Martial Renaud, ni le *Times*, ni ton *Barême* de notaire ne sont parvenus à m'endormir.

La physionomie du comte de Warrens venait de changer subitement, en se trouvant en tête à tête avec l'homme qui l'appelait *frère*. Il semblait transfiguré.

Avant de répondre à sa plaisanterie, il le regarda sans lui quitter la main, et une expression d'inquiétude se peignit dans ses yeux.

— Tu as l'air fatigué! fit-il.

- Est-ce que nous nous fatiguons, nous autres? repartit Martial avec un geste d'insouciance. D'ailleurs, contentement passe travail. Je sais que tu as réussi.

— Qui te l'a dit? le docteur?

— Parbleu!

— Le docteur est un bavard, et je le gronderai.

— Commence par moi, alors. Martel n'a rien de caché, pas plus pour moi que pour vous, monsieur le comte.

— C'est bien, monsieur le colonel! riposta ce dernier avec emphase ; puis changeant de ton : Tout est convenu. Notre homme se croit trop fin. Il est tombé dans ses propres filets.

— Il viendra ce soir? demanda Martial avec anxiété.

— Sans faute : tu sais qu'aujourd'hui nous avons encore deux affaires?

— L'affaire de Belleville.

— Et celle de la rue d'Angoulême-du-Temple.

— Eh bien?

— A neuf heures, mon cher Martial, nous serons rue d'Angoulême.

— Que ferons-nous?

— Je ne le sais pas encore. Nous agirons selon les événements.

— Tu ne compromets pas ton infaillibilité avec ces oracles-là, dit le colonel en raillant doucement son frère.

— Et toi, as-tu réussi de ton côté, beau railleur?

— Oui... c'est même ce succès qui a causé mon retard la nuit dernière.

— La femme?

— Transportée rue d'Astorg, n° 35.

— Pourquoi dans cette rue et dans cette maison? fit le comte en pâlissant.

— N'était-ce pas ce dont nous étions convenus? répondit Martial. Ton âme faiblirait-elle au moment décisif?

— Tu as raison... Mais que veux-tu... Je ne suis sûr de moi qu'en face du danger, de la douleur. L'idée que je peux, que je vais revoir cette femme par qui j'ai souffert mille morts, me trouble et me cause un émotion indicible... Rien que de t'en parler, je tremble, j'ai la fièvre, je ne suis plus l'homme à toute épreuve que je dois être. Si tout autre que toi m'entendait parler ainsi, je le tuerais... Mais à toi, mon frère, mon ami, j'avouerai tout franchement. Prends pitié de ma faiblesse, partage mon désespoir, et sois sûr que mon mal est sans remède, puisque de vaines paroles et des larmes qui ne peuvent sortir de mes yeux sont les seuls soulagements que j'y trouve.

Le colonel examinait son frère avec tristesse.

Il ne lui répondit pas tout d'abord.

Chacun d'eux craignait de froisser l'autre en continuant de traiter un sujet où ils se trouvaient en désaccord pour la première fois de leur vie.

— Frère, nous reparlerons de cela quand l'heure sera venue.

Le comte respira plus librement, et lui prenant la main :

— Merci, lui dit-il.

Puis allant à un panneau masqué par les arabesques de la boiserie, il le fit glisser, et mit au jour une caisse en fer, enchâssée dans la muraille.

Il ouvrit la caisse à l'aide d'une clef de sûreté, et y renferma les papiers, le récépissé de la Banque de France, et les liasses de billets de mille francs que son notaire venait de lui remettre.

Avant de la refermer, il demanda au colonel :

— Tu n'as pas besoin d'argent?

— Non, il me reste quinze mille francs sur les cinquante mille que...

— Je ne te demande pas de comptes.

— Oui, mais je tiens à t'en rendre.

— Tu es fou. En tout cas, pour qu'à l'avenir tu n'aies plus l'ennui de t'adresser à moi à ce sujet, je t'ai fait faire une double clef pareille à la mienne.

Martial Renaud prit la clef que lui tendait son frère, sans que cette confiance parût le surprendre.

— Tu vois comment ce panneau s'ouvre et se ferme. Ma fortune est la tienne, ne l'oublie pas.

— Sois tranquille... J'ai une faim de loup. Si nous déjeunions?

— Déjeunons.

Et le comte sonna.

M. Saturne parut, et sans que son maître eût à lui faire un geste, un signe d'interrogation, il annonça de sa voix la plus majestueuse :

— Monsieur le comte servi!

On le voit, la page noire de M. de Warrens était l'ennemi né de tous les verbes actifs, neutres ou passifs.

IX

LA COMTESSE HERMOSA DE CASA-REAL

Avant de passer dans sa salle à manger, le comte de Warrens alla jusqu'au guéridon, sur lequel se trouvait son courrier du matin, et fourrageant parmi les lettres qui encombraient le plateau en argent, il en choisit une qu'il tendit au colonel Renaud.

— Qu'est-ce que cette lettre? demanda celui-ci, qui était sur le point de quitter la chambre à coucher.

— Regarde-la d'abord, je te la lirai ensuite.

Martial jeta les yeux sur cette feuille de papier sale, jaunie, tachée en plusieurs endroits, et pliée de la façon la plus grossière.

— Je n'y vois rien que de peu attrayant, fit-il avec un mouvement de répulsion facile à expliquer.

— Si par *attrayant* tu entends *curieux*, tu te trompes, cher Martial.

— Voyons.

— Écoute!

Et il lut :

« A Monsieur B...,

« Marchand de vins, rue Jacob.

« Mon bon Passe-Partout...

— Tiens! tiens! tiens! s'écria vivement Martial en se rapprochant de son frère. Qui peut t'écrire de ce gracieux style?

— Tu vas le savoir.

Puis il recommença :

« Mon bon Passe-Partout...

Mais nos lecteurs ne comprenant pas l'argot, c'est une traduction de cette élégante missive que nous allons leur donner :

« Mon cher Passe-Partout,

« Le père Plumet, à qui je remets cette lettre, m'assure qu'il sait où tu demeures et qu'il te la remettra en main propre. Tu m'as tant fait gagner d'argent que je ne veux pas te trahir, ni te faire des sottises, à propos de la femme que tu avais placée chez moi. La nuit dernière, vers minuit, un étranger est venu à la maison; il a longtemps causé avec cette femme. Je ne sais pas ce qu'ils ont fait ensemble, mais finalement ils se sont sauvés sans me prévenir.

« J'ai eu beau les surveiller, ils se sont mêlés à la foule en se promenant dans la rue et ils ne sont pas revenus. A la fin des fins, ils se sont échappés. Pour lors, mon pauvre Passe-Partout, ils se sont si bien cachés tous deux, que moi j'y renonce, et que c'est à toi d'y faire attention si tu veux les reprendre.

« Adieu, mon vieux Passe-Partout.

« Ta toute dévouée pour la vie,

« ROSE MACHURÉ. »

— Qu'en dis-tu? ajouta en riant le comte.
— Je dis que cette Machuré est la plus immonde menteuse!
— Si elle n'était que menteuse! Le malheur pour elle, c'est qu'elle entasse mensonges sur maladresses. La vieille drôlesse ne se doute pas que la jeune fille ne lui a été enlevée que par mes ordres.
— Franchement, il ne me paraît pas bien facile de s'en douter, répliqua Martial.
— Laissons-la dans sa douce quiétude, reprit le comte. Un jour ou l'autre nous lui ferons tout payer, capital et intérêts.
— Brûle sa lettre.
— C'est fait! dit M. de Warrens en jetant au feu la correspondance de la mère Machuré.

Peu d'instants après, ils passèrent dans la salle à manger où M. Saturne et le déjeuner les attendaient.

Leur premier appétit satisfait, le comte et Martial Renaud se mirent à causer de la pluie et du beau temps.

M. Saturne et le maître d'hôtel, aidés de deux laquais, allaient et venaient autour d'eux.

Or, jamais le comte n'entamait le chapitre des affaires sérieuses devant sa livrée.

Il savait trop que qui appartient à ses domestiques ne s'appartient plus.

Entre deux hommes comme ceux-là, les sujets futiles se trouvaient bien vite épuisés.

La conversation languit, puis s'éteignit.

Le comte de Warrens s'était repris à songer à cette femme dont son frère ne lui parlait plus.

Le colonel, de son côté, ne se montrait pas moins soucieux.

Son front se plissait, malgré lui, sous l'effort d'une pensée dominatrice ; ses sourcils se fronçaient, et par intervalles son regard inquiet errait sans but autour de lui.

Bientôt cette préoccupation devint tellement visible que force fut à M. de Warrens de la remarquer.

— Martial! dit-il.

Le colonel ne l'entendit pas.

— Martial! répéta le comte d'une voix plus élevée, qu'as-tu?

Mais, sans répondre, son frère s'était levé, et à la grande stupeur des valet et du maître, il s'écria en désignant du doigt une place vide sur la nappe resplendissante de blancheur :

— Là!

— Qu'y a-t-il? demanda le comte.

— Tu ne vois rien là, toi?

Et ses yeux fixaient toujours la même place avec une expression d'horreur, et son bras demeurait immobile, étendu vers l'objet invisible qui le mettait hors de lui.

— Rien, fit le comte en se levant.

— Et vous autres? interrogea Martial en se tournant vers le majordome et le valet de chambre.

Peters Patt et le nègre répondirent par un geste de dénégation.

Le colonel, qui s'était levé lui aussi, retomba sur sa chaise, et se passant la main sur les yeux, sembla chasser une vision effrayante, pendant que tous les autres assistants se disaient : Il est fou!

— Laissez-nous, fit le comte à ses gens.

On le laissa seul avec son frère.

Alors, il alla vers lui et lui prit la main. Sans en avoir l'air, il consultait les battements de son pouls.

Pas de fièvre.

Plutôt une prostration instantanée.

Le colonel était retombé dans sa préoccupation et dans son mutisme.

— Frère, tu souffres? tu es malade?

— Malade! moi! répliqua Martial. J'ai une santé de fer.

— Alors...

— Alors, mon ami, je n'ai rien! En effet, je n'ai rien, et pourtant je ne me suis pas effrayé sans motif.

— Effrayé! toi!... repartit en riant le comte, toi qui te trouvais à la droite de Lamoricière, à l'attaque de Constantine!

— Oui, moi!

— Toi qui, pendant que la terrible mine éclatait et broyait hommes et pierres, regardais sans pâlir les lambeaux de tes compagnons d'armes et les débris du fort pleuvant autour de toi!

— Oui, moi! Mais le fait que tu me rappelles me remet sur la voie de la vérité. Il arrivera malheur à l'un de nous deux...

— Quelle idée!

— Il arrivera malheur à l'un de nous deux aujourd'hui même, répéta le colonel d'un ton prophétique. J'ai vu du sang sur cette table, sur cette nappe.

— Tu rêvais.

— Oui, je rêvais... mais j'ai vu le sang... là... tiens... là... à la place où je le vis, sur notre table d'officiers, le matin même de cette terrible journée.

— Tu en es sorti vivant et glorieux!

— Oui, mais j'y ai perdu deux de mes plus chers amis... Toi-même, tu as reçu trois blessures... T'en souvient-il? dis, t'en souvient-il?

— Cela ne m'a pas empêché de te donner à déjeuner ce matin, répondit en riant le comte. Tes pressentiments sont absurdes.

— Frère, si tu m'en crois, tu me laisseras agir seul ce soir.
— Monsieur le colonel, voilà un joli conseil que vous me donnez là, répliqua le comte en continuant de plaisanter.
— Frère...
— Allons, c'est un enfantillage. Tu te moquerais de moi si je t'écoutais.
— Je te jure... s'écria Martial.
— Je te jure que je vais m'habiller, qu'on va nous seller des chevaux, et que nous allons faire un tour au bois... Voilà ce que je te jure, prophète de malheur ! Quant à ce soir...
— Eh bien ? demanda Martial avec inquiétude.
— Quant à ce soir, nous en causerons demain matin.
Le comte sonna.
Saturne entra.
— Que les chevaux soient prêts. Nous sortons à deux heures.
— Déjà dit, répondit le nègre.
— Mons Saturne a raison. Tiens! tu le vois... tu me fais radoter... viens prendre le café dans mon cabinet de toilette.

Et, passant son bras sous celui de son frère, le comte de Warrens l'entraîna loin de cette table où ses regards craintifs cherchaient toujours la tache de sang, de sinistre augure.

Ils arrivèrent dans un fumoir précédant le cabinet de toilette.

Là se trouvaient tout prêts deux narghilés, bourrés de ce tabac d'Orient qui pousse au rêve, excite à l'oubli, petit-fils du haschich et frère de l'opium.

Le comte ne se servait de ce tabac-là que lorsqu'il éprouvait le désir de s'isoler et de laisser de côté pour quelques instants les fatigues ou les plaisirs, les soucis ou les joies de ce monde.

Il offrit un de ces narghilés à son frère, et lui demandant quelques minutes pour changer de vêtement, il passa dans son cabinet de toilette où l'attendait son valet de chambre noir.

Demeuré seul, Martial Renaud alluma sa pipe asiatique, s'étendit, en poussant un profond soupir, sur le divan circulaire, seul ameublement du fumoir de M. de Warrens, et s'enveloppa dans un épais nuage de fumée bleuâtre, d'encens odorant.

Comprenant que, tout bien considéré, ses appréhensions n'avaient rien que de fort improbable, que le comte n'était pas homme à reculer devant des motifs aussi puérils, il chercha à éloigner la vision qui l'inquiétait.

Les yeux à demi clos, la pensée inerte, il se laissait aller avec un âcre plaisir à cet état de douce langueur où finit la raison, où commence l'ivresse.

Cette langueur si remplie de bien-être, qui n'est plus la veille sans être encore le sommeil, les Orientaux lui ont donné le nom de *kief*, les Italiens l'appellent *il dolce far niente;* quant aux Français, ils cherchent encore l'expression qui rendra dans leur langue positive cette sieste poétique et pleine de voluptés.

Peu à peu, les idées de sang et de mort qui lui avaient traversé le cerveau s'éloignèrent et disparurent.

Les apparitions les plus riantes traversèrent les nuages diaphanes formés par la fumée qui l'enveloppait.

D'abord, lointaines et insaisissables, ces apparitions se rapprochèrent et prirent une forme, un corps. L'une d'elles, par suite de ce phénomène métaphysique qui nous fait achever, dans un rêve, une pensée commencée en pleine vie, en pleine activité, l'une d'elles, disons-nous, se tourna vers lui et lui montra une des beautés les plus accomplies.

Pendant que Martial cherchait à mettre un nom sur ce visage céleste, l'apparition se dédoubla.

Aux pieds de la femme, un homme se tenait agenouillé ; il lui baisait les mains ; l'écho de leurs paroles et de leurs caresses arrivait jusqu'à lui.

Soudain, un bras tenant un de ces kriss malais à lame recourbée, se leva sur la tête de l'homme ; la femme jeta un cri, l'homme releva la tête, et...

Et le comte de Warrens, en toilette du matin, botté, éperonné, son stick à la main, entra et trouva le colonel dans la position où il l'avait laissé, aspirant doucement les dernières bouffées de son narghilé, dormant les yeux ouverts, ni plus ni moins qu'un fumeur d'opium de Hong-Kong ou de Nankin.

Il s'approcha de lui.

Son frère ne bougeait pas.

Le comte sourit, murmurant à part lui :

— Allons ! allons ! ce que j'espérais est arrivé. La demi-ivresse de mon *tombéké* a fait table rase dans son cerveau. Ses diables noirs auront fui, et je vais retrouver l'homme au cœur de bronze, au poignet de fer que je me fais gloire de nommer mon frère.

Ce disant, il déboucha un flacon de cristal qu'il prit sur une étagère, et le fit respirer à Martial Renaud.

Celui-ci n'eut pas aspiré deux bouffées de ce réactif violent, qu'il tressaillit, s'éveilla et se releva.

— Qu'y a-t-il ? demanda-t-il comme un homme qui sort d'un profond sommeil.

— Rien. Je suis prêt et je t'attends.

— Ah ! Et la femme, et le poignard ?

— Quel poignard ?... fit le comte. Quoi !... encore ?

— Son frère s'était levé et passait la main sur son front moite d'une sueur glacée.

Quelques instants lui suffirent pour se reconnaître.

— Décidément, dit-il en essayant de sourire, je ne sais pas ce que j'éprouve ce matin. Sortons, le grand air dissipera mes vapeurs.

Ils traversèrent la longue suite d'appartements qui conduisaient au péristyle.

Des valets de pied tenaient en main deux chevaux élégamment harnachés, Fleur-de-Lis, magnifique jument alezane, à la tête fine, à l'œil étincelant, aux jambes de cerf, et Simoun, bête rapide comme son nom, à la longue crinière blanche et balayant la terre, frémissante sous le mors, venu du fond du Sahara.

Un groom était en selle sur un troisième cheval de suite, aux formes plus

Toutes ses lettres lues, le comte dit, sans se tourner vers lui...

massives, au large poitrail, haut de croupe et tout prêt à ne pas laisser augmenter d'un pied la distance réglementaire qui devait toujours exister entre lui et ses deux compagnons d'écurie.

Le suisse, en grande livrée, se tenait, grave et digne, debout devant la grille.

Le comte fit un signe.

Les valets amenèrent les deux chevaux au pied du perron.

Ils se mirent en selle avec une légèreté et un sans-façon qui prouvaient leur longue pratique de l'équitation.

— Où allons-nous? demanda le colonel.

— Au bois. Nous nous arrêterons, en rentrant, chez la duchesse de Vérone.

— Tiens-tu à ce que je t'accompagne chez la duchesse?

— Oui.

— Bien. Allons.

Ils partirent.

Corneille Pulk, le groom, les suivit à vingt encolures de distance.

La journée était superbe.

Un soleil éblouissant déversait à profusion ses chauds rayons sur la ville, qui peut seule, depuis *Rome l'ancienne*, s'arroger ce titre ambitieux : *la Ville*.

PARIS est aujourd'hui la tête du monde moderne, tout aussi bien que ROME était la reine du monde ancien ?

Dans mille ou quinze cents ans, quel sera le PARIS ou la ROME de l'avenir?

Une foule immense de piétons encombrait les trottoirs qui bordent les rues, les quais, les places.

Plus de dix mille voitures de toutes sortes sillonnaient les chaussées.

Un grand nombre de cavaliers zigzaguaient à travers les calèches, les coupés de maîtres et les fiacres ou les cabriolets de remise.

Les Champs-Élysées offraient le coup d'œil le plus curieux.

On riait, on chantait, on se bousculait.

Chacun voulait voir. Voir quoi? rien.

Mais la foule est ainsi.

Depuis trente ans, chacun répète à son voisin : le carnaval est mort.

Chacun le sait.

Les masques solitaires, aux mines éraillées, qu'on coudoie par hasard sur les trottoirs des grandes voies et des boulevards, ou qui prennent la file, dans des équipages frelatés, ne sont que les réclames ambulantes de marchands plus ou moins véreux.

Qu'importe! On veut voir.

Jacques Bonhomme, qui n'est pas bonhomme du tout, mais qui, en revanche, est badaud en diable, sort de chez lui avec une poussinée d'enfants, donnant le bras à sa femme, qui porte son petit dernier.

Il se plonge bravement au sein de la foule qui grouille, du peuple qui s'étouffe.

On le pousse, on le presse, on marche sur ses enfants, on renverse sa digne moitié, on lui vole sa montre, il crie ; arrivent des gardes qui le mènent au poste, parce qu'il vient de causer un rassemblement de vingt personnes au milieu d'une masse ambulante de huit cent mille âmes.

Qu'importe encore!

On le lâche.

Ils flânent de plus belle, lui et sa touchante progéniture : ne se doutant pas que leurs yeux écarquillés, leurs vêtements en lambeaux, leurs cris de surprise ou de douleur, leurs fatigues de la journée forment le plat du jour, le seul attrait de curiosité de cette fête grotesque, où les grotesques sont les gens sérieux qui ne savent pas rester au coin de leur feu.

Grâce aux sergents de ville, aux gardes municipaux échelonnés le long des quais pour maintenir la foule et prévenir les accidents, — que, ces jours-là malheureusement, nulle force humaine ne peut prévenir, — le comte de Warrens et son frère atteignirent les Champs-Élysées sans grandes difficultés.

Là, il leur fut possible de ne plus tenir leurs chevaux en bride et d'échanger quelques mots.

Mais, soit fatigue, soit préoccupation, les deux cavaliers paraissaient assez indifférents au spectacle que la foule leur donnait.

Ils se contentaient de rendre les nombreux saluts qu'ils recevaient.

Poli avec ses égaux, affable avec ses inférieurs, le comte forçait le colonel à arrondir les angles de ses habitudes militaires.

Ils mirent un quart d'heure pour monter au pas l'avenue des Champs-Élysées, de la place de la Concorde au Rond-Point. Ce laps de temps suffit à Martial Renaud pour chasser ses idées sombres, ainsi que son frère l'avait bien prévu.

Ils allaient faire prendre à leur bête une allure plus rapide, quand une élégante voiture découverte passa à côté d'eux.

Cette voiture, une victoria à la Daumont, menée par quatre chevaux aux jockeys microscopiques, poudrés, une rose à la boutonnière, avec un chasseur gigantesque assis sur le siège de derrière, était suivie de deux laquais à cheval.

Au moment où elle se croisa avec nos cavaliers, elle débouchait de l'allée des Veuves.

Tout à coup les chevaux, bien que lancés au grand trot, s'arrêtèrent comme si leurs sabots se fussent soudés au sol, et une jeune femme, se penchant légèrement du côté des deux cavaliers, qui firent halte, eux aussi, les salua d'un sourire gracieux.

Forçant leurs chevaux à volter de son côté, ils s'approchèrent de la victoria, et se découvrirent respectueusement.

La dame que le colonel Renaud et le comte de Warrens saluaient avec tant de déférence était enfouie au fond de sa voiture, gracieuse comme une chatte qui s'étire au soleil, et disparaissait dans des flots de satin, de dentelles et de fourrures.

Quoiqu'elle fût assise, l'élégance de son attitude la faisait deviner grande, élancée ; sa taille fine et cambrée comme un arc ne se laissait pas écraser par le manteau de martre zibeline doublé de petit-gris qui la garantissait du froid.

Ses petits pieds reposaient sur une énorme peau d'ours qui tapissait le fond de sa voiture.

Les rigueurs de la température ne semblaient pas avoir de prise sur cette admirable créature, l'un des chefs-d'œuvre du Créateur.

C'était bien là une de ces beautés fières, sombres, dominatrices, devant lesquelles l'homme le plus sûr de lui-même se sent défaillir et doit prendre la fuite, s'il ne veut se laisser vaincre ou tout au moins enchaîner.

De ses grands yeux, noirs comme la nuit, bordés de cils de velours et couronnés de sourcils tracés au pinceau par la nature, s'échappaient des regards magnétiques.

Ces regards, tantôt fulgurants comme des éclairs, tantôt languissants comme une caresse, un front bas comme celui de la Diane antique, mais plus pur et mieux modelé, des narines roses et frémissantes par moments, une bouche mignonne laissant entrevoir une double rangée de dents petites, acérées et nacrées, composaient l'ensemble le plus séducteur qui se puisse imaginer.

On sentait que cet ensemble, cette réunion de charmes à désespérer l'artiste qui se fût donné la tâche de les reproduire, pouvait, à plaisir, se faire caprice ou statue, attrayant comme le vice satiné, respectable comme la vertu qui se respecte elle-même.

La morbidesse de son teint, les boucles épaisses de sa chevelure noir-bleu, faisaient ressortir la transparence veloutée de ce visage divin qui distingue les créoles.

Qu'était cette jeune femme?

Une de ces séduisantes sirènes auprès desquelles les hommes mettent bas toute prudence et toute pudeur, et se succèdent facilement les uns aux autres, cercle vicieux que la vieillesse seule rompt, ou l'une de ces reines de la mode, qui, tout en étendant leur sceptre sur la stupide humanité masculine, ne jettent leur mouchoir qu'à bon escient, et ne descendent qu'une fois de leur piédestal.

Toujours est-il que le comte et son frère attendaient immobiles et la tête découverte.

Elle se décida à les prier de se couvrir, et elle échangea avec eux plusieurs de ces phrases de politesse qui servent à peloter en attendant partie. Puis, s'adressant au comte de Warrens, elle lui dit :

— Avouez que le hasard est toujours mon meilleur ami, mon cher comte.

— J'avouerai tout ce qu'il vous plaira, répondit M. de Warrens, en contenant Fleur-de-Lis qui battait la terre avec impatience.

— Vous êtes toujours l'un des plus beaux écuyers que je connaisse, ajouta-t-elle en souriant, et vous avez là une superbe bête.

— Les petits cadeaux... font naître l'amitié. Elle sera dans votre écurie ce soir même, madame.

— Allons! allons! fit la dame, qui ne parut pas étonnée de cette galanterie en dehors des usages parisiens. Le temps et l'absence passent sur vous sans vous changer. J'étais bien sûre que vous demander cette jument, c'était l'avoir...

Ce fut le seul remerciement qu'elle lui adressa.

— Y a-t-il longtemps que vous êtes à Paris? demanda-t-elle.

— Trois mois à peine, madame la comtesse.

Nos lecteurs le voient, la jeune femme en question n'était pas la première aventurière venue.

Elle répliqua :
— On me l'avait dit, je ne le croyais pas.
— Pourquoi ?
— D'abord parce que je ne sais plus qui m'écrivait dernièrement vous avoir rencontré bien loin.
— Où, madame ?
— Là-bas, par delà les mers.
— Je n'ai pas encore trouvé le moyen de vivre un pied en Europe et l'autre... où cela l'autre, comtesse ?
— Mais à *Amsterdam* ? dit-elle en cherchant à le percer à jour.
— En Hollande ? fit tranquillement M. de Warrens.
— Non, en Amérique.
— Il y a donc une ville de ce nom de l'autre côté de l'Océan ? demanda avec la plus stricte indifférence le comte, pendant que Martial Renaud regardait la jeune femme, sans pouvoir réprimer tout à fait sa surprise, presque son effroi.
— Vous êtes adorable d'ignorance et de naïveté, répondit celle que l'on appelait Mme la comtesse. Mais laissons cela, et venons-en à la seconde raison qui m'empêchait de croire à votre présence dans cette ville.
— Veuillez parler, comtesse.
— Vous êtes à Paris, et vous ne venez pas me voir ! fit-elle en lui tendant la main.
Le comte la prit et l'effleura de ses lèvres.
Il n'avait pas encore pu s'accoutumer au brutal et grossier serrement de mains qui nous est venu de la libre Angleterre.
— Je mérite ce reproche, répondit-il.
— Péché confessé est tout à fait pardonné. Avez-vous mon adresse ?
— J'en rougis, mais je l'ignore, madame la comtesse.
— Suivez-moi, et vous l'apprendrez, fit-elle avec un laisser aller irrésistible.
— Puis, s'adresant au premier jockey, elle lui dit :
— Vite, à l'hôtel.
La victoria tourna.
Les deux jockeys, d'une adresse rare, ne prirent même pas la peine de crier gare et partirent à toute vitesse.
Le comte regarda le colonel.
Celui-ci ne bronchait pas. Il attendait les ordres de son frère.
— Impossible de lui résister ! murmura le comte.
Et, piquant des deux, lui et son frère, ils suivirent le rapide équipage de la comtesse Hermosa de Casa-Real.

X

UNE EXPLICATION ORAGEUSE

Peu d'instants après, voiture et cavaliers enfilaient l'avenue Montaigne.

Au tiers de cette avenue, s'élevait alors, entre cour et jardin, un de ces hôtels rocaille que la marquise de Pompadour avait mis à la mode sous Louis XV.

L'hôtel de la comtesse de Casa-Real, fringant, coquet, musqué, avait dû, sans aucun doute, servir de petite maison à l'un de ces voluptueux grands seigneurs qu'au bon temps, sous la Régence, on surnommait *les Roués*.

La grille en était toute grande ouverte.

L'équipage entra au grand trot et tourna devant un perron de marbre blanc.

Le comte de Warrens, arrivé juste à point, se trouvait sur la première marche pour offrir son bras à la jeune femme, après avoir jeté la bride de son cheval à Corneille Pulk.

Mme de Casa-Real mit pied à terre, accepta le bras du comte, et, se tournant du côté du colonel Renaud, qui était resté en selle, elle lui dit :

— Vous ne nous suivez pas ?

Martial Renaud allait répondre ; son frère lui en épargna la peine.

— Le colonel a une visite à rendre. Nous devions la faire ensemble, et, vous le voyez, comtesse, pour obéir à l'un de vos gestes, je manquerai de politesse aujourd'hui, et je me ferai peut-être un ennemi.

— Un ennemi est moins à redouter qu'une ennemie, répondit Mme de Casa-Real avec un demi-sourire. Je ne veux pas retenir votre ami malgré lui, et je le remercie de m'avoir escortée jusqu'ici. Il est libre de se retirer, mais à une condition.

— Une condition dictée par vous ne peut être qu'une faveur, fit sans sourciller le colonel.

— Vous vous souviendrez de ceci : Je reçois le mercredi officiellement, c'est vous dire que ces jours-là on ne s'amuse pas beaucoup ; mais pour mes intimes, et vous en serez, monsieur le colonel, je reste généralement chez moi de trois à cinq.

Martial Renaud remercia et partit, après avoir échangé un dernier coup d'œil avec M. de Warrens.

— Un charmant homme, votre ami ! fit la jeune femme en le suivant des yeux.

— Mieux et plus que cela, repartit le comte.

— Ah !

— C'est un honnête homme et un homme de cœur.

— Tout cela ?

— Oui, madame.

— Vous le connaissez depuis longtemps?
— Depuis que je me connais moi-même.
— Damon et Pythias ! dit-elle avec une légère ironie.
— Oreste et Pylade, oui, comtesse, répondit le comte.
— C'est à merveille. Vous me restez quelque temps, n'est-ce pas?

Il tira sa montre de la poche de son gilet, regarda l'heure avec un sang-froid exaspérant pour son interlocutrice, et lui dit de son ton le plus poli :
— Pour le temps qu'il vous plaira.
— Allons ! fit-elle nerveusement, vous n'êtes pas changé, mon cher comte !...
— Tant pis ! Mais que voulez-vous, on fait ce qu'on peut.

Ils montèrent les marches du perron.

Pénétrons avec eux dans cette demeure, bijou échappé par un miracle au marteau démolisseur de l'hydre-spéculation, dernier spécimen d'une époque de folie élégante et de volupté fiévreuse.

Nous l'avons dit :

L'hôtel Casa-Real avait ses grandes entrées sur l'avenue Montaigne.

On y arrivait par une vaste cour encadrée dans une colonnade de marbre blanc, comme le perron.

Sur ce perron, deux énormes sphinx, venus de la vallée du Nil, faisaient face à deux vases de bronze sortis des mains de Benvenuto Cellini, et contenant des jasmins d'Espagne.

La façade du corps de logis principal, composé d'un étage unique à dix pieds au-dessus du sol, était chargée de bas-reliefs ouvragés par l'élégant Clodion.

Un bassin de marbre vert, tenant le milieu de la cour, et d'origine toute récente, prouvait que la dernière propriétaire de cet hôtel magique n'avait pas respecté certains détails dans l'ornementation de sa nouvelle demeure.

Nos lecteurs devineront facilement pourquoi.

La comtesse de Casa-Real, toute fantaisiste et toute créole qu'elle fût, en faisant rouvrir les portes d'un réduit qui n'avait pas servi depuis 1775, s'était empressée d'ordonner qu'en gardant ce qui pouvait se garder de ces peintures plus qu'aimables, on supprimât impitoyablement les souvenirs trop vivants d'un passé par trop érotique.

Elle vivait en France.

D'ailleurs, n'écrivant pas en latin, il nous eût été impossible de détailler meubles, tableaux et statues par leurs vrais noms.

Soyons-lui donc reconnaissants de ses scrupules, de sa pudeur, et continuons notre visite.

L'antichambre, aux murs blancs, à filets dorés, surmontés de médaillons peints par Gebelin, et représentant les *Amours de Daphnis et Chloé*, était pavée en mosaïque digne de Pompéi.

Après l'antichambre, la salle à manger d'été donnant au nord.

A première vue, cette pièce offrait l'aspect d'un bosquet de marronniers, tant les aigrettes des fleurs et les éventails de verdure semblaient peu tenir aux murailles sur lesquelles l'artiste les avait peints. Le jour tombant en pluie d'or par un vitrage supérieur, sur les rameaux entrelacés des arbres, sur les riches couleurs des oiseaux des îles voltigeant à leur aise dans une immense volière or et bleu, les glaces nombreuses répétant en longues perspectives les aspects variés de cette salle merveilleuse, aidaient au prestige de cette retraite verdoyante et pleine de fraîcheur.

La salle à manger d'hiver, donnant au midi, tout en stuc blanc, à colonnes bleues, avec bases et piédestaux dorés, avait entre chaque interstice de sa colonnade une vaste glace surmontant une console à manteau de porphyre, de jaspe ou de malachite.

La voûte, peinte par Doyen, représentait Vulcain surprenant Mars et Vénus, et les enfermant dans son filet vengeur.

Le plancher, en bois des îles incrusté d'ivoire et d'ébène, les sièges en même bois que le plancher, ayant pour soubassements et pour dossiers des amours entrelacés, des servantes distribuées adroitement et rendant inutile la présence de valets curieux, donnaient à cette pièce un aspect tout particulier.

Par un couloir placé entre les deux salles à manger, on arrivait à une salle de concert, rouge et or, resplendissante de glaces.

Douze statues en bronze vert, drapées à la grecque, placées sur des piédestaux de bleu turquin, tenaient sur leurs têtes des corbeilles de fleurs et de fruits, d'où partaient des girandoles à vingt bougies.

En face d'une haute cheminée en portor, représentant un portique soutenu par quatre colonnes doriques, on avait placé l'estrade destinée aux artistes et aux virtuoses.

Dans les bas côtés de cette salle se voyaient des peintures de Watteau et de Boucher.

Le plafond, peint à fresque par Julien de Toulon, avait pour sujet la *Descente d'Orphée aux Enfers*.

Tous les meubles, rideaux, en velours vert garni de franges d'or, tranchaient heureusement sur le rouge vif des tapisseries et des murailles.

Traversons un grand salon, donnant sur le jardin, à six fenêtres d'ordre corinthien, dans les angles duquel huit guéridons, haut de dix pieds, soutiennent des groupes de cors de chasse formant girandoles, et huit lustres en cristal de roche, garnis de cinquante bougies chacun, font deviner l'effet magique de tous ces meubles, en velours cramoisi, éclairés, inondés des plus riches reflets, et entrons dans la chambre à coucher de la comtesse.

En mettant le pied dans ce sanctuaire du sommeil, on se demandait si c'était au sommeil ou bien à son ennemi, l'amour, qu'il fallait le consacrer.

Par-dessus une étoffe de soie rose tendre, on avait appliqué une mousseline des Indes parsemée d'étoiles.

A chaque relevé de la draperie, garnie en point d'Angleterre, se trouvait un bouquet de roses.

Entre les trois fenêtres en verres de Bohême, des consoles, à tablettes de lave rapportée, soutenaient deux groupes, songes d'amour et de plaisir.

Sur une cheminée en porcelaine de Sèvres, fantaisie plus que royale, aux parois de laquelle chantaient des oiseaux peints par Clinchet, il y avait une pendule en vieux bleu, formant socle et supportant deux chats craquelés se disputant une souris.

Aux pieds de la femme un homme se tenait agenouillé.

Le lit, vraie merveille de l'art, mérite une description toute particulière. Qu'on se figure un rocher, amalgamé de mine de fer, de platine, de malachite, d'agate, base d'une coquille énorme aux côtes rose, bleu, or et argent, servant elle-même de support à une corbeille de fleurs, dont les osiers rompus laissent échapper, dans un désordre gracieux, les violettes, les lis, les roses, les tulipes et les pavots. Dans cette corbeille brisée, se trouve le coucher.

Aux quatre coins du rocher, sur des *bonheurs de la nuit*, quatre statuettes, le *Silence*, la *Nuit*, le *Sommeil* et le *Rêve*.

Chacune de ces statuettes, tenant d'une main un lampadaire antique, de l'autre soutenait les rideaux du lit, en tout semblables à la tapisserie.

Une glace, aussi large que la corbeille de fleurs, servait de ciel de lit, et pour peu que cela plût à la solitaire habitante de cet asile enchanteur, à l'aide d'un bouton, elle pouvait faire monter, à ses pieds et à sa tête, deux autres glaces pareilles à celle du dôme.

Les meubles, en bois de rose, étaient garnis en satin rose glacé d'argent, et bien qu'il y eût des fenêtres, recevaient un jour mystérieux tombant de la voûte.

Derrière cette adorable chambre à coucher se trouvait, dissimulé par d'épaisses portières, un petit salon-boudoir sans jour visible.

Là, régnait un divan asiatique, tout autour de cette pièce isolée.

Pas de statues.

Pas de tableaux.

Un tapis en peau de renard bleu.

C'était tout.

Par une porte dissimulée dans la boiserie, on entrait dans une salle de bains, à colonnes de marbre blanc, se détachant sur un lambris de marbre noir antique.

Des degrés menaient jusqu'au fond de la cuve enfoncée dans la terre.

Ce petit corps de logis, que la comtesse de Casa-Real s'était réservé pour elle seule, ne contenait pas d'autres pièces.

Dans son humeur fantasque et indépendante, notre jeune créole n'avait même pas voulu près d'elle une femme de chambre.

Des sonnettes, placées dans toutes les pièces et correspondant aux communs de l'hôtel, lui garantissaient un service rapide et un secours instantané en cas de besoin.

Du reste, la comtesse Hermosa était femme de résolution et d'adresse.

Elle maniait les armes à feu comme un chasseur des Pampas et se servait d'un couteau, lame et pointe, aussi adroitement qu'un toréador.

Dans son salon, dans sa chambre à coucher, dans son boudoir, appendus aux murs ou placés sur des tables, poignards turcs, malais, indiens; pistolets et revolvers se trouvaient toujours à portée de sa main.

Ce corps de logis principal de l'hôtel Casa-Real donnait donc, par sa façade, sur la cour, ouverte allée des Veuves, et par ses côtés et ses derrières, sur un jardin féerique qui se perdait au loin et débouchait sur une ruelle au moyen d'une petite porte bâtarde.

Dans ce jardin, ressemblant à tous les jardins anglais, après avoir passé par un petit bois touffu, on arrivait à un lac.

A droite du lac, le sol s'abaissait et conduisait à un labyrinthe souterrain.

En suivant ce labyrinthe, qui tournait court et souvent, en traversant une chapelle gothique ornée de nervures, de feuillages, d'ogives, de bas-reliefs, restes d'architecture sarrasine, un escalier rustique se présentait.

Tout en haut de cet escalier, sur la rive gauche du lac, se trouvait une réunion de rochers composant une forte voussure.

Au sommet de cette masse imposante, on avait établi un immense réservoir d'eau.

Les portes, placées sous les principaux massifs de rochers, conduisaient à une seconde grotte souterraine, connue seulement de la maîtresse de céans.

Elle seule avait la clef de ces méandres rustiques.

Parfois ses gens, amenés par elle à Paris, de l'île de Cuba, se demandaient où était passée leur maîtresse.

On la cherchait en vain dans ses appartements.

On la cherchait dans les jardins, dans le souterrain, dans le petit bois.

Nul n'arrivait à la rencontrer.

Puis, au moment où la femme de chambre et les valets de pied s'y attendaient le moins, la sonnette de la comtesse retentissait.

Ils accouraient.

Mais aucun d'eux n'avait l'audace d'adresser une question à une maîtresse qui les traitait en France exactement comme on les traite aux colonies.

Et cependant ils lui étaient tous dévoués.

Le nid analysé, revenons à l'oiseau.

Après s'être débarrassée de ses fourrures et les avoir jetées à deux négresses qui l'attendaient dans l'antichambre, Hermosa de Casa-Real, suivie de M. de Warrens, entra dans le couloir qui précédait sa salle de concert, la traversa et introduisit son hôte dans son salon.

Quelque accoutumé que fût ce dernier aux splendeurs d'outre-mer et aux élégances parisiennes, il ne put s'empêcher de jeter un regard de connaisseur satisfait sur ces raffinements de luxe bien entendu.

La comtesse, qui ne le quittait pas des yeux, l'invita à s'asseoir, et le prêcha d'exemple, en se jetant ou plutôt en se laissant tomber dans une de ces chaises des îles qui tiennent le milieu entre une balançoire et un fauteuil à la Voltaire.

En vérité, cette femme était charmante.

Chacun de ses gestes devenait une séduction.

M. de Warrens se serait vu obligé d'en convenir à brûle-pourpoint s'il n'avait préféré faire semblant d'admirer les objets d'art qui encombraient la cheminée, les tables et les guéridons.

Il attendit qu'un des laquais de la comtesse eût attisé le feu et fût sorti.

Alors il se décida à rompre un silence qui n'était embarrassant pour aucun des deux acteurs de cette scène, mais qui, à la longue, eût pu devenir trop significatif.

— Vous avez entassé merveilles sur merveilles dans ce petit coin de Paris, comtesse, dit-il ; vous me voyez dans une véritable admiration.

— Merci pour mon pied-à-terre, répondit la jeune femme, balançant avec nonchalance l'extrémité d'un pied qui aurait fait rougir la sandale de Rhodope ou dérouté la pantoufle de Mlle Cendrillon, je suis ravie que vous le trouviez de bon goût.

— L'écrin vaut la perle.

— Oh! cher comte, pas de galanteries, ou je les prendrai pour des faux-fuyants.
— Ai-je l'air de vouloir éviter...?
— La lutte?
— Je n'ai pas dit cela.
— Ne cherchez pas vos mots. Nous nous en entendrons mieux. Je suis franche, quand je le veux...
— Je le sais.
— Or, il me plaît de l'être aujourd'hui.
— Vous pouvez tout ce qu'il vous plaît de vouloir.
— Encore! fit Hermosa avec impatience.
— Je me tais, répliqua M. de Warrens avec un sourire imperceptible.
— Ce n'est pas cela que je vous demande. Répondez-moi.
— Soit.
— Mais ne me répondez que lorsque je vous interrogerai.
— Alors ce n'est plus un entretien, une conversation, c'est un interrogatoire.
— Ce sera ce que vous voudrez, pourvu que vous m'obéissiez.
— A vos ordres, mon président.

On le voit, le comte de Warrens tenait à circonscrire cette heure d'entretien dans les bornes de la plaisanterie, du pur badinage.

La comtesse de Casa-Real tenait au contraire, elle, à ne pas perdre son temps dans des répliques, oisives et oiseuses.

Elle reprit :
— Vous me l'avez assez donné à entendre en regardant l'heure à votre montre, le temps vous presse, vous ne pouvez disposer que de peu de minutes.

Le comte ne sourcilla point.
— Est-ce vrai?

Il s'inclina en silence.
— Votre silence même est une affirmation. Et quoique ce soit un rude échec pour mon amour-propre, ajouta-t-elle nerveusement, il me faut bien reconnaître votre vif désir d'en finir au plus tôt.

Elle attendit une dénégation.

Point.

Le comte, dans l'attitude de la plus grande attention, écoutait, et lui répondait par son immobilité polie :
— Vous m'avez ordonné de me taire, je me tais. Vous m'avez enjoint de ne faire que vous répondre. Vous ne m'interrogez pas, je n'ai pas un mot à dire.

— Bien, fit Mme de Casa-Real, comprenant cette mimique silencieuse, cette immobilité expressive. Bien, vous êtes dans votre droit. Continuons. Il reste donc bien convenu que vous êtes au regret de vous trouver céans, mais vous vous y trouvez et je profiterai de votre présence pour avoir avec vous une explication... nécessaire. La reconnaissez-vous nécessaire ? s'écria-t-elle vivement et changeant de ton.

C'était une question.

M. de Warrens répliqua :
— Je la crois inutile.
— Je ne suis pas de votre avis, cher comte.
— Comtesse, à vos ordres. Seulement, je vous prierai de le remarquer, bien que vous ne me le demandiez pas, une explication dans laquelle vous ferez toute seule la pluie et le beau temps ne sera jamais une explication.

La jeune femme eut un mouvement d'impatience, qui prouvait à quel point elle était peu maîtresse d'elle-même, et déchirant à belles mains un mouchoir de valenciennes qui aurait payé le pain annuel d'un pauvre diable, elle en lança les débris dans la cheminée.

— Vous êtes insupportable, fit-elle.
— Comme autrefois, comtesse.
— Autrefois, quand il vous plaisait de me... taquiner, vous ne m'appeliez pas comtesse...
— Madame... laissez-moi croire que j'ai oublié votre autre nom.
— Vous avez raison, monsieur, et ce n'est pas pour raviver des cendres mortes depuis longtemps que je vous ai prié de me suivre.

« Vous n'osez dire tant mieux, mais vous le pensez, je le vois, j'en suis sûre, ajouta-t-elle avec coquetterie.

— Hermosa ! répondit le comte.

Ce nom s'échappa de ses lèvres sans qu'il eût eu l'intention de le prononcer.

La créole retint une exclamation de triomphe.

Un éclair de joie illumina son visage. Elle le comprit ; le passé n'était pas éteint au fond du cœur du comte de Warrens. Tout lien n'était pas rompu entre eux.

Mais elle avait affaire à un rude jouteur.

La faute commise, le comte se promit que ce serait la seule de cette journée.

Il attendit.

Mme de Casa-Real lui tendit la main.

Il ne fit pas semblant de la voir.

— Noël... lui dit-elle de sa plus douce voix, Noël, vous ne les avez donc pas oubliées, ces heures fortunées, ces souvenirs joyeux de nos jeunes années ?

— Parlez pour moi, madame, répondit le comte. J'ai eu de jeunes années, mais vous, votre jeunesse continue. On ne vous donnerait pas vingt ans.

— Mon pauvre comte, — et elle secouait sa tête mutine qui devenait sentimentale à volonté, — mon pauvre comte, vous allez me parler de la couleur de mes cheveux et de la finesse de ma taille, quand moi je ne pense qu'à mon cœur et aux sentiments qui s'y sont conservés comme dans une arche sacrée. Nous ne vivons que par le cœur, nous autres femmes...

— De Paris ? dit-il sérieusement.
— Non, femmes de là-bas.
— Et par le cœur, quel âge avez-vous, comtesse ?
— Je n'ai plus d'âge, répondit-elle d'une voix nette et tranchante.
— Permettez-moi de vous assurer que vous vous trompez.
— Non.

— Votre cœur a l'âge de vos passions.
— Et mes passions?
— Sont encore bien jeunes, bien vivaces.
— Vous croyez?
— Je les entends se remuer et rugir dans l'inaction que vous leur imposez!...
— Noël !
— Je les vois se traîner dans l'ombre et chercher une proie qui se fait trop attendre.
— Comte!
— Je les entends comme je vous entends, madame. Je les vois comme je vous vois. Et, croyez-moi, il faut que le passé soit bien fort sur une âme comme la mienne pour que je vous dise encore une fois : Hermosa, vous me tendiez votre main tout à l'heure, et je ne l'ai pas prise, parce que vous pensiez la tendre à une dupe ; je vous tends la mienne en ce moment. Vous le voyez, nous nous connaissons comme jadis, nos cœurs ne sont pas encore livres fermés pour vous et pour moi ; cette main que je vous tends amicalement, loyalement, la prendrez-vous?

La créole s'était levée.

Ses lèvres frémissantes, ses narines mobiles et retroussées comme celles d'une tigresse qui flaire une proie, la fixité sombre de ses yeux, tout décelait le rude combat livré au fond de son âme par ses bons et par ses mauvais instincts.

— Comte, sommes-nous amis? sommes-nous ennemis?

Chacun des mots qui formaient la phrase, la question précédente, s'échappèrent en sifflant de ses dents serrées à se briser, de ses lèvres devenues pâles d'attente et d'émotion.

— Madame la comtesse, répondit son interlocuteur en se courbant devant elle avec les apparences de la plus exquise politesse, tenez-moi toujours pour le plus humble de vos serviteurs.

Elle frappa rageusement le sol de son pied mignon.

— Pas d'ambages! fit-elle. Amis ou ennemis?

— Ni l'un ni l'autre, répliqua le comte d'un ton qui décelait sa résolution immuable.

— Vous manquez de franchise, Noël.

— Dans cinq minutes, vous ajouterez que je manque de courage.

— Oh! vous êtes brave, je le sais, dit la créole en se mordant les lèvres jusqu'au sang, mais vous êtes aussi traître que brave.

— Traître avec une femme ! Comtesse, vous présumez trop de mes forces.

— Je préfère une guerre ouverte à une neutralité perfide.

— Vous m'avez déjà appelé traître, repartit tranquillement M. de Warrens en frappant à petits coups l'éperon de sa botte du bout de son stick.

— Je ne retire pas le mot, comte, parce que ce mot est vrai.

— Ah! si vous êtes sûre...

— Vous me haïssez!

— Moi, madame!

— Je vous dis que vous me haïssez, répéta-t-elle avec un redoublement de colère qui lui allait à merveille.
— Vous vous trompez, je ne vous hais pas, madame, je vous plains.
— De la pitié! de la... et venant de vous! Voilà une pitié qui se changera en mépris quand le moment en sera venu; en mépris, n'est-ce pas? voyons, dites, répondez.
— Permettez-moi, comtesse, de vous assurer que vous ne lisez pas au fond de ma pensée.
— C'est heureux.

En disant ces deux mots, Mme de Casa-Real se rassit, plaçant son visage dans l'ombre, de manière que son adversaire ne pût apercevoir la larme qui perlait au bord de sa paupière.

Larme de colère ou larme de douleur!

Un silence se fit.

Chacun d'eux sentait que l'instant du dernier assaut, de l'assaut décisif, allait venir.

Le comte, statue de l'impassibilité, attendait.

Hermosa, dominant la passion furieuse qui lui mettait l'injure et la menace à la bouche, poussa un demi-éclat de rire nerveux, qu'une grande comédienne comme elle pouvait seule faire rentrer dans le ton de cette conversation aigre-douce.

— Allons, mon cher comte, fit-elle en prenant une de ses intonations les plus câlines, vous aurez beau faire, vous vaudrez toujours mieux que moi. Je m'emporte. Je suis ridicule, et je vous ennuie. Ce n'est pas pour cela que je vous ai prié de m'accompagner.

— Comtesse, je vous sais vive et j'excuse toutes vos vivacités. Vous ridicule! regardez-vous et vous vous démentirez vous-même. Vous... comment dites-vous encore? ennuyeuse! Allons, allons, dès le début de ma visite vous me défendiez les compliments! Que faites-vous en ce moment? Vous me forcez à vous en accabler.

— Vous êtes charmant!
— Et vous trop indulgente!
— Tu me diras ce que je veux savoir! Je t'y forcerai bien, pensait la créole en lui lançant ses regards les plus magnétiques, en lui faisant ses mines les plus agréables.

— Siffle, vipère, lui répondait le comte dans sa pensée; peu m'importe! Je t'empêcherai bien de mordre!

Et tous les deux ils redoublaient de gracieuseté et de politesse.

D'un côté, un sourire acéré, prêt à l'attaque comme un fer de lance; de l'autre, une froideur pleine de distinction, prête à la défense, comme un bouclier revêtu d'un triple airain.

— Ainsi, reprit la créole, vous ne croyez ni au bien ni au mal venant de moi?
— Pardon, je crois à l'un et à l'autre.
— Voilà qui est plus clair!
— Vous m'avez dit : Pas de détours.
— Je puis donc être utile aux gens que j'aime?

— Agréable même, comtesse.

Elle continua :

— Inutile aux personnes que je n'aime pas?

— Nuisible même.

— Nous voici au cœur de la question.

— Je le veux bien.

— Voyons, comte, dans laquelle de ces deux catégories faut-il que je vous range!

— Comtesse, vous m'embarrassez énormément.

— Pourquoi?

— C'est la seconde fois que vous me posez la même question!...

— Sous une forme moins humiliante, convenez-en.

— Oui, l'amour-propre est sauf, j'en conviens. Il me conseille de vous obéir.

— Eh bien! fit-elle avec un espoir dans la voix.

— Mais la prudence, comtesse, la prudence!

— Eh! que vient faire la prudence en face d'une femme désarmée, en face d'une mère?...

— Une mère!

Et le comte de Warrens souriait étrangement.

— Oui, une mère qui redemande son enfant, qui veut savoir ce que vous en avez fait.

Il se leva à son tour, salua et se dirigea sans répondre vers la porte du salon.

La créole bondit jusqu'à lui, le saisit par le bras et lui cria avec la plus extrême violence :

— Répondez-moi.

Il se dégagea de son étreinte en lui disant :

— Vous allez vous blesser, madame, prenez garde.

— Prenez garde vous-même! dit-elle au comble de l'exaspération.

— A quoi, madame?

— Je me vengerai. Par le ciel! je me vengerai!

— Sur qui?

— Sur vous! sur les vôtres!

— Oh! madame! madame! fit M. de Warrens, voyez où la fureur vous emporte! Vous me menacez, et vous savez l'effet d'une menace sur les hommes de ma trempe.

— Je vous perdrai.

Il reprit avec le calme le plus respectueux :

— Vous pourriez vivre si tranquille, si heureuse!

— Ah! vous raillez!

— Non pas. Votre fortune est incalculable; vous avez, à vous, une beauté sans égale et un nom qui vous placent au premier rang. Voilà pour une existence ordinaire, régulière.

— Je ne suis pas une femme ordinaire, répondit la créole, se contenant à peine.

— Vous êtes taillée sur le patron de ces femmes-rois, qui, comme

LES INVISIBLES DE PARIS 385

Ils s'approchèrent de la victoria et saluèrent respectueusement.

Elisabeth d'Angleterre ou Catherine de Russie, mettent leurs volontés au-dessus des lois et leurs caprices au-dessus des convenances sociales; le but que vous vous proposez d'atteindre, vous le poursuivez sans paix ni trêve, sans regrets ni remords, à travers tous les obstacles. Voilà pour une existence en dehors, comme la vôtre.

— Achevez !

— Une femme comme vous n'est pas, n'a jamais été mère.

— Monsieur, vous mentez...

— Laissez-moi dire, de grâce, continua-t-il sans lui laisser le temps d'achever son démenti. Ces paroles sont probablement les dernières que nous échangerons. Cette entrevue, je l'évitais, mais vous l'avez voulue. Je vous ai obéi. Subissez-en les conséquences. Depuis certaines années, que je désirais effacer de notre vie, vous m'avez fait bien du mal. Vous me rendrez la justice de convenir que je ne vous ai jamais adressé un reproche, que j'ai toujours fui vos attaques, sans chercher à vous rendre blessure pour blessure.

— Lâche! fit la créole, pâle de fureur impuissante.

— Lâche, en effet, bien lâche, madame : il ne s'agissait que de moi. Mais aujourd'hui vous prenez à part un enfant... des hommes qui me touchent de près, tous êtres pour lesquels je donnerais tout le sang de mes veines.

— Vous êtes si généreux! dit-elle avec ironie.

— Aujourd'hui la mesure est comble, répliqua M. de Warrens sans sortir de son calme menaçant. Vous avez quitté votre patrie, vous venez de traverser des océans pour recommencer en Europe une lutte plus que dangereuse. Laissez-moi vous donner un dernier conseil.

— Donnez.

— Renoncez-y.

Un éclat de rire sardonique fut la réponse de Mme de Casa-Real.

— Tenez-le pour certain, madame. Je sais tout ce qu'il m'importe de savoir.

— En vérité!

— Si muets, si dévoués que soient vos agents, ils n'ont pas de secret pour moi.

— Une preuve de cela?

— Une preuve?

— Oui; vous vous vantez!

— Que madame la comtesse de Casa-Real daigne interroger M. Benjamin, répondit lentement le comte, et M. Benjamin lui certifiera que Passe-Partout ne se vante jamais.

— Benjamin! s'écria la créole en reculant de stupeur.

— Passe-Partout, oui, madame; vous voyez que je conviens de mes faits et gestes. Vous voyez que vous avez bien tort de me faire espionner pour savoir des choses que je vous raconte si facilement.

— Démon! murmura-t-elle.

— Résumons-nous. Vous êtes belle, vous êtes femme, usez de cette double royauté pour attirer tous les hommes à vos pieds. Mais, par le Dieu vivant, renoncez aux projets qui vous ont mis sur ma route, ou, malgré les bons souvenirs que Noël de Warrens a conservés de vous, Passe-Partout vous brisera comme je brise cette badine. Comtesse, je vous baise les mains.

Ce disant, le comte, qui venait de jeter aux pieds de la créole terrifiée, haletante, les deux morceaux de son steeck, salua respectueusement et sortit.

XI

UN INTÉRIEUR CRÉOLE.

La brusque retraite du comte de Warrens fut un coup de maître.

Mme de Casa-Real en éprouva une si profonde stupéfaction qu'elle n'eut pas l'idée de s'y opposer.

Elle se sentit paralysée, vaincue, domptée par cette parole si nette, si précise.

Une volonté plus forte que la sienne la tenait captive, enserrée dans un cercle de fer.

Il ne lui vint même pas à l'esprit qu'elle n'avait qu'un geste à faire, un cri à pousser, une sonnette à agiter, pour fermer toute issue à l'homme qui l'accablait de tant de mépris, de tant de froideur. Ses avances repoussées, son charme méconnu, ses prières et ses menaces foulées aux pieds par un adversaire calme et sûr de lui-même, tout cela mit en désarroi les puissances de son être actif, les résistances de sa nature passive.

Le vide se fit pour un moment dans cette tête aux aspirations impétueuses.

La comtesse tomba sur un siège, repliée sur elle-même, écoutant machinalement le bruit de ses pas rapides, qui devenait de moins en moins perceptible.

Mais c'était une ardente et vigoureuse créature.

Quelle que fût la force de la sensation qui venait de la terrasser, la réaction se fit vite.

Secouant avec vigueur les effluves émanant de celui qu'à tort ou à raison elle considérait dès ce moment comme son ennemi le plus implacable, la jeune femme quitta le fauteuil qui avait reçu son corps anéanti, et se précipita vers une fenêtre.

Écarter violemment les lourdes étoffes qui l'empêchaient d'arriver aux petits rideaux dentelés de la croisée, soulever ces derniers d'une main fiévreuse et coller son pâle visage contre une des vitres, fut pour elle l'affaire d'une seconde.

Elle regarda.

Le comte de Warrens descendait précisément les dernières marches du perron.

Corneille Pulk, son groom, lui tenait son cheval.

Il se mit en selle.

Puis, à petits pas, lentement, comme s'il venait de faire une simple et banale visite de cérémonie, il traversa la cour et franchit la grille de l'hôtel, sans jeter une seule fois le moindre coup d'œil en arrière.

La créole regardait toujours.

Un moment elle espéra le retour de cet homme qui l'avait si cruellement traitée.

Elle espéra ce retour!... Oui... Et pourtant les débris de la cravache brisée, menace faite matière, gisaient à ses pieds !

Et pourtant chacune des paroles du comte retentissait encore à son oreille ! Anxieuse, le corps penché en avant, immobile, elle se disait :

— Il reviendra!

Mais cela ne fut pas.

Le maître et le valet venaient bien d'arrêter leurs chevaux; mais, au lieu de revenir sur ses pas, le premier tira un porte-cigares de sa poche, y prit un cigare, l'alluma, et, piquant des deux, il partit dans la direction de l'Arc-de-Triomphe.

La fumée de ce cigare voltigeait toujours en l'air que la comtesse de Casa-Real se tenait encore, les yeux fixes, regardant le vide et attendant.

Attendant quoi?

Bien embarrassée eût-elle été de répondre, si quelqu'un l'avait interrogée.

Un monde de pensées tourbillonnait dans son cerveau surexcité par la colère, la haine, le regret de son impuissance, par toutes les mauvaises passions qui font d'une femme, quand cette femme a une nature primesautière, l'être le plus méchant du monde.

Rien ne peut rendre la tempête furieuse qui éclata en elle, une fois le départ du comte bien établi, bien avéré.

Elle fut sur le point d'envoyer un de ses coureurs, avec l'ordre de le rejoindre, dût-il renverser vingt personnes sur son chemin.

L'idée lui vint de monter à cheval elle-même et d'aller en public, au grand soleil, lui rendre bravade pour bravade, raillerie pour raillerie.

Tenant à la main la cravache brisée, elle hésitait.

Quelle joie, pourtant, que de lui jeter ces restes en pleine figure, devant une foule de curieux et de badauds qui, à coup sûr, prendraient parti pour la femme et riraient de l'homme !

Le couvrir de ridicule, lui, ce gentilhomme si fier, si distingué, le faire descendre de son pavois, ce roi de la mode, c'était tentant!

Elle allait appeler, donner des ordres dans ce but... mais une autre idée chassa cette idée-là, et sa tête se pencha machinalement sur sa poitrine.

Elle soupira, comme soupirent les enfants qu'on vient de gronder, ou à qui l'on vient de refuser une pomme ou un pantin. Puis, s'approchant d'un des guéridons qui soutenaient des armes de tous les pays, elle prit une de ces armes, et la tournant, la retournant sous toutes ses faces, elle se mit à rire.

Ce rire, au son argentin, répondait à l'une de ses pensées de vengeance, et néanmoins il était gracieux, séduisant, irrésistible comme les lèvres qui le laissaient échapper.

Des mots entrecoupés suivirent le rire.

Il y avait de tout dans cette adorable créature : de l'enfant, de la femme et de la tigresse.

On sentait bien que ces dents si blanches, ces griffes si roses, devaient mordre, déchirer, ruiner ou assassiner; mais bien peu eussent résisté à ces griffes et à ces dents.

C'était décidément un rude homme que le comte Noël de Warrens!

La comtesse de Casa-Real en était là de ses réflexions et de ses projets de vengeance, lorsqu'un bruit léger la fit se retourner vivement.

Un homme se tenait derrière elle.

Dans une attitude respectueuse, debout, la dévorant du regard tant qu'elle ne pouvait s'apercevoir de son audace, il baissa la tête et s'inclina devant elle aussitôt qu'il la vit se retourner de son côté.

C'était un métis dans la force de l'âge.

Ses épaules carrées, son cou de taureau, la souplesse de ses mouvements prouvaient que, malgré sa petite taille, peu d'hommes seraient venus à bout de lui dans une lutte corps à corps.

Marcos Praya était son nom.

Surprise par sa présence, la comtesse l'examina un moment en silence, puis, avec un mouvement de colère qu'elle ne se donna point la peine de dissimuler, elle lui dit :

— Qui vous a appelé?

Marcos ne répondit pas.

Dans la maison de la créole, chacun savait la façon de se tenir en face de ses colères et de ses impatiences.

Le métis connaissait sa maîtresse mieux que personne.

Il attendit.

La comtesse de Casa-Real, sans se laisser toucher par l'humble contenance de son serviteur, continua du même ton sec et dur :

— Est-ce ainsi que vous donnez l'exemple du respect, Marcos Praya? Depuis quand se permet-on d'entrer chez moi sans que cette sonnette ait parlé pour moi? Si cela vous arrive une seconde fois, je le jure, par la mémoire de ma mère, vous ne resterez pas une minute de plus en Europe! Je vous chasserai comme un chien!... je vous renverrai là-bas!... De la sorte, vous ne m'imposerez le supplice de votre sotte présence qu'à mes heures.

Quand Hermosa jurait par la mémoire de sa mère, nul ne se permettait de lui tenir tête.

Marcos Praya eût bien pu répondre qu'elle le traitait en esclave, qu'une fois le pied sur la terre de France, un nègre, un mulâtre, un métis, un esclave enfin, devenait libre comme le dernier des blancs; mais il ne sortit pas de son immobilité.

La liberté n'était pour lui qu'un mot vague, vide de sens.

Sa liberté à lui, plus qu'à tous les serviteurs de Mme de Casa-Real, qui, pourtant, vivaient tous sous le charme de cette Circé, sa liberté consistait à vivre de la vie de sa maîtresse, à respirer l'air qu'elle respirait, à suivre la trace de ses pas comme une ombre timide, à deviner ses désirs, enfin à exécuter ses volontés, coûte que coûte.

Elle venait de le menacer, de le chasser comme un chien; c'était bien comme un chien qu'il l'aimait et qu'il se serait fait tuer pour elle.

On ne trouve de ces dévouements exagérés, enthousiastes, idolâtres, que dans les climats où le soleil brûle la peau moins que la passion ne brûle le cœur.

Hermosa savait tout l'empire exercé par sa beauté sur l'homme qui se tenait courbé devant elle.

Aussi, dans ses heures d'impatience ou de nervosité, en usait-elle pleinement.

Elle se considérait comme très généreuse, lorsqu'elle n'en abusait pas.

Ce jour-là, malheureusement pour le misérable métis, elle ne se trouvait pas en veine de bons sentiments.

Voyant qu'il ne faisait aucune observation, qu'il se contentait de se courber, de se ramasser, ainsi que fait l'Arabe du désert surpris par les tourbillons du simoun africain, elle ne le jugea pas un aliment suffisant à sa colère du moment.

Faisant un geste de souverain mépris.

— Laissez-moi ! lui dit-elle.

Marcos ne bougea pas, mais lui adressa un regard plein de supplications. Ce regard signifiait :

— Maîtresse, écoutez-moi.

La créole le comprit; cependant lui montrant la porte, elle lui répéta avec plus de violence :

— Sortez !

Le métis se dirigea tristement vers le seuil.

Au moment où il allait disparaître, le vent changea, et la capricieuse créature, sans se donner la peine de lui donner la moindre raison de sa conduite, le rappela :

— Marcos !

— Señora? répondit-il d'une voix creuse, presque indistincte, qui témoignait de toutes les impressions par lesquelles il venait de passer.

— Restez !

Il s'arrêta.

— Venez... approchez.

Obéissant comme si rien n'eût dû lui faire trouver l'obéissance trop cruelle, il s'approcha de sa maîtresse, sans impatience, sans récriminations.

Elle ne daigna ni le remercier ni lui adresser un mot de regret pour excuser le despotisme de ses manières.

Jouant toujours avec le poignard indien qu'elle avait pris sur une de ses tables, elle lui demanda :

— Que vouliez-vous ?

— Pour moi, rien, répondit Marcos Praya.

— Je ne m'occupe pas de vous, et je ne suppose pas que, sans un motif puissant, vous soyez venu ici. La raison de votre présence, quelle est-elle ? Voyons... parlez vite !

Marcos retint un sourire de triomphe.

Il eût pu, cette fois, en ne faisant pas de réponse, ou en faisant une réponse évasive, avoir son tour et prendre sa revanche.

La créole brûlait maintenant de savoir ce que peu d'instants auparavant elle n'eût voulu écouter à aucun prix.

Elle frappa du pied avec impatience.

Il se décida à lui dire :

— Je l'ai vu partir.

— Qui? lui? interrogea Mme de Casa-Real, qui, toute à sa cusiosité récente, perdait de vue sa visite et son visiteur.
— L'homme de là-bas.
— Le comte?
— Oui, señora.
— Eh bien? fit-elle avec une impatience mal contenue.
— Vous avez pleuré, maîtresse.
— Moi?
— Oui. J'ai vu vos larmes. Je les ai vues.
— Soit. Où veux-tu en venir?

Le tutoiement de la maîtresse était une ineffable joie pour le serviteur.

Pour obtenir cette récompense, il eût passé à travers les flammes.

La créole le savait.

Elle était certaine que Marcos Praya ferait tout pour se rendre digne de cette faveur, que dans la circonstance présente il n'avait pas encore l'occasion de mériter.

Le bonheur rend muet parfois.

Le métis ne voulant rien perdre de l'écho de ces douces paroles, hésitait à répondre.

Hermosa renouvela sa question :
— J'ai pleuré, j'en conviens. Mais toi, Marcos, que veux-tu?

Les yeux de Marcos ne quittaient pas la petite main blanche de sa maîtresse, ce qui faisait que tout en admirant ses doigts effilés, il ne perdait pas de vue l'arme mortelle dont nous avons parlé plus haut.

Soit préoccupation, soit instinct vindicatif, la comtesse de Casa-Real n'avait pas cessé de jouer avec son poignard indien, à la lame bleuâtre, à la poignée constellée de diamant et de rubis.

En suivant la direction des regards du métis, qui répondaient clairement à ses points d'interrogation, elle aperçut l'engin meurtrier, et elle comprit.
— Tu oserais? s'écria-t-elle.
— Tout.
— Pour me venger?
— Pour vous servir.
— Tu es fou !

Le métis s'inclina silencieusement. La seule réponse qu'il eût envie de lui adresser était celle-ci :
— C'est de vous que je suis fou; c'est vous qui tenez ma raison dans votre main.

Il se tut.

Hermosa secoua plusieurs fois sa tête impérieuse, comme si une volonté supérieure à la sienne lui imposait une idée contre laquelle elle se révoltait; puis elle ajouta :
— Ne l'oubliez pas, Marcos... nous ne sommes pas en Amérique.
— Je n'oublie rien, señora! dit-il en articulant chacune des syllabes précédentes de façon à leur donner un sens qu'eux d'eux pouvaient seuls comprendre.

La comtesse détourna la tête.

Marcos Praya continua :

— Madame la comtesse a-t-elle jamais eu à se plaindre de ma fidélité?

— Non.

— De ma discrétion?

— Non plus. Mais retenez bien ceci, Marcos ; pour se vanter de sa discrétion, un fidèle serviteur ne doit jamais prétendre qu'il est discret.

Un éclair de rage brilla dans les yeux du métis.

Par un effort suprême, il se contint et força son visage à redevenir calme et froid :

— Ce n'est ni de sa fidélité ni de sa discrétion que le pauvre Marcos Praya voulait parler. A quoi bon rappeler ce qui existe? Marcos Praya supplie sa maîtresse de ne pas dédaigner son dévouement. Ne l'a-t-il pas toujours servie aveuglément?

— Si... toujours !... Trop bien, peut-être..., murmura celle-ci. Je connais votre terrible obéissance.

— Mon âme obéira encore à la voix de la señora. Mon bras est aussi vigoureux que par le passé. Dites un mot, et cet homme...

— Cet homme, vous le respecterez, Marcos...

— Moi? fit le métis en poussant une sourde imprécation.

— Je vous l'ordonne. Ses jours vous seront sacrés. Je le veux !

— J'obéirai.

— Bien. Vous pouvez vous retirer. J'ai besoin d'être seule.

— Pour penser à lui? dit Marcos.

Ces mots lui échappèrent.

Sa haine pour le comte de Warrens venait de s'exhaler malgré lui.

Mme de Casa-Real se redressa, et d'un ton de suprême dédain :

— Que vous importe? fit-elle.

— Pardon, señora, pardon. Vous l'avez dit : il y a des moments où je perds la raison...

— Et le respect.

— Mon zèle m'a emporté trop loin. Pardonnez-moi.

Le serviteur balbutiait ces excuses avec tant de confusion, il avait les traits tellement décomposés par la honte de s'être laissé deviner et par la douleur d'avoir déplu à sa maîtresse, que celle-ci, quittant ses airs de reine offensée, lui tendit la main et lui fit tout doucement signe de s'éloigner.

Marcos Praya saisit cette main, y posa ses lèvres comme il eût pu les poser sur une rose dont il n'aurait pas voulu blesser une feuille, et timide, repentant, du bonheur plein l'âme, il sortit à reculons, humant pour ainsi dire les dernières senteurs de ce salon qu'il lui fallait quitter, les parfums enivrants de cette divinité qui ne voulait plus être adorée que de loin.

Le métis sorti, la créole demeura pensive.

Elle réfléchissait aux bizarreries de la vie humaine.

— Si je jetais cette bague au fond d'un gouffre, se disait-elle, voilà un être qui n'hésiterait pas à s'y précipiter pour me la rapporter. Si je lui disais : Vole, tue, assassine, c'est ma volonté, il volerait, il tuerait. Tous ces crimes,

— Oh! cher comte, pas de galanteries, ou je les prendrai pour des faux-fuyants.

il les commettrait, comme il les a commis déjà. Toutes les vertus, il chercherait à les acquérir. Ce malheureux m'aime, je le sens, plus que sa vie. Son amour, il le dissimule à tous les yeux ; il cherche à le cacher à lui-même. Il subirait toutes les tortures plutôt que de l'avouer devant moi. Pourquoi éprouvé-je à son aspect une répulsion, une haine que je ne puis réprimer?

Elle se leva et se remit à la fenêtre que la venue de Marcos Praya lui avait fait abandonner.

— J'aurais peut-être eu raison de le renvoyer à Cuba... Mes secrets, il les a tous devinés. Si un jour sa passion, fatiguée d'une contrainte aussi dure, se laissait remplacer par la haine? Il a du sang noir dans les veines, du sang d'esclave... Je devrais me méfier de Marcos Praya. Oui, à l'avenir, je suffirai à mes projets, à l'exécutoin de ma vengeance!

Elle revint à sa chaise longue et s'assit.

— Oui, reprit-elle, celui-là, comme tant d'autres, donnerait tout, corps et âme, pour un de mes sourires...

Et elle souriait, la coquette!

— Mais lui! cet orgueilleux Noël! cet ingrat! il fait litière de nos souvenirs. Ma beauté que les autres admirent ne peut plus rien sur lui! M'a-t-il assez outragée, insultée, dédaignée, tout à l'heure?

Elle frappa avec rage sur le dossier du meuble qui se trouvait à sa portée, et son visage passa de l'expression du triomphe à celle de l'orgueil blessé.

Peu à peu, cependant, ses traits se rassérénèrent, et faisant un geste de menace.

— A ce soir! murmura-t-elle.

Et elle sonna fiévreusement à trois reprises.

Trois femmes de chambre entrèrent, deux mulâtresses et une quarteronne.

Un seul coup de sonnette appelait la quarteronne.

Deux, la première mulâtresse.

Trois, la seconde.

Quand la comtesse les vit paraître toutes les trois, elle oublia que dans sa fièvre elle avait sonné trois fois, apostrophant vivement les deux dernières :

— Pourquoi, vous autres? leur cria-t-elle. Anita seule.

Deux des femmes de chambre se retirèrent sans témoigner le moindre étonnement des caprices de leur maîtresse.

Il ne resta dans le salon que la jeune quarteronne.

Anita avait dix-huit ans, la taille mince et pliante comme un roseau, les traits réguliers et l'œil intelligent.

C'était un charmant aperçu de la race hispano-américaine.

Ses compagnes sorties, et la porte refermée sur elles, la jeune fille fit quelques pas vers Mme de Casa-Real, et s'inclinant devant elle avec cette grâce nonchalante qui caractérise les femmes d'outre-mer.

— Me voici à vos ordres, dit-elle d'une voix mélodieuse comme un chant d'oiseau.

Doña Hermosa tourna tranquillement la tête vers elle et lui fit un signe.

Anita, sans demander d'autre explication, avança un tabouret aux pieds de sa maîtresse, s'assit et fixa ses grands yeux noirs pleins de lumière sur ceux de cette dernière.

Chacun de ses mouvements avait quelque chose de félin.

Il y avait plaisir à la regarder.

Sans y songer, la créole contemplait la quarteronne et se complaisait dans sa contemplation.

Tête-à-tête avec cette brune enfant, elle pouvait égarer sa pensée dans les espaces déjà parcourus et se croire encore à la Havane, dans ces solitudes ombreuses où sa jeunesse avait laissé des souvenirs tumultueux, des traces ineffaçables.

Il y eut un instant de silence.

La quarteronne ne se fût point permis de troubler la rêverie de doña Hermosa.

C'était à celle-ci de rompre la glace.

Elle la rompit.

D'ailleurs, par une raison magnétique difficile à expliquer, la fixité du regard de la jeune fille pesait à la femme faite.

Ne se rappelant plus le motif pour lequel sa jeune suivante se trouvait à ses pieds, la comtesse de Casa-Real lui adressa la première question venue :

— Quelle heure est-il, chica? — petite — lui demanda-t-elle en espagnol.

— Cinq heures viennent de sonner, maîtresse, répondit la quarteronne dans la même langue harmonieuse, dont les répliques les plus insignifiantes sont si douces dans la tendresse et l'amour, si énergiques quand la passion pousse et commande.

— Cinq heures, déjà !

— Oui, mais ne vous inquiétez pas, maîtresse.

— Pourquoi m'inquiéter ?

— Le rendez-vous n'est que pour huit heures.

La pauvre enfant n'avait pas achevé cette phrase malencontreuse, que doña Hermosa, sortant de son apathie momentanée, se redressa rapidement, et saisissant entre ses mains nerveuses comme l'acier la tête de son esclave, la lui secoua avec une énergie fébrile :

— Es-tu folle, chica, pour parler ainsi, sans savoir si l'on peut nous entendre? Me trahirais-tu?

Et d'un geste brusque elle repoussa la jeune fille.

— Oh ! maîtresse ! murmura celle-ci, des larmes dans la voix.

La comtesse, comme toujours, se repentit de son premier mouvement, et désirant le racheter avec promptitude, elle alla à sa camériste, lui donna un petit soufflet amical sur la joue, et détachant un bracelet de corail qui faisait plusieurs fois le tour de son poignet, elle le passa au cou de sa victime.

— J'ai tort, dit-elle. Tu ne m'en veux plus, n'est-ce pas, mignonne? La présence inattendue de Marcos Praya m'a tout affolée. Allons, c'est entendu... tu ne m'en veux plus?

Nos lecteurs ne laisseront pas que de s'étonner tant soit peu, en faisant connaissance avec les mœurs étranges que nous leur mettons sous les yeux.

Nous les prions en grâce de ne pas oublier que la comtesse Hermosa de Casa-Real n'est point une Française, ni même une Européenne. Habituées, dès leur bas âge, à n'obéir qu'à leurs propres volontés, à se faire une loi du dernier de leurs caprices, les créoles de la Havane en viennent à une étrangeté de manière qui, tout en ne manquant ni de charmes ni d'imprévu, doit à coup sûr stupéfier tout bon et honnête habitant de la vieille Europe.

Ces manières, nous ne les défendons, nous ne les prônons pas. Nous les donnons pour ce qu'elles valent, désirant qu'on les prenne pour ce qu'elles sont.

Mme la comtesse de Casa-Real, née à Paris, rue de Rivoli, et secouant aussi familièrement la tête de sa femme de chambre, serait mise au ban de la gentry parisienne.

Mais doña Hermosa de Casa-Real, née à Cuba, dans un palais de la Havane, *plaza del Gobernador*, arrachant des cheveux à une quarteronne et l'embrassant quelques minutes après, ne sort pas de sa chaude couleur et ne fait point tache dans le cadre de ses habitudes et de sa vie première.

Sous la caresse de sa maîtresse, Anita renfonça bien vite les larmes qui avaient l'intention de couler le long de ses joues, et baisant avec reconnaissance les mains de la comtesse, elle lui répondit :

— Marcos Praya est le frère de lait de madame la comtesse... Un frère aime sa sœur ! Il donnerait sans regret sa vie sur un signe d'elle.

— Je sais cela.

— Eh bien ! maîtresse, pourquoi vous défier de lui ?

— Tu ne comprends pas, enfant ! répondit la jeune femme avec un léger mouvement d'épaule. Marcos a le dévouement de la brute. Il me fatigue de son espionnage constant... Il me blesse de ses précautions exagérées. Moins de zèle me plairait davantage.

— Il faut l'excuser. On ne trouve pas toujours des serviteurs dévoués, courageux et redoutables, comme Marcos Praya.

— Soit, je l'excuse. Mais je veux qu'il soit bien convaincu de ceci, et au besoin, Anita, je t'autorise à lui répéter mes paroles : le poignard n'est point une arme admise dans le pays où nous nous trouvons.

— C'est dommage ! repartit la quarteronne en souriant. Marcos en joue si joliment !

— Nous sommes à Paris, chica, continua doña Hermosa. Ce n'est pas la force, la violence, qui nous donneront gain de cause, mais bien plutôt la douceur, la ruse, l'hypocrisie.

Anita courba sa tête charmante en guise d'assentiment.

— Tu m'as bien comprise ?

— Oui, maîtresse.

— Maintenant, dis-moi : tout est-il prêt pour ce soir ?

— Tout.

— Bien.

Ici, un nouveau silence se fit.

Sans nul doute, cette conversation à bâtons rompus était un masque que Mme de Casa-Real appliquait sur sa pensée.

Elle n'osait attaquer avec franchise le sujet qu'elle brûlait de traiter.

Son désir lui montait en vain du cœur aux lèvres.

Les mots expiraient, venaient se briser entre les perles qui lui servaient de dents, serrées les unes contre les autres par la passion, par un reste de violente colère.

Anita, élevée auprès de sa maîtresse, confidente muette de tous ses secrets, sachant à fond son caractère implacable, hautain et résolu, loin de l'exciter à parler, conservait une réserve prudente.

Elle le tenait pour certain : avant peu, comme un torrent fougueux qui, trop longtemps contenu, parvient à briser ses digues, et à lancer ses ondes tumultueuses sur les champs et les prés d'alentour, les désirs comprimés de doña Hermosa, ses volontés si longtemps renfermées allaient s'échapper grondantes, irrésistibles, et se répandre en pleine lumière.

Il n'en fut pas tout à fait ainsi qu'elle le prévoyait.

Tout bien réfléchi, la comtesse de Casa-Real ne jugea pas à propos de la garder plus longtemps auprès d'elle.

A son grand désappointement, elle ne lui dit que ces deux mots :

— Va-t'en.

Cela ne faisait pas le compte de la quarteronne.

Elle obéit cependant.

Se dirigeant vers la porte du salon par laquelle elle était entrée, elle l'entr'ouvrit, examina si personne n'écoutait, retourna sur ses pas, à la grande stupeur de la comtesse, visita également les autres portes de communication; cela fait, elle revint se placer sur le tabouret placé au pied de sa maîtresse.

— Que signifie ce manège, niña? dit la créole, qui ne savait s'il lui fallait rire ou se fâcher.

— Cela signifie, maîtresse, que pour ce qu'il me reste à vous apprendre, je voulais être sûre que personne n'était aux écoutes. Vous m'avez reproché, il n'y a pas longtemps, le peu de précautions que je prenais... Cette fois-ci, je ne mériterai pas le même reproche.

— Tu as donc quelque chose à m'apprendre?

— N'y a-t-il pas toujours quelque chose, señora?

— C'est vrai ; parle, *querida*.

— Vous l'exigez?

— Oui.

— Et vous ne vous doutez pas un peu de ce que je puis avoir à vous dire ?

— Non ; mais parle !

— *Que lastima !* s'écria la jeune fille avec un de ces mouvements d'épaules qu'on ne supporterait pas à d'autres qu'à un enfant gâté. Maîtresse, n'attendez-vous personne aujourd'hui ?

— Aujourd'hui? demanda la comtesse en cherchant au fond de sa mémoire.

— Oui, maîtresse.

— Quoi! vous l'avez oublié... tout à fait... mais, là, tout à fait? fit Anita en riant.

— Oublié, qui !

— Oh! le pauvre homme!

— C'est vrai ! dit doña Hermosa avec un vif sentiment de contrariété ; je me souviens, j'attendais quelqu'un.

— Enfin !

— Mais la visite du comte de Warrens m'a complètement empêchée de songer à ce rendez-vous. Et, dis-moi, niña, l'homme est venu?

— A l'heure indiquée.

— *Valga me Dios !* tu l'as congédié?

— Non pas, maîtresse.

— Il n'est point parti ?

— Pour qui me prenez-vous, señora? répondit la quarteronne en affectant une de ses attitudes, un de ses petits airs les plus dignes.
— Alors, où est-il?
— Dans l'hôtel.
— Que fait-il?
— Je l'ai prié de vouloir bien prendre la peine d'attendre.
— Et il attend?
— Comme vous le dites.
— Depuis deux heures?
— Depuis trois.
— Et tu ne m'as pas prévenue plus tôt! fit Mme de Casa-Real avec reproche.
— Oh! ces gens-là sont créés et mis au monde pour suivre le bon plaisir des grandes dames qui vous ressemblent, maîtresse.
— Va me le chercher.
— J'y cours!
Elle allait s'élancer.
La comtesse la retint.
— Marcos Praya a-t-il vu la personne en question?
La soubrette au teint brun partit d'un éclat de rire perlé :
— Marcos ne voit que ce qu'il me convient de lui laisser voir, répondit-elle.
— Tu l'as caché? demanda doña Hermosa.
— Ne m'aviez-vous pas recommandé le mystère le plus absolu?
— Où l'as-tu mis?
— Pas bien loin d'ici.
— Où donc?
— Dans la serre.
— Quelle idée!
— Les fleurs sont aussi discrètes que parfumées, fit gaiement la quarteronne.
— Je veux le voir.
— C'est chose facile.
— Sur-le-champ.
— S'il n'est pas mort, s'il n'est qu'endormi, je vous l'amène dans deux minutes.
— Tu es bien certaine que nul ne sait sa présence dans l'hôtel?
— J'ai pris soin de l'introduire moi-même.
— Bien. Veille à ce qu'on ne vienne pas nous interrompre.
— Je veillerai.
— Tu le feras sortir...
— Par une autre issue que la porte par laquelle je l'ai reçu.
— Tu me comprends. Va, *querida*.
Anita se leva et sortit.
Mme de Casa-Real demeura pensive, les sourcils froncés, le front pâle.
Un frémissement nerveux l'agitait.
Peu d'instants après, la quarteronne rentra.
Un brave bonhomme de bourgeois la suivait.

www.ingramcontent.com/pod-product-compliance
Lightning Source LLC
Chambersburg PA
CBHW071903230426
43671CB00010B/1456